GABRIELLE D'ESTRÉES

Napoléon et le rêve américain, Fayard, 1976.

Colbert, Fayard, 1980.

La IIe République, Fayard, 1987.

Inès MURAT

GABRIELLE D'ESTRÉES

FAYARD

PREMIÈRE PARTIE

Conquêtes incertaines

CHAPITRE PREMIER

Les deux familles de Gabrielle

L'acte de naissance de Gabrielle d'Estrées a disparu. Point de certitude, donc, sur le lieu et la date de naissance de celle qui deviendra la presque épouse d'Henri IV et la presque reine de France. Gabrielle appartient à la Picardie par son père, Antoine d'Estrées, et à la Touraine par sa mère, Françoise Babou de La Bourdaisière. Chacune des deux provinces fait naître la plus célèbre maîtresse du Vert Galant sous ses cieux. La vraisemblance favorise la Picardie : Gabrielle a probablement vu le jour au château de Cœuvres, résidence habituelle des d'Estrées, hormis Paris. Lors du procès en annulation de son mariage (blanc) avec le sieur de Liancourt, Gabrielle déclarera qu' « étant âgée seulement de dix-huit ans, elle aurait par force et contrainte été mariée ». Sur la base de cette affirmation, les historiens admettent généralement qu'elle est née vers la fin de l'année 1573. Henri de Navarre, futur Henri IV, alors âgé de vingt ans, est marié depuis un peu plus d'un an à Marguerite de Valois, fille de Catherine de Médicis et sœur du roi Charles IX. Après l'horrible massacre de la Saint-Barthélemy déclenché à l'occasion de son mariage, Henri reste pratiquement prisonnier de la Cour des Valois. Il connaît sûrement les parents de son futur grand amour. Car les deux familles de Gabrielle, paternelle et maternelle, se trouvent dans l'orbite de la Cour de France depuis plusieurs générations, dès le début du XVIe siècle, avant les sinistres guerres de Religion, au temps de la Renaissance « fraîche et joyeuse ».

Au temps du « beau XVIᵉ siècle »

Près de Montlouis-sur-Loire et de Tours, sur la route des châteaux royaux de la Loire, subsistent les vestiges du château de La Bourdaisière, construit au temps de Philibert Babou et de son épouse, la belle Marie Gaudin, dame de La Bourdaisière. Philibert, fils de Laurent Babou, notaire royal à Bourges, épouse en 1510 Marie, fille de Victor Gaudin, grand notable de Tours et argentier de la reine (alors Anne de Bretagne, reine de France par son mariage avec Louis XII). Victor offre en dot à Marie son domaine de La Bourdaisière. Le jeune ménage Babou ne tarde pas à devenir « Babou de La Bourdaisière ». Les Babou et les Gaudin appartiennent à cette nouvelle forme de bourgeoisie indépendante, juriste et financière, sorte d'oligarchie montante qui va peupler la noblesse de robe et qui répond aux besoins d'une monarchie en quête d'une administration plus centralisée et plus dynamique. L'année de son mariage, Philibert devient argentier (c'est-à-dire trésorier de l'Épargne) du roi Louis XII. Quoi de plus naturel que Philibert et Marie rencontrent son successeur, François Iᵉʳ, amoureux des bords de Loire ? Le nouveau roi est aussi très amoureux de Marie qui aura longtemps la réputation d'avoir été la plus belle femme de son temps. Elle devient la maîtresse du roi. Une pluie d'honneurs et de libéralités s'abat sur les Babou. Philibert, maire de Tours, devient successivement chevalier, seigneur de La Bourdaisière, trésorier de France, surintendant des finances, maître d'hôtel du roi. Le domaine de La Bourdaisière est transformé : un ravissant château en pierre blanche de Touraine s'élève sur les coteaux du Cher. En retrait d'un pavillon qui rappelle Azay, s'étend une longue façade sur laquelle une profusion d'arabesques et de rinceaux sculptés enlacent des F couronnés. La tradition (non prouvée) veut que Marie Babou ait aussi réussi à séduire Charles Quint... et le pape Clément VII venu à Marseille à l'occasion du mariage de sa parente Catherine de Médicis avec le futur Henri IV! Marie a décidément d'excellentes relations avec les papes Médicis. Elle a déjà reçu du fastueux Léon X, lors de l'entrevue de Bologne, une magnifique pierre conservée pendant des générations dans la famille Sourdis sous le nom de « diamant Gaudin ».

L'ascension des Babou se poursuit avec Jean, le fils de Philibert et de Marie, né à Tours en 1511, soit un an après le mariage de ses parents. Jean Babou est le grand-père de Gabrielle. La faveur de sa mère auprès de François Ier lui vaut d'être nommé échanson du roi – titre flatteur pour une famille de noblesse si récente –, puis capitaine de la ville et du château d'Amboise, enfin gouverneur et bailli de Gien. Afin d'affermir sa position dans la noblesse, Jean acquiert d'Antoinette d'Amboise le château de Sagonne en Berry, province où sa famille a ses origines, et devient ainsi baron de Sagonne. Il vit dans l'intimité de la Cour de France, François Ier lui ayant procuré la charge de maître de la garde-robe de son fils aîné, le dauphin François, puis, après la mort de celui-ci, du nouveau dauphin devenu roi sous le nom d'Henri II. Jean épouse une des dames d'honneur de Catherine de Médicis, Françoise Robertet, elle-même issue d'une famille de la haute fonction publique, puisque son père fut secrétaire d'État de Louis XII et de François Ier. Onze enfants naissent de cette union : quatre garçons et sept filles aussi ravissantes que légères. Parmi celles-ci, Françoise, la mère de Gabrielle. Le relâchement de leurs mœurs leur attirera plus tard le surnom de « sept péchés capitaux ». Tallemant des Réaux évoquera la famille La Bourdaisière comme la « race la plus fertile en femmes galantes qui ait jamais été en France »; ses armes provoquent les quolibets et les plaisanteries des contemporains. Près des belles écuries rappelant l'art toscan mis à la mode par les guerres d'Italie, le visiteur de La Bourdaisière peut encore voir les armes Babou orner le fronton d'un portique : on aperçoit une main tenant une poignée de vesces, légumineuses appréciées des bovidés. Or le mot de « vesces » désigne aussi à l'époque les prostituées des bas-quartiers. Ce double sens va inspirer ce quatrain :

Nous devons bénir cette main
Qui sème avec tant de largesses,
Pour le plaisir du genre humain
Quantité de si belles vesces.

Jean Babou se préoccupe de marier ses filles. Les Babou vivent encore à une époque où la monarchie s'appuie sur une noblesse élargie, renouvelée par les alliances bourgeoises. Comme le souligne Jean Delumeau, la bourgeoisie n'a pas encore de « conscience de classe », tandis que l'ancienne noblesse militaire accepte assez bien l'ouverture vers le monde bourgeois. L'amalgame conduit souvent à des réseaux de clientèles qui assurent les fonctions publiques (militaires et civiles) par transmission des charges. Ces réseaux ne pourraient exister sans l'institution monarchique, et le roi asseoit son pouvoir sur ces réseaux. Lorsque Jean Babou choisit pour sa fille Françoise le fils de Jean d'Estrées, grand maître de l'artillerie, issu d'une ancienne famille noble au nord de la France, il va dans le sens de l'évolution de son milieu, et surtout il s'intègre dans un système de solidarité avec l'institution monarchique. Les d'Estrées appartiennent à une ancienne famille qui doit son nom à la terre d'Estrées en Cauchie, près d'Arras. On en retrouve de nombreuses ramifications au long des siècles en Artois, en Flandre et en Picardie. Les temps sont difficiles pour la noblesse militaire, souvent endettée, ruinée par les guerres d'Italie et par les exigences d'un nouvel art de vivre, à l'imitation d'une Cour de plus en plus fastueuse. Pourtant, il ne manque pas d'ascensions brillantes pour ceux qui ont conquis gloire militaire, faveurs royales... et mariage avantageux. Jean d'Estrées, l'autre grand-père de Gabrielle, se trouve parmi les heureux. « C'était, se souviendra Brantôme, un fort grand homme, beau et vénérable vieillard, avec une barbe qui lui descendait très bas et sentait bien son vieux aventurier de guerre du temps passé, dont il avait fait profession, où il avait appris d'être un peu cruel. » Jean d'Estrées est né en 1486. Il commence son approche de la Cour comme page d'Anne de Bretagne, puis il suit François Ier à Marignan, en Toscane, à Pavie. Partout, il brille par ses grandes qualités militaires. Au cours d'une bataille en Italie, il aperçoit Jacques de Bourbon, bâtard de Vendôme, à terre, blessé, entouré d'ennemis. Il réussit à le dégager, à le prendre en croupe et à le ramener dans les rangs français. Jacques est le fils naturel, légitimé, de Jean II de Bourbon (trisaïeul d'Henri IV) et de sa maîtresse, Philippote de Gournay. De son mariage avec Jeanne de Rubempré, il a trois fils et une fille unique, Catherine de Bourbon, qu'il marie à son sauveur, Jean d'Estrées. C'est ainsi qu'Antoine d'Estrées, père de Gabrielle, se trouve par la main gauche être le cousin issu de germain d'Antoine de Bourbon, père d'Henri IV. Et Gabrielle, parente d'Henri IV et future mère des bâtards Vendôme, est elle-même l'arrière-petite-fille d'un bâtard Vendôme! Les guerres d'Italie valent donc à Jean d'Estrées un mariage brillant et des commandements militaires de plus en plus importants. François Ier le fait capitaine d'une compagnie de cinquante archers destinée à la garde du Dauphin qui, devenu Henri II, le confirme dans son grade.

1550 : Jean d'Estrées est grand maître et capitaine général de l'artillerie de France. 1556 : il est fait chevalier de l'ordre du roi. 1558 : il contribue à la prise de Calais grâce à un usage judicieux de l'artillerie. Si les progrès de cette arme vont détruire la carrière militaire de nobles formés à la « guerre de chevaliers » d'autrefois, ils servent en revanche celle d'un Jean d'Estrées qui les utilise avec beaucoup d'intelligence et de compétence. Brantôme rappellera encore qu'il était l'« homme du monde qui connaissait le mieux les endroits pour faire une batterie de place, et qui l'ordonnait le mieux [...]. Ç'a été lui qui le premier nous a donné ces belles fontes d'artillerie dont nous nous servons aujourd'hui, et même de nos canons, qui ne craindraient pas de tirer cent coups l'un après l'autre, par manière de dire, sans rompre ni sans s'éclater, comme il en donna la preuve d'un au roi, quand le premier essai s'en fit. » Son courage est légendaire. On évoque la haute silhouette juchée sur la grande et vieille jument alezane. Il paraît que la vaillante haquenée, tout comme son maître, ne baisse jamais la tête sous les boulets de canon. Jean Babou peut que se féliciter de l'alliance entre sa fille et le fils d'un personnage aussi respecté. Françoise Babou de La Bourdaisière épouse Antoine d'Estrées à Chartres le 15 janvier 1559. Le roi n'a plus que quelques mois à vivre.

Le règne d'Henri II est dans l'ensemble heureux et fécond. Certes, l'intolérance religieuse fait déjà de brusques apparitions. Mais la France du XVIᵉ siècle connaît alors son apogée économique et démographique. La réorganisation administrative est efficace. La France et l'Espagne trouvent un compromis pacifique avec la paix du Cateau-Cambrésis (1559). On fête le mariage d'Élisabeth de Valois, fille d'Henri II et de Catherine de Médicis, avec Philippe II, roi d'Espagne. Mais le roi de France est blessé par un coup de lance dans l'œil, au cours d'un tournoi. Il meurt des suites de ses blessures le 10 juillet 1559. Le siècle va basculer, le sourire de la Renaissance s'effacer. Une longue période de troubles commence, qui finira, quarante ans plus tard, avec la mort de Gabrielle...

Le sombre XVIᵉ siècle

Le nouveau roi, François II, ne règne qu'une année, juste le temps de conforter l'influence des Guise, oncles de son épouse Marie Stuart. À sa mort, Catherine de Médicis prend la régence, car son second fils, Charles IX, est encore mineur. Les périodes de régence favorisent les fragilités de l'État. Les violences des passions religieuses, des frustrations d'une noblesse souvent très endettée, la stagnation économique consécutive aux incertitudes du temps vont bientôt mener à de sanglantes guerres civiles et religieuses avec leur cortège de fanatisme cruel et de pillages généralisés. Les gentilshommes sincèrement dévoués au roi ont leur prix, car ils se font plus rares. Parmi eux, les deux grands-pères de

Gabrielle. Après la mort de son père, François II a confirmé Jean d'Estrées dans la charge de grand maître et capitaine général de l'artillerie. Quant à Jean Babou, il est resté maître de la garde-robe du roi. Puis, à la mort de celui-ci, il devient, à la demande de la régente, gouverneur du duc d'Alençon, dernier fils d'Henri et de Catherine et lieutenant de la compagnie des gendarmes de ce prince. Se plaçant dans le sillage de son beau-père, Antoine d'Estrées entre au service d'Alençon en qualité de premier gentilhomme de sa chambre et gouverneur, au nom du jeune duc, des pays et duchés d'Évreux, Conches, Breteuil et autres. Estrées et Babou tissent des liens dans les allées du pouvoir, selon la traditionnelle solidarité des clans familiaux et des réseaux d'amitié, encore si présents à cette époque. Jean d'Estrées, déjà très âgé, se démet en 1567 de sa fonction de grand maître de l'artillerie, en faveur de Jean Babou qui cumule les honneurs : chevalier de l'ordre du roi l'année suivante, il sert à Jarnac, est nommé conseiller d'État et meurt quelques mois plus tard en 1569. Sa veuve, Françoise Robertet, encore très belle pour ses cinquante ans, fait un mariage d'amour en épousant en secondes noces le maréchal d'Aumont. Jean d'Estrées finit sa carrière comme lieutenant général de Charles IX à Orléans. Il a un coup de cœur passager pour la religion protestante, se lie d'amitié avec le roi de Navarre et avec Condé, parents de sa femme, mais s'éteint en 1571, fidèle au roi. Charles IX meurt à son tour, sans postérité, en 1574. Son frère, Henri III, le fils préféré de Catherine de Médicis, monte sur le trône.

Antoine d'Estrées et Françoise Babou ont alors deux fils et quatre filles. La dernière, Gabrielle, n'a probablement que quelques mois d'existence. Ronsard a remarqué la beauté de Françoise, peut-être lorsqu'elle était dame d'honneur de Marie Stuart. Le poète l'a chantée sous le nom d'Astrée : il a connu la mère de Gabrielle autour d'une table où tous deux ont grignoté « mainte dragée et mainte confiture ». Ronsard, tout bouleversé, est devenu

> *Pâle, pensif, sans raison et sans âme,*
> *Ravi, transi, mort et ressuscité.*

Mais les baisers d'Astrée, pas du tout séduite par le poète, ont été

> *Froids, sans saveur, baisers d'un trépassé,*
> *Tels que Diane en donnait à son frère,*
> *Telle qu'une fille en donne à sa grand-mère,*
> *Ni savoureux, ni moiteux, ni pressés...*

Françoise va amener le scandale chez les d'Estrées. Se sent-elle libérée par la mort de son père et de son beau-père ? Ou bien le climat très particulier qui règne à la cour d'Henri III lui a-t-il tourné la tête ? La nature de la guerre civile qui ravage la France – guerre de passions, de luttes partisanes, « guerre jusque-boutiste », extrémiste malgré les trêves aussi boiteuses qu'éphémères – encourage la frénésie d'une noblesse qui jette sa vie dans les aventures les plus risquées, les plus orgueilleuses. Les hommes défient la mort à la pointe de leur épée pour défendre leur « honneur », prétexte parfois commode pour camoufler leur avidité ou la violence de leurs impulsions. Les femmes défient la puissance que leurs maris tiennent du droit coutumier, en affichant des amours adultères passionnées, voire tragiques, bien loin de l'étourderie licencieuse de la Cour de François Ier. Les intrigues de la Cour et de la famille royale elle-même menacent le pouvoir d'Henri III qui a déjà fort à faire avec les prétentions des protestants et des catholiques extrémistes de la Ligue. Le duc d'Alençon, devenu duc d'Anjou, jeune frère du roi et héritier de la couronne, Henri III n'ayant pas d'enfants, complote avec toute l'ambition et la perfidie dont il est capable. Il cherche une alliance avec son beau-frère Henri de Navarre. Sa sœur, Marguerite, reine de Navarre – la « reine Margot » – l'adore. Le meilleur ami d'Alençon - Anjou est l'un des hommes les plus violents, les plus braves et les plus cruels de la Cour : le bel et insolent Bussy d'Amboise, follement aimé de Margot. Henri III, furieux contre son frère, sa sœur et Bussy, laisse un de ses favoris les plus dévoués, Louis du Guast, insulter publiquement Alençon, déchirer la réputation de Marguerite et attaquer Bussy par les armes. Un soir, en effet, Du Guast, accompagné d'une quinzaine d'hommes à cheval, l'attend à la sortie du Louvre. Mais Bussy échappe au guet-apens par miracle et revient, le lendemain, braver Du Guast. Le charmant Brantôme, aussi lié d'amitié avec Bussy qu'avec Du Guast, écrira que Bussy fut tout de même convaincu de la nécessité de changer d'air et de quitter Paris. Le lecteur d'Alexandre Dumas se souviendra comment Bussy n'échappera point, cette fois-là, au guet-apens organisé sur ordre du mari bafoué par sa maîtresse, la Dame de Montsoreau...

Le Cabinet des Estampes de la Bibliothèque nationale conserve un portrait au crayon de Louis Béranger, seigneur Du Guast. Peu de physionomies évoquent aussi bien l'image de « grand fauve », souvent utilisée à propos de nobles de ce temps. Chevelure taillée en brosse, visage mince et anguleux, regard aussi dur qu'ironique : il y a dans ce portrait une présence expressive qui fait encore peur. Du Guast est haï de nombreux courtisans. On craint son insolence orgueilleuse et sa faveur auprès du roi qu'il conseille avec une franchise brutale, n'hésitant pas à dénoncer les plus grands, en particulier Marguerite et ses amours. Comme beaucoup d'hommes de ce temps, Du Guast fait coexister la violence et même la cruauté avec l'intelligence et la culture. Sa réelle droiture auprès du roi contraste avec les multiples compromissions de l'époque. Il reste célibataire, probablement parce qu'il déteste les fausses situations. Brantôme, qui veut le marier, se souvient de sa réponse : « Il me pensait de ses plus grands amis, et que je lui en faisais perdre la créance par de tel propos, pour lui pourchasser la chose qu'il haïssait le plus, que le marier et le faire cocu, au lieu qu'il faisait les autres ; et qu'il épousait assez de femmes l'année, appelant le mariage un putanisme secret de réputation et de liberté, ordonné par une belle loi. »

Pour l'heure, Du Guast fait cocu Antoine d'Estrées. Françoise est terriblement éprise du favori du roi, bête noire de la reine de Navarre. Marguerite, dans ses Mémoires, laissera de Du Guast le portrait d'un « mauvais homme, né pour mal faire », qui fascina l'esprit de son frère et le « remplit de mille tyranniques maximes : qu'il ne fallait aimer ni se fier qu'à soi-même, qu'il ne fallait joindre personne à sa fortune, non pas même ni frère ni sœur, et autres beaux préceptes machiavélistes ». La reine de Navarre hait d'autant plus le favori que celui-ci veut neutraliser ses intrigues politiques avec son frère Anjou et son mari Henri de Navarre, en démasquant ouvertement ses amours. Du Guast fait suivre Marguerite qui laisse son carrosse à la porte d'une abbaye où son amant du moment, le bel Antraguet, se repose, souffrant de maladie diplomatique... Comme par hasard, Henri III et Henri de Navarre passent par là. « Mon Dieu! ta femme est là-dedans! » dit le roi au mari impassible. Un ami de Du Guast fouille la maison, et, gêné, répond que la reine n'est plus là. Scène épouvantable de Catherine de Médicis à sa fille. Marguerite se défend. Le roi est tout de même très ennuyé. Du Guast est allé trop loin. La haine de Marguerite rejaillit sur la maîtresse. « Un jour entre autres, rapporte le comte de Tillières, Mme d'Estrées étant entrée au cabinet de la reine-mère, et la reine Marguerite s'y trouvant, celle-ci dit assez haut : " Voici la garce du capitaine! " » À quoi, jouant sur les mots : « J'aime mieux, répondit Mme d'Estrées, l'être du capitaine que du général! » (elle voulait dire par là « de tout le monde »). Les princes du sang sont trop proches de l'aura sacrée des rois pour qu'un simple officier puisse les attaquer impunément. L'assassinat de Du Guast est décidé, sans qu'on ait jamais totalement prouvé l'identité du commanditaire. Le bras choisi pour le meurtre sera celui de Guillaume Duprat, baron de Vitteaux, qui a déjà commis plusieurs assassinats (pour venger l'« honneur » de sa famille... on y reviendra) et qui a bénéficié d'une stupéfiante impunité que Du Guast ne cesse de dénoncer. Le chroniqueur Pierre de l'Estoile suggère que c'est « un grand [c'est-à-dire Antoine d'Estrées] qui, par jalousie de sa femme » a armé Vitteaux. De Thou, parlementaire et historien des plus estimables du temps, désigne en termes à peine voilés la reine Marguerite. Celle-ci se serait rendue la nuit au couvent des Augustins où se cachait Vitteaux : « Elle l'engagea aisément par des caresses à se faire son vengeur, en vengeant ses propres injures. » Au reste il trouverait un asile assuré auprès du duc d'Anjou. Du Guast se méfie des assassins, en particulier de Vitteaux, et sort toujours accompagné d'une foule d'officiers qu'il a tous les jours à sa table. Il loge habituellement au Louvre, et, après avoir placé des gardes à la chambre du roi, il en fait placer également à la sienne. Vitteaux sait que, certains jours, Du Guast loge dans une maison rue Saint-Honoré où il peut rejoindre plus facilement Françoise d'Estrées. Ces jours-là, des arquebusiers du Louvre viennent dès le matin prendre la garde rue Saint-Honoré et repartent vers dix ou onze heures du soir. C'est vers cette heure-là, le 31 octobre 1575, que Vitteaux et des complices, déguisés en arquebusiers, réussissent à entrer dans la maison. Du Guast est au lit, lisant, et reconnaît son meurtrier. L'affaire a été minutieusement préparée. Le favori du roi expire sur le plancher tandis que les assassins se retirent sans bruit. La mort de Du Guast n'affecte pas longtemps Henri III, fatigué, peut-être, de la raideur d'un censeur trop sévère. Elle réjouit certainement Antoine d'Estrées qui, selon les apparences, semble reprendre une vie conjugale plus sereine.

Il subsiste deux crayons qui nous restituent les visages d'Antoine et de Françoise. Antoine a de beaux traits réguliers, mais sa bouche est amère, et sa physionomie manque de caractère. Le sourire des lèvres minces de Françoise laisse deviner une certaine dureté et beaucoup plus de détermination que son mari. Le ménage partage l'essentiel de sa vie entre Paris et Cœuvres. Après l'humiliant scandale, Antoine a la consolation d'être très estimé du roi qui, insigne honneur, le nomme chevalier du Saint-Esprit à la création de l'ordre, en 1578. Les d'Estrées ont un autre enfant, une fille. Françoise n'a jamais oublié sa passion pour Du Guast et garde une haine violente pour Vitteaux. Presque huit ans après le meurtre, elle se sentira vengée : le scandale va ressurgir, énorme et, cette fois-ci, irréparable. Le vengeur est un jeune noble âgé de vingt-quatre ans, Yves, marquis d'Allègre. L'histoire des Allègre se confond avec une série de drames familiaux et d'assassinats si impressionnants qu'elle a fait l'objet d'un ouvrage volumineux de Pierre de Vaissière. L'alliance d'une Allègre avec un Duprat (la famille de Vitteaux) tourna vite à la haine, pour des raisons d'héritage. Quoi qu'il en soit, le père d'Yves Allègre, se croyant pris dans une embuscade, tua François Duprat, frère de Vitteaux, en 1565. Vitteaux, qui avait déjà un lourd passé de duels et d'aventures, décida de venger son frère. Un premier attentat fut manqué. Après avoir tué le meurtrier d'un autre frère, s'être réfugié en Italie, avoir été condamné à mort par contumace, Vitteaux revint secrètement à Paris en 1573, deux ans avant le meurtre de Du Guast. Il tua Allègre par derrière, s'enfuit, fut rattrapé, mis en prison puis plus ou moins relâché. Allègre était un ami de Du Guast et celui-ci réclamait une punition exemplaire pour Vitteaux. Vitteaux tua Du Guast, mais avait oublié l'existence du jeune fils d'Allègre qui, adolescent et orphelin, avait été emmené en otage en Allemagne par Jean-Casimir le Palatin (le calviniste allemand avait durement négocié sa paix avec la France). De retour en France, Yves d'Allègre, maigre, le visage ingrat mais ardent, visiblement éprouvé par son pénible séjour en Allemagne, réussit à la surprise générale, à tuer en duel le terrible Vitteaux, meurtrier de son père. Françoise d'Estrées exulte. Elle offre à Yves d'Allègre une récompense en argent. Il refuse. Elle s'offre alors elle-même. Elle a probablement quarante et un ans – soit dix-sept de plus qu'Allègre. Elle est encore belle, et sûrement très experte. Allègre, après ces années de privations, tombe follement amoureux de Françoise qui, enflammée, s'enfuit pour toujours en Auvergne, sur les terres de son jeune amant, emmenant avec elle sa dernière fille. Gabrielle, âgée d'une dizaine d'années, ne reverra plus sa mère.

Gabrielle à Cœuvres

Il est possible que Gabrielle fasse de temps à autre des séjours à Paris dans le bel hôtel que possède son père, rue des Bons-Enfants. La vie tumultueuse qu'elle aurait déjà connue à la Cour avant sa rencontre avec Henri IV fait partie de la légende noire largement nourrie par ses détracteurs après sa mort. L'historien Raymond Ritter, qui pourtant n'aime point Gabrielle, a démontré l'invraisemblance de ces ragots, l'inexactitude des dates et la confusion des personnes. Il est plus que probable que l'essentiel de la vie de Gabrielle avant que son destin ne bascule s'est déroulé dans le beau château de Cœuvres, d'autant que la situation politique à Paris se tendait alors de plus en plus.

La noblesse habite fréquemment de grandes gentil-hommières. Les châteaux, assez rares, témoignent d'exceptionnelles réussites ou de situations élevées dans la hiérarchie sociale. L'importance de celui de Cœuvres, situé à douze kilomètres au nord-est de Villers-Cotterêts, à une quinzaine de kilomètres au sud-ouest de Soissons, consacre la haute position de son bâtisseur, Jean d'Estrées. Cœuvres forme un grand rectangle dont chaque angle est flanqué d'un pavillon carré au toit d'ardoises, de style Renaissance : chaque pavillon est desservi par un escalier à vis tournant dans une tourelle à jour. Sur la façade nord, un pont-levis enjambe les fossés et mène au pavillon d'entrée. On passe sous la voûte de la porte crénelée et l'on découvre de magnifiques constructions sur deux étages, disposées en L. À gauche : le principal corps du logis, dont les fenêtres extérieures, gracieusement sculptées, donnent sur la grande pièce d'eau carrée, les parterres et les charmilles taillées à la mode du temps. Au-dessus des cuisines du sous-sol, et de la grande salle du rez-de-chaussée où la famille prend ses repas : la galerie lambrissée pour « les fêtes et les ballets », desservie par deux escaliers d'honneur. La façade méridionale, en face de l'entrée, arbore d'élégantes arcades servant de remises, surmontées d'une terrasse. Celle-ci est reliée, à droite, au pavillon sud-ouest par un petit corps de logis. C'est l'habitation de Gabrielle, selon la tradition. Du pavillon de Gabrielle à la façade nord, un rempart formant terrasse domine le bois de la Garenne. Près du bourg de Cœuvres, des communs immenses sont ornés de boulets et de canons crachant du feu qui rappellent la haute charge de Jean d'Estrées. Non loin de là, le colombier de la seigneurie.

Gabrielle habite Cœuvres avec sa sœur aînée Diane. L'aîné de ses deux frères, François-Louis, combat sous les armes du roi. Le second s'est engagé dans l'Église. La seconde fille d'Antoine et de Françoise, Marguerite, a épousé le baron de Mouchy en 1585. La troisième, Angélique, est religieuse. La plus jeune, Julienne-Hippolyte, est en Auvergne auprès de sa mère. Ajoutons qu'une petite Marie-Françoise va naître des amours de Françoise d'Estrées et d'Yves d'Allègre, mais portera tout de même le nom d'Estrées. Antoine d'Estrées ne doit pas regretter l'absence de sa femme. Le bruit court qu'il disait autrefois en désignant son épouse : « Voyez-vous cette femme ? Elle me fera un clapier de putains de ma maison. »

Élevée sans sa mère, voyant assez rarement son père, souvent à La Fère, dont il est le gouverneur, Gabrielle grandit librement au grand air, s'habitue à la vie campagnarde, aime probablement galoper à travers champs. Au commencement du siècle, les femmes montaient sur un petit fauteuil placé de côté sur le cheval. Puis, à la suite de Catherine de Médicis et selon l'usage italien, elles se mirent à passer la jambe à l'arçon de la selle, ce qui déjà parut osé. Gabrielle osa plus : elle galope à califourchon, comme un homme, ce qui ravira Henri IV... Mais Gabrielle n'est pas seulement une campagnarde assez sportive pour suivre plus tard le rythme d'un roi particulièrement sportif lui-même ; elle appartient au meilleur monde. Sa mère, sa sœur Diane ont fréquenté la Cour des Valois où les femmes n'hésitent pas à briller dans l'art de la conversation. Elle est au courant des événements et des intrigues de la Cour par les commentaires de sa famille, proche de l'entourage royal et mêlée de près au pouvoir de l'État. Or le pouvoir royal et l'État vacillent plus que jamais dans la tempête de guerres civiles. Henri III tente de maintenir un cap qu'il a choisi. Le choix de la famille de Gabrielle est celui du roi. Il faut ici faire rapidement le point sur le contexte politique et l'engagement de la famille dans ce contexte. Car cet engagement va expliquer pourquoi et comment Gabrielle sera pratiquement jetée dans la vie d'Henri IV, à son corps défendant... du moins au début.

Les interminables guerres de religion (on en compte pas moins de huit) ont commencé en France en 1562 et ne se termineront qu'en 1598 avec l'édit de Nantes, soit trente-six ans plus tard. Les catholiques, largement majoritaires, se battent pour l'unité de foi dans le royaume. Les protestants, minoritaires mais disséminés à travers tout le pays, veulent la liberté de leur culte, et aussi une influence politique de poids. La violence fanatique des affrontements, la résurgence des ambitions féodales antiabsolutistes, qui s'abritent sous le drapeau de la foi, protestante ou catholique, suscitent très vite un tiers parti, ou parti intermédiaire, appelé parti des « politiques », qui veut maintenir la permanence de l'autorité du roi et la poursuite de la construction de l'État. Les « politiques » sont loin d'être incroyants. Ils vivent dans un siècle qui veut croire. Mais, plus tièdes – ou tout simplement écœurés par l'indicible cruauté engendrée par ces guerres –, inquiets par la faiblesse d'une France de plus en plus déstructurée face à l'étranger, ils placent en quelque sorte la politique au-dessus du religieux, et souhaitent la réconciliation des Français, tous chrétiens. Ce courant, qui finira par triompher avec Henri IV, prend naissance dès les premiers temps des guerres avec le chancelier Michel de L'Hospital, appuyé par Catherine de Médicis. Hélas! la monarchie n'a pas de politique assez déterminée et Catherine de Médicis, par obligation ou par calcul, pratique une politique de contrepoids face aux velléités de ses fils, bascule d'un parti à l'autre et détruit le rêve de son chancelier pendant la terrible nuit de la Saint-Barthélemy (août 1572):

l'amiral de Coligny et les protestants avaient pris trop d'emprise sur son fils Charles IX. Les Guise, champions de la cause catholique extrémiste, triomphent. Le tiers parti va alors réapparaître sous une autre forme. Il s'exprime à travers l'alliance des protestants avec les « malcontents », des catholiques ouverts à une sorte de patriotisme national et hostiles aux influences étrangères qui s'exercent à la Cour (lorraine par les Guise, italienne par l'entourage de Catherine).

Henri de Navarre s'est échappé de la Cour en 1576 et apparaît comme le grand rassembleur des protestants. Les revers se succèdent pour Henri III qui accorde, cette année-là, la paix de Beaulieu, favorable aux protestants. L'indignation de nombreux catholiques favorise la création de la Sainte Ligue, destinée à extirper l'hérésie protestante. Mais, sous la direction des Guise, la Ligue est aussi une force qui, sans être antimonarchique, est anti-Valois et anti-absolutiste. Les princes de Lorraine (c'est-à-dire la famille des Guise) vont peu à peu s'emparer de provinces entières. La Picardie, à très grande majorité catholique, est particulièrement sensible aux sirènes ligueuses. Les villes picardes refusent d'appliquer la tolérance préconisée à l'égard des protestants par la paix de Beaulieu et empêchent Condé d'exercer le gouvernement de la province. On comprend qu'Henri III nomme Antoine d'Estrées, grand seigneur picard et fidèle, dans la première fournée des chevaliers de l'ordre du Saint-Esprit, deux ans plus tard.

Le roi tente de neutraliser la Ligue en prenant la tête du mouvement. Les guerres se succèdent. Chaque parti tient des pans entiers du territoire. La France est divisée en plusieurs États quasi indépendants. Le duc d'Anjou, héritier de la couronne, menace ce qui reste de l'unité du royaume par ses ambitions illimitées et brouillonnes. Il meurt en 1584. C'est la guerre civile généralisée.

Principale cause de la brusque résurrection de la Ligue, plus forte que jamais : selon les règles dynastiques, Henri de Navarre descendant de l'un des fils de Saint Louis, roi de Navarre et chef des protestants, devient l'héritier de la couronne. De là à envisager un changement de dynastie, il n'y a qu'un pas. Les villes picardes catholiques, jusque-là restées en partie fidèles au roi, basculent vers la Ligue. Mais Antoine d'Estrées, gouverneur de La Fère, demeure indéfectiblement fidèle au roi : Henri III érige sa terre de Cœuvres en marquisat en 1585 ; l'année suivante, Antoine reçoit la lieutenance générale de la Picardie. Face à la montée en puissance de la Ligue, qui menace maintenant non seulement l'unité du royaume mais l'institution monarchique elle-même, Henri III s'appuie sur un contre-pouvoir qui est en réalité une troisième apparition du parti des politiques. C'est dans ce parti, incarné dans sa dernière phase par les « catholiques royaux », que l'on va rencontrer les personnages qui vont tant compter dans la vie de Gabrielle : le chancelier de Cheverny, amant d'Isabelle Babou, tante de Gabrielle, et le grand écuyer Roger de Bellegarde, futur amant et peut-être fiancé de Gabrielle. Henri III confie le pouvoir ministériel à un personnel dévoué à la cause royale, estimé de Catherine de Médicis, qui sera repris pour l'essentiel par Henri IV. Se trouvent donc déjà aux commandes de l'administration de l'État Villeroy, Brûlart, Bellièvre, Cheverny. Cheverny se place dans le sillage de Michel de L'Hospital dont le gendre est son cousin. Garde des Sceaux en 1578, chancelier en 1581, Philippe Hurault, comte de Cheverny, était marié à Anne de Thou, fille du premier président du Parlement de Paris. Froid, assez dissimulé, plus pragmatique que théoricien, Cheverny illustre cette haute magistrature parlementaire qui peuple la noblesse de robe et va jouer un rôle si considérable dans l'histoire de la France au cours des siècles à venir, gardant, modifiant ou chassant les régimes... Cheverny est l'amant d'Isabelle Babou, sœur de Françoise d'Estrées et mariée à François d'Escoubleau, marquis de Sourdis, gouverneur de Chartres. Isabelle n'est pas une écervelée. Après la fuite de sa sœur Françoise, elle a pris en main l'éducation de ses nièces d'Estrées et gardera toujours sur Gabrielle une très forte influence. Elle rencontra probablement Cheverny à Chartres, le chancelier étant aussi gouverneur de l'Orléanais. Cheverny tomba amoureux d'Isabelle, beaucoup plus jeune que lui et dont la beauté a aussi été chantée par Ronsard :

Belle Isabeau de nom, mais plus belle de face,
De corps belle et d'esprit, des trois grâces la Grâce.

Sa grand-mère, Marie Gaudin, lui a légué le magnifique diamant qu'elle tenait du pape Léon X. Marie avait dû retrouver en Isabelle son propre caractère, courtisan et décidé. La liaison d'Isabelle avec Philippe de Cheverny est facilitée par l'indifférence et même la complaisance du mari, François de Sourdis, qui, paraît-il, s'intéresse plus à ses pages qu'à sa femme... Les ragots du temps nous apprennent que, ayant ouvert une porte chez lui, Sourdis trouva sa femme au lit avec Cheverny. Il aurait alors déclaré ingénument : « Pourquoi ne point fermer l'huis ? Quelle honte eussiez-vous encourue si un autre que moi vous eût surpris ! »

Le roi trouve aussi l'appui de la « noblesse seconde » du pays – noblesse qui n'a pas les orgueilleuses prétentions des princes du sang ou de la noblesse apparentée aux familles régnantes étrangères, comme les Guise. L'image du roi chef de guerre est encore assez forte pour qu'Henri III puisse trouver dans ce milieu, malgré les défections et les molles neutralités, des hommes dévoués, capables de lui amener leurs réseaux de clientèle.

En tête de cette noblesse seconde au service du roi, le duc d'Épernon, « archimignon » du roi, devenu quasiment principal ministre. Épernon est issu d'une famille noble languedocienne, les Nogaret, seigneurs de La Valette (nom qu'il portait avant d'être fait duc d'Épernon, en 1581). Le beau Gascon autoritaire, hautain, est revenu à la Cour après avoir servi Alençon et Navarre au cours de la guerre des « malcontents ». Dévoué au seul Henri III, il déteste les factions, et comme le montre Jean-Marie Constant annonce le règne de Richelieu en cherchant à briser les intrigues et les ambitions des princes et des grands clans nobiliaires. Catherine de Médicis, très jalouse, le déteste. Épernon a fait venir à la Cour un jeune cousin germain, Roger de Saint-Lary et de

Bellegarde (la mère d'Épernon est une Saint-Lary). Recommandé par son puissant cousin, Bellegarde plaît à Henri III. Sa haute stature, son beau visage, son élégance raffinée, sa gaieté et ses dons pour le chant lui valent beaucoup de succès à la Cour. Henri III sait qu'il lui est totalement fidèle. Bellegarde devient maître de la garde-robe du roi et premier gentilhomme de la chambre du roi, puis il est pourvu de la charge de grand écuyer de France. Henri III érige pour lui cette charge en grand office de la Couronne. Bellegarde commande au nombreux personnel de la Grande et Petite Écurie; il est encore à la tête des « courriers », c'est-à-dire de la poste royale. Lorsque le roi fait son entrée dans une ville, le grand écuyer le précède à cheval, portant son épée. Selon l'usage du temps, Bellegarde sera appelé « Monsieur le Grand ».

Au cours des dernières années du règne d'Henri III, une tempête d'événements s'abat sur le pouvoir royal. Les Guise, alliés au roi d'Espagne pour la gloire de la religion catholique, renforcent chaque jour davantage le parti de la Ligue. Henri III doit leur concéder de nouvelles persécutions contre les protestants, mais envoie secrètement Épernon tenter une négociation avec Henri de Navarre. Celui-ci, méfiant, refuse et vainc à Coutras les armées royales conduites par Joyeuse (1587). Henri III se voit contraint d'ouvrir des négociations avec le duc de Guise, le « Balafré ». Les deux hommes doivent se retrouver à Paris.

12 mai 1588 : c'est la journée des Barricades. Guise occupe Paris. La capitale, très catholique, fanatisée par ses curés, violemment hostiles à toute tentative de réconciliation avec les hérétiques, adore le Balafré. Le roi parvient à s'échapper, mais va céder sur tous les points à Guise. Le duc manipule les élections pour les États généraux qui doivent se tenir à Blois. Première exigence de la Ligue : le départ d'Épernon. Le « demi-roi » part en exil, mais Bellegarde, moins en vue et sans pouvoir politique, reste. Au mois d'août, le roi donne à Guise la lieutenance générale de ses armées tout en préparant secrètement l'assassinat de son rival. Il sait que sa mère n'approuve absolument pas cette

solution expéditive. Catherine préférerait composer. Or le haut personnel ministériel est trop proche de la reine mère, et peut-être également tenté, par lassitude ou par conviction catholique, par un certain rapprochement avec la Ligue. Au mois de septembre, Villeroy, Bellièvre, Brûlart, Cheverny sont remerciés.

Octobre : ouverture des États de Blois. On s'attend à voir le roi plier devant Guise. Henri III se sent menacé dans sa vie même. Pour se protéger, il a formé une garde du corps constituée de quarante-cinq « gentilshommes ordinaires », d'une fidélité sans faille. Un des principaux recruteurs des « quarante-cinq » est le fidèle parmi les fidèles : Roger de Bellegarde. Décembre 1588 : le duc de Guise, dit le Balafré, et son frère, le cardinal de Lorraine, sont assassinés par la garde d'élite du roi. Leurs corps sont brûlés et leurs cendres jetées dans la Loire afin que leurs partisans ne puissent transformer leurs restes en reliques. Paris entre alors en dissidence et proclame le duc d'Aumale, un Lorraine, gouverneur de la capitale. La Ligue se dresse de toutes ses forces contre le roi. Mayenne, frère du Balafré, a eu la chance d'être absent de Blois. Paris le nomme lieutenant général du royaume. Les grandes villes se soulèvent en faveur de la Ligue. Henri III ne peut que se rapprocher d'Henri de Navarre qui, cette fois, accepte l'alliance. Catherine de Médicis, effondrée par l'assassinat des Guise, prévoyant le malheur qui s'abattra sur son fils bien-aimé, est morte le 5 janvier 1589. Le roi de France et le roi de Navarre marchent ensemble sur Paris. Épernon rejoint l'armée des deux rois.

1er août 1589 à Saint-Cloud : Henri III, assis sur sa chaise percée, reçoit un moine, Jacques Clément, venu lui faire une confidence importante et secrète. Bellegarde se tient debout près du roi. Repoussant les conseils de prudence, le souverain demande à Bellegarde de s'éloigner. Le moine poignarde mortellement le roi; Henri III expire en désignant Henri de Navarre comme son successeur. Il a eu le temps de recommander Bellegarde au nouveau roi.

Henri IV promet de maintenir le catholicisme. Il promet

aussi de se faire instruire dans la religion majoritaire du royaume. Les ralliements au Béarnais sont souvent douteux. Le roi est tout de même protestant. Il ne peut encore être sacré selon le rite de la Sainte Église. Épernon, qui ne s'est jamais vraiment entendu avec l'homme, est parti. Bellegarde reste. D'ailleurs, que peut-il faire d'autre, après la responsabilité qui fut la sienne dans l'assassinat des Guise ? Son sort est lié à celui d'Henri IV contre la Ligue. Henri IV le confirme dans toutes ses charges.

Dangereusement isolé, militairement et politiquement, le roi cherche l'appui des grands commis de l'État qui, outre leur nécessaire compétence administrative, appartiennent à cette magistrature sensible au respect des lois fondamentales d'une monarchie indépendante de l'étranger. Ces lois – la loi Salique en particulier – désignent Henri de Navarre comme le roi légitime. Et la noblesse de robe, souvent ouverte à la tolérance des politiques, accepte plus facilement la venue d'un roi protestant... à condition pourtant qu'il ne tarde pas à se convertir. Philippe de Cheverny représente tout à fait ce courant social et politique qui va aider Henri IV à conquérir son royaume. Après avoir repoussé la grande menace militaire de la Ligue par les victoires d'Arques (20 septembre 1589) et d'Ivry (14 mars 1590), le roi assiège Paris. Il fait venir Cheverny à son quartier général et lui rend les sceaux en lui tenant un petit discours charmant et plein de drôlerie, comme le Béarnais en fera tant. L'amant d'Isabelle Babou baise les mains du roi qui ajoute : « Aimez-moi, je vous prie, comme je vous aime, et croyez que je veux que nous vivions comme si vous étiez mon père et mon tuteur. » Voilà qui arrange bien les affaires des habitants de Cœuvres. Antoine d'Estrées s'est bêtement laissé surprendre dans La Fère. Les Ligueurs ont pris la place le 18 octobre 1589. Et, pour augmenter la honte de cette perte, il se trouve que La Fère fait partie des seigneuries du nouveau roi, en tant que duc Vendôme. Sourdis s'est lui aussi fait prendre Chartres. Deux oncles Babou de Gabrielle, frères de Françoise et Isabelle, se sont engagés dans la Ligue. L'un d'eux, Jean, aussi beau que ses sœurs, est tué à

Arques en combattant dans les rangs des armées de Mayenne. Heureusement, Isabelle a la tête sur les épaules. Elle saura prendre les affaires de la famille en main, le moment venu. La petite Gabrielle ne pourrait-elle pas tout à coup contribuer au redressement de la famille? Le grand écuyer, personnage fort important dans la Maison du roi, lui fait une cour empressée. Bellegarde est venu en mission auprès d'Antoine d'Estrées de la part d'Henri IV. La Picardie, on le sait, est une région stratégique très vulnérable car très proche des Pays-Bas espagnols. Antoine d'Estrées ne demande qu'à réparer sa bévue et à servir son roi et neveu!

Gabrielle était déjà courtisée par un seigneur picard blond au nez aquilin, M. de Stavay. Bien sûr, on dira que Gabrielle fut sa maîtresse, mais on prête beaucoup aux femmes Babou... Bellegarde est alors âgé de vingt-huit ans. Sa faconde de Gascon ne l'abandonnera jamais, tout au long de sa très longue existence. Il est beau et gai. Gabrielle succombe, à la fureur de Stavay, et probablement à la satisfaction d'Antoine d'Estrées qui verrait d'un bon œil le mariage de sa fille avec un personnage aussi proche de la Cour et appartenant à une famille de vieille noblesse militaire.

En somme, le petit monde de Cœuvres a fait son choix – un choix qu'aurait d'ailleurs approuvé Henri III – : il va rétablir et conforter sa situation en se plaçant, comme Bellegarde, dans le sillage du nouveau roi. Tout l'y pousse. Sa « sensibilité » politique, ses engagements marqués contre la Ligue. Et Antoine peut-il oublier que sa mère était une Bourbon? Alors, lorsque Henri IV jettera son dévolu sur Gabrielle, celle-ci ne pourra pas imposer longtemps ses sentiments. Son père, sa tante, son oncle, l'amant de sa tante et même son fiancé voient leur fortune liée à celle du roi. Gabrielle est cernée. Henri l'attend.

CHAPITRE II

Henri et les femmes
dans la tourmente du siècle

Effaçons de notre mémoire les portraits gravés ou peints d'Henri IV au temps de Marie de Médicis, qui confirment si bien la légende du bon roi Henri à la jovialité équilibrée et malicieuse. Ce sont les portraits d'un vainqueur militaire, et davantage encore ceux du vainqueur de l'angoisse d'un siècle, de l'angoisse qui fut aussi la sienne. Observons son visage à l'époque de son avènement. Il a trente-six ans, les cheveux châtains aux reflets roux, la barbe déjà poivre et sel, la figure allongée, maigre et osseuse, mangée par un immense nez aquilin. Le haut front est barré de plis qui disent la tension inquiète d'un homme constamment confronté à tous les dangers. L'expression du regard témoigne d'une tristesse désabusée, courageusement combattue par l'esquisse d'un sourire qui se veut gai. Henri est né, a vécu dans la tourmente du siècle. Il a traversé et traverse encore la triple crise qui a détruit l'espérance heureuse de l'humanisme de la Renaissance : crise religieuse, crise de l'État, crise de la société. Le roi sait combien elles dépendent l'une de l'autre. Il a la conviction grave et tenace d'être investi d'une mission insensée qui lie la conquête de son royaume à une victoire sur cette crise aux multiples facettes. Ne le représente-t-on pas déjà sous les traits d'Hercule foulant aux pieds l'hydre aux innombrables têtes ?

Fascinant, heureux et sinistre XVIᵉ siècle, violemment contrasté, furieusement rêveur, furieusement réaliste, vaste comme le « vaste océan sillonné de courants qui marchent côte à côte », nous dit l'admirable Lucien Febvre. Le roi navigue seul. Que valent les présences féminines dans sa vie ? Abandonnons quelque peu le Vert Galant aux nombreuses et courtes liaisons consciencieusement recensées par certains. Elles ne sont pour lui que des dérivatifs agréables qui l'aident en surface à supporter sa fatigue profonde et sa tristesse cachée. Non, ce sont des femmes d'une autre trempe qui ont marqué, meurtri ou éclairé sa vie. Dans sa mémoire, tourne comme un kaléidoscope une suite de grandes personnalités féminines. Chacune d'entre elles paraît représenter un rêve, une poussée de ce siècle bouillonnant dont l'histoire à son plus haut niveau a été souvent dominée par de fortes femmes qui ont affronté la tempête avec courage, ruse et intelligence.

Dans la famille des Valois

Les traits d'Henri IV rappellent assez ceux de sa grand-mère Marguerite d'Angoulême, sœur de François Ier. Elle-même ressemblait beaucoup à son frère, et les vieux serviteurs de François Ier sont souvent frappés par une certaine similitude de traits entre le nouveau roi et son grand-oncle. Les yeux longs, pleins de douceur, de Marguerite opposent à ce siècle qui commence à allumer les bûchers de l'intolérance, une expression de spirituelle bonté. Femme remarquable, exemplaire s'il en fut. Henri, le petit-fils qu'elle désirait tant, ne l'a pas connue : il est né en 1553, quatre ans après la mort de Marguerite. On retrouve une nette filiation dans la pensée conciliatrice et dans l'amour sincère de la vie entre la grand-mère et le petit-fils. L'hérédité du tempérament n'explique pas tout. On peut supposer avec vraisemblance que, lors des années passées en Béarn, Henri a lu les œuvres de Marguerite, tout imprégnées de l'humanisme chrétien d'Érasme. Fille d'une maîtresse femme, Louise de Savoie, Marguerite brillait par son exceptionnelle culture et son ouverture aux nouveaux champs de l'esprit. Elle participa comme négociatrice ou conseillère aux décisions politiques les plus importantes. C'est elle qui ramena en France François Ier, prisonnier de Charles Quint à Madrid.

Marguerite adorait son frère, enthousiasmé comme elle par la Renaissance intellectuelle et religieuse, formidablement développée par la diffusion de l'imprimerie. Renaissance qui n'avait au début rien d'hérétique ou de schismatique. Érasme, le philosophe de Rotterdam, ne renia jamais l'Église catholique et fut d'ailleurs estimé de tous les papes; pourtant, il subit les insultes des catholiques fervents comme des premiers réformés. Réconciliation était le mot clé de sa pensée. Réconciliation entre le christianisme et l'Antiquité : l'étude des langues anciennes allait permettre l'examen à la source des textes bibliques, dépouillés des fausses interprétations et des ajouts inutiles. Réconciliation des chrétiens qui pourraient adhérer au christianisme primitif retrouvé, épuré des complexités dogmatiques superflues. Réforme des mœurs monastiques, libérées du laxisme moral, des superstitions et des ignorances grossières. Tolérance civile qui niait la notion d'hérésie non pour reconnaître une pluralité de vérités, mais pour prôner la pitié envers les frères égarés que l'on attirerait par la charité et la pureté plutôt que par la menace des bûchers. L'ouverture religieuse d'Érasme, grand ami de l'Anglais Thomas More, inclinait doucement vers la vision d'un monde vidé de son sens tragique où la disparition des conséquences du péché originel permettait d'entrevoir la possibilité du bonheur rêvé par les utopistes. On glissait vers la négation de la tragédie de la Croix, la négation de l'enfer et du démon. François et Marguerite, profondément séduits, encourageaient l'espérance du renouveau, protégeant les humanistes et intellectuels comme Guillaume Budé ou Clément Marot. Rabelais admirait la sœur du roi et lui rendait hommage dans son œuvre. Bien que mariée en premières noces, contre son inclination, au duc d'Alençon, Marguerite vivait le plus souvent à la Cour de son frère bien-aimé. Puis vinrent les jours tristes. Après Louise de Savoie, François Ier ne put empêcher les premiers bûchers. Marguerite publia un livre de poésies religieuses qui fut condamné par la Sorbonne. Veuve du duc d'Alençon, elle dut se soumettre aux exigences de la politique de son frère en épousant en secondes noces Henri d'Albret, roi de Navarre, c'est-à-dire roi d'un royaume frontalier avec l'Espagne, qu'il fallait garder dans l'orbite française. Henri d'Albret se montra brutal. Les sympathies religieuses de sa femme, pourtant fidèle à l'Église catholique, l'exaspéraient. L'entourage réformé de la reine l'irrita au point qu'un jour, il la souffleta.

Malmenée par son mari, éloignée de son frère, puis négligée par son neveu Henri II, Marguerite garda son énergie et son indéfectible amour de la vie grâce à son indépendance de pensée, sa culture, sa large et fine spiritualité. Grâce aussi à sa gaillardise qui jaillit sans faux-semblants dans les contes de son *Heptaméron*. Grâce surtout à l'extrême humanité de sa conscience. Elle travailla sans relâche à humaniser l'image de la femme, ni déesse mythifiée ni réceptacle du péché du monde. Réconcilier encore, mais cette fois-ci réconcilier l'homme avec la femme devenue amie, vivante, présente physiquement dans la réalité quotidienne et non projection idéale ou maudite des rêves masculins.

Gardons en mémoire la haute figure de Marguerite d'Angoulême. Elle nous aidera à deviner les intimes aspirations d'Henri IV au moment de son avènement dans une France épuisée par la tragédie de ses déchirures. Le roi prononcera alors sur la foi religieuse des paroles qui paraîtront prolonger les paroles de sa grand-mère. Et l'anxieuse conquête de Gabrielle semblera, avec le temps, s'identifier à la recherche de cette femme humaine et présente proposée par Marguerite.

Henri d'Albret et Marguerite n'eurent qu'un seul enfant survivant, Jeanne d'Albret, future reine de Navarre et mère d'Henri IV. Si les traits de Jeanne rappellent ceux de Marguerite, sa personnalité tout autre de celle de sa mère s'impose dans les portraits qui subsistent. Son grand front crispé – que l'on retrouve chez Henri IV – exprime la tension d'une vie dominée par des choix difficiles et absolus. Les yeux à la fois durs et brûlants, le visage osseux aux traits coupants laissent deviner le caractère austère et douloureux de la reine de Navarre, différent de celui de son fils. Marguerite d'Angoulême l'obligea à épouser le duc de Clèves, sous la menace – et même sous les coups, d'après le témoignage de Jeanne. Bonheur privé et mariage étaient alors deux notions bien distinctes (l'intention d'Henri IV d'épouser Gabrielle paraîtra véritablement incongrue à tous ses contemporains). Le mariage ne fut pas consommé, et Jeanne dut obéir au roi de France, son cousin germain Henri II, qui la maria à Antoine de Bourbon. Le père d'Henri IV était un parent éloigné du roi, mais ce descendant en ligne directe de Saint Louis n'en était pas moins le premier prince du sang. C'était encore arrimer la Navarre à la France. Henri vécut sa petite enfance en Béarn, sous la surveillance de son grand-père qui mourut bientôt. Devenue reine de Navarre, Jeanne poursuivit l'éducation rude et paysanne qu'Henri d'Albret avait voulu pour son petit-fils. Jeanne ne cachait pas ses sympathies pour la Réforme. D'abord prudente, puis vite exaspérée par les tergiversations de son mari, elle se convertit avec fracas au calvinisme en 1560, faisant embrasser la nouvelle religion par son fils alors âgé de sept ans. Antoine faisait de fréquents séjours à la Cour de France. Catherine de Médicis, veuve depuis peu d'Henri II, chargea l'une des dames de son « escadron volant » de maintenir le mari de Jeanne dans la religion catholique.

Entière, colérique, passionnément sincère, Jeanne imposa le calvinisme dans son royaume où elle interdit la pratique catholique. Répondant aux critiques de Philippe II d'Espagne, elle affirmait le principe *Cujus regio ejus religio* (tel roi, telle religion) et écrivait au roi d'Espagne : « Chacun vit et maintient ses peuples en telles religions et lois comme il pense le devoir faire. » Certes, Jeanne était différente de sa mère, mais surtout elle appartenait à une autre génération. Érasme était mort depuis plus de vingt ans, désespéré par l'étouffement de sa grande espérance. « Historiquement parlant, Érasme fait figure de vaincu; Luther et Loyola, de vainqueurs : c'est un fait », constate Lucien Febvre. L'erreur commise par Catherine de Médicis et Michel de L'Hospital fut de ne pas reconnaître ce fait-là. La reine mère et son chancelier fondaient de vains espoirs sur le colloque de Poissy au cours duquel catholiques et protestants pourraient trouver une entente doctrinale. L'ambassadeur vénitien observait avec raison : « Il me semble que la reine ne comprend pas ce que signifie le mot dogme. » Impressionnée par la progression des protestants, Catherine échafaudait de subtiles combinaisons à la veille de la tempête prête à se lever. En 1561, au milieu des préparatifs de l'assemblée de Poissy, elle pria Jeanne de rejoindre la Cour avec son fils Henri âgé de huit ans, ayant le projet de le fiancer à sa fille Marguerite, du même âge. L'escadron volant avait bien circonvenu le versatile Antoine de Bourbon qui, définitivement catholique, avait reçu la lieutenance générale du royaume en échange de l'abandon de toute prétention à la régence. Il s'agissait maintenant de récupérer son fils, de le remettre dans le giron de l'Église catholique et de l'élever à la Cour jusqu'à son mariage avec la petite Marguerite. Le caractère raide et absolu de Jeanne n'allait pas faciliter la marche des événements.

La reine de Navarre traversa la France à la rencontre de son mari et de Catherine. Sévère, provocante, elle témoignait hautement de sa foi calviniste dans toutes les villes qui la recevaient. Catherine évita son entrée solennelle dans la capitale, restée très catholique. C'est à Saint-Germain qu'elle reçut sa cousine qui arriva escortée d'un brillant cortège conduit par Antoine de Bourbon, Condé (frère d'Antoine) et Coligny. Les enfants de France et Henri, toujours placé entre le futur Henri III et Marguerite, assistaient de la terrasse de Saint-Germain aux fêtes, jeux, courses de taureaux, sous le regard de leurs terribles mères. La reine de Navarre resta à la Cour jusqu'au printemps 1562, malgré les ordres de départ qu'elle recevait de son mari. Menacée de finir ses jours emprisonnée dans un monastère, Jeanne se prépara pourtant à partir. Elle convoqua Henri qui allait demeurer À la Cour auprès de son père. Elle affirma à l'enfant qu'elle le déshériterait et qu'elle ne le regarderait plus comme son fils s'il se faisait catholique. Profondément impressionné, Henri promit qu'il n'irait jamais à la messe. Il résista durant deux mois après le départ de sa mère, malgré les coups. Traîné de force, il assista à la messe et en tomba malade.

Le début des guerres de Religion survint juste après l'échec du colloque de Poissy. Antoine de Bourbon fut mortellement blessé au siège de Rouen. La même année, Henri se trouva donc séparé de sa mère et orphelin de son père. Catherine le garda quasiment comme otage pendant quatre ans. Le fils de Jeanne suivit la Cour lors du grand voyage organisé par Catherine pour présenter son fils Charles IX à toute la France. Pendant vingt-sept mois, Henri, Marguerite et les frères de celle-ci découvraient, émerveillés, la géographie vaste et variée du royaume. Michel de L'Hospital se tenait auprès de Catherine. Le chancelier de la reine avait été d'abord le serviteur admiratif de Marguerite de France, fille de François Ier, nièce, filleule et véritable héritière spirituelle de Marguerite d'Angoulême. Le jeune Henri, vif, éveillé, a probablement observé cet homme qui prolongeait la pensée de sa grand-mère à travers celle d'une autre Marguerite. Deux femmes remarquables avaient su conserver la flamme si fragile du pardon et de la tolérance. Henri IV saura la ranimer lors de la longue pacification de son royaume aux côtés de Gabrielle.

Au début de l'année 1567, Jeanne d'Albret réussit à ramener son fils en Béarn. Henri était alors âgé de treize ans. Le séjour chez les Valois fut sans doute formateur, mais quelle joie dut-il ressentir après sa « libération »! Quel bonheur de retrouver sa mère et sa jeune sœur Catherine, âgée de huit ans, qu'il connaissait si peu. Jeanne ne se séparait presque jamais de cette enfant à la santé délicate, passionnée et absolue comme elle, vive et drôle comme son frère. Auprès de sa mère, puis de sa sœur, Henri puisait une force qui devait le soutenir secrètement le long d'une vie pleine d'embûches et de mensonges : la force d'une sincérité intérieure, qui apporte un éclairage différent de ce que raconte la légende sur l'histoire de ses engagements religieux. L'héritage spirituel de Marguerite lui fit respecter la sincérité d'une foi contraire. Jeanne lui permit d'entrevoir le caractère indestructible de la « foi-adhésion » de ses contemporains qui exigeaient des choix décisifs. Restait le troisième volet de l'apprentissage de la guerre contre l'hydre qui étranglait la France : celui de la tolérance politique, c'est-à-dire l'acceptation d'une coexistence civile entre deux religions irréductibles. Ce volet, c'est Catherine de Médicis qui allait le lui léguer. Catherine qui, de nouveau, allait s'introduire dans sa vie et la meurtrir au milieu des tragédies sanglantes et des mises en scène baroques et sinistres. Rappelons-nous le triptyque de ces femmes qui ont façonné la doctrine personnelle d'Henri IV, servie avec bon sens par Gabrielle. Nous verrons la compagne du roi encourager la conversion définitive de son amant à la foi à laquelle adhère fortement la majorité des Français, lui fermer la bouche lorsqu'il récite distraitement des psaumes chez sa sœur protestante, l'aider, par un caractère naturellement doux et serviable, dans ses relations personnelles avec les différents partis, le soutenir par une diplomatie tous azimuts dans l'établissement de l'édit de Nantes. On ne saurait peut-être pas comprendre la longue et inhabituelle fidélité d'Henri IV à la femme qu'il a le plus aimée si l'on effaçait le souvenir de ces trois fortes femmes, sa grand-mère, sa mère et sa belle-mère, qui, à leur insu, se sont accordées pour construire son destin.

Henri resta cinq ans loin de la Cour de France, dans son cher Béarn. Au cours de ces années, deux guerres de religion ravagèrent la France. Le destin d'Henri était alors celui du futur roi de Navarre, chef du parti huguenot, avec son jeune cousin Condé qui venait de perdre son père à Jarnac. Catherine avait renoncé à la politique de conciliation de Michel de L'Hospital, mais revint à l'idée d'un compromis politique. Elle tenta d'établir un nouveau traité entre catholiques et protestants, semblable aux nombreux traités qui jalonnent les guerres de religion et qui apparaissent souvent comme de véritables brouillons de l'édit de Nantes. 1570, c'était la paix de Saint-Germain. Catherine et Jeanne décidèrent de négocier le mariage de leurs enfants, Henri et Marguerite. Catherine connaissait la méfiance agressive de Jeanne. Elle invita la reine de Navarre à rejoindre la Cour de France, en lui précisant qu'elle ne lui ferait pas de mal ! La mère d'Henri lui répondit : « Pardonnez-moi si, en lisant vos lettres, j'ai eu envie de rire. Car vous voulez me rassurer d'une peur que je n'ai jamais eue et je ne pense point, comme l'on dit, que vous mangissiez les petits enfants. » Et pourtant, pour Jeanne, comme pour son fils, toute initiative de Catherine de Médicis suggérait l'idée d'un traquenard. Jeanne se mit en route, déjà minée par la tuberculose qui aggravait l'irritabilité de son caractère et l'exaltation de son esprit. Les deux reines se retrouvèrent à Chenonceaux le 15 février. Jeanne et sa fille Catherine découvrirent l'élégante beauté de la brillante Marguerite. La reine de Navarre pressentait tous les dangers qui menaçaient la liberté et la conscience de son fils. Ses lettres à Henri étaient pleines de mises en garde contre les moqueries de Catherine de Médicis qui cherchait à la faire vaciller, contre la taille trop serrée et les fards de Marguerite qui affirmait son catholicisme avec hauteur, contre la dissolution d'une Cour à la fois brutale et honteusement luxueuse, et contre ce qu'elle détestait par-dessus tout, « les hermaphrodites religieux », c'est-à-dire les « politiques ». Pouvait-elle oublier comment son mari, qu'elle aimait, l'avait quittée, happé par la Cour de Catherine ? A bout de forces, elle demandait à son fils de conserver avec fermeté sa religion et – souci tout maternel – le conseillait sur sa coiffure et ses vêtements pour faire impression à la Cour. Les négociations enfin conclues, Henri s'achemina vers Paris. La mère et le fils ne devaient plus se revoir. Jeanne d'Albret mourut en effet à Paris le 9 juin, avant l'arrivée de son fils, à temps pour ne pas assister à la Saint-Barthélemy, à la conversion forcée d'Henri et à son alliance avec ces « hermaphrodites religieux » qu'elle haïssait.

Henri revit Marguerite : de quelques mois plus âgée que lui, elle avait alors dix-neuf ans. Elle était grande, brune, très belle d'après tous ses contemporains. À la fois gracieuse et royale, elle marchait en jetant la tête en arrière, portait des toilettes étourdissantes, lançait les nouvelles modes, était parmi les premières à montrer sa gorge, dissimulait ses cheveux trop fins sous des perruques rousses frisées au petit fer. Elle possédait les dons intellectuels des Valois, parlait couramment le latin, et pouvait converser brillamment avec l'élite la plus cultivée. Les portraits de cette époque nous font découvrir le charme de son visage bien dessiné, la vivacité malicieuse de son expression, l'intelligence de son regard. Elle circulait allongée sur des litières dorées couvertes de devises peintes. Car Marguerite aimait les allégories, les mises en scène, la folie des passions amoureuses qui apportaient autant d'exaltations à son esprit qu'à ses sens. Bien qu'elle s'en défende dans ses Mémoires, elle était amoureuse du beau duc de Guise, chef du parti catholique, ce qui contrariait fort sa mère et Charles IX, désireux de trouver la paix avec les protestants. Sa sœur aînée, Élisabeth de Valois, avait été mariée à Philippe II : Catherine l'avait chargée de maintenir l'amitié entre la France et l'Espagne. La discrète Élisabeth s'acquittait au mieux de cette mission. À Marguerite de maintenir la paix avec les protestants et de conserver l'alliance privilégiée entre la France et la Navarre. Elle se soumit de très mauvaise grâce à la volonté de sa mère et de son frère. Le laxisme de ses mœurs n'empêchait nullement son attachement à la religion catholique et son antipathie marquée pour la « malheureuse huguenoterie ». Henri était protestant, point beau, peu recherché dans sa mise, peu curieux des raffinements amoureux de la Cour des Valois. Marguerite, sensible à l'univers chevaleresque encore très présent à cette époque, ne manquait pas d'une certaine honnêteté de tempérament. Elle décida d'adopter une solidarité amicale avec son futur mari qu'elle n'aimait pas.

C'est en août 1572 qu'eurent lieu ses noces forcées et sanglantes. Peu de temps auparavant, Catherine avait secrètement ordonné l'assassinat de l'amiral de Coligny, haute figure protestante qui dominait les pensées de Charles IX, au point d'entraîner le jeune roi dans une guerre funeste contre l'Espagne. Coligny ne fut que blessé. Craignant que le roi ne découvrît sa responsabilité, Catherine retourna l'esprit de son fils, lui ouvrit les yeux sur la folie des projets de Coligny et, tentatrice, lui suggéra l'horrible et facile solution. Tous les principaux chefs protestants se trouvaient là, réunis à l'occasion du mariage du roi de Navarre. Pourquoi ne pas les tuer tous en même temps?

Marguerite a laissé dans ses Mémoires un récit hallucinant de cette nuit de la Saint-Barthélemy (23-24 août). Des scènes terribles se succédèrent : les jeunes époux effrayés pressentant le danger, Henri quittant le lit conjugal, follement inquiet pour les siens, Marguerite brutalement réveillée couverte du sang d'un inconnu au bras transpercé par une hallebarde qui hurlait de terreur et demandait vie sauve. Catherine épargna Navarre et Condé pour des raisons évidentes. Navarre venait tout de même d'épouser sa fille, les deux cousins étaient princes du sang et pouvaient servir sa politique de bascule. Il fallait ménager des rivaux aux Guise qui triomphaient. Monstrueux triomphe, car cet assassinat collectif, qui se voulait strictement politique et « ciblé », dérapa et se transforma en un véritable holocauste. La population parisienne, farouchement catholique, accomplit une sorte de massacre rituel de tous les protestants à sa portée – massacre qui lui apparaissait comme un sacrifice purificateur chargé d'éloigner les fléaux de la guerre et de la famine.

Le mariage de Marguerite avait perdu son sens et son utilité. Avait-il été consommé? Si tel n'était pas le cas, Catherine proposait à sa fille de le faire annuler. Marguerite fit preuve d'un certain panache. Elle avait été mariée au chef d'un puissant parti – roi de surcroît –, elle n'était plus que l'épouse d'un prisonnier humilié. Humiliée elle-même pour avoir été traitée avec tant de cynisme, craignant quelque « mauvais tour » de cette famille de fauves qui avait détruit le « triomphe de ses noces », elle répondit à sa mère que puisqu'elle l'y « avait mise », elle « voulait y demeurer ». Défi à sa mère et à ses frères qui l'avaient blessée mais qui la fascinaient. Fille et sœur de rois... Cette remarque revenait souvent chez Marguerite lorsque, brusquement, elle se cabrait. Elle aurait voulu suivre les traces de sa mère, adorait et détestait ses frères, affichait une liberté de mœurs qu'elle assimilait à la liberté des rois, au-dessus de la morale ordinaire. Henri put la considérer comme une amie véritable pendant les quatre années où il resta prisonnier de la Cour. Mais il ne put jamais l'aimer. La mésentente physique, le drame sanglant de ses noces y furent certes pour quelque chose. Surtout, il savait que Marguerite, malgré ses intrigues en faveur de son mari, appartenait viscéralement au monde étrange, séduisant et barbare de ses geôliers. Henri supporta toutes les humiliations, dut assister au supplice de ses amis, accompagna le roi et toute la Cour pour contempler le cadavre pendu de Coligny, entendit l'éclat de rire de sa belle-mère lorsqu'il plia le genou devant l'autel de Notre-Dame, après sa conversion sous menace de mort. Il apprit à se défendre en développant un égocentrisme et un talent de dissimulation qui devaient le protéger d'une certaine façon au long des traverses de sa vie.

Il fut, comme son père, séduit par l' « escadron volant » lâché par Catherine. Charlotte de Sauve, la belle espionne, partageait la couche de tous les princes, provoquant des imbroglios sans fin. Au printemps 1574, La Mole et Coconas, amants de Marguerite et de la duchesse de Nevers, devaient enlever Alençon, Navarre et Condé, puis les conduire à Sedan, ville aux mains d'un protestant, le duc de Bouillon. Charlotte découvrit le complot et rapporta tout à Catherine. La Mole et Coconas furent décapités. Marguerite et Henriette de Clèves ont-elles enlevé les têtes de leurs amants pour les embaumer et les conserver auprès d'elles, comme le veut la tradition ? Ce qui est certain, c'est qu'Henri vit apparaître à la Cour sa femme et la duchesse en habits bruns – couleur insolite chez les grands – ornés de « trophées de mort ». Des têtes de mort parsemaient leur coiffure, pendaient à leurs colliers et à leurs bracelets. Henri accepta de voir son infortune conjugale affichée de façon particulièrement macabre. Il accepta aussi l'offre de Marguerite qui lui rédigea sa défense avec sa talentueuse intelligence.

Charles IX, qui avait donné à sa sœur le surnom de « Margot », mourut bientôt, et Henri III monta sur le trône. Marguerite, dénoncée par Du Guast, aidait l'alliance de son mari et de son jeune frère, favorisant ainsi la résurrection du parti des « politiques », futur pilier du pouvoir d'Henri IV. Elle était, aussi, secrètement ravie de pouvoir attirer l'attention du nouveau roi, son frère, qu'elle avait passionnément aimé, passionnément haï. Le 22 février 1576, au cours d'une chasse, Henri s'échappa de la Cour. Il abjura le catholicisme, se mit à la tête du parti réformé, conclut avec Henri III une paix favorable aux protestants, vite contestée. Pour mettre fin à la guerre d'escarmouches qui avait éclaté entre son fils et son gendre, Catherine vint rejoindre Henri sous le prétexte de lui ramener sa femme. Il retrouva Marguerite et Catherine après presque trois ans de séparation. Il fallut trois mois de négociations entre le gendre et la belle-mère pour trouver un arrangement à Nérac en février 1579. Trois mois qui furent une grande leçon pour Henri et son avenir. C'était le roi de Navarre qui discutait âprement les intérêts du parti réformé français avec une femme qu'il avait toutes les raisons de détester. C'était aussi le premier prince du sang, après Monsieur, proche du trône de France par les lois successorales françaises, qui apprenait auprès de Catherine l'art de préserver la paix entre ses sujets par une patience infinie et une suprême habileté. Fille de Laurent de Médicis – à qui Machiavel avait dédié son œuvre –, nièce de papes dont elle avait pu observer les faiblesses humaines, Catherine avait reçu une éducation marquée par l'humanisme des princes italiens, plus laïc que l'humanisme français. Sa formation et son tempérament l'avaient préparée à la notion d'une tolérance civile parallèle à une certaine laïcisation de l'État. Malgré le souvenir du crime de la Saint-Barthélemy, Henri était profondément attiré par la ligne directrice de la politique royale, comme s'il pressentait qu'il était destiné à en être le successeur. Il est significatif que les différents traités qu'il concluait avec son beau-frère le roi de France allaient toujours en deçà des prétentions du parti protestant.

Marguerite séjourna un peu plus de trois ans à Nérac auprès de son mari. Ce furent parmi les années les plus heureuses de sa vie. Elle était reine de Navarre ; elle apportait à la Cour une vie intellectuelle de qualité ; elle occupait agréablement sa vie amoureuse extraconjugale. Elle avait trouvé avec son mari une complicité étrange. Au fond d'eux-mêmes, ils subissaient tous deux le poids d'un conflit de devoirs contradictoires : ils étaient à la fois rois de Navarre et princes français. Marguerite témoigna son dévouement en plusieurs occasions. Elle aida même l'une de ses dames d'honneur à accoucher secrètement d'un enfant mort-né des œuvres d'Henri ! La tension d'une situation politique et privée plus que trouble devait progressivement détruire ce couple mal marié. Une nouvelle tentative pour bouter les catholiques, curieusement appelée « guerre des amoureux », parce qu'elle fut décidée à Nérac, se termina par une nouvelle paix qui restitua aux catholiques les places fortes prises par les protestants. Là encore, Henri maintint le lien avec les Valois. Catherine pria le ménage de revenir à la cour. Marguerite accepta, heureuse de suivre son amour du moment, le beau Champvallon. Henri, nullement désireux de se retrouver auprès de sa belle-mère et entouré par les mignons d'Henri III, refusa de quitter son royaume et ses fiefs. Les époux restèrent séparés deux années. Puis Marguerite revint à Nérac, chassée par son frère qui lui reprochait ses frasques et son secret attachement à la cause de son mari. L'émotion des retrouvailles (avril 1584) fut de courte durée. Henri avait commencé sa liaison avec l'impérieuse Corisande de Gramont qui s'évertuait à le détacher de sa femme.

La mort du duc d'Alençon, au moins de juin, fit d'Henri de Navarre le successeur de la couronne. Henri III lui demanda alors de se convertir et de venir le rejoindre. Navarre craignit de perdre à la fois le parti protestant et les catholiques extrémistes qui auraient douté de la sincérité de sa conversion, et justifia son refus en proposant de réunir un concile. La France basculait à nouveau dans la guerre. Marguerite, désespérée par la mort de son frère Alençon, par la haine que lui portait son autre frère Henri III, par la froideur que lui témoignait son mari, se sentit totalement isolée. De plus, elle soupçonnait Corisande de vouloir l'empoisonner. L'une de ses suivantes était morte après avoir bu un bouillon qui lui était destiné. Défiant rageusement sa famille, son mari et son propre honneur, comme si elle criait à la face de tous l'échec de sa vie gâchée, Marguerite s'échappa de Nérac et se jeta dans la Ligue. Elle gagna Agen, ville catholique dont elle était le seigneur, et commença à élever des fortifications avec les subsides de son premier grand amour, le duc de Guise. Pourchassée par les troupes royales, elle s'enfuit sur la croupe du cheval du capitaine d'Aubiac, son nouvel amant. Un guet-apens tendu par Catherine mit fin à son errance rocambolesque. D'Aubiac fut pendu par les pieds et Marguerite fut enfermée dans un de ses fiefs en Auvergne, le château d'Usson, où elle arriva le 13 novembre 1586. Elle devait en sortir au début de l'année 1605, dix-neuf ans plus tard... pour revivre avec son ex-mari l'étrange complicité d'antan, mais cette fois dans une belle et sereine amitié !

Marguerite a sa part et non des moindres dans le destin royal d'Henri. À sa façon, toujours particulière, elle l'aida et l'aidera encore du fond de l'Auvergne à devenir le successeur direct des Valois. Nous retrouverons souvent Marguerite qui va jouer un rôle essentiel dans l'histoire des amours d'Henri IV et de Gabrielle d'Estrées. Camouflant ses intentions sous les amabilités les plus ostentatoires, la fille de Catherine sera la pire ennemie de Gabrielle : car elle contribuera très probablement à empêcher avec beaucoup de subtilité le mariage de la favorite avec Henri – mariage bien peu digne pour le successeur de son père et de ses frères. Henri IV épousera à son tour une Médicis, au grand contentement de Marguerite.

Corisande

Diane était son vrai prénom qu'elle tenait de sa parente et marraine Diane de Poitiers. Diane d'Andouins avait sensiblement le même âge qu'Henri. À vingt-cinq ans, elle se trouva veuve de Philibert de Gramont, comte de Guiche et gouverneur de Bayonne, qui mourut en 1530 des suites de ses blessures au siège de La Fère. Un tableau de la fondation Gramont au Musée historique de Bayonne nous met en présence d'une grande femme mince et brune, à l'expression altière et volontaire, habillée à la mode pudique et sobre de la Cour espagnole. Riche, elle vivait fastueusement avec ses deux enfants au cœur du Sud-Ouest, dans son château de Hagetmau, refuge de ses rêves, île enchantée peuplée d'animaux exotiques, où elle développait son goût pour la musique et les lectures héroïques. Deux ans avant son veuvage, elle s'était déjà attribué le pseudonyme de Corisande, une héroïne de l'*Amadis de Gaule*, roman de chevalerie alors très à la mode traduit de l'espagnol, « qui traite de maintes aventures d'armes et d'amours qu'eurent plusieurs chevaliers et dames, tant du royaume de la Grande-Bretagne que d'autres pays ». Corisande était souvent invitée par Catherine de Bourbon, dont le retour au pays avait été exigé par Henri lors de la « Paix de Monsieur ». Catherine avait repris la religion protestante, dès sa sortie de la Cour des Valois. Malgré leur différence de foi religieuse – Corisande resta toujours catholique –, les deux femmes étaient faites pour s'entendre. Elles étaient toutes deux très attachées au Sud-Ouest, leur patrie de cœur, elles aimaient l'exaltation héroïque des grandes valeurs, les chemins droits, difficiles et méritants.

Après le départ de Marguerite à la Cour de France en 1582, Henri se sentait tout à la fois fatigué par les fièvres dont il aurait à souffrir maintes fois durant sa vie, et libéré de sa belle-mère comme de sa femme dont la présence lui apportait toujours une indéniable tension nerveuse. Il résolut de se rendre à Pau afin de visiter sa sœur qu'il avait pourvue de la lieutenance générale en Béarn. Corisande s'y trouvait aussi. Henri était un lecteur assidu d'*Amadis*. Loin de Marguerite, dont la simple vue lui rappelait le protectorat de la France et les intrigues sanglantes de la Cour des Valois, Henri purifiait et fortifiait son âme dans les merveilleux jardins de Pau en évoquant avec la comtesse les amours flamboyantes des héros de l'*Amadis*. Leur relation amoureuse commença en 1583. Les amants se voyaient à Hagetmau ou à Pau, chez Catherine. Corisande était trop fière pour partager la vie des camps. Les protestants se méfiaient de cette maîtresse catholique à qui Henri promit secrètement le mariage, inaugurant ainsi une fâcheuse habitude qui, par la suite, devait mettre en péril la tranquillité de l'État.

Le roi de Navarre agrandissait sa maison, organisait son gouvernement, affirmait l'indépendance de son royaume. La tendresse autoritaire de Corisande apaisait son caractère nerveux et anxieux. L'originalité de sa maîtresse captivait son esprit. Corisande se rendait à la messe suivie par un Maure, un Basque, une page anglais, un bouffon, un singe et un barbet! Un faux prénom, un univers enchanteur et livresque, une pantomime romanesque... Tout cela semble si loin du personnage gaillard, réaliste et rusé qu'évoquera pour des générations de Français le bon roi Henri! Henri fut pourtant sensible à tous les courants culturels de son siècle. Lui aussi souffrit des contradictions angoissantes de l'époque, auxquelles s'ajoutaient les déchirures de son destin. Lui aussi chercha à soutenir son courage en s'appuyant sur une geste imaginaire. Diane s'était baptisée Corisande, héroïne d'un pays rêvé, comme les Grands donnaient à leurs enfants les noms des héros mythologiques d'une Antiquité idéalisée. Claude-Gilbert Dubois le remarque finement : la mythologie introduisait dans un monde réel qui se dérobait face au chaos et au pluralisme des idées et où les « êtres ne répondaient plus à l'appel de leur nom », la nostalgie d'une unité retrouvée, de la pureté des origines, du paradis de l'enfance.

Le retour de Marguerite à Nérac, chassée par son frère Henri III, coïncida avec une série d'événements qui allaient bouleverser la vie d'Henri. Tout bascula en une année. Au mois de juin 1584, la mort du dernier fils de Catherine faisait d'Henri l'héritier de la Couronne de France. Le 19 mars 1585, Marguerite déshonorait son mariage par sa fuite et son inconduite tapageuse. Le 7 juillet de la même année, Henri III et Catherine de Médicis s'alliaient avec la Ligue. Le roi de France avait sacrifié Navarre. Henri s'en émut si violemment que, selon son propre témoignage, la moitié de sa moustache blanchit en une nuit. Le 9 septembre, une bulle du pape Sixte Quint condamnait le roi de Navarre. En France, sa déchéance fut proclamée. Henri se retrouvait rebelle, obligé d'avoir recours aux alliances étrangères, confiné dans son rôle de chef du parti protestant, roi de Navarre mais coupé de son destin national. S'est-il alors souvenu de son père mort comme prince français, combattant dans les armées royales ? Jamais il ne put effacer de son esprit son appartenance à la France et le lien dynastique qui l'attachait malgré tout aux rois Valois. Et le sectarisme religieux lui répugnait. Il avait réussi jusque-là à maintenir une certaine équivoque, malgré les guerres et les escarmouches. Il lui fallait maintenant agir en ennemi déclaré du roi de France, en chef religieux combattant le parti extrémiste de la Ligue catholique. Corisande lui apporta son secours, matériel et moral : « J'ai bien une peine extrême pour l'incertitude en laquelle je vous vois, ne sachant encore qui vous est ami et ennemi », lui écrivait-elle. Elle l'encouragea par la fermeté de son langage, par ses conseils avisés de prudence. Henri ne devait se fier qu'à lui-même.

Oui, il était profondément seul, presque toujours éloigné physiquement de Corisande. Leur relation fut bien peu charnelle, très idéale, maintenue par le fil d'une abondante correspondance qui commença à la fin 1585 et ne devait se terminer qu'en 1592. Les lettres d'Henri étaient de véritables bulletins militaires qui, à l'occasion, tombaient entre les mains des ennemis. Corisande blâmait, dans ses lettres à son chevalier, les imprudences du « petiot ». Henri avait moralement besoin de droiture et de sincérité. Il avait besoin aussi d'une projection héroïque qui durcissait sa conscience en vue d'un combat qui le blessait intimement. Corisande lui apportait cette projection. Elle était la dame attendant dans son île enchantée le chevalier qui la mériterait en lui offrant tous ses exploits. Pendant toute cette période, Henri lut à plusieurs reprises le manuscrit des *Tragiques* qu'écrivait son fidèle compagnon, le très protestant Agrippa d'Aubigné. Face à la Ligue qui sacralisait la violence exterminatrice au nom du Dieu des Justes, d'Aubigné brandissait l'étendard du

Dieu vengeur de la Bible et ressuscitait les spectres des suppliciés de la Saint-Barthélemy. L'héroïsation de d'Aubigné « dopait » à son tour l'âme modérée et française d'Henri. Catherine de Médicis tenta encore un arrangement. Elle rencontra son gendre pour la dernière fois à la fin de 1586. Henri resta de glace et rien ne sortit de cette entrevue.

Le 20 octobre 1587, ce fut Coutras : Henri de Navarre remporta une victoire inattendue et totale sur les troupes royales. L'armée d'Henri III laissa deux mille morts, dont plus de trois cents gentilshommes. Parmi ces derniers, les deux frères Joyeuse, favoris du roi de France. Henri avait accompli son premier véritable exploit militaire. Amadis galopa en direction du Béarn et déposa auprès de sa dame vingt-deux drapeaux d'ordonnance et autant de guidons pris sur l'ennemi. Henri fit encore quelques courts séjours à Hagetmau auprès de Corisande, au cours du mois de novembre et au début de décembre. Il la quitta en lui promettant de revenir. Il ne revint plus jamais. Certes, Corisande s'était empâtée, son teint de lys avait fâcheusement rougi. D'autres raisons nous font pressentir que le temps héroïque d'*Amadis* commençait à s'éloigner, tandis qu'apparaissait peu à peu le temps des « politiques » qui sera celui de Gabrielle. Sur le chemin qui le menait de Coutras vers Corisande, Henri s'arrêta au château de Montaigne, à peine trois jours après sa victoire. L'ancien maire de Bordeaux était l'exemple même d'un « politique », et subissait d'ailleurs les critiques que s'attirait généralement sa famille d'esprit, à cette époque d'engagements extrêmes : « Je fus pelaudé à toute main, au gibelin, j'étais guelfe, au guelfe, gibelin... » Montaigne était sur le point de se rendre à Paris pour porter à son libraire la cinquième édition des *Essais*. Malgré le manque de preuves formelles, on peut supposer qu'Henri, très probablement, chargea l'écrivain d'une mission auprès d'Henri III. Montaigne aimait sincèrement la personne d'Henri de Navarre, tout en restant très attaché à la légitimité royale des Valois. Les deux rois ne pouvaient s'unir qu'en suivant la ligne « politique », légaliste et modérée qui excluait les prétentions messianiques et l'insupportable tutelle des partis religieux. L'auteur des *Essais* était particulièrement bien placé pour tenter de renouer ce lien si fragile. D'Aubigné n'aimait point Corisande, grande dame catholique susceptible de conseiller la conversion de son maître. En revanche, Montaigne avait une haute estime pour la comtesse de Guiche, qu'il connaissait bien. Et pourtant, la geste héroïque et tragique écrite par d'Aubigné ne contredisait pas l'univers de la dame d'*Amadis*. Alors que les *Essais* de Montaigne, également lus par Henri, remplaçaient les héros par des sages. Face à la diversité des opinions, à l'impossibilité de connaître le secret de l'unité du monde, point de refuge auprès des dieux mythologiques ou des chevaliers de la Table Ronde, mais le havre tranquille du scepticisme commode et souriant d'un sage résigné au « que sais-je ? » N'était-ce pas le meilleur moyen d'éloigner la domination des fanatismes religieux avec leur cortège de meurtres et de tortures ? Montaigne parlait mieux que quiconque au cœur d'Henri de Navarre qui, par tempérament, par lassitude et par calcul politique tout à la fois, se rapprochait de plus en plus de la pensée de l'illustre Bordelais.

Selon les apparences, l'amour d'Henri pour Corisande poursuivait sa trajectoire dans les hautes cimes de l'idéal chevaleresque. La route du roi de Navarre était encore si cahotique et incertaine ! La ferme amitié de Mme de Gramont l'apaisait toujours. « Ne me refusez pas votre soutien », lui écrivait-il après la mort étrange de son cousin Condé, au mois de mars 1588. Henri fit emprisonner sa veuve soupçonnée de l'avoir empoisonné. Au mois d'octobre, Navarre changea le monogramme qui remplaçait sa signature dans ses lettres à Corisande, et imagina un H enlacé de deux C. C'est à cette époque qu'il demanda à d'Aubigné et à Bouillon leur avis sur un mariage avec Mme de Gramont... qu'il n'avait pas revue depuis presque un an ! Plus tard, lorsqu'il parlera mariage à Gabrielle, il enlacera les H et les G sur les façades du Louvre. D'Aubigné et Bouillon lui répondirent avec bon sens que son destin royal était suffisamment compromis pour ne pas le compromettre encore davantage. Henri était-il sincère, ou posait-il la question pour provo-

quer une réponse qu'il savait juste ? Avait-il déposé les trophées de Coutras aux pieds de Corisande dans un élan
d'amour enthousiaste ? Ou avait-il fait un geste spectaculaire
qui mettait fin, dans une apothéose théâtrale, à une époque
de son itinéraire ? Peut-être les deux à la fois, tant était forte
la dualité de son éducation et de son destin. Dix ans plus
tard, nous devinerons chez Henri IV un comportement à la
fois passionné et rusé lors de ses projets insensés de mariage
avec Gabrielle.

Au mois de novembre 1588, Henri apprit à Corisande,
avec un naturel désarmant, la mort du petit bâtard qu'il eut
d'Esther Imbert, sa maîtresse charnelle en titre ! Corisande
restait la confidente privilégiée, la véritable amie. Au mois
de décembre, coup de tonnerre : Henri III avait fait assassi-
ner à Blois le duc de Guise et son frère, le cardinal. Navarre
exultait. Épernon lui apprit l'événement en lui envoyant la
bague que Guise portait au doigt : Henri reconnut la bague
de Charlotte de Sauve, la belle espionne qui l'avait trahi et
qui avait aussi séduit le balafré ! Il écrivit la nouvelle inouïe à
Corisande, en ajoutant qu'il souhaitait aussi la mort de Marguerite et de sa mère... Cette dernière mourut très peu après.
Henri III se sentit plus libre pour se rapprocher de Navarre
et l'instituer son héritier. Catherine de Médicis détestait son
gendre depuis que Nostradamus avait prédit : « Il aura tout
l'héritage. » Le roi Valois invita son beau-frère à venir le
rejoindre sur les bords de la Loire. Henri se rendit à Maillé
(Luynes de nos jours), écouta les avis partagés de ses conseillers, suivit l'irrépressible mouvement de son intuition et de
son cœur, et, le 30 avril 1589, alla retrouver le fils de Catherine dans les jardins de Plessis-lès-Tours. D'après de nombreux témoignages, les deux hommes étaient bouleversés.
Henri ne put cacher sa vive émotion en se jetant aux pieds
du roi de France. Le fils d'Antoine de Bourbon et de Jeanne
d'Albret commençait à se sentir enfin sur un seul chemin. Il
envoyait toujours à sa dame des lettres pleines de promesses
de fidélité et de baisers par millions. Corisande ne cachait
plus son incrédulité et répondait maintenant avec froideur.
Elle était en outre secrètement indignée de la désinvolture

d'Henri à l'égard de sa sœur Catherine. Après avoir voulu la fiancer à son cousin Soissons, Bourbon et catholique, Henri avait changé d'avis, car il craignait le caractère intrigant d'un rival possible pour le trône de France. Or Catherine était tombée follement amoureuse de son cousin, et Corisande était chargée par Henri de l'en détacher. Ce rôle lui déplaisait infiniment. Henri s'était bien éloigné de l'univers plein de promesses éternelles des romans de chevalerie! Corisande continua, néanmoins, à servir sa cause avec dévouement et lui envoya son fils, afin qu'il fît ses premières armes auprès de lui. Mais l'éloignement, le vieillissement et la précipitation des événements avaient déjà mis fin à leur liaison sentimentale.

1er août 1589 : Henri III est assassiné par le moine Jacques Clément. Le roi est mort après avoir désigné Henri de Navarre comme son successeur. Le fils de Catherine a demandé au fils de Jeanne de se convertir. L'éclaircie royale, dans la vie d'Henri, n'a duré que trois mois. Le nouveau roi se trouve soudain dans une solitude immense, sur le plan stratégique, politique et personnel. Nombre de seigneurs catholiques qui lui ont prêté serment sur ordre du roi mourant le quittent, car ils ne veulent pas servir un roi huguenot. D'autres restent, mais sans enthousiasme. L'état-major protestant se méfie de plus en plus du fils de Jeanne d'Albret qui, pensent-ils avec raison, sera poussé à abjurer. Pour l'heure, Henri refuse de se convertir... mais non de s'instruire dans la religion catholique. Il craint toujours que l'on ne croie à sa sincérité s'il se convertit maintenant. L'alliance entre la Ligue catholique et l'Espagne est plus forte que jamais. Le soutien financier et militaire de Philippe II paraît condamner Henri IV au destin de Sisyphe : les défaites succèdent aux victoires, les reculs aux avances. Pourtant, le nouveau roi se montre très vite un adversaire d'envergure par ses victoires d'Arques (septembre 1589) et d'Ivry (mars 1590). Un autre événement joue en sa faveur :

la mort du frère de son père, le cardinal Charles de Bourbon, que la Ligue a proclamé roi sous le nom de « Charles X ». L'oncle repenti est mort en prison, sous la garde de d'Aubigné, après avoir reconnu son neveu comme roi légitime. Car, pour Henri IV, la conquête de son trône passe par une claire reconnaissance de sa légitimité. Or celle-ci est encore largement contestée.

Henri l'hérétique est assimilé aux faux prophètes de la fin des temps que ses contemporains sont persuadés de vivre. Les astrologues prédisent des cataclysmes imminents et la proximité du châtiment. Denis Crouzet a magnifiquement cerné cette « civilisation de l'angoisse » qui pousse chacun à livrer l'ultime combat contre l'impur. C'est dans ce contexte que s'explique le succès de la Ligue dont le but suprême reste l'instauration terrestre de la cité de Dieu sous les auspices de l'Église catholique, quitte à changer de dynastie, si la dynastie régnante se met du côté du diable. La mission de la Ligue et des Guise se veut sublime. Face à elle, la mission d'Henri IV est d'une terrible grandeur. Il combat pour extirper l'angoisse de son peuple, pour apaiser les culpabilités, pour éteindre les incendies des fanatismes. Incroyablement seul, il doit dominer sa propre inquiétude. Quoi de plus opposé à l'angoisse du siècle que l'idée du bonheur ? Il pense à Montaigne, à sa « conscience heureuse », selon les termes de Marcel Conche. L'homme n'est plus voué au malheur, affirment les *Essais* : il appartient à la nature, ni plus ni moins que le reste, partout où est la vie existe la possibilité d'« heureusement vivre ». Henri a besoin de la présence du philosophe auprès de lui. Il lui écrit à plusieurs reprises pour lui demander de venir le rejoindre. En attendant, il cherche une femme semblable à la femme présentée par Montaigne qui croit à l'égalité naturelle des deux sexes, au bonheur gai et sans honte. Cette femme sans mystification, dans sa vérité charnelle, Henri croit la trouver en Normandie et lui rend visite en son château.

Antoinette de Pons, veuve du comte de La Roche-Guyon, reçoit le roi avec beaucoup d'égards et, le soir tombant, effrayée par la perspective d'un tête-à-tête avec le Vert

Galant, s'enfuit précipitamment en carrosse! Henri lui écrit une lettre (28 mai 1590) aux termes directs et à la tournure assez gaillarde qui va effaroucher encore davantage la comtesse, l'une des rares femmes qui lui ait résisté.

« Après avoir tant tourné autour du pot que vous voudrez, si faut-il venir à ce point, qu'Antoinette confesse avoir de l'amour pour Henri. Ma maîtresse, mon corps commence à avoir de la santé, mais mon âme ne peut sortir d'affliction, que n'ayez franchi ce saut. Puisqu'avez l'assurance de mes paroles, quelle difficulté combat votre résolution? Qui l'empêche de me rendre heureux? Ma fidélité mérite que vous ôtiez tous obstacles. Faites-le donc mon cœur; et faisons comme par gageure qui se rendra plus de témoignage d'une vraie et fidèle amour. Si j'use de termes trop familiers avec vous, et qu'ils vous offensent, mandez-le moi et me le pardonnez en même temps. Désirant établir avec vous une familiarité éternelle, je me sers des termes que j'y estime les plus propres. Je ne sais quand je serai si heureux de vous voir. »

Les termes sont lâchés : « heureux », « familiarité ». Un bonheur familier, voilà ce que cherche le roi, six mois avant sa rencontre avec Gabrielle. Nous ne saurions le lui reprocher.

Après la bataille d'Ivry, Henri IV, convaincu que son artillerie n'est pas assez importante pour livrer une bataille à Paris, commence le siège de la capitale afin de l'affamer. Fanatiquement ligueuse, la ville résiste héroïquement aux épouvantables privations. On dénombre 45 000 morts, soit un nombre treize fois plus élevé que celui des victimes de la Saint-Barthélemy. Tournant autour de Paris, le roi visite le couvent de Longchamp. L'une des nonnes, Catherine de Vendôme, succombe sans difficulté aux assiduités d'Henri. Celui-ci surveille également le blocus de la capitale depuis les hauteurs de Montmartre. Il pénètre dans l'abbaye du lieu et ne tarde pas à séduire une charmante jeune nonne orpheline, Claude de Beauvilliers. Ironie des événements : Claude est la fille du comte de Saint-Aignan, petit-cousin de Corisande et de Marie Babou de La Bourdaisière, propre tante de Gabrielle! À l'époque, on appelle les couvents des « religions ». D'après d'Aubigné, Biron en a tiré un jeu de mots qui a fort amusé le roi. Le maréchal reproche au roi de ne pas se convertir, selon les promesses qu'il fit devant Henri III, et pourtant il vient d'apprendre qu'Henri a changé de religion. Le roi s'emporte. Biron lui prend la main et lui dit tout doucement : « Sire, aujourd'hui même, vous avez quitté la religion de Longchamp et vous avez pris celle de Montmartre. » Le roi et toute l'assistance éclatent de rire... Les Parisiens, quant à eux, écoutent les prêches des curés horrifiés par le « renard béarnais », incarnation du démon qui n'hésite pas à séduire des religieuses. Paris est au bout de ses souffrances. La cité est délivrée par l'approche d'Alexandre Farnèse, fils de la demi-sœur de Philippe II, Marguerite d'Autriche, et l'un des plus grands capitaines de son temps. Henri IV doit lever le siège de la capitale le 30 août. Le lendemain, il écrit encore à Antoinette de La Roche-Guyon qui ne fléchit pas plus que Paris. Quelques jours après, il reçoit la réponse définitive et négative de Montaigne. Fatigué, le philosophe préfère rester dans son château; il y mourra deux ans plus tard. Le roi sait qu'une solution purement militaire ne suffit plus. Il faut détacher de tous les partis les « politiques » susceptibles de venir rejoindre le noyau dur des catholiques royaux, où l'on trouve Bellegarde, Cheverny, d'Estrées... Le temps de Gabrielle va commencer.

CHAPITRE III

Premières rencontres

« Vous auriez pitié de moi, si vous me voyiez, car je suis accablé d'affaires; que j'en succombe sous le faix », écrit Henri IV à Corisande vers le mois de novembre 1590. Les troupes espagnoles sont à Paris depuis septembre. Farnèse a ouvert aux Parisiens les vallées de la Marne et de la Seine. Les nobles ralliés au Béarnais repartent dans leurs provinces pour défendre leurs fiefs contre l'avance espagnole. Les grands chefs ligueurs ont commencé à défier le royaume, tandis que le roi se trouvait immobilisé par le siège de Paris. Les mercenaires vont devenir le fer de lance de l'armée royale. Encore faut-il les payer. Le 3 novembre, le souverain se décide à vendre une partie de ses domaines pour subvenir aux frais de la guerre. Le roi se trouve lui-même vieilli. Une robuste constitution et une grande vivacité d'esprit le soutiennent, mais il aurait tant besoin d'une lumière heureuse, de la présence d'un être jeune qui apporte l'espérance des commencements! Henri est disposé au coup de foudre.

Le coup de foudre du roi

Jusqu'à sa mort, Roger de Bellegarde ne pourra jamais corriger sa vanité amoureuse, encore célèbre au siècle suivant. Très proche du roi par ses fonctions, Monsieur le Grand décrit fièrement au souverain la beauté merveilleuse de sa dernière conquête, la fille d'Antoine d'Estrées. Il avoue peut-être déjà qu'il projette de l'épouser. Henri a probablement l'occasion de se renseigner davantage sur cette perle rare auprès de sa maîtresse, Claude de Beauvilliers, cousine germaine de Gabrielle. Et Cheverny, l'amant d'Isabelle Babou, lui aurait-il confirmé le portrait enthousiaste brossé par Bellegarde ?

Un jour d'automne, vraisemblablement au mois de novembre, Bellegarde demande au roi la permission de s'absenter pour voir Gabrielle. Henri déclare qu'il l'accompagnera. Le grand écuyer s'aperçoit alors de l'imprudence de ses propos. Les deux hommes, suivis par une escorte, se rendent donc à Cœuvres. Scipion Dupleix, historien contemporain d'Henri IV, écrira que le souverain « n'y fit que passer à ce coup avec trente gentilshommes, portant chacun sa salade devant soi à l'arçon et sans descendre de cheval, prit du vin de la main de sa maîtresse. Son adieu dit avec regret, l'assurait de ses fréquentes visites, et d'un long séjour à l'avenir auprès d'elle. »

La version des *Amours du Grand Alcandre* est plus convaincante. Henri est reçu au château par Gabrielle et sa sœur aînée, Diane. Autant Diane la brune est vive, déliée, expansive, autant Gabrielle la blonde est placide, douce, réservée. Nous n'avons pas de description précise écrite de l'apparence physique de Gabrielle, hormis celle du *Grand Alcandre* qui – ne l'oublions pas – sera l'œuvre de Mlle de Guise, amie de Bellegarde, si ce n'est l'œuvre du grand écuyer lui-même. Il s'agit ici du portrait de la jeune femme devenue favorite en titre : « La riche coiffure de Gabrielle, qu'elle avait semée de quantité de brillants enchâssés dans l'or de sa belle tresse la faisait remarquer avec avantage par-dessus toutes les autres dames. Bien qu'elle fût vêtue d'une robe de satin blanc, si est-ce qu'il semblait noir en comparaison de la neige de son beau sein. Ses yeux étaient de couleur céleste et si luisants qu'on eût difficilement pu juger s'ils empruntaient du soleil leur vive clarté ou si ce bel astre leur était redevable de la sienne. Avec cela, elle avait les deux sourcils également recourbés et d'une noirceur aimable, le nez un peu aquilin, la bouche de la couleur des rubis, la gorge plus blanche que n'est l'ivoire le plus beau et le plus poli, et les mains dont le teint égalait celui des roses et des lys mêlés ensemble, d'une proportion si admirable qu'on les prenait pour un chef-d'œuvre de la nature. »

Le visage de Gabrielle émeut profondément le roi. Cette émotion persistera, intacte, jusqu'à la mort de son plus grand amour. Combien de fois verrons-nous le souverain faire ôter à sa maîtresse le masque que portent alors en public les dames de qualité ? Que tous contemplent ce visage qui illumine sa vie, apaise le feu de la jalousie des premières années, et lui procure ce qu'il recherche intimement au milieu des incertitudes cahotiques de son existence : le reflet d'une harmonie. Il existe plusieurs crayons de cette époque qui nous laissent des portraits de Gabrielle, à vrai dire assez différents les uns des autres. Certes, elle est belle, le visage plutôt plein, le menton peut-être un peu lourd. Ses traits ne rappellent probablement pas ceux des beautés de notre époque. Mais beaucoup de qualités physiques de la fille d'Antoine d'Estrées correspondent aux canons de la beauté féminine au XVIe siècle : blancheur de peau, sourcils noirs, petite bouche rouge, proportions des mains. Et le siècle d'Henri a une vision métaphysique de la beauté du corps humain, image de l'équilibre harmonieux de l'univers, que les troubles du temps ont rompu.

L'apparence physique de Gabrielle réconforte l'âme du roi. La douceur naturelle de la jeune fille, la grâce juvénile de ses dix-sept ans lui apportent une vision tout à fait nouvelle du monde féminin. Sa vie a été marquée par des femmes impérieuses ou extravagantes. Jeanne et Catherine ont été deux terribles représentantes du matriarcat autoritaire. Corisande et Marguerite, toutes deux originales et indépendantes, ont sensiblement le même âge que lui. Il a trente-sept ans, les grandes lignes de son action sont dessinées. Il aspire maintenant au bonheur privé auprès d'une femme gracieuse dont la présence quotidienne lui rappelle la possible existence d'un monde désensorcelé et pacifié. Il se bat avec un extraordinaire entêtement pour l'avènement de ce monde-là. Il va se battre avec le même entêtement pour amener Gabrielle à le suivre. Ses conquêtes militaires sont incertaines. Tout aussi incertains seront ses premiers combats pour vaincre la violente réticence, puis les sournoises trahisons de la jeune hôtesse de Cœuvres.

Car, lors de cette première entrevue, Gabrielle n'a d'yeux que pour Bellegarde. Son beau fiancé a dix ans de moins que le roi. Sa haute taille, son élégance raffinée, sa propreté contrastent avec la taille moyenne et le négligé légendaire de l'habillement mal tenu du souverain. Le pourpoint royal est usé par le frottement de la cuirasse, le haut-de-chausses élimé. La peau basanée d'Henri est précocement ridée, sa coiffure assez hirsute. Gabrielle a probablement l'opinion de cette dame de la Cour qui dira : « J'ai vu le roi, et je n'ai pas vu Sa Majesté. » Sec, maigre, Henri IV a, d'après l'ambassadeur vénitien Pietro Duodo, « les yeux grands, aigus et brillants, qui montrent son extrême vivacité d'esprit ». Malherbe parlera de « l'éclair des yeux du roi ». Gabrielle doit juger que cet éclair, si séduisant pour beaucoup, est chargé de lueurs lubriques! Sa réserve à l'égard du souverain ressemble à de la froideur. Froideur qui excite le roi. Il promet de la revoir.

La revoit-il à Compiègne ou à Cœuvres? La vérité historique reste ici imprécise. L'*Alcandre*, seule histoire développée sur cette première époque des amours d'Henri pour Gabrielle, sera écrit après la mort de la maîtresse du roi. Il montre assez souvent des erreurs de dates et autres confusions peut-être dues aux défaillances de la mémoire de l'auteur. Les grandes lignes du récit paraissent néanmoins fiables parce que logiques. Henri a ressenti un véritable coup de foudre. L'époque comprend fort bien les passions subites, les enlèvements forcés ou consentants, souvent évoqués par les chroniqueurs. Selon l'*Alcandre*, Gabrielle a rejoint la Cour à Compiègne. Enlever la jeune fille à ses soupirants n'est qu'un jeu d'enfant pour le roi de France. Le souverain a remarqué les manèges amoureux de son cousin le duc de Longueville, fort sensible à la beauté de Gabrielle. Longueville est marié, s'aperçoit de la jalousie du roi et se retire sans grande difficulté. L'explication avec Bellegarde sera plus rude. Henri signifie brutalement au grand écuyer qu'il ne veut « plus de compagnon en son amour » et que « sa passion » lui est « plus chère que tout au monde ». Bellegarde doit son élévation et sa position à la Cour à ses talents de courtisan dévoué. Courtisan, il restera. Il s'incline, renonce à son mariage avec Gabrielle, mais ne renonce point à son amour qui va se prolonger clandestinement encore quelques années! Gabrielle résiste avec colère aux avances du roi. Elle ose lui reprocher d'empêcher son mariage avec Bellegarde et lui apprend avec une dure franchise qu'elle ne l'aimera jamais. Sur ce, elle s'enfuit à Cœuvres. Henri, piqué, décide d'aller la retrouver.

Les troupes de Farnèse et de la Ligue infestent la région. Afin de revoir sa belle sans risquer d'être capturé, le souverain a recours à un stratagème ahurissant, vivante illustration du picaresque espagnol. Les dernières années du règne d'Henri IV, Cervantès publiera son *Don Quichotte*, parodie des romans de chevalerie semblables à l'*Amadis*. Après avoir joué l'« Amadis-Don Quichotte » auprès de Corisande, voilà que le roi – comme le souligne justement Jean-Pierre Babelon – rejoint Gabrielle en faisant le « Sancho Pança ». Henri s'approche à trois lieues du château d'Antoine d'Estrées, en compagnie d'une escorte point rassurée par les extravagances romanesques de son maître. Le roi met pied à terre, se déguise en endossant les vêtements d'un paysan et atteint le château en marchant avec un sac plein de paille posé sur sa tête et ses épaules! Gabrielle se promène avec Diane dans la galerie et, frappée de stupeur, reconnaît le roi qui surgit avec son accoutrement sale et ridicule. Glaciale, elle lui déclare qu'elle le trouve si laid qu'elle ne peut le regarder, puis elle se retire dans ses appartements. Diane, Babou dans l'âme, plus âgée que sa sœur, a la présence d'esprit de rattraper rapidement l'énorme bévue de Gabrielle. Car tout le clan a fort bien compris le parti qu'il pouvait tirer de cette petite entêtée, si seulement elle voulait se montrer plus accommodante. Diane excuse sa sœur en expliquant que sa froideur provient de la crainte qu'elle a de son père. La fille de Françoise Babou conduit fort bien l'affaire. Déjà, elle met en place le scénario qui permettra de faire monter les enchères. Antoine pourra jouer les pères offusqués, puis lâcher Gabrielle après de substantielles compensations. Diane elle-même doit rétablir sa situation à la Cour. On dit qu'elle a secrètement mis au monde une fille née de ses amours avec le duc d'Épernon (selon la tradition, celle-ci deviendra abbesse de Sainte-Clocine de Metz sous le nom de Louise de La Valette). La tante Isabelle de Sourdis, dûment chapitrée par son amant le chancelier, se joint à Diane pour chapitrer à son tour Gabrielle. Gabrielle est d'un naturel assez placide et préfère au fond éviter les affrontements violents. Elle écoute les deux femmes exalter toutes les qualités du roi et dénigrer la légèreté de Belle-garde qui n'a pas fait preuve d'un grand courage roma-nesque. Elle commence à se radoucir.

Le 3 janvier 1591, Aumale (un Lorraine) tente de sortir de Paris et se fait tuer. Henri IV écrit à M. de La Neufville : « Je suis où vous savez. Si les filles sont à Chauny, faites que ce laquais les aille trouver où elles sont; et envoyez par un des vôtres cette lettre que j'écris à M. d'Estrées, par laquelle vous apprendrez comme Dieu a sauvé miraculeusement Saint-Denis, où le chevalier d'Aumale et Tremblecourt ont été tués sur la place avec forces autres. » Les « filles », Diane et Gabrielle, ont donc revu le roi avec l'accord de leur père. Henri veut Gabrielle comme il veut Paris. Le 20 janvier, il essaie une dernière fois de pénétrer dans la capitale. Ses sol-dats, déguisés en paysans chargés de sacs de farine, se pré-sentent à la porte Saint-Honoré. Ils sont repoussés par des coups d'arquebuse comme Henri-le-paysan fut repoussé par Gabrielle à Cœuvres. La Ligue parisienne déclare que la « journée des farines » sera célébrée chaque année. Le roi sait qu'il ne peut espérer vaincre militairement la capitale pour le moment. Il hésite entre deux directions : va-t-il atta-quer Rouen où il peut alors trouver des circonstances favo-rables, ou va-t-il ceinturer Paris d'une ligne presque conti-nue de villes royales, à commencer par celle de Chartres ? Tout le petit monde de Cœuvres se mobilise. Il y va de beau-coup de ses intérêts personnels. Le rôle de Gabrielle est fixé. Elle sera le bel appât qui décidera le roi au choix du clan.

Gabrielle à Chartres et à Noyon

Rouen, capitale du duché de Normandie, est la première ville du royaume après Paris. Avant d'être déchirée par la guerre civile, elle était devenue, par son intense activité portuaire, un centre économique international de grande importance. Le fanatisme religieux a ravagé une population en partie partagée entre des protestants très déterminés et des ultras catholiques. Depuis le début des guerres, ce fut une suite de massacres, de destructions d'objets religieux, de tortures et de supplices. La force gagnante, c'est-à-dire celle de la Ligue, gouverne par la terreur. Des hommes masqués menacent ou brutalisent les tièdes. Les membres royalistes et modérés du Parlement ont fui à Caen sous la conduite de Claude Groulard, parfait exemple du parlementaire « politique », véritable pilier de la construction monarchique d'Henri IV. Groulard rallie la noblesse normande et envoie 50 000 écus au roi en le suppliant de délivrer Rouen de la Ligue. Après l'échec du siège de Paris, la prise de Rouen apporterait une nouvelle gloire au Béarnais.

Le Conseil du roi partage cet avis. Mais Cheverny ne l'entend pas ainsi. Il plaide pour Chartres. Il a des intelligences dans la ville, notamment le propre oncle de son épouse, l'évêque de la ville, Nicolas de Thou. Car l'amant d'Isabelle Babou est marié à Anne de Thou dont le père et le grand-père avaient été présidents du Parlement de Paris. L'évêque de Chartres est le frère du président Christophe de Thou, père d'Anne. Le prélat a adopté une attitude prudente face à la Ligue qui tient la ville. Mais il appartient, comme toute sa famille, au parti « politique », et personne n'ignore ses sympathies cachées pour Henri IV. En outre, rappelons-le, Cheverny était le gouverneur du pays chartrain, tandis que Sourdis, le mari de son ménage à trois, était le gouverneur de Chartres. Le célèbre historien Jacques-Auguste de Thou, frère d'Anne de Cheverny, écrira à propos du chancelier et du siège de Chartres : « C'était lui, sur-tout, qui avait conseillé au roi d'assiéger cette ville, parce qu'il avait dans le pays chartrain de grands biens dont il demandait la restitution. » D'après Jacques-Auguste de Thou, son beau-frère supporte les frais du siège. Les Hurault de Cheverny et les De Thou avaient tissé entre eux des liens solides pour se hisser aux plus hautes marches de la société et du pouvoir – liens semblables à ceux qu'avaient noués autrefois les Babou et les d'Estrées. Si une de leurs femmes réussit à entrer dans la couche royale, l'élévation n'en sera que facilitée. Marie Gaudin participa joyeusement à cette stratégie. Son arrière-petite-fille y consent, mais qua-siment malgré elle. Sourdis est impatient de reconquérir sa ville perdue. Cheverny doit sûrement faire miroiter au roi l'arrivée au camp devant Chartres de Mme de Sourdis accompagnée de ses nièces. Isabelle Babou y attendra la vic-toire du roi, de son mari et de son amant sur le gouverneur placé par la Ligue... qui n'est autre que son propre frère, Georges Babou ! Peut-être pourra-t-on utiliser les talents de persuasion de la sœur sur le frère.

La perspective de ses amours avec Gabrielle balaie l'indé-cision d'Henri. Mais le choix de Chartres ne s'explique tout de même pas entièrement par l'indigne marchandage du clan de Cœuvres. Le roi se montre particulièrement sou-cieux de conquérir la capitale, car il sait que cette conquête sera suivie de la véritable reconnaissance de sa légitimité, de plus en plus contestée. Il cherche encore à fatiguer l'opinion parisienne en affamant la ville. Or Chartres est le grenier à blé de la capitale. Sa prise, ainsi que celle des villes avoisi-nantes, couperait les convois qui vont de la Beauce à la capi-tale. Ce point de vue est justifié par la grande inquiétude des Parisiens lorsqu'ils s'aperçoivent que l'armée du Béarnais commence le siège de Chartres, le 9 février. Les prédica-teurs recommandent des prières. Pendant ce temps, au camp royal devant Chartres, Henri reçoit les filles d'Antoine d'Estrées et leur tante, enceinte des œuvres de Cheverny. C'est très probablement à ce moment que Gabrielle devient la maîtresse du roi. Henri, amoureux attendri, offre à ces dames des repas plantureux, organise des bals avec ses officiers. Le 15 février, ragaillardi par cette bouffée de bonheur, il écrit à Rosny, le futur Sully : « Rosny, toutes les nouvelles que j'ai de Mantes sont que vous êtes harassé et amaigri à force de travailler. Si vous avez envie de vous rafraîchir et rengraisser, je suis d'avis que vous en veniez ici. »

Mais les opérations du siège sont plus longues et difficiles que prévu. Georges Babou ne lâche pas prise. Le roi paie de sa personne. Vers la fin de février, un éclat de pierre frappe son front. La noblesse qui l'assiste commence à murmurer. Ce siège est une erreur, il est commandé par les intérêts du chancelier. Henri, fatigué, est prêt à abandonner Chartres. Cheverny le persuade de rester : son abandon serait un aveu de faiblesse face à une opinion de plus en plus séduite par la venue d'un « tiers parti » qui suggère l'élection d'un Capétien catholique. Gabrielle apprend à servir la politique du chancelier et de sa tante. Elle aide le roi à prendre patience. Les premières semaines d'avril, les fortifications commencent enfin à s'écrouler. Georges Babou de La Bourdaisière accepte de traiter. Le 18 avril, les Parisiens affolés font défiler en procession les petits enfants de la capitale : plus de cinq cents garçons et filles implorent Dieu pour qu'il accorde la victoire aux catholiques chartrains contre le diable béarnais. Le 19 avril, Chartres tombe. Georges Babou et ses troupes sortent de la ville avec les honneurs de la guerre, selon les dispositions de leur traité avec le roi. Sourdis redevient le gouverneur de la ville et Cheverny récupère ses biens.

Henri IV ne reste que trois jours à Chartres et se dirige vers la Picardie avec « les dames ». On pense que le roi se prépare à attaquer Rouen. Le 6 juin, il prend Louviers, puis se rend à Mantes. Les secours militaires et les aides financières promis par la reine d'Angleterre, Élizabeth Ire, ne décident pas le souverain à investir Rouen. Il attend, dit-il, les forces allemandes que le duc de Bouillon doit lui procurer. Beaucoup d'événements sont survenus pendant et depuis le siège de Chartres. Les dangers de toute sorte surgissent à nouveau dans la vie du roi. Henri est parfois sujet à un état d'engourdissement dans l'indécision, comme s'il attendait au cours d'une pause paralysante, que le ciel arrange son destin sans lui. La fraction de l'opinion catholique prête à l'accepter comme roi s'exaspère de la persistance de son refus à se convertir. Le pape Sixte Quint, qui semblait montrer une certaine souplesse à son égard parce qu'il craignait la puissance grandissante de l'Espagne en Italie, est mort. Le nouveau souverain pontife Grégoire XIV, est un Espagnol totalement acquis à la Ligue. Les bulles qui excommunient les prélats, les gens du tiers état et les nobles encore fidèles au roi hérétique sont affichées à Notre-Dame le 3 juin. Au mois de juillet, Henri IV répond en révoquant tous les édits publiés par Henri III sous la pression de la Ligue et rétablit l'édit de tolérance en faveur des protestants. Mayenne a décidé de convoquer les États généraux à Reims pour élire un roi catholique. Les prétendants au trône de France apparaissent à toutes les frontières. Philippe II cherche à placer l'infante Claire Isabelle Eugénie, née de son mariage avec Élisabeth de Valois. Le duc de Savoie, Charles-Emmanuel Ier, fait valoir ses droits à la couronne comme fils de Marguerite de France, elle-même fille de François Ier. Il commence déjà à entamer le royaume en s'emparant de la Provence et de Marseille. Lesdiguières parvient à le repousser dans le Dauphiné. Le duc de Lorraine, époux de Claude de Valois, seconde fille d'Henri II et de Catherine de Médicis, veut aussi une part pour son fils. Il ne peut réclamer le royaume à cause des prétentions des membres de sa famille (dont Mayenne, frère du Balafré, et Mercœur en Bretagne). Il se contenterait bien de la Champagne. Mercœur, demi-frère de la reine Louise, veuve d'Henri III, s'est emparé de la Bretagne avec l'aide des troupes envoyées par le roi d'Espagne. Malgré le renfort des 3 000 hommes envoyés par la reine Élizabeth inquiète de la présence des Espagnols si près de ses côtes, la progression des troupes royales est arrêtée. En somme, les étrangers s'installent dans les provinces frontières et tiennent la capitale où sont arrivés, le 12 février, 1 200 Espagnols et Napolitains qui logent dans les maisons désertées par les royalistes.

À nouveau, les Rouennais et les Normands royalistes se joignent à de nombreux conseillers pour supplier le roi d'investir Rouen. Le 17 juillet, Henri quitte Mantes. Va-t-il attaquer la capitale normande ? Point du tout. Il galope avec ses troupes vers Senlis et, le 25 juillet, investit Noyon. Dans ses Mémoires, Cheverny écrit pudiquement : « À la sollicitation de M. de Longueville et de la noblesse de Picardie, Sa Majesté se résolut d'assiéger la ville de Noyon. » La noblesse de Picardie est ici essentiellement représentée par Antoine d'Estrées qui n'a pas donné sa fille pour rien. Cheverny et Sourdis ont récupéré Chartres, Estrées se consolera de la perte de La Fère en recevant Noyon. Henri peut aussi, par la même occasion, remercier Longueville d'avoir cessé sa cour auprès de Gabrielle. L'opinion de J.-A. de Thou est identique à celle de Claude Groulard : « À la prière de Gabrielle d'Estrées, le prince se décida à aller assiéger Noyon », écrit le premier. « Au lieu d'y venir [à Rouen], le roi, devenu ardemment amoureux de Gabrielle d'Estrées, pour lui complaire, investit Noyon », rapporte le second. Henri IV n'ignore pas que les conditions douteuses de l'entrée de la fille d'Antoine dans la couche royale rendent sa conquête fragile. Il est prêt à mettre le prix pour conserver Gabrielle et surtout pour obtenir son affection. Il déploie une grande énergie à faire tomber Noyon. Les fortifications de la ville cèdent en quelques semaines. Le 19 août, Noyon capitule. Antoine en devient le gouverneur le jour même. Peu après, le souverain nomme à l'évêché de la ville François-Annibal d'Estrées, fils cadet d'Antoine.

Il ne faut pourtant pas porter un jugement trop hâtif sur la légèreté du roi à propos de ce choix picard. La Picardie et la Champagne avoisinante sont deux provinces-frontières, les premières à subir le choc des invasions. Les troupes de Philippe II déferlent sur la Picardie à partir des Pays-Bas espagnols, tandis que le duc de Lorraine, chef de la grande maison rivale de la maison du roi Bourbon, attend l'occasion de fondre sur la Champagne. Noyon se situe en Picardie et n'est pas très éloignée de Reims. La prise de la ville a également l'avantage de poursuivre la ligne circulaire qui commence à enserrer Paris. En outre, Noyon est un haut lieu de la royauté, car la dynastie capétienne fut fondée à l'intérieur de ses murs.

Henri va-t-il enfin se décider à investir Rouen ? Redoute-t-il le siège d'une ville devant laquelle son père a trouvé la mort ? La capitale normande préoccupe extrêmement la reine d'Angleterre : la situation géographique et le potentiel économique de la ville présentent un grand intérêt pour son pays. Élizabeth a envoyé à son « bon frère » huguenot, le roi de France, son cher favori le comte d'Essex et Roger Williams qui sont arrivés au milieu d'août à Dieppe, à la tête d'un contingent de troupes destinées au siège de Rouen. Les deux Anglais ont rejoint Henri au camp devant Noyon. Le 2 septembre, le roi prend congé des deux hommes avec la promesse de commencer les opérations avant la fin du mois. Henri a menti. Il se rend à Sedan pour accueillir les auxiliaires allemands recrutés par Turenne.

Pendant ce temps, le 3 septembre, à Chartres, les badauds se bousculent près de la cathédrale pour contempler le brillant cortège qui conduit sur les fonts l'enfant que vient de mettre au monde Isabelle de Sourdis. Le nourrisson que l'on baptise en grande pompe a pour parrain son père naturel, le chancelier de Cheverny. Personne n'est dupe, et quelques quolibets fusent dans la foule. Il est possible que Gabrielle ait assisté à la cérémonie, en l'absence du roi. Henri s'attarde auprès de Bouillon. Il met au point avec son dévoué lieutenant toute une stratégie pour déjouer les intrigues du duc de Lorraine qui revendique des droits sur le duché de Bouillon. Le Lorrain cherche à marier son fils à l'héritière du duché, Charlotte de La Mark. Henri IV le prend de vitesse en mariant Bouillon et Charlotte le 15 octobre. Laissant Bouillon contenir les frontières lorraines, le souverain revient à Noyon dans la nuit du 30 au 31 octobre, où il retrouve ses chers amours, avec la complicité du père gouverneur et du jeune frère évêque... Henri est éperdument amoureux de Gabrielle. La jeunesse, la douceur et les bonnes façons de la fille du gouverneur apportent au roi prématurément vieilli, un équilibre heureux et calme qu'il n'a jamais vraiment connu auprès d'aucune femme auparavant. Il ne peut quitter Gabrielle. Cette fois, la reine Élizabeth laisse éclater sa fureur. Sa colère a aussi des raisons sentimentales.

La colère d'Élizabeth, l'amertume de Corisande et le siège de Rouen

Élizabeth s'impatiente. Elle a quarante-huit ans et s'est passionnément éprise du comte d'Essex qui est à peine âgé de vingt-quatre ans. Elle a consenti à se séparer brièvement de son cher favori, parce que la prise de Rouen est particulièrement importante pour l'Angleterre. Deux mois et demi après l'arrivée d'Essex en France, Henri IV se trouve toujours à Noyon. Le 31 octobre, l'ambassadeur d'Angleterre, Unton, apprend à la reine les raisons de ce retard : « Le roi a choisi cette ville à cause du grand amour qu'il a pour la fille du gouverneur, qui a tout pouvoir sur lui, et c'est moi qui sers de prétexte à son séjour ici. » Élizabeth est folle de rage. Le « bon frère » français coule des jours heureux auprès de sa très jeune maîtresse, la privant ainsi de son très jeune amant. La reine est décidée à ne pas laisser cette désinvolture impunie. Henri quitte enfin Noyon vers la fin novembre et, le 3 décembre, arrive devant Rouen où se trouve déjà depuis quelque temps le maréchal Biron.

Hélas pour le roi, la Ligue a su mettre à profit tous ses retards. L'ancien gouverneur, Tavannes, jugé peu énergique, a été remplacé par le fils aîné de Mayenne qui a laissé le pouvoir effectif à André de Brancas, seigneur de Villars. Villars gouverne avec une main de fer. Il expulse les quelques catholiques royaux qui s'y trouvent encore, ainsi que tout individu lui paraissant trop tiède. Il a fait entrer dans la ville force munitions et gens en armes, cinquante pièces d'artillerie, de nombreux barils de poudre. La cité est quadrillée, enrégimentée. Le roi s'aperçoit que le siège sera difficile. Il envoie à Londres son fidèle conseiller, le protestant

Duplessis-Mornay, en le chargeant de demander de nouveaux secours à la reine. Henri sait fort bien qu'Unton l'a desservi. Le 3 janvier 1592, il écrit à Duplessis : « Je serai bien aise [...] que vous fassiez bien connaître le peu de bonne opinion que j'ai de l'ambassadeur en ce qui touche mes affaires. » Mais Élizabeth ne croit pas Duplessis et croit Unton. Elle reçoit l'envoyé français le 6 janvier. Elle se montre « dégoûtée totalement des affaires de France », rapporte Duplessis. Elle a envoyé Essex avec 3 000 hommes et le roi a préféré choisir Noyon. Elle s'est alors sentie « moquée, méprisée et mal traitée » ! À quoi bon envoyer de nouveaux secours qui arriveraient de toute manière trop tard ? Le flot des griefs de la reine est entrecoupé « de digressions, de courroux, d'injures et de menaces contre le comte d'Essex ». Enfin, elle congédie Duplessis, sous prétexte « de n'avoir point dormi, et se trouver mal ». Essex, prévoyant l'arrivée d'Alexandre Farnèse, duc de Parme, ne paraît pas pressé de retrouver sa vieille maîtresse. Élizabeth est si furieuse qu'Essex doit rentrer en Angleterre, avant d'avoir pu en découdre avec Farnèse. Le favori plaide pour la France mais n'obtient que des secours très mesurés.

Pendant toute la durée de ce siège, Henri et Gabrielle se voient fort peu. Toutes les lettres de cette époque adressées par le roi à ses chers amours ont disparu. Parfois, n'y tenant plus, Henri s'échappe pour retrouver sa belle, Biron le lui reproche rondement. La noblesse, qui, tout comme le roi, préfère les batailles et les coups de main à la guerre des sièges, est prête à se débander. Si le souverain ne donne pas l'exemple, il se retrouvera isolé. De Thou remarquera avec justesse : « Le roi avait coutume de faire la guerre sans aucun préparatif, et sans se procurer d'autres avantages que ceux qu'il trouvait dans le succès. » Henri déborde de vaillance et d'allant, mais ne possède pas les grands talents stratégiques de Farnèse. Le duc de Parme saura en profiter. S'ennuyant à périr, le roi refuse d'écouter ses conseillers et, laissant Biron avec le gros des troupes, il part au-devant des troupes de Mayenne et de Farnèse avec 5 500 cavaliers. À Aumale, le 2 février, Henri se heurte aux éclaireurs du duc de Parme et manque de se faire tuer. Le roi a été atteint aux reins par un coup d'arquebuse. Il doit se replier et faire soigner sa blessure, heureusement sans gravité. Villars réussit une sortie au cours de laquelle il parvient à s'emparer de nouvelles munitions. Le siège reprend. Au lieu de piquer vers Rouen, Mayenne semble retenir Parme en Picardie. Car le frère du Balafré cherche à négocier avec le roi. C'est que la situation est peut-être moins contrastée qu'il y paraît. Tant d'événements sont encore survenus ces derniers mois!

Henri IV subit une double menace : la menace des monarchies étrangères et la menace des controverses sur le régime monarchique lui-même. Paris est le centre de la dernière. Les Guise ont toujours souhaité une monarchie constitutionnelle avant la lettre avec un État faible qui leur permettrait de se tailler la part du lion. Mais toute une fraction de la Ligue parisienne va beaucoup plus loin. Constituée par des prêtres et des laïcs et rassemblant principalement la moyenne et petite bourgeoisie, appuyée par le peuple, elle inaugure la longue histoire des mouvements révolutionnaires parisiens et de ses journées populaires. Elle est ultracatholique, fanatisée par la Sorbonne (alors faculté de théologie), prête à choisir Philippe II. Mais son fanatisme religieux peut aussi apparaître comme un support qui justifie l'action terroriste seule capable de balayer l'aristocratie et la grande robe trop accommodantes et surtout trop puissantes... Les hommes de cette Ligue « dure » quadrillent les seize quartiers de Paris. On a pris l'habitude de les désigner sous le nom des « Seize ». Au mois de novembre 1591, le Parlement de Paris, sous l'influence du premier président Brisson, a acquitté un procureur accusé d'avoir correspondu avec les partisans d'Henri IV. Le 15 novembre, les plus extrémistes parmi les Seize ont formé un véritable Comité de salut public et ont organisé un plan de mesures terroristes. Ce groupe s'est emparé du président Brisson et de deux conseillers. Les trois hommes ont été pendus à une poutre. Le curé de Saint-Benoît, Boucher, a demandé la création d'une chambre ardente. Des listes de proscription ont été dressées. Devant chaque nom, une seule lettre pour annoncer la nature de la condamnation : P (pendu), D (dagué), C (chassé). Les slogans ont parcouru les rues : « Le peuple a fait les rois, il peut les défaire comme il les a créés. » Mayenne, horrifié, s'est emparé des clés de la Bastille, puis est revenu en maître dans la capitale, le 1ᵉʳ décembre. Il a arrêté les principaux meneurs, au grand soulagement de la Ligue modérée qui ne craint rien tant qu' « un État populaire et tumultueux et l'établissement d'une République en laquelle il n'y ait point de distinction des rangs et qualités des personnes, ni différence de leur naissance et extraction à celles des hommes de basses conditions ».

Mayenne a la conscience troublée. Un peu honteux de livrer la France au roi d'Espagne, il a envoyé à Madrid son conseiller Jeannin qui a vainement plaidé pour une simple assistance de l'Espagne, hors de toute mainmise sur la monarchie française. Philippe II veut imposer sa fille et Mayenne reçoit beaucoup d'argent pour sa soumission. Mais Farnèse se méfie à juste titre du frère du Balafré. Mayenne se sent cerné à la fois par la Ligue extrémiste et par l'Espagne. C'est alors, au mois de mars 1592, qu'il tente de négocier avec Henri IV. Le roi est encore au camp devant Rouen et nous retrouvons maintenant Corisande : l'ancienne maîtresse d'Henri aide à établir le contact entre Mayenne et le souverain à travers son beau-frère Gramont, un des principaux officiers de la Ligue. Gramont rencontre Henri IV au nom de Mayenne, dont les prétentions sont exorbitantes et inacceptables. Corisande s'est montrée là digne de l'amitié supérieure qui l'a unie au roi. Mais, par ailleurs, l'héroïne de l'*Amadis* est bien amère. Elle n'ignore pas la passion du souverain pour Gabrielle d'Estrées. Le lien sacré des serments prêtés dans l'exaltation propre aux héros chevaliers, a été, à ses yeux, cyniquement piétiné par Henri, brusquement revenu au monde concret des humains ordinaires. Corisande ne peut résister à la vengeance. Henri a brisé le cercle magique qui les unissait, mais il ne pourra pas briser les serments échangés entre Catherine de Bourbon et Charles de Soissons. Elle encourage la sœur du roi à persister dans son amour. Soissons, qui se bat auprès d'Henri au siège de Rouen, doit avoir eu vent des dispositions de Catherine. Il réussit à s'échapper et, accompagné par une poignée d'hommes, il galope à bride abattue vers Pau où Catherine le reçoit avec émotion. Corisande pousse les amoureux à signer une promesse de mariage réciproque, mais Soissons n'a pas le temps d'enlever sa cousine et de l'épouser. Henri a appris la présence de son cousin à Pau et entre dans une fureur épouvantable, comme il n'en eut jamais, d'après les témoins. Le 6 avril, le roi ordonne de cerner le château de Pau. Soissons est arrêté puis expulsé du Béarn, au désespoir de Catherine.

L'aigreur de Mme de Gramont l'a conduite à commettre une faute dangereuse pour l'avenir d'Henri IV. La légitimité du souverain est de plus en plus contestée. La Ligue extrémiste déclare : « La couronne de France n'est point héréditaire, mais élective. [...] Nous obéissons aux rois et non aux tyrans. » Sans être ni extrémistes ni particulièrement ligueurs, de nombreux catholiques modérés et « politiques », devant l'obstination protestante d'Henri, songent chaque jour davantage à l'élection d'un Bourbon catholique. Le « tiers parti » se groupe autour du second cardinal de Bourbon, cousin germain d'Henri IV et frère aîné de Soissons. Mais après tout Soissons peut aussi faire l'affaire, surtout s'il épouse Catherine. Imaginons qu'après la proclamation de la déchéance d'Henri, Catherine, héritière d'un royaume où la loi Salique n'existe pas, épouse le nouveau roi de France en apportant en dot le royaume de Navarre ? Et si ce scénario paraît peu probable, Soissons n'en reste pas moins le frère et l'héritier d'un rival dangereux. Au courant d'avril, le roi adresse à Corisande, une sorte de lettre de rupture.

« Madame,
« J'avais donné charge à La Varane de parler à vous, touchant à ce qu'à mon grand regret était passé entre ma sœur et moi. Tant s'en faut qu'il vous ait trouvé capable de me croire, que tous vos discours ne tendaient qu'à me blâmer, et fomenter ma sœur en ce qu'elle ne

doit pas. Je n'eusse pas pensé cela de vous, à qui je ne dirai que ce mot : que toutes personnes qui voudront brouiller ma sœur avec moi, je ne leur pardonnerai jamais. Sur cette vérité, je vous baise les mains. »

Henri ne pourra pas continuer longtemps à soutenir le siège de Rouen. Une partie de sa cavalerie l'abandonne et le duc de Parme revient avec des troupes importantes. Le 20 avril, le roi lève le siège. Au cours de ce séjour forcé à Rouen, Gabrielle lui a terriblement manqué. Comment la revoir plus commodément sans heurter les convenances ?

Pendant qu'il empêchait le mariage de sa sœur, Henri organisait le mariage de Gabrielle, ou plutôt les apparences du mariage...

CHAPITRE IV

Le mariage de Gabrielle

A qui me donnez-vous, vous à qui je me donne...
Faut-il donc que l'amour à la feinte le cède ?...
Et pour vous posséder, qu'un autre me possède ?

Ces quelques vers sont adressés par un poète de la Cour « à une fille qui fut mariée de force et par le conseil de celui qu'elle aimait, afin qu'il en pût mieux jouir ». Pour les contemporains d'Henri IV, cette jeune épousée n'est autre que Gabrielle. Depuis, les historiens ont proposé plusieurs explications à ce mariage très arrangé...

Un mariage très arrangé

Voici les faits. Le 2 avril 1592, au camp de Darnetal, devant Rouen, Henri IV signe une ordonnance de paiement sur les finances de Navarre de la somme de 50 000 écus en faveur de Gabrielle. Cet énorme cadeau est concédé, selon le roi, « en considération des services que Sa Majesté a reçus et reçoit chaque jour du sieur d'Estrées et des siens et pour récompenser aucunement des pertes par lui souffertes à l'occasion de ceux de la Ligue, pour le service du défunt roi et celui de Sadite Majesté, et lui donner moyen de colloquer ladite demoiselle sa fille en un tel lieu qu'il désire, et principalement en faveur du mariage qu'il entend faire d'elle avec le sieur de Liancourt. »

Henri IV approuve donc officiellement la décision d'Antoine de marier Gabrielle à Nicolas d'Amerval, seigneur de Liancourt (ou Liencourt) et baron de Benais. On comprend pourquoi Gabrielle oubliera son titre de baronne de Benais pour se présenter plus simplement sous le nom de Mme de Liancourt. Antoine a choisi son gendre dans son entourage. Liancourt est gouverneur de Chauny, ville toute proche de Noyon. Il appartient à la bonne noblesse picarde de rang égal à celle d'Estrées dont il fut parent par alliance. Il est veuf, en effet, d'une cousine issue de germains de Gabrielle, Anne Gouffier de Crèvecœur qui lui a donné deux filles (deux autres enfants sont morts en bas âge). Le fiancé a trente-six ans, il est petit, brun, et plutôt laid.

La cérémonie du mariage a lieu dans une chapelle de la cathédrale de Noyon, vraisemblablement dans les premiers jours de juin, peut-être quelques semaines auparavant. Les mariés habitent le château de Liancourt où ils accueillent le roi, dès le 10 juin. Ce jour même, Henri fait don à sa maîtresse de la seigneurie d'Assy et du château de Saint-Lambert, dépendant du comté de Marle, en Picardie. Le souverain étant seigneur particulier du comté de Marle, cette donation sera visée par Duplessis-Mornay « par le très exprès commandement du roi ». La justification de ces nouvelles et extraordinaires libéralités glorifie encore Antoine d'Estrées : « Nous, voulant reconnaître comme notre amé et féal chevalier des Ordres, capitaine de cinquante hommes d'armes de nos ordonnances, le sieur d'Estrées, notre lieutenant général au gouvernement de l'Ile-de-France, les grands et recommandables services qu'il a faits à nos prédécesseurs et à nous en diverses occasions, et voulant par ces susdites considérations gratifier notre chère et aimée dame Gabrielle d'Estrées, sa fille, femme de notre amé et féal gentilhomme de notre chambre, le sieur de Liancourt. »

Deux jours plus tard, à Clermont-en-Beauvaisis, Liancourt est gratifié à son tour par le roi qui signe à nouveau en qualité de comte de Marle. On reste en famille : le surintendant chargé des affaires du souverain dans le comté de Marle est Philippe de Longueval, cousin germain de

Gabrielle. Par son entremise, Liancourt achète au roi la seigneurie de Falvy-sur-somme pour 4 000 écus alors qu'elle en vaut 12 000. L'acte signé par Henri IV explique la différence de 8 000 écus : on invoque le prétexte du remboursement des sommes avancées par Liancourt pour payer la garnison de Chauny et réparer les fortifications de la ville dont il a abandonné le gouvernement. Bien entendu, après les quelques mois d'apparente cohabition conjugale, exigés par les convenances, Gabrielle quitte définitivement son « mari ».

Voici maintenant les commentaires et les différentes thèses sur ce mariage. Il faut d'abord écouter le témoignage de Gabrielle elle-même. On ne saurait oublier qu'il s'agit du témoignage fait devant l'official d'Amiens lors du procès en vue de l'annulation dudit mariage – annulation qui doit permettre la légitimation du petit César. La fille d'Antoine invoque l'une des causes classiques de nullité : le défaut de consentement ou mariage forcé. Marguerite l'invoquera également dans ses procurations concernant son « démariage » avec le roi... Un page d'Antoine d'Estrées déclare devant l'officiel avoir entendu Gabrielle dire : « " Eh bien, ils veulent que je l'épouse, et me veulent mettre hors de céans; je le ferai contre ma volonté, mais ils n'y auront pas grand contentement ", et de fait, lorsqu'on la voulut faire épouser, ne fit que pleurer et se tourmenter. » Gabrielle confirme que son père l'a contrainte à se marier. Autre cause de nullité avancée par la compagne du roi : l'impuissance de son mari. Selon le dossier de procédure, « enquise si le jour de ses noces lui et elle n'auraient pas eu copulation ensemble, a dit que non, parce que comme elle croit qu'il a eu quelque coup ou autre mal qui l'aurait rendu impuissant et inhabile à rendre le devoir de mariage, [bien qu'] il s'y soit mis en effort et quelquefois encore du depuis durant le temps de trois mois. A dit aussi qu'elle n'a eu aucune querelle ni contestation avec ledit sieur de Liancourt et autant qu'ils ont été ensemble ont été en paix et – ose ajouter Gabrielle – eût bien désiré qu'il eût été tel qu'il est requis, encore qu'elle ne l'eût pas aimé auparavant »! Bien évidemment, l'aveu d'un mariage fictif contracté avec la complicité des épousés aurait entraîné l'impossibilité de l'annulation. Gabrielle joue donc la sincérité de son engagement... et de sa déception ! Liancourt confirme qu'une chute de cheval l'a rendu impuissant.

La version du *Grand Alcandre* fait d'Antoine un père dépourvu de complaisance, fâché de la liaison de sa fille avec le roi, mais en même temps déclare que le mariage a été voulu par Gabrielle :

« Cependant, l'amour de Henri IV croissant tous les jours, le père de Gabrielle s'en sentant importuné, elle voulut sortir de cette tyrannie, et, pour en trouver un plus raisonnable sujet, elle désira d'être mariée.

Il se présenta un gentilhomme du pays tout propre à cette alliance ; il avait du bien et était d'une bonne condition, mais, pour le regard de sa personne et de son esprit, ils étaient aussi mal faits l'un que l'autre. Gabrielle fit jurer au roi que, le jour de ses noces, il arriverait et la mènerait en un lieu où elle ne verrait son mari que quand elle le voudrait, lui ayant persuadé qu'elle ne consentirait jamais à lui faire une infidélité. Mais ce jour ayant passé sans que le roi fût venu, n'ayant pu abandonner une entreprise fort importante qu'il avait, elle jura cent fois de s'en venger, et toutefois elle ne voulut jamais coucher avec lui : si bien que son mari, pensant être plus autorisé chez lui que dans la ville où il avait été marié, et dont le marquis d'Estrées était gouverneur, il l'emmena ; mais elle se fit si bien accompagner des dames ses parentes qui s'étaient trouvées à ses noces, qu'il n'osa vouloir que ce qu'il lui plut. »

Les historiens se sont penchés sur la vie de la maîtresse d'Henri IV, expliquant différemment ce mariage. Desclozeaux, premier grand biographe de Gabrielle, révèle de nombreux documents, mais il aime son héroïne au point d'occulter des pans entiers de sa vie, susceptibles de ternir son image ! Pour lui, point de doute, Gabrielle est avant son mariage une pure jeune fille dont le père noble défend la vertu contre les importunes avances du roi. Desclozeaux conforte sa conviction par l'examen d'une lettre d'Henri IV adressée à Gabrielle le 26 juin 1593 : « Je vous cuidais [croyais] hier à Saint-Denis, mais le commandement de votre père vous a retenu. Je suis très aisé que vous soyez bien avec lui, vous ne me reprocherez plus qu'il vous veuille mal à mon occasion. » Pour Desclozeaux, Gabrielle a obéi à son père qui a voulu la marier pour la soustraire aux avances du roi, mais l'impuissance du mari a poussé la jeune femme à rejoindre Henri IV.

Pierre de Vaissière démontre facilement l'accord entre l'amant et le père en rappelant les documents signés par le roi, cités plus haut. D'après lui, Henri IV a consenti à l'union de Gabrielle et de Liancourt pour empêcher un mariage possible avec Bellegarde. Ritter, avec raison probablement, ne croit guère Bellegarde capable d'une opposition ouverte au roi. Peut-on pourtant donner quelque fondement aux ragots de l'époque, selon lesquels le souverain aurait cherché à se débarrasser du grand écuyer en l'exposant au danger ? Bellegarde, à sa demande, a obtenu le gouvernement de Quillebeuf, le 12 mai 1592, au moment des fiançailles ou du mariage de Gabrielle. Le 3 juillet, Mayenne a investi la place, sans que Monsieur Le Grand ait eu le temps de terminer les fortifications. Avec fort peu de secours, Bellegarde a si bien résisté que les ligueurs sont partis. Si le roi a vraiment voulu expédier dans une autre vie l'homme dont il est très jaloux, il en reste pour ses frais : Bellegarde revient en héros auprès du souverain !

Selon Raymond Ritter, le principal biographe de Gabrielle, ce mariage n'est qu'une comédie cyniquement jouée par le roi, Antoine d'Estrées et Gabrielle elle-même. Ritter donne beaucoup de créance au *Grand Alcandre* et retient cette phrase du récit : « Elle voulut sortir de cette tyrannie [celle de son père] et, pour en trouver un plus raisonnable sujet, *elle désira d'être mariée.* » L'historien rappelle que l'*Alcandre* fut inspiré, supervisé par Bellegarde et reflète donc l'opinion du grand écuyer, ou du moins ce que lui a dit Gabrielle. A-t-elle cherché à excuser sa soumission auprès de son amant de cœur ? Ou a-t-elle voulu un brevet d'honorabilité, souffrant de sa situation au regard de son milieu et de ses amitiés ? Le fond de l'affaire reste que le roi marie Gabrielle pour la voir plus facilement avec moins de déshonneur pour elle. Nous ne suivons pas toujours Raymond Ritter qui, passionnément admiratif de Corisande, dénigre systématiquement et injustement la fille d'Antoine d'Estrées. Il faut pourtant reconnaître que son interprétation est, ici, la plus vraisemblable.

Affinons à notre tour l'explication d'un épisode assez peu noble des amours d'Henri et de Gabrielle. La connivence entre Henri IV et Antoine d'Estrées paraît évidente – les documents signés par le roi l'attestent. Et comment effacer le siège de Noyon, au cours duquel le souverain préféra Antoine à la reine d'Angleterre elle-même ? Peut-on imaginer le père de Gabrielle accepter non seulement le gouvernement de Noyon, mais encore la lieutenance générale de l'Ile-de-France et tenir tête au souverain ? Restent la phrase de la lettre d'Henri à Gabrielle et celle de l'*Alcandre* qui semblent accréditer, à première vue, l'une des thèses de Desclozeaux : le marquis d'Estrées n'est pas un père complaisant, il tyrannise sa fille dont il n'apprécie pas la liaison avec le roi. Antoine a déjà joué les maris offusqués, mais il a montré en même temps sa veulerie à l'égard des débordements de sa femme. Il est possible qu'il ait cru convenable de paraître mécontent des amours de sa fille avec Henri IV, mais il n'en profite pas moins. En vérité, l'image du père non complaisant arrange Antoine comme Gabrielle, et ils s'en servent tous deux pour leurs intérêts respectifs. Les honneurs obtenus par le marquis d'Estrées doivent être à la mesure du déshonneur enduré par le père. Le roi a la faiblesse de compenser le « préjudice » par les faveurs.

Quant à Gabrielle, l'*Alcandre* dit que, furieuse de ne pas voir le roi venir la délivrer le jour de ses noces, « elle jura cent fois de s'en venger ». Gabrielle a pu, à juste titre, s'indigner de l'incroyable cynisme de sa famille comme du roi à son égard. Pour nous, elle s'est servie de ce mariage qui devait tout de même lui apporter plus d'indépendance, pour établir une sorte de plan de vie et de carrière qui la vengeait un peu de la désinvolture de tous à son endroit. Le déplaisir de son père est une merveilleuse excuse pour ne pas voir Henri IV. Le roi, aveuglé par sa passion, n'y a vu que du feu : « Je vous cuidais hier à Saint-Denis, mais le commandement de votre père vous a retenu. » Desclozeaux n'a pas remarqué qu'Henri écrit cette lettre peu de temps avant de découvrir la duplicité de sa maîtresse qui voit toujours Bellegarde... Gabrielle a pu transformer l'argument, mais cette fois à l'usage de Monsieur le Grand : elle n'a pas épousé Liancourt pour obéir à son père et au roi, mais pour acquérir une certaine liberté, et pouvoir ainsi rejoindre souvent et clandestinement son amant de cœur. Et, après tout, puisqu'on a tant méprisé ses propres aspirations, puisqu'on a brisé son avenir brillant et heureux avec Bellegarde, elle se vengera en engrangeant à son tour les faveurs et les honneurs. Sait-elle, lorsqu'elle reçoit ses premières seigneuries des mains de roi, le 10 juin à Liancourt, que sa mère a été dramatiquement assassinée à Issoire, l'avant-dernière nuit ?

Le drame d'Issoire

Nous avons quitté Françoise Babou, épouse d'Antoine d'Estrées et mère de Gabrielle, en 1584, lorsqu'elle s'est enfuie en Auvergne avec son jeune amant, Yves d'Allègre. D'Allègre s'est jeté dans le parti royal contre la Ligue. Il ne s'est pas morfondu dans son château de Meilhaud. Expéditions militaires et coups de main lui ont livré plusieurs châteaux ainsi que la ville d'Issoire, perdue et récupérée à diverses reprises, jusqu'à ce qu'Henri IV lui en confie le gouvernement en 1590. Les jours s'écoulent rarement avec douceur dans cette famille habituée aux meurtres et exactions diverses. En 1587, l'amant de Françoise a manqué d'être pulvérisé par les bons soins de sa sœur, Isabelle d'Allègre, mécontente des avantages successoraux obtenus par son frère. Yves a reçu la visite d'un laquais porteur d'une boîte « rare et merveilleuse » envoyée par sa sœur. Le laquais a ouvert la boîte selon les instructions qu'il a reçues, sans savoir le piège qu'elle contenait. Celui-ci nous est décrit par L'Estoile : « Trente-six canons de pistolets, chargés chacun de deux balles et y était un ressort accommodé de façon que, ouvrant la boîte, ce ressort lâchant faisait feu, lequel prenant à l'amorce à ce préparée, faisait, à l'instant, jouer les trente-six canons et jeter soixante-douze balles, dont, à peine, se pouvaient sauver ceux qui se trouvaient à l'environ. » Yves d'Allègre a eu la chance de ne pas se trouver dans le champ de tir, tandis que le laquais, fort blessé aux cuisses, a survécu...

Le gouverneur d'Issoire est détesté par de nombreux habitants de la ville. Il n'a pas hésité à faire exécuter un homme, sans jugement. Les extorsions financières, de plus en plus scandaleuses, servent en grande partie à satisfaire le luxe et la cupidité de Mme d'Estrées qui vit maritalement avec le gouverneur. La morgue de Françoise est insupportable. Elle a poussé son amant à interdire certains vêtements ou parures aux bourgeoises qui ne sont pas de son rang. Allègre tente d'autres coups de main qui échouent lamentablement. Bientôt, ce ne sont qu'aigreurs, querelles et violences entre le gouverneur et ses propres complices. Un incident provoqué par la mère de Gabrielle, va déclencher le drame.

Des marchands et des bouchers sont venus demander de l'argent à Françoise qui, pour toute réponse, les a fait maltraiter et battre ! Bouchers, chapelier et autres fournisseurs, aidés par le clan adverse à celui des Allègre, décident la mise à mort de ce couple honni. Dans la nuit du 8 au 9 juin 1592, ils réussissent à entrer par la porte de derrière dans la maison où logent le marquis d'Allègre, la marquise d'Estrées et ses deux filles (l'une née d'Antoine, l'autre d'Yves). Au moyen d'une échelle, les conjurés gagnent une galerie qui mène à la chambre du gouverneur et de sa compagne. Françoise se réveille en sursaut et dit à Allègre qui dort auprès d'elle : « J'entends du bruit à la porte ! C'est quelque troupe mal décidée. – Madame ce n'est rien », répond Yves qui, pourtant, entasse précipitamment des meubles et des objets contre la porte. Celle-ci vole en éclats après l'explosion d'un pétard préparé par les assassins. Allègre crie à Mme d'Estrées de « se retirer en la chambre des filles ». Tandis que le gouverneur périt sous les coups de dague, Françoise, affolée, se cache dans la ruelle du lit d'une de ses servantes. Découverte par l'un des conjurés, elle implore : « Hélas, Monsieur, voulez-vous tuer les dames aussi ? – Oui, répond-il en hurlant, nous voulons tuer le chien et la chienne »; et il la tue d'un « coup de couteau dans la mamelle ». Les autres complices arrivent et arrachent la chemise de Françoise. D'après d'Aubigné, les assassins auraient surpris la coquetterie intime de Mme d'Estrées, révélée par des rubans de différentes couleurs... Les deux cadavres nus sont jetés par la fenêtre et, selon la tradition locale, précipités dans un puits de la cour intérieure. Le lendemain, les corps sont retirés pour être inhumés à Meilhaud. Henri IV décide la nomination d'un nouveau gouverneur et la punition des assassins. Certains ont fui, les autres seront pendus.

Les filles de Françoise d'Estrées, Julienne-Hyppolyte et Françoise, ont été épargnées. Toutes deux sont envoyées auprès d'Antoine d'Estrées qui endosse la paternité de la plus jeune. On suppose qu'après son séjour forcé à Liancourt, Gabrielle se rend à Noyon ou plutôt à Cœuvres, à la rencontre de sa sœur Julienne qu'elle n'a pas revue depuis huit ans, et de sa demi-sœur naturelle Françoise, qu'elle ne connaît pas. Nous verrons par la suite qu'elle prendra grand soin de leur établissement.

Les débuts discrets de Mme de Liancourt

La relative indépendance apportée par le mariage va-t-elle faciliter les rencontres entre Gabrielle et le roi ? La duchesse douairière de Longueville reçoit la jeune mariée dans sa belle demeure de Trie, tout près de Gisors, où réside le souverain. Henri vient rejoindre sa bien-aimée. Peu de temps après, étant au camp de Senlis, il revoit Gabrielle dans un lieu proche de la ville. Mais les retrouvailles sont encore bien brèves. Gabrielle doit encore faire acte de présence à Liancourt, et le roi doit courir défendre les frontières champenoises.

La situation est grave pour l'armée royale qui a dû lever le siège de Rouen le 20 avril et a été dispersée par les troupes de Mercœur sur le front breton. Henri IV, ainsi que Bellegarde, rejoignent le maréchal de Biron sous les murs d'Épernay. Le 9 juillet, le maréchal est tué par un boulet de canon. C'est une immense perte pour le roi qui, cependant, commence enfin à collectionner les victoires.

La prise d'Épernay (9 août) est suivie par celle de Pont-sur-Seine et par celle de Provins. Le 2 septembre, juste avant de se rendre à Provins, Henri écrit à Antoine d'Estrées : « J'ai été bien aise d'entendre par votre laquais ce qui s'est passé en ma ville de Noyon. Vous savez bien que je vous avais averti qu'il y avait entreprise sur votre place, mais je n'en savais pas la forme. Il y en a encore une sur Compiègne, car j'en ai bon avis. J'espère, jeudi, Dieu aidant, être dans Provins. Si j'eusse été assisté, vu mes diligences accoutumées, j'y fusse déjà. Si vous avez des nouvelles des Pays-Bas, faites-m'en part. » Cette lettre prouve encore la bonne entente entre l'amant et le père... Après avoir fait reculer les troupes de Mayenne près de Meaux, le souverain arrive le 9 septembre à Noyon. Il y reste une semaine auprès de Gabrielle qui, selon toute vraisemblance, a définitivement quitté le purgatoire de Liancourt. L'idylle est ternie par la maladie du roi, terrassé par une forte fièvre entre le 12 et le 15 septembre. Le 16, Henri quitte Noyon et sa maîtresse pour se rendre avec son armée de place en place autour de Paris.

Le 20 septembre, le roi est à Saint-Denis. C'est là qu'Esther Ymbert, la maîtresse rochelaise d'autrefois, sollicite en vain une audience. La mère du petit Gédéon, mort à trois ans, est malade et dans la misère. Henri fait preuve d'une grande dureté envers cette femme qui « le supplie d'avoir pitié d'elle ». Il refuse de la recevoir. Esther mourra désespérée, à Saint-Denis, au mois de décembre.

Le roi persiste à penser que la reconquête de son royaume ne pourra vraiment commencer qu'à partir de la capitale. Les manœuvres de l'armée royale et la présence du souverain affolent les Parisiens, qui envisagent avec terreur un nouveau siège, aussi cruel que le premier. Le roi étant alors sans cesse en mouvement, Gabrielle n'est pas venue le rejoindre. Toujours follement épris, mais ne pouvant vivre sans compagnie féminine, Henri fait venir à Saint-Denis l'une des plus célèbres hétaïres du temps, Mlle de La Raverie, connue pour posséder une « clientèle » des plus élégantes. Le 1er octobre, le roi adresse à l'un de ses officiers un billet en forme de laissez-passer en faveur de la courtisane : « J'ai accordé à la demoiselle de La Raverie un passeport pour faire mener à Paris quelques blés, vin et bois pour sa provision. Je vous prie ne faire difficulté de le laisser passer. [...] Vous êtes de vous-même assez courtois aux belles dames comme elle, sans vous y convier davantage. »

Le 12 octobre, Henri est à nouveau assailli par des douleurs et des fièvres violentes. Selon la plupart des témoignages, ses maux sont dus à ses débordements sexuels. Sérieusement malade, il ne peut se remettre en selle avant la nuit du 23 au 24 octobre. Les Parisiens ont cru un moment à sa mort. Le 17, L'Estoile notait avec un jeu de mots ironique qu'il « ne se mourait plus, mais était malade d'une maladie de bourse, mal ordinaire et fort commun en ce temps ». Les prédicateurs parisiens s'apitoient sur Marguerite, « cette sainte reine » qui se trouve enfermée entre quatre murailles, tandis que son mari entretient un « haras de femmes et de putains ». La maladie du roi encourage la Ligue et Farnèse. Ayant appris le grand affaiblissement physique d'Henri, le duc de Parme se dirige vers la Picardie. Le roi marche à sa rencontre, mais, arrivé à Compiègne le 7 décembre, il apprend la formidable nouvelle : le grand Farnèse est mort le 2 décembre à Arras, des suites de la grave blessure qu'il a reçue près de Rouen le 25 avril.

Cette mort opportune s'inscrit dans une période de succès

pour Henri IV. C'est un véritable tournant qui s'amorce enfin. Ses principaux lieutenants engrangent les victoires militaires : les protestants Bouillon et Lesdiguières en Lorraine et dans le Dauphiné, les catholiques Damville et Épernon (maintenant rallié) en Languedoc et en Provence. Reste la grande affaire de la conversion d'Henri. La Ligue tient l'essentiel de sa force de son « réseau organisationnel et multicitadin » – selon les termes d'Emmanuel Le Roy Ladurie. Elle enserre la France dans les mailles du réseau des villes, très majoritairement catholiques. Le roi n'ignore nullement l'inévitable échéance de sa conversion qu'il envisage pourtant avec souffrance. Il a déjà fait certains pas et une partie de la Ligue parisienne commence à céder. Il y a des décisions importantes à prendre. Le roi veut retrouver son chancelier au centre du catholicisme rallié par les bons soins de l'évêque de Thou : la ville de Chartres. Le clan entoure à nouveau le souverain. Pour la première fois, Gabrielle va intervenir, non pour obtenir des faveurs particulières, mais pour aider le destin du roi.

Le second séjour à Chartres

   Les deux amants se retrouvent à Chartres le 20 décembre au plus tard. Tout au bonheur de revoir Mme de Liancourt, Henri cherche à former sur-le-champ une cour de jolies femmes chargées d'égayer le séjour de sa chère maîtresse. Dès le 28 décembre, il adresse au gouverneur de Tours, M. de Souvré, nommé La Gode, une lettre où éclate sa verve rapide et charmante : « J'écris à ma sœur d'Angoulême [1] qu'elle vienne me trouver, et mande aussi à des belles d'être de la partie. Je vous prie, quand elles voudront partir, de les faire accompagner jusqu'à Vendôme. Peut-être ferez-vous cet office mal volontiers, pour le regret que vous aurez d'en

---

1 Diane d'Angoulême, fille légitimée d'Henri II et d'une Piémontaise, donc demi-sœur de Marguerite.

perdre la vue de quelqu'une. Mais il se faut consoler, que l'absence n'est pas la mort des belles amitiés; c'en est au contraire l'école où elles s'apprennent le mieux. Pontcarré, que j'envoie au-delà, vous dira de mes nouvelles. À Dieu, La Gode. »

L'humeur légère du roi, loin de le distraire des événements capitaux du moment, lui apporte la sérénité heureuse où il puise la force nécessaire aux décisions graves. Les députés ligueurs convoqués par Mayenne arrivent à Paris. Déjà, du vivant d'Henri III, l'ouverture des États généraux chargés de régler la question de la succession du roi, posée par la religion d'Henri de Navarre, avait été prévue pour le 15 juillet 1589. Elle avait été reportée à 1590, puis à 1591 et à l'automne 1592. Mayenne profite de la mort de Farnèse pour transférer les États à Paris. Ceux-ci s'ouvrent le 26 janvier 1593, dans la salle Haute au Louvre, sur une déclaration de Mayenne cachetée du grand sceau représentant un trône vide. Mais la puissance de la Ligue guisarde est, en vérité, de plus en plus fragile. Dès le 4 avril 1592, le souverain s'est engagé, dans une déclaration appelée l' « expédient », à s'instruire dans la religion catholique avec l'intention de s'unir à l'Église de Rome. Encore une promesse sans lendemain ? Les protestants l'espèrent, mais une fraction importante de la Ligue parisienne, harassée, veut croire à la sincérité d'Henri. Les rangs des « politiques », jadis bien maigres, grossissent à vue d'œil. Les États, convoqués par Mayenne pour élire un prince catholique, ne comptent que 128 membres au lieu de 400 à 500 comme les précédents. Le frère du Balafré propose sa candidature ou celle de son fils. L'archevêque de Reims, président de la chambre du clergé, suggère celle du roi d'Espagne.

À Chartres, Henri IV relève leur énorme défi par un coup de maître. Très habilement, le roi demande à tous les catholiques royaux qui l'entourent – gentilshommes, officiers et prélats, de répondre eux-mêmes aux gentilshommes de la Ligue, en signant le 27 janvier la « Proposition de Chartres ». Les ligueurs qui les accusent d'empêcher la paix sont accusés à leur tour. Puisqu'ils veulent ramener la paix et sauver la religion, qu'ils s'entendent donc avec les royaux. Deux jours plus tard, le souverain conteste la légalité des États par des lettres patentes. À la surprise générale, l'assemblée du Louvre accepte, le 4 février, de discuter un projet de conférence entre les États et le roi! La voie diplomatique est devenue aussi importante pour le destin d'Henri que la voie militaire.

Henri est en étroite union avec Cheverny dont l'importance de la fonction répond à l'importance des événements. Le chancelier, généralement aussi garde des Sceaux, est le chef de la magistrature et le premier au Conseil, qu'il préside en l'absence du roi. Sa charge fait pendant à celle du connétable. Les deux personnages encadrent le roi lors des grandes solennités. Depuis les guerres des religion, les souverains, constamment attaqués par des mouvements subversifs, ont voulu s'appuyer sur des agents d'exécution sûrs et ont donné à leurs chanceliers un rôle sans cesse accru dans la direction politique des affaires. Le chancelier a donc dépassé sa fonction officiellement juridique pour devenir une sorte de premier ministre de fait. Cheverny a bien travaillé pour le roi. On a déjà constaté les fortes solidarités qui soudent à cette époque les membres d'un clan ou d'un réseau familial. Le chancelier a formé un véritable centre de prélats ralliés à Henri IV, avec l'aide précieuse de son cousin germain Renaud de Beaune, archevêque de Bourges, et de l'oncle de sa femme, Nicolas de Thou, évêque de Chartres. Ce dernier a commencé à organiser une réunion de prélats royalistes dans sa ville, dès septembre 1591. Cheverny se bat pour mener l'Église vers le roi, mais aussi pour mener le roi vers l'Église, avec, cette fois, l'aide de Gabrielle.

Très proche de Cheverny par sa tante Isabelle qui lui tient lieu de mère, celle-ci se trouve très directement instruite des événements et de la politique royale à son plus haut niveau. Le faux ménage formé par Cheverny et Mme de Sourdis se sert de la petite Mme de Liancourt pour aider Henri à hâter sa conversion. Les témoins ont maintes fois évoqué l'influence de Gabrielle sur la conversion du roi. Henri est sans doute ému par les paroles de sa maîtresse, mais il

« sait », de toute manière et sans Gabrielle, que sa conversion est inéluctable. En vérité, il a besoin de la gracieuse diplomatie de Gabrielle comme il avait besoin de l'idéalisme énergique de Corisande, pour prendre des décisions qui lui répugnent, sa conversion aujourd'hui, la guerre contre les armées royales hier. Gabrielle, par son sens inné de la diplomatie et par son appartenance au clan le plus proche du roi, se trouve en étroite symbiose avec les intérêts précisément actuels d'Henri. Ce contexte explique pour une part non négligeable l'attachement grandissant du roi envers une femme plus apte que beaucoup d'autres à effacer sa solitude morale.

Le 8 février, Henri quitte Chartres et Gabrielle pour se rendre d'abord à Tours, où il veut s'entretenir des graves événements avec le Parlement royaliste, puis à Saumur où il doit retrouver auprès de Duplessis-Mornay sa sœur Catherine dont il a exigé le retour. L'absence sera cruellement ressentie par le roi qui, malgré les caresses de Gabrielle, soupçonne avec souffrance l'attachement persistant de sa maîtresse pour Bellegarde. La jalousie et la passion mêlées percent dans les nombreuses lettres que le souverain fait porter à son « bel ange ».

Cruelles absences

Sur la trentaine de lettres connues adressées par Henri à Gabrielle, vingt et une ont été écrites en 1593 et neuf seulement entre 1594 et la mort de la compagne du roi. L'année 1593 est celle de la grande crise entre les amants, qui va culminer au mois de juillet. Par la suite, Gabrielle vivant presque continuellement auprès du souverain, celui-ci n'aura que rarement l'occasion de lui écrire. Le lecteur trouvera donc ci-après et au chapitre suivant l'essentiel de la correspondance d'Henri destinée à Gabrielle. L'intérêt psychologique de ces lettres joint au grand talent épistolaire du roi nous ont convaincue de les citer toutes en entier. En revanche, on ne connaît qu'une seule lettre de Gabrielle adressée à Henri, et il ne s'agit que d'une copie non datée (peut-être octobre 1592 ?) conservée à la Bibliothèque nationale. Le style alambiqué, chargé de références aux poncifs romanesques du temps, chercherait-il à occulter la poursuite d'une liaison avec Bellegarde ?

« Je meurs de peur, assurez-moi, je vous supplie, en me disant comme se porte le plus brave du monde. Je crains que son mal ne soit grand, puisque autre cause ne me devait priver de sa présence aujourd'hui. Dis-moi des nouvelles, mon cavalier [1], puisque tu sais combien le moindre de ses maux m'est mortel. Combien que par deux fois j'ai su de votre état, aujourd'hui je ne saurai dormir sans vous envoyer mille bonsoirs, car je ne suis pas douée d'une ladre constance. Je suis la princesse Constance et sensible pour tout ce qui vous touche, et insensible à tout ce qui reste au monde, soit bien ou mal. »

« Je suis la princesse Constance... » Giselle Mathieu Castellani remarque l'assurance si affirmée et donc suspecte, avec laquelle l'amant ou l'amante de cette période baroque proclame sa propre constance, tout en déplorant l'inconstance de l'autre. Inconstance qui reflète l'instabilité et la discontinuité d'un monde mouvant où tout vacille, constance qui crie l'espoir d'une continuité dans un monde unifié, stable et réel. Le fatras littéraire de Gabrielle sacrifie à la mode du temps. Le roi lui en fait indirectement et affectueusement la remarque dans la lettre qui suit, lorsqu'il emploie le mot « constant » en ajoutant : « puisque ainsi parle le siècle ». La « princesse Constance » est, pour l'heure, bien rouée. La fidélité du souverain reste encore assez floue. Mais lorsqu'il dit « constant », le roi exprime aussi la finalité profonde de son action : arrimer son royaume et sa propre vie à la terre ferme.

1. Le messager qui porte la lettre.

La première lettre connue d'Henri IV à Gabrielle est écrite à Châteaudun le 9 février 1593, au lendemain même de la séparation des amants. Le monogramme qui remplace la signature, selon les usages de la correspondance amoureuse, comporte deux C... pour « Constance » ?

« Mon bel ange,

« Pour ce que j'arrivais arsoir à dix heures, l'on ne sut dépêcher votre fait de d'Argouges; dès l'aube du jour, tout a été expédié. Comme je voulais me lever pour vous écrire, il s'en est présenté un beau sujet : c'est que Monsieur de Guise est arrivé à Orléans avec des forces pour secourir le Bourg-Dieu, ce qu'il peut faire devant que le terme de la capitulation soit expiré. Je monte à cheval tout à cette heure pour aller secourir Montigny, et espère que par ma diligence je regagnerai l'avance que mes ennemis ont plus que moi.

« Le cœur me dit que nous ferons quelque chose de bon. Vous saurez tous les jours de mes nouvelles; que je sache des vôtres, particulièrement de votre santé. Je ne partis jamais d'avec vous plus triste et plus constant. Tenez pour constant (puisque ainsi parle le siècle) que mon amour ne peut recevoir d'altération par quoi que ce soit, fors d'un rival. Mandez-moi comme l'on vous aura recueillie à Mantes. Je suis et serai jusques au tombeau votre fidèle esclave. Je vous baise un million de fois les mains.

« Ce neuvième février,

Henri a donc fait accompagner Gabrielle jusqu'à Mantes, probablement par Rosny (Sully). Le roi s'est occupé d'une faveur demandée par sa maîtresse (« notre fait d'Argouges »), la tient au courant de l'évasion de Charles de Guise, le fils du Balafré. Dès cette lettre, se lèvent les soupçons : « Mon amour ne peut recevoir d'altération par quoi que ce soit, fors d'un rival... »

Le lendemain, 10 février, le roi passe par Marchenoir, sur le chemin de la Loire. Plus amoureux que jamais, il écrit à nouveau à Gabrielle dont il ne supporte plus l'absence :

« Je ne sais de quel charme vous avez usé, mais je ne supportais point les autres absences avec tant d'impatience que cette-ci ; il me semble qu'il y a déjà un siècle que je suis éloigné de vous. Vous n'aurez que faire de solliciter mon retour ; je n'ai artère ni muscle qui à chaque moment ne me représente l'heur de vous voir, et ne me fasse sentir du déplaisir de votre absence. Croyez, ma chère souveraine, que l'amour ne me violenta jamais tant qu'il fait. J'avoue avoir tout sujet de m'y laisse mener ; aussi le fais-je avec une naïveté qui témoigne la réalité de mon affection, parce que je m'assure que vous n'en doutez pas.

« Je finirai ce discours pour en commencer un autre, qui est que nos dames ont bien couru fortune, et ont bien ressenti des incommodités de la guerre. Votre tante vous en écrit, à qui le parentage de mon bel ange servit fort. J'y fis ce que je devais.

« Je monte à cheval et vais dîner à Boigency. Si Monsieur de Guise est parti d'Orléans, demain nous nous verrons. Mon tout, aimez-moi fort. Je te jure, mes belles amours, qu'en tout mon voyage mes yeux ne verront qu'autant qu'il faudra pour raconter ce qui sera par où je passerai. Ce voyage retardera mon retour de trois jours. Bonjour, ma souveraine. Je baise un million de fois vos belles mains.

« À Marchenoy, ce dixième février,

Les lettres du roi restent sans réponse. Henri en est fort malheureux et très inquiet. Le 17 février à Olivet (village au sud d'Orléans), il mande à sa maîtresse :

« Mon malheur de ne savoir point de vos nouvelles continue, qui me fait vous envoyer La Fon en diligence, craignant qu'il vous soit arrivé quelque accident. Renvoyez-le moi promptement, mes chères amours, je vous supplie. Il m'a promis d'être plus diligent que lorsque je le dépêchai d'Esperney. Je pars demain et serai à Tours dimanche, s'il plaît à Dieu. Ce voyage de Berry a retardé de huit jours mon retour. J'espère qu'il n'arrivera plus d'incident notable qui me retarde.

« Le désir extrême que j'ai de vous voir me fait passer par-dessus infinies occasions qui naissent à tout moment. Je n'ai failli un seul jour de mon devoir que de votre bonne grâce qui est mon unique trésor. Croyez, mon bel ange, que j'en estime autant la possession que l'honneur d'une douzaine de batailles. Soyez glorieuse de m'avoir vaincu, moi qui ne le fus jamais tout à fait que de vous, à qui je baise un million de fois les pieds.

« Ce dix-septième février,

Le 26 février, Henri IV est à Tours où il délibère des graves questions du moment avec le Parlement royaliste, avant de retrouver sa sœur qui l'attend avec impatience à Saumur. Il écrit à Gabrielle :

« Mon bel ange,
« Si à toutes heures m'était permis de vous importuner de la mémoire de votre sujet, je crois que la fin de chaque lettre serait le commencement d'une autre. Ainsi incessamment je vous entretiendrais, puisque l'absence me prive de le faire autrement.

« Mais les affaires, ou, pour mieux dire, les importunités sont en plus grand nombre qu'elles n'étaient à Chartres. Ils [elles] m'arrêtent encore demain, que je devais partir. Dieu sait les bénédictions que ma sœur leur baille. Souvray nous fait aujourd'hui festin, où seront toutes les dames. Je ne suis vêtu que de noir; aussi suis-je veuf de ce qui me peut porter de la joie et du contentement. Il ne se vit oncques une fidélité si pure que la mienne; glorifiez-vous-en, puisque c'est pour vous.

« Si d'O [1] est où vous êtes, avertissez-le quand mes laquais partent, afin qu'il me mande des nouvelles des ennemis. Dès que j'aurai vu ma sœur, je vous enverrai La Varrenne, qui vous apportera le jour de mon retour assuré, que j'avancerai, comme la personne du monde qui a le plus d'amour et qui est absent de sa déité. Croyez-moi, ma chère souveraine, et recevez ces, ou quarante, ou cent baisemains, d'aussi bon cœur que les vous fis hier. »

Le 28 février, par une tempête de neige, Henri IV rejoint enfin Catherine de Bourbon à Saumur, ville dont Duplessis-Mornay est gouverneur. Henri veut tout de suite convaincre sa sœur d'accepter comme époux leur cousin Henri de Bourbon, duc de Montpensier. À Tours, quelques jours plus tard, Catherine avoue à son frère le pacte qu'elle a signé avec Soissons à Pau. Le roi, saisi par une épouvantable fureur, menace sa sœur de l'enfermer à Sedan. Le frère et la sœur sont aussi obstinés l'un que l'autre. Henri, inexorable, refuse le mariage avec Soissons, Catherine, inflexible, refusera d'en épouser un autre avant plusieurs années...

Toujours à Tours, parvient une bien mauvaise nouvelle: Noyon est investie par le comte Mansfeld, gouverneur général des Pays-Bas en remplacement du duc de Parme. Le 23 mars, le souverain part avec son armée pour Compiègne, en direction de Noyon, tandis que Catherine est expédiée à Mantes avec le conseil. À son arrivée à Compiègne, vers la fin de mars ou au début d'avril, le roi apprend la capitulation de Noyon, survenue le 30 mars malgré une furieuse résistance qui a fait périr de nombreux assaillants. La vallée de l'Oise et la route vers Paris sont à nouveau ouvertes. Antoine d'Estrées, médiocre capitaine, n'en verra pas sa gloire et ses faveurs diminuées...

Après deux mois de séparation, Gabrielle retrouve le roi à

1. François, marquis d'O, surintendant des finances.

Compiègne. Elle se montre particulièrement aimable et séduisante, sachant qu'il soupçonne ses amours avec Bellegarde. Le 8 avril, Mme de Liancourt reçoit le produit des contributions levées en Normandie pour subvenir aux dépenses militaires et celui « des impositions sur marchandises et denrées, et généralement de tous comptes de quelque nature qu'ils soient, fors et excepté ceux des aides, tailles, greniers à sel, domaine et recette générale ». On imagine le scandale provoqué par cette attribution à une favorite, en pleine période de guerre et de crise économique ! Les conditions climatiques de cette deuxième moitié du XVIe siècle, marquée par des hivers très rudes, des pluies diluviennes et des neiges tardives, sont catastrophiques pour les récoltes. Les prix des blés augmentent de façon spectaculaire. À la disette, s'ajoutent les épidémies et les horreurs de la guerre. Les troupes mal payées et indisciplinées ravagent les campagnes, pillent les maisons et les récoltes, détruisent les bâtiments d'exploitation. Les capitaines ont d'incessantes exigences financières. La guerre génère l'inflation, le désordre monétaire, et accroît la fiscalité de l'État. Les faveurs obtenues par Gabrielle sont d'autant mal perçues qu'elles sont attribuées dans ce contexte de pénuries et de souffrances. Le peuple qui, en général, n'aime pas les favorites, va haïr particulièrement Gabrielle. La maîtresse du roi paraît bien blâmable mais, en vérité, elle agit comme son milieu, celui des grandes familles qui font payer très cher au roi leur ralliement. Sans doute Henri pense-t-il pouvoir la détacher de Bellegarde et la conquérir tout à fait, à coup de faveurs exorbitantes.

La jalousie envahit brutalement l'esprit du souverain. C'est probablement vers cette époque qu'il faut situer les scènes plus ou moins légendaires entre Henri IV et Gabrielle. Selon l'*Alcandre*, alors qu'Henri séjourne avec Gabrielle dans un de ses châteaux, il doit quitter pour peu de temps sa maîtresse, « demeurée au lit, disant qu'elle se trouvait mal ». Bellegarde fait semblant de se rendre dans une ville voisine, et revient discrètement pour retrouver Gabrielle. Les amants se rejoignent grâce à la complicité d'une des « femmes » de Mme de Liancourt, Mlle de Main-ville, surnommée « la Rousse ». Celle-ci cache M. le Grand dans un réduit ouvrant sur la chambre de Gabrielle, et dont elle possède seule la clé. Pendant ce temps, Gabrielle congé-die les visiteurs importuns. Comme dans une comédie de boulevard, le roi survient « plus tôt qu'on ne le croyait ». Bel-legarde se précipite dans le réduit que la Rousse ferme pres-tement à clé avant de s'esquiver. Henri demande que l'on appelle la Mainville pour avoir des confitures. Celle-ci tar-dant à venir, le roi veut ouvrir la porte du réduit pour la chercher. Trouvant la porte fermée à clé, sa jalousie et ses soupçons se réveillent furieusement, et il commence à secouer la porte avec violence. Gabrielle lui dit que ce bruit l'incommode fort, mais Henri cherche à rompre la porte. Bellegarde saute par la fenêtre assez haute du réduit, sans trop de mal. La Rousse, qui s'est cachée pour ne pas ouvrir la porte, arrive essoufflée et montre au roi que le réduit est vide. Gabrielle peut alors pleurer abondamment en repro-chant « mille fois » au roi son comportement. Les lettres d'Henri à Gabrielle reproduites ci-après donnent quelque vraisemblance à cet épisode. En revanche, l'anecdote maintes fois citée selon laquelle le roi jette des confitures sous le lit de sa maîtresse où se cache Bellegarde, et dit : « Ne faut-il pas que tout le monde vive », est très probable-ment fausse, car on la racontait déjà sous François Ier. Ces ragots, vrais ou faux, prouvent en tout cas que la liaison de Gabrielle et de Bellegarde est connue de tous.

Le 14 avril, Henri et Gabrielle se séparent à nouveau. Le roi est encore terrassé par la fièvre, qu'il nomme « la voi-sine ». Est-elle due à la nervosité provoquée par le départ de sa maîtresse ? Il doit la retrouver très bientôt à Mantes, où Catherine est arrivée le 7 avril. Henri adresse à Gabrielle une cascade de lettres où éclatent sa passion sensuelle, sa jalousie douloureuse et son impatience angoissée. Et pour-tant cette nouvelle séparation ne durera que sept jours ! C'est plus que prévu. Gabrielle temporise un peu, et le roi soup-çonne les raisons de ce retard...

Le 15 avril, lendemain du départ de sa maîtresse, Henri

écrit à ses amours, juste avant de prendre la route pour Meulan :

« Ha! Que je fus affligé arsoir, quand je ne trouvai plus le sujet qui me faisait trouver le veiller si doux! Mille sortes de délices se représentaient devant moi, tant de singulières raretés! Bref, j'étais plus enchanté que ce magicien [qui] ne vous a fait trouver votre cassette. Certes, mes belles amours, vous êtes admirable; mais pourquoi vous loué-je? Cette gloire vous a rendu infidèle jusque-ci, et la connaissance de ma passion. Que la vérité de ces belles paroles proférées avec tant de douceur sur le pied de votre lit, mardi la nuit fermante, m'ôte toutes mes vieilles et invétérées opinions! Je remarque le lieu et le temps pour vous montrer combien je les ai gravées en ma mémoire et pour vous en rafraîchir le souvenir.

« Je monte à cheval pour aller coucher à Meulan. Je ne sais encore si j'irai à Mantes, bien que la voisine soit partie. Demain, je vous en manderai la certitude. Pour fin, je vous dirai que le déplaisir de vous laisser m'a saisi tellement le cœur, que j'en ai cuidé mourir toute cette nuit, et me trouve encore bien mal. Qui me fait achever plus tôt que je ne désirais cette lettre, en vous baisant un million de fois les mains.

« Ce quinzième avril,

« Mille sortes de délices », « tant de singulières raretés »... Gabrielle a bien su endormir les colères du roi, « enchanté » par sa magicienne! Les termes de cette lettre, la longue et inhabituelle fidélité dont Henri fera preuve à l'égard de Gabrielle au cours des années à venir posent la question de l'entente physique de leur couple. Utilisant un langage pour le moins imagé, Tallemant des Réaux a lancé un véritable pavé dans la légende du Vert Galant, décrit comme un amant médiocre qui ne parvient pas à séduire ses partenaires : « Ce prince a eu une quantité étrange de maîtresses ; il n'était pourtant pas un grand abatteur de bois ; aussi était-il toujours cocu. » Et Tallemant ajoute : « Madame de Verneuil l'appela un jour *Capitaine Bon Vouloir*. » Henriette d'Entragues, marquise de Verneuil, entrera dans la couche royale après la mort de Gabrielle et prouvera plus d'une fois sa méchanceté naturelle. Ce portrait peu flatteur d'Henri IV est souvent accepté par ses historiens. La vengeance d'Henriette, furieuse de la découverte de ses graves trahisons politiques, s'est révélée efficace. Tallemant commence à écrire ses *Historiettes* près de soixante ans après la mort d'Henri IV. Ces petits récits sont alimentés par un flot de médisances recueillies auprès de témoins âgés ou dans les Mémoires et les souvenirs écrits. On y trouve souvent du vrai, mais aussi du faux et même de l'incongru. Contentons-nous de suggérer que la gaillardise du roi est plus proche de celle d'un soldat impatient que de celle d'un amoureux raffiné des Cours policées par la Renaissance. Gabrielle enchante-t-elle Henri par un savoir-faire digne de la famille Babou, ou feint-elle, en bonne comédienne, de se satisfaire des caresses de son amant, ou encore est-elle réellement satisfaite ? Ce qui nous importe, c'est que le roi est attaché par les sens comme il ne le fut jamais.

Henri achève la lettre au moment de l'arrivée de Larchant, un des messagers royaux. Encore fébrile du souvenir de sa nuit avec Gabrielle, il écrit, ce même 15 avril, une nouvelle lettre à sa maîtresse :

« L'autre lettre ne faisait qu'achever de se fermer lorsque Larchant est arrivé ; je ne l'ai voulu mener plus loin. Je serais très aise que voyiez celui de qui vous pouvez apprendre des nouvelles : mais que cela ne me tarde point l'heure de votre présence. J'attendrai ce que vous aurez appris avec impatience, mais non telle que votre venue, que je vous supplie de ne vouloir différer.

« Vous écrivant, m'est venu avis que 300 chevaux de Rouen sont arrivés à Pontoise, qui viennent au-devant de Villars. Je n'en ai que 200, mais je m'en vais passer à la vue de la ville pour voir s'ils veulent se battre; et s'ils le font, je donnerai un coup de pistolet pour l'amour de vous. Bonjour, mes chères amours; je te baise un million de fois les mains.

« Ce quinzième avril,

Le lendemain, de Meulan, le roi adresse à Gabrielle une nouvelle lettre confiée à La Varanne ancien cuisinier de sa sœur Catherine, devenu « porte-manteau » et homme de confiance du souverain :

« Je m'en vas dîner à Mantes et reviendrai coucher ici, puis demain j'y irai du tout. Sauveterre n'est point venu, de quoi je suis en peine. Je vous manderai force nouvelles par La Varanne, que je vous dépêcherai demain. Vraiment ma venue était nécessaire en ce pays, si elle le fut jamais en lieu.

« Ne faillez, mes chères amours, à venir au jour que m'avez promis. Plus je vas en avant, et moins je m'accoutume à supporter l'absence. Vous m'avez, je le confesse, plus charmé que je ne le fus jamais. Excusez si n'avez que ce mot pour aujourd'hui, et aimez votre sujet comme vos yeux. Certes, il vous adore avec extrême passion et fidélité. Bonjour, chère maîtresse; je te baise un million de fois les pieds.

« De Meulan, ce seizième avril,

La même prière revient dans toutes ces lettres : que Gabrielle ne diffère pas la date de son arrivée. Ayant gagné Mantes, Henri apprend, consterné, que sa maîtresse aura un peu de retard. Mais enfin Gabrielle doit arriver le surlendemain. Est-ce pour l'attirer que la lettre du 19 avril ci-après, évoque les événements et les potins de la Cour ? Ainsi, Gabrielle apprend que la veuve du Balafré et sa fille vont venir rendre visite à Catherine : décidément, l'heure est aux négociations. Mme de La Roche-Guyon, que le roi – on s'en souvient – a vainement tenté de séduire, viendra également. Un potin intéressant : Henri de Montmorency a épousé Louise de Budos, qui sera la beauté rivale de Gabrielle à la Cour du roi. Dernière proposition pour décider la belle : « Dormez-bien, mes belles amours, afin d'être grasse et fraîche à votre arrivée » ! Les tournures amoureuses de la Cour des Valois, sûrement maîtrisées par Bellegarde, ne sont pas le fort d'Henri IV...

« Arsoir, tout tard, un de mes laquais revint, par lequel vous m'assurez de ne manquer point à votre venue, comme vous me l'avez promis. Ce m'a été une extrême consolation aux travaux que j'ai ici, mais le porteur m'a dit depuis de bouche que ne partiriez que mardi. Cela me tua, craignant vos longueurs. Excusez ma passion, si je crains tout de vous, mon bel ange. La dépêche de La Varanne vous aura fait hâter, à mon avis. Jésus! Je vous verrai après-demain. Quelle joie! Certes, mes discours sont bien coupés ; aussi l'est mon âme, ne l'ayant (hormis mon amour) jamais eue plus traversée.

« Madame de Guise et sa fille viennent voir ma sœur un de ces jours. Madame de La Roche revient aussi, que je ne verrai que ne soyez venue. Croyez, ma chère maîtresse, qu'en ce qui dépendra de l'obéissance de vos commandements, vous me trouverez sans reproche. Cette lettre vous trouvera vers Chambly.

« Le bruit court ici que Monsieur de Montmorency s'est marié à une demoiselle de Languedoc. Je n'en ai point de nouvelles. Si cela est, il y en aura de bien fâchées en ce pays : vous m'entendez bien. Dormez bien, mes belles amours, afin d'être grasse et fraîche à votre arrivée. Pour moi, j'en fais provision. Bonjour, mon tout. Je baise un million de fois vos beaux yeux.

« Ce dix-neuvième avril, à Mantes,

Le 20 avril est la veille du jour de l'arrivée de Gabrielle. Henri écrit à ses belles amours et lui annonce un cadeau : un cœur de diamant qu'il a recouvré, peut-être mis en gage lorsqu'il était roi de Navarre :

« Mes belles amours,

« Ce sera demain que je baiserai ces belles mains par millions de fois ; je ressens déjà du soulagement en mes peines par l'approche d'un tel heur, que je tiens cher comme ma vie ; mais si vous me le retardez d'un jour seulement, je mourrai. Envoyez-moi anhuy La Varene, instruit de vos commandements.

« J'ai recouvert un cœur de diamant qui vous fera mourir d'envie. Si les anges portaient des bagues [des bijoux], il vous serait extrêmement propre. Jamais absence ne m'a tant ennuyé que celle-ci. Passer le mois d'avril absent de sa maîtresse, c'est ne vivre pas. Vous recevrez deux lettres anhuy de moi, et moi deux baisers demain de vous. Bonjour, ma chère maîtresse. Je baise un million de fois vos pieds.

« De Mantes, ce vingtième avril,

Le 21 avril, jour prévu de son arrivée, Gabrielle n'est toujours pas là. Pâques tombant le 18 avril, Mme de Liancourt s'est-elle abstenue d'écrire au roi ce jour-là ? Le pauvre souverain cherche une raison à ce silence, autre que celle qu'il redoute. Les reproches se font plus pressants. Henri veut apitoyer Gabrielle, il est très fiévreux, il se sent très mal :

« Je n'eus point hier de vos nouvelles ; je ne sais à quoi il a tenu. Si vous respectâtes le jour de Pâques, je ne l'ai pas fait ; si c'est paresse, vous avez tort. Il est midi et je n'en ai point encore : c'est bien loin de l'assurance que vos paroles m'avaient donnée de vous voir anhuy.

Quand apprendrez-vous à tenir chère votre foi ? Je n'en fais pas ainsi de mes promesses.

« La voisine est venue ce matin devant mon réveil. Soudain, sans besoin, j'ai pris médecine ; de quoi je me trouve si mal que je n'en puis plus. Qui me fait finir, vous jurant que je vous veux bien mal, et ne baisant que votre belle bouche, encore m'en ferai prier.

« Ce vingt et unième avril,

Le 22 avril, Gabrielle apparaît enfin. Ivre de joie, le roi fait ce même jour don à sa maîtresse de 20 000 écus à prendre sur la vente des justices et les gardes nobles de la Normandie qui, véritablement, contribue fort au train de la favorite !

La crise entre Henri et Gabrielle va maintenant s'amplifier pour arriver à son point culminant. Gabrielle devra abandonner ses manèges. La crise du couple est parallèle à la crise intérieure du roi, qui ne peut plus reculer sa conversion. Pour Henri comme pour Gabrielle, c'est l'heure des choix décisifs.

CHAPITRE V

Choix décisifs

Avril-juillet 1593 : le roi doit vaincre une double crise personnelle. Tandis qu'il se convertit en surmontant une profonde crise de conscience, il découvre avec certitude la liaison de Gabrielle avec Bellegarde. Et, en même temps, il lui
faut répondre aussi promptement qu'habilement à la cascade d'événements politiques qui bouscule son destin. Henri
a fait des choix graves, Gabrielle doit en faire aussi. Elle les
fera et, ainsi, mettra fin aux équivoques de la première
période de sa liaison royale.

L' « ange Gabrielle » à Mantes

Arrivée à Mantes le 22 avril, Gabrielle est présentée à
Madame, la sœur du roi, Catherine de Bourbon. Les deux
femmes se mesurent avec courtoisie, parfois avec amabilité.
Pourtant, personne ne sera dupe de leur antipathie réciproque ou du moins de l'agacement que chacune éprouve de
la présence de l'autre. Catherine a presque trente-cinq ans,
Gabrielle dix-neuf ou à peine vingt. Madame a hérité de sa
mère une turberculose qui a déjà beaucoup creusé ses traits.
Elle tente de masquer ces flétrissures prématurées par des
maquillages outranciers, des bijoux voyants et des robes de
mauvais goût. Son long nez, semblable à celui de son frère,
dépare son visage. Vieille fille, amoureuse déçue et contra-

riée, Catherine observe avec la douleur qu'on imagine le triomphe de la jeune beauté de Mme de Liancourt et le bonheur d'Henri. Ce bonheur que le roi lui a refusé et qu'il s'approprie avec insolence, sous ses yeux.

Ce n'est pourtant pas une femme vaincue et méprisée que Gabrielle affronte. Très intelligente, cultivée, vive, forte femme qui a prouvé ses capacités comme régente du royaume de Navarre, Catherine impose le respect et l'estime. Fière et généreuse, intransigeante dans sa foi religieuse, elle paraît parfaitement à sa place comme première dame de la Cour, en l'absence d'une reine. En outre, Catherine et Henri s'aiment profondément, malgré les orages récents. La petite Liancourt supporte assez mal la déférence qu'elle doit à la sœur du roi. Elle exprime son impatience en déclarant de temps à autre à son amant qu'elle déteste Mantes. Mais, veillée par le faux ménage de Cheverny et d'Isabelle de Sourdis, et sans doute inspirée, aussi, par le bon sens qu'elle montrera maintes fois par la suite, Gabrielle aide le roi à sauter le pas de sa conversion.

Ce séjour à Mantes est traversé par une succession d'événements inouïs. Beaucoup de députés des États généraux convoqués par Mayenne ont mal perçu le discours maladroit et orgueilleux prononcé le 2 avril par le duc de Feria, ambassadeur extraordinaire du roi d'Espagne. L'Espagnol énumère toutes les raisons qui devraient obliger les Français à l'égard de Philippe II. Le roi d'Espagne, le légat et, dans une moindre mesure, Mayenne croient encore à une nébuleuse catholique et supranationale. Mais le monde a changé. Le protestantisme a libéré la moitié nord de l'Europe de la tutelle ou de l'influence du pape. En ce siècle profondément marqué par un sens nouveau de l'indépendance individuelle et collective, en ces temps où l'imprimerie a contribué à promouvoir et à exalter les différentes langues nationales, les peuples ont pris conscience de leur diversité. Si le nationalisme du XVIe siècle n'est pas encore celui du XIXe siècle, l'éveil de la conscience nationale et de l'idée patriotique apparaît évident. La démocratie révolutionnaire ligueuse est idéologique et antinationale, prête à accepter Philippe II comme roi, pourvu qu'il soit un champion de la cité universelle de Dieu. Or, au sein des États de la Ligue, tout un courant catholique, mais patriote et antirévolutionnaire est viscéralement tenté par les propositions des catholiques royaux, c'est-à-dire d'Henri IV, roi de par les lois fondamentales du royaume, lois bien françaises. La majorité des députés veut même avancer la date de la conférence entre les deux partis.

Celle-ci s'ouvre à Suresnes le 29 avril. La délégation des États est menée par l'évêque de Lyon, Pierre d'Épinac, et celle des royaux par l'archevêque de Bourges, Renaud de Beaune, cousin du chancelier. Une foule énorme de Parisiens, massée à la Porte-Neuve, crie aux délégués qui sortent de la capitale : « La paix. Bénis soient ceux qui la procurent et la demandent. Maudits et à tous les diables soient les autres. » Sur les bords de la route de Suresnes, les hommes et les femmes demandent la paix à genoux, les mains jointes. Ce mouvement pacifique de l'opinion va hâter les accords. Une trêve est conclue le 4 mai. À cette annonce, les Parisiens, prisonniers à l'intérieur de leurs enceintes depuis quatre ans, se déversent dans les campagnes; les uns visitent leurs maisons des champs, les autres déjeunent en plein air; le 6 mai, 6 000 à 7 000 habitants de la capitale se rendent au sanctuaire de Notre-Dame des Vertus, près de Saint-Denis.

Depuis Mantes, Henri surveille les négociations. L'archevêque de Bourges et celui de Lyon s'affrontent sur la question essentielle. Pour Renaud de Beaune, Henri est roi du fait des lois successorales, avant même de se faire catholique. Pour Pierre d'Épinac, Henri ne peut être roi sans le pardon du pape. Le gallicanisme de l'Église de France est assez puissant pour contrecarrer ces velléités romaines, somme toute impopulaires. Mais le danger est grand pour Henri IV et pour le principe monarchique qu'il incarne. Il doit paraître roi par les lois de succession du royaume et non par la volonté des représentants théoriques d'une souveraineté nationale. Celle-ci pourrait, en outre, se confondre avec l'élection d'un roi catholique ou avec l'abandon de la loi Salique au profit de l'infante Isabelle Claire Eugénie, petite-fille d'Henri II. Le souverain est informé de l'imminence des propositions espagnoles aux États. Il prend les envoyés de Philippe II de vitesse en annonçant, le 17 mai, son intention de se convertir. La nouvelle bouleverse les esprits. Et lorsque, trois jours plus tard, Philippe propose la candidature de sa fille au trône de France, la récente décision d'Henri a déjà refroidi les sympathies espagnoles des délégués. Le roi d'Espagne, totalement ignorant des mentalités françaises, apprend aux États qu'il ne mariera pas sa fille à un prince français, mais à l'archiduc Ernest de Habsbourg, frère de l'empereur Rodolphe II. L'accueil des délégués est glacial, mais la proposition espagnole n'est pas encore formellement rejetée.

Vers cette date, Gabrielle quitte pour au moins quelques jours la petite ville de Mantes, où elle étouffe. Le 21 mai, Henri lui adresse à la suite d'une lettre écrite de façon charmante, un poème dont les stances se transformeront plus tard en chanson populaire. Les thèmes, choisis par le roi, sont probablement arrangés par Jean Bertaut, évêque de Sées, sur un air connu, composé pour Noël au temps de Charles IX :

« Ces vers vous représenteront mieux ma condition et plus agréablement que ne ferait la prose. Je les ai dictés, non arrangés.

« Nous prîmes arsoir force connils [lapins] au parc, avec beaucoup de plaisir. Je m'en vais aux promenoirs voir les lieux qui seront dignes de vous y souhaiter, je dis spécialement car généralement je vous souhaite partout où le devoir et le destin me mènent. Soyez de retour demain, je vous supplie ; et croyez que je mangerai plus volontiers des connils que vous rapporterez de Bene [Beynes, Yvelines] que de ceux de ce lieu.

« Faites mes recommandations à votre tante. Aimez votre sujet, qui n'adorera jamais que vous, je vous le jure, mes chères amours. Je reçus votre lettre arsoir, et attends Sauveterre en bonne dévotion. Bonjour, mon tout. Tenant vos promesses, vous êtes la plus heureuse femme du monde. Je baise vos beaux yeux un million de fois.

« Ce vingt et unième mai,

I

Charmante Gabrielle,
Percé de mille dards,
Quand la gloire m'appelle
Sous les drapeaux de Mars,
Cruelle départie,
Malheureux jour!
Que ne suis-je sans vie
Ou sans amour!

II

L'amour sans nulle peine
M'a, par vos doux regards,
Comme un grand capitaine,
Mis sous ses étendards.
Cruelle départie...

III

Je n'ai pu dans la guerre
Qu'un royaume gagner;
Mais sur toute la terre
Vos yeux doivent régner.
Cruelle départie...

IV

Partagez ma couronne,
Le prix de ma valeur;
Je la tiens de Bellone,
Tenez-la de mon cœur.
Cruelle départie...

« Je vous souhaite partout où le devoir et le destin me mènent », déclare Henri dans sa lettre. « Partagez ma couronne », dit le poème. Non, le roi ne pense pas encore à épouser Gabrielle. Mais il a besoin de sa présence non seulement aux moments de détente, mais aux grandes étapes de son destin. Déjà s'ébauche le rôle de véritable compagne que le souverain veut attribuer à sa maîtresse. La jeune Gabrielle se rebiffe et trahit encore, mais pourtant elle commence à se prendre au jeu, avant de s'engager totalement. Quelle est sa part dans la conversion de son royal amant ?

Sans aucun doute, Henri abandonne sa religion avec une douloureuse souffrance. Ses conversions successives n'ont pas été la conséquence d'un scepticisme désinvolte. Les trois fois où il fut fait catholique, il le fut hors ou contre sa volonté. Il se fit protestant deux fois : la première en communion avec sa mère qu'il admirait, la deuxième après s'être échappé d'une Cour qui le tenait prisonnier. Le protestantisme convient à l'indépendance morale du roi. Ses paroles laissent souvent deviner son souci de ne pas paraître insincère. Le souvenir respecté de Jeanne est ravivé par la présence de Catherine, farouchement huguenote. Et la sincérité était l'honneur de la reine de Navarre. Quelques années plus tard, Alexandre de Médicis, légat du pape, observera avec sagacité combien le souverain cache un tempérament impressionnable sous la causticité de son humour. Qui saura la profondeur des blessures de son enfance et de sa jeunesse ? Henri, séparé de sa mère à sept ans, traîné de force à la messe par Antoine de Bourbon et Catherine de Médicis. Henri, à dix-neuf ans, isolé et prisonnier, s'agenouillant devant l'autel de Notre-Dame sous l'éclat de rire de sa belle-mère qui l'a obligé à contempler les corps suppliciés de ses compagnons. Le charme physique d'une femme de vingt ans plus jeune que lui suffit-il pour dissiper les ténèbres de sa mémoire ? Sa maîtresse sait dire avec une douceur aimable les propos qu'Henri veut entendre et qui l'encouragent à dominer ses ressentiments mêlés de tristesse. Elle aide probablement le roi à prendre une décision inéluctable plus qu'elle ne l'influence. Pourtant, les contemporains témoignent d'une réelle victoire de la favorite.

Dans ses Mémoires, Sully ajoute à toutes les raisons politiques de la conversion du roi un argument d'ordre privé : « la lassitude et l'ennui d'avoir toujours eu le halecret sur le dos depuis l'âge de douze ans pour disputer sa vie et sa fortune ; la vie dure, âpre et languide qu'il avait écoulée pendant ce temps ; l'espérance et le désir d'une plus douce pour l'avenir ; et finalement quelques-uns de ses plus confidents et tendres serviteurs, entre lesquels se peut mettre sa maîtresse, y firent apporter l'absolue conclusion, les uns par supplications et larmes, les autres par remontrance, et les autres par prudence humaine, laissant les cas de conscience à part opérer en lui seul ».

L'historien Mézeray écrira de façon semblable que Gabrielle fit entrevoir à Henri « la misère du peuple et la perspective de passer le reste de ses jours les armes sur le dos, dans les fatigues, dans le tracas, le hasard, les embûches, loin du repos et des douceurs de la vie ». Gabrielle est associée à l'idée du bonheur, dans l'esprit de ses contemporains comme dans celui du roi. C'est sa grande force.

À part quelques exceptions, comme Rosny (Sully) qui conseillent la conversion, les protestants sont très inquiets. En France, la favorite royale est traditionnellement le catalyseur de tous les mécontentements. Pour le parti huguenot, l'influence (néfaste) de Mme de Liancourt est déterminante. Le 20 juin, de Saint-Jean-d'Angély, un pasteur nommé Gabriel Damours écrit au souverain et le morigène en utilisant un calembour, forme d'humour très prisée à l'époque : « Sire, si vous écoutiez Gabriel Damours, votre ministre, comme vous écoutez Gabrielle, votre amoureuse, je vous verrais toujours roi généreux et triomphant de vos ennemis... On dit par-deçà que vous êtes tout près de faire comme Salomon qui se détourna à l'idolâtrie : les femmes en furent la cause. » Les poètes font des jeux de mots sur l'ange Gabriel :

Gabriel vint jadis à la Vierge annoncer
Que le Sauveur du monde aurait naissance d'elle.
Mais le roi, aujourd'hui par une Gabrielle
À son propre salut a voulu renoncer.

Et aussi :

Ni le plus haut savoir de la Sorbonne antique,
Ni l'Espagnol bravache ou le bruyant légat
N'ont point tant de vertus à faire un renégat
Comme les yeux friands d'une face angélique.

D'Aubigné est désespéré par la conversion d'Henri. Lui aussi se plaint de l'influence de Gabrielle, en suggérant les folles ambitions de la maîtresse du roi qui songerait déjà à une couronne... Ses Mémoires laissent ce commentaire : « Le dernier instrument qui fit plus que tout, ce fut la marquise de Montceaux, bientôt après duchesse de Beaufort [titres accordés à Gabrielle par la suite]. Celle-ci, au commencement des amours du roi et d'elle, ne se confiait en serviteurs ni servantes qui ne fissent la cène et profession de réformés; elle prêchait sans cesse la fidélité de ces gens-là, déclamait tous les jours contre les tyrannies, car c'était son terme, que le roi souffrait des catholiques qui le servaient, exhortant ce prince à la persévérance en sa religion. Mais quand l'espérance à venir à la royauté par le mariage fut fortifié en l'esprit de cette dame, et qu'en lui-même on eut fait couler que tous les ministres ensemble ne pourraient dissoudre le premier mariage, et que le Pape seul était capable de frapper un si grand coup, alors elle eut les suasions puissantes de ceux qui, en changeant d'opinion, se vantent d'avoir épluché la première; et dès lors employa sa grande beauté et les heures commodes des jours et des nuits pour favoriser ses discours sur le changement. »

Gabrielle aurait-elle calmé les appréhensions premières de d'Aubigné en feignant des préférences protestantes ? Rien n'est moins sûr. Et comment croire que la jeune auxiliaire de Cheverny ait encouragé le roi à persévérer dans sa religion ? En outre, il nous semble que d'Aubigné se trompe d'époque. Le clan d'Estrées rêve-t-il déjà à une couronne ? Ses grands appétits pourraient rendre l'hypothèse plausible. Mais Gabrielle se serait détachée de Bellegarde, car sa liaison soupçonnée serait devenue trop dangereuse pour ses projets. Or elle trompe toujours le roi. Quant à Henri, il prépare son « démariage » avec Marguerite depuis décembre 1592. C'est Duplessis-Mornay qui est chargé des premières démarches auprès de Margot. Le fidèle Mornay conseille depuis longtemps au roi de divorcer pour contracter une nouvelle union qui lui donnerait un héritier et affermirait son trône. Le souverain mène de concert sa conversion et son démariage, les deux questions étant liées au problème dynastique. En ces temps où les droits d'Henri sont encore très contestés, un mariage avec Gabrielle paraît impensable.

Au début de l'année 1593, Mornay a envoyé à Usson, Érard, maître des requêtes de la reine, afin d'entamer les négociations en vue d'annuler le mariage. Au mois d'avril, Érard revient avec la réponse de Marguerite qui accepte le principe du divorce, mais exige en contrepartie des compensations financières substantielles. Or, à l'automne 1592, Henri a envoyé le cardinal de Gondi et le marquis de Pisany auprès du nouveau pape Clément VIII, avec la délicate mission d'obtenir le retour du roi au sein de l'Église. Moins sectaire que son prédécesseur, le pape reste néanmoins très réticent. Au cours de ce voyage, Gondi visite à Florence Ferdinand de Médicis, grand-duc de Toscane, allié d'Henri IV et oncle de Marie de Médicis. L'envoyé du roi de France est chargé par son maître de négocier un emprunt auprès du grand-duc. Il laisse entendre au Florentin qu'il est sur le point d'obtenir du pape l'annulation du mariage d'Henri et de Marguerite. Ferdinand saisit la balle au bond et promet un million d'écus d'or si Henri épouse Marie. Au retour de Gondi, le roi paraît si heureux de cette nouvelle qu'il dépêche à Florence un messager pour en avoir l'assurance. Et le 26 avril, quatre jours après l'arrivée tant espérée de Gabrielle à Mantes, il écrit au grand-duc : « Non seulement je vous veux confirmer ce que je vous ai mandé par ledit Sr cardinal de Gondi, touchant ma conversion, mais j'ai voulu et veux de plus vous promettre, comme je fais, en foi et parole de roi, par la présente écrite et signée de ma main, de faire déclaration et profession publique de la religion catholique selon les constitutions de l'Église. » La décision du roi concernant sa conversion est donc déjà prise en avril, et il est fort probable qu'Henri l'assortisse, dès lors, d'un projet de mariage avec Marie de Médicis. Son amour grandissant pour Gabrielle va l'en détourner pendant six ans!

Intrigues à Dreux

L'opinion est de plus en plus tentée par le parti d'Henri IV, car elle craint la reprise des hostilités. Pour la décider tout à fait, le roi fait entreprendre le siège de Dreux, le 8 juin. Il s'y rend lui-même le surlendemain et sans tarder écrit à ses amours. Il s'adresse à Gabrielle en employant le terme de « maître », réservé à la correspondance affectueuse entre camarades de combat :

> « Mon beau et cher maître,
> « Je pensais dès hier vous envoyer le fidèle [Henri lui-même], mais cet homme nous mena jusques à la nuit à la fortification, d'où revins moitié mort et ne pus jamais tenir la plume. Vous en auriez eu pitié, si vous l'eussiez vu, je le vous jure, et que n'eûtes jamais tant d'occasion qu'à cette heure. Croyez à mes paroles qui ne vous tromperont jamais, je le vous jure, et que je serai éternellement le plus fidèle de tout ce qu'estimerez jamais à vous. Sur cette vérité je vous baise les mains,

Le sanglant combat du 13 juin permet aux troupes royales de prendre un gros ouvrage fortifié. Le 15 juin, le roi adresse une nouvelle lettre à Gabrielle :

« Je viens de revenir des tranchées, où nous avons triomphé de travailler, nous étant logés dans tout le bastion, jusques au tapecu [pont à bascule] de la porte, fortement et sûrement. J'espère jeudi dîner dans la ville, avec l'aide de Dieu. La compagnie de Monsieur d'Estrées [1] était en garde au bastion ; certes, le lieutenant et l'enseigne sont de pauvres prêtres et ne sont point de ceux qui mènent bien arquebusiers. Les ennemis ont tant perdu de gens, qu'ils nous ont laissé faire au pays tout ce que nous avons voulu.

« Il est mardi ; il n'y a plus que huit jours à avoir l'honneur de vous voir. Je ne le désirai jamais tant, n'ayant jamais éprouvé mon amour si violente que je fais. Je vous jure, mes chères amours, que si vous voyiez ce que j'ai en l'âme pour vous, vous partiriez dès samedi. Je m'en vais dormir, y ayant deux fois vingt et quatre heures que je n'ai clos l'œil. Je finis, vous baisant un million de fois les mains. L'enseigne de Grandmaison n'est guère blessé. Je l'ai vu. Bonjour, mon menon.

« Ce quinzième juin,

Ces lettres restent sans réponse. Le 16, le roi fait part à Gabrielle de son étonnement, mais avec douceur, tant il paraît craindre de fâcher sa maîtresse qui sait si bien protester de sa fidélité, mêlant larmes et colère. Il demande à Gabrielle de rejoindre Catherine à Mantes et, de là, de se rendre à Anet en compagnie de Madame :

« J'ai patienté un jour de n'avoir point de vos nouvelles ; car, mesurant le temps, cela devait être. Mais le second, je n'en vois raison que la paresse de mes laquais, ou que les ennemis les aient pris ; car de vous en attribuer la coulpe, jà n'advienne, mon bel ange : j'ai trop de

---

1. Antoine d'Estrées, absent et piètre homme de guerre, a probablement remis le commandement de sa compagnie à des gentilshommes pourvus de bénéfices ecclésiastiques.

certitude de votre affection, qui m'est certes bien due, car jamais mon amour ne fut plus grande, ni ma passion plus violente ; qui me fait user de cette redite par toutes mes lettres : Venez, venez, venez, mes chères amours, honorer de votre présence celui qui, s'il était libre, irait de mille lieues se jeter à vos pieds pour n'en bouger.

« Quant à nos affaires d'ici, nous avons ôté l'eau du fossé, mais notre batterie ne peut être prête que vendredi, que je souperai, s'il plaît à Dieu, dans la ville. Le lendemain que vous arriverez à Mantes, ma sœur viendra à Anet, où j'aurai l'honneur de vous voir tous les jours. Je vous envoie un bouquet d'oranger, que l'on vient de m'envoyer. Je baise les mains à la vicomtesse, si elle y est, et à ma vraie amie, et à vous, mes chères amours, un million de fois les pieds.

« Ce seizième juin,

Le 23 juin, Henri se trouve toujours sans nouvelles de Gabrielle. L'irritation perce dans la lettre qu'il lui adresse, le ton est plus cavalier que l'ordinaire, mais le roi croit encore retrouver Mme de Liancourt à Anet, auprès de sa sœur :

« Mes belles amours,
« Vous avez cuidé [failli] perdre votre serviteur, depuis le partement de Stavay, d'un coup de faucon. Je n'estimais ces pièces dangereuses qu'à Vernon [1]. Vraiment, Dieu m'a bien aidé.

« J'ai trouvé, il n'y a qu'une heure, le moyen de faire acheter votre vaisselle. Voilà comme je suis soigneux de vous, cependant que la moindre chose me distrait de votre mémoire. Si je n'avais fait serment de ne me plaindre jamais, je sais que je crierais justement.

« Je viens d'avoir nouvelles de Dauphiné : que Monsieur de Lesdiguières a défait les Espagnols et Italiens de Monsieur de Savoie, tué le général des Espagnols et

---

1. Allusion grossière à la blennorragie dont souffre le roi ; cette maladie était survenue à son oncle, le cardinal de Bourbon, à Vernon.

le maréchal de camp, et 600 demeurés à terre, et 120 prisonniers, dont il y a quinze capitaines. Vous direz cette nouvelle à ma sœur, et que je la baise cent mille fois, et à vous les pieds un million.

« Ce vingt-troisième juin,

Gabrielle écrit enfin, pour justifier son absence d'Anet et le nouveau retard de son arrivée, par l'argument habituel : son père, mécontent de sa liaison avec le roi, l'a retenue ! La réponse du roi, datée du 26 juin, est assez sèche pour suggérer une mise en demeure :

« J'ai reçu la lettre qu'il vous a plu m'écrire, du vingt-troisième de ce mois. Je vous cuidais à Saint-Denis, mais le commandement de votre père vous a retenu [sic]. Je suis très aise que vous soyez bien avec lui : vous ne me reprocherez plus qu'il vous veuille mal à mon occasion.

« Nous combattons ici à la barrière, mais elle est plus dangereuse que celle de Compiègne. Nous ne laissons pas d'y avoir des dames. Vous dites que si aucune de vos lettres m'a dû apporter du déplaisir, que ç'aura été cette dernière. Vous savez bien la résolution que j'ai prise de ne me plaindre plus ; j'en prends une autre : de ne me fâcher plus. La première me fait n'importuner plus personne ; la seconde soulagera fort mon esprit.

« J'arrivai au point du jour à Mantes, dormis trois heures l'après-dînée, et en repartis à cinq heures du matin. Ce n'est pas pour y avoir perdu beaucoup de temps ; je ne pris point un jour pour l'autre ; mais l'entreprise de Meulan me fait avancer une autre chose. J'ai été toute cette nuit en garde et y serait encore anhuy. Je m'en vais dormir, accablé de sommeil. Je baise un million de fois vos mains.

« Ce vingt-sixième juin,

La lettre suivante, adressée le 5 juillet par le souverain à sa maîtresse, semble avoir été écrite après une réconciliation. Gabrielle est probablement venue vers la fin du mois rejoindre son royal amant et Catherine, au village de Bû, situé à moins de trois lieues de Dreux. Henri désire acheter le château de Wideville (à Davron, Yvelines) à la veuve de l'intendant de finances Benoît Milon, afin d'en faire cadeau à Gabrielle. Le bâtiment est de construction récente. Mais Mme Milon se remariera et l'affaire en restera là.

« Mon bel ange,

« Nous serons, dans une heure, d'accord avec ceux du château. Il m'a fallu réveiller deux heures après être arrivé pour dépêcher cette affaire; j'en suis mort de sommeil et m'en vais rendormir. Mais devant auparavant je vous ai voulu rendre ce devoir.

« Aussi vous dirai-je que Videville est à vous, je le vous donne et vous l'y mènerai dans quatre jours. J'ai trouvé aussi moyen de faire quelque chose pour vous que je vous dirai tantôt. Aimez votre sujet, ma chère maîtresse, car il vous adore avec idolâtrie, et vous donne le bonjour, vous baisant un million de fois les pieds. Que je sache de vos nouvelles devant que vous voir,

Le 8 juillet, Dreux capitule. Le soir même, en présence de Gabrielle et de Catherine, le roi organise à Bû un souper en l'honneur de la duchesse de Guise, veuve du Balafré, et de sa fille, Mlle de Guise. C'est un événement politique considérable pour Henri IV... et un événement sentimental cruel pour Gabrielle, car Mlle de Guise est fortement sensible à Bellegarde qui, à son tour, ne paraît pas indifférent! Les dernières nouvelles parisiennes expliquent l'attitude de la duchesse. Dans un sursaut de fierté nationale, le Parlement de Paris a demandé à Mayenne, par son arrêt du

28 juin, de faire respecter les lois fondamentales du royaume, y compris la loi Salique, et d'écarter toute candidature étrangère au trône de France. Ce n'est pas encore la reconnaissance des droits d'Henri IV, mais la fin de tout espoir pour les Lorraine. Catherine de Clèves, fille de François de Clèves, duc de Nevers, a épousé en secondes noces le duc de Guise, tué à Blois en 1588. Le beau balafré ne lui fut pas fidèle, mais il semble qu'elle fut également assez galante. À la mort tragique de son mari, Catherine était enceinte de Charles de Guise, le jeune duc actuel. Sully vantera les traits agréables de la duchesse, sa conversation charmante, son caractère à la fois tranquille et gai. La veuve de Guise a perdu toute espérance de voir ses enfants monter sur le trône de France. Les ambitions de son jeune fils sont contrecarrées par celles de Mayenne. Sa fille, la belle Louise-Marguerite de Lorraine, a rêvé un moment épouser Henri IV qui lui avait fait certaines avances, mais sans lendemain... Catherine de Clèves imagine d'autres combinaisons. Son fils pourrait se rallier au roi, puis épouser Catherine de Bourbon, tandis que sa fille prendrait pour époux le duc de Montpensier qu'Henri destine à sa sœur. La duchesse de Guise sollicite du roi un sauf-conduit pour visiter ses seigneuries. Le souverain n'est pas dupe du prétexte et l'invite à Bû où elle arrive accompagnée de sa fille et de la duchesse de Nevers, née Henriette de Clèves. Que de souvenirs cette dernière réveille chez Henri! Henriette était l'amie intime de Marguerite, la complice des frasques amoureuses de la reine de Navarre. On a évoqué les deux femmes affublées de trophées de mort après l'exécution de leurs amants, La Mole et Coconas...

Henri IV accueille la veuve du Balafré par un calembour : « Ma cousine, vous voyez un roi poudreux, mais non cendreux [sans Dreux]. » Toutes ces dames sont très curieuses de voir de près cette fameuse Gabrielle. Mlle de Guise observe Mme de Liancourt avec une particulière attention. Voilà donc la beauté célèbre qui retient le roi et qui reçoit les hommages de l'homme qu'elle a elle-même remarqué, l'inévitable Bellegarde! Monsieur Le Grand, toujours très soucieux de sa carrière, a eu récemment de curieuses attitudes. Cette trêve, ces rapprochements avec les Guise l'inquiètent quelque peu. Bellegarde, on s'en souvient, fut l'un des principaux recruteurs des assassins du duc de Guise. Sa famille va-t-elle se venger ? Prenant les devants, Bellegarde s'est arrangé pour rencontrer la veuve et lui affirmer qu'il est innocent du meurtre de son mari. Catherine de Clèves, jugeant que le grand écuyer peut lui rendre des services auprès d'Henri IV, fait mine de le croire et demande à sa fille d'en faire autant. Celle-ci ne se fait pas prier. Louise-Marguerite est fort belle, a des allures plutôt libres et tourne la tête à beaucoup de gentilshommes ligueurs. Elle sera l'auteur généralement reconnu des *Amours du Grand Alcandre*, mais il est très probable que Bellegarde y a mis la main. Mlle de Guise est charmée par ce séducteur impénitent, et à son tour celui-ci est fort attiré par la belle ligueuse.

Monsieur Le Grand ne cache pas son plaisir à retrouver Louise-Marguerite à Bû. Veut-il donner le change et endormir les soupçons du roi en faisant la cour à Mlle de Guise ? Ou la peur constante d'être découvert commence-t-elle à lui peser ? Selon l'Alcandre, Bellegarde veut encore garder les deux femmes à la fois. Louise-Marguerite observe Gabrielle et se penche vers Bellegarde en disant : « Je la croyais plus belle. » Mme de Liancourt cache difficilement sa jalousie. Le roi observe tous ces manèges, et semble croire aux sentiments du grand écuyer pour Mlle de Guise. Remarque-t-il le dépit de Gabrielle ? Celle-ci, envahie par la colère, déclare qu'elle se trouve fort mal et se terre dans ses appartements pour éviter de dire adieu à la mère comme à la fille. Le lendemain du départ de ces dames, les retrouvailles entre Bellegarde et Gabrielle sont orageuses...

Entre Mantes et Saint-Denis : la crise

Henri choisit de préparer sa conversion et son abjuration à Saint-Denis, tombeau des rois. Il s'y rend le 12 juillet, apaisé. Il a surmonté sa crise de conscience, et sa jalousie s'est endormie. Les apartés entre Bellegarde et Mlle de Guise, les douces paroles de Gabrielle ont chassé ses soupçons. Dès son arrivée à Saint-Denis, il écrit à sa maîtresse :

« Ma maîtresse,

« Je suis arrivé à trois heures en ce lieu, n'y ayant appris nulles nouvelles de celui que je venais chercher [Mayenne]. Givry est allé pour en apprendre. L'on ne parle ici que de cette beauté nouvelle [Gabrielle]. Ma présence était fort nécessaire en ce lieu. Je m'en vais dîner puis dormir ; mais je vous paie premier ce tribut, car vous marchez la première en toutes mes passions.

« Certes, mes chères amours, vous devez plutôt craindre que je vous aime trop que trop peu. Cette faute vous est agréable, et à moi aussi puisqu'elle le vous est. Voilà comme je me transforme en toutes vos volontés. N'est-ce pas pour être aimé ? Aussi crois-je que vous le faites ; et l'âme contente de ce côté-là, je finis, vous baisant un million de fois les mains.

« Ce douzième juillet, à Saint-Denis,

Et puis, soudain, c'est le drame. Le roi a reçu une preuve de la trahison de Gabrielle. Il est bouleversé, ne peut se résoudre à la rupture, mais exige de Gabrielle un choix définitif, dans sa plus célèbre lettre parmi toutes celles qu'il a adressées à sa maîtresse. Ce document autographe original se trouve au département de manuscrits de la Bibliothèque nationale. Nous l'avons longuement examiné et comparé à d'autres lettres originales envoyées à Gabrielle. Celle-ci recouvre entièrement les quatre faces d'une feuille double qui a été dépliée de façon à transformer un petit in-folio en papier grand format. Henri sait, avant même d'écrire sa lettre, qu'il aura beaucoup à dire. L'écriture est plus serrée que dans les autres. Il n'y a pratiquement pas de marge, trois ratures et quelques ajouts en interligne (précisions sur le moment où Henri a appris la trahison, ou le lieu de la trahison, Compiègne). Toute la lettre est fébrilement parsemée de « fermesses » ($), signe fréquemment employé dans la correspondance amoureuse.

Cette lettre n'est pas datée. Raymond Ritter réfute les hypothèses de Desclozeaux et de Berger de Xivrey qui la situent l'un en 1592, l'autre en 1594, et propose, après de minutieuses et convaincantes exégèses, la date du 14 juillet 1593. De toute évidence, l'entourage du roi a intercepté une lettre adressée par Gabrielle à Bellegarde, lorsqu'elle se trouvait à Compiègne. Dans sa lettre déjà assez sèche du 26 juin, Henri fait allusion à Compiègne où doit séjourner Gabrielle, « retenue » par son père... Le roi découvre le message de sa maîtresse à Bellegarde soit le 12 au soir, après avoir rédigé sa lettre pleine de confiance, soit le 13. Il écrit à sa maîtresse restée à Mantes : « Il n'y a pire sourd que qui ne veut ouïr. » Gabrielle proteste le jour même : les courriers parcourent vite, peut-être en trois heures, les distances entre Saint-Denis et Mantes. Le 14, Henri écrit la lettre ci-après. Son « compétiteur », c'est-à-dire Bellegarde, y est surnommé « Feuillemorte », allusion, sans doute, à la couleur très à la mode de ses vêtements, beaucoup plus raffinés que ceux du souverain (la phrase concernant « Feuillemorte » confirme, d'ailleurs, la vraisemblance de la date indiquée par Ritter) : « Feuillemorte a bien fait connaître, en craignant les Ligueurs, qu'il n'était ni amoureux ni à moi. » Le roi évoque sûrement la cour empressée de Bellegarde auprès de Mlle de Guise et ses avances récentes à la duchesse de Guise pour prouver son innocence dans le meurtre du Balafré.

Cette lettre est justement fameuse. La déchirure ressentie par le roi y est exprimée de façon d'autant plus émouvante que l'on ne trouve aucune rhétorique pathétique ni emphatique. C'est par des termes simples, des ratures significatives, qu'Henri jette anxieusement sur le papier la contradiction qui l'accable : l'exigence d'une fermeté sans retour et la peur irrépressible de perdre Gabrielle. « La force que vos yeux ont sur moi vous sauva la moitié de mes plaintes », écrit-il d'abord. Puis il se ravise, raye deux fois le mot « ont » et le remplace par « eurent ». Quel aveu! Comme la sévérité voulue des propos cache mal la faiblesse de celui qui les profère!

« Il n'y a rien qui me continue plus mes soupçons, ni qui me les puisse plus augmenter que la façon dont vous procédez en mon endroit. Puisqu'il vous plaît me commander de les bannir du tout, je le veux; mais vous ne trouverez mauvais qu'à cœur ouvert je vous en dise les moyens, puisque, quelques attaques que je vous aie données assez découvertement, vous avez fait semblant de ne les point entendre : ainsi l'ai-je jugé par les réponses. C'est pourquoi hier je commençais ma lettre par : " Il n'y a pire sourd que qui ne veut ouïr. "

« Je protesterai, pour commencement, devant vous, ma chère maîtresse, que ce que j'alléguerai les offenses que j'ai reçues n'est pour en avoir nul reste d'aigreur dans l'âme, me sentant trop satisfait de la peine qu'avez prise de m'en contenter, mais seulement pour vous montrer mes justes occasions de soupçon. Vous savez combien j'arrivai offensé en votre présence du voyage de mon compétiteur. La force que vos yeux eurent sur moi vous sauva la moitié de mes plaintes, vous me satisfîtes de bouche, non de cœur, comme il y parut; mais si j'eusse su ce que j'ai appris, depuis être à Saint-Denis, dudit voyage, je ne vous eusse vue et eusse rompu tout à plat. Je brûlerai plutôt ma main qu'elle l'écrivît, et couperais plutôt ma langue qu'elle le dît jamais qu'à vous.

« Depuis vous avoir vue, vous savez ce que m'avez fait. Tout rassemblé, jugez si je ne vous en vais point bannir la cause, ce que je dois espérer. Que me pouvez-vous promettre que ce que vous aviez fait ? Quelle foi me pouvez-vous jurer, que celle que vous avez faussée deux fois ? Il faut donc des effets. Vous vous doulez [plaignez] de mes soupçons, et ne vous offensez point des infidélités et perfidies des autres : l'inégalité est trop grande. Vous me mandez que vous me tiendrez les promesses que vous me fîtes dernièrement. Comme le Vieux Testament a été aboli par la venue de Notre-Seigneur, ainsi vos promesses l'ont été par la lettre que vous écrivîtes à Compiègne.

Il ne faut plus parler de " je ferai ", il faut dire " je fais ". Résolvez-vous donc, ma maîtresse, de n'avoir qu'un serviteur. Il est en vous de me changer, il est en vous de m'obliger ; vous me feriez tort si vous croyez que rien qui soit au monde vous puisse servir avec tant d'amour que moi. Nul ne peut aussi peu égaler ma fidélité.

Si j'ai commis quelque indiscrétion, quelle folie ne fait commettre la jalousie ! Prenez-vous-en donc à vous. Jamais maîtresse ne m'en avait donné ; c'est pourquoi je ne connaissais rien de si discret que moi. Feuillemorte a bien fait connaître, en craignant les Ligueurs, qu'il n'était ni amoureux, ni à moi.

« J'ai telle envie de vous voir, que je voudrais, pour l'abréviation de quatre ans de mon âge, le pouvoir faire aussi tôt que cette lettre, que je finis par vous baiser un million de fois les mains. Hé bien ! Vous ne m'estimez pas digne de votre peinture !

C'est sur une déclaration passionnée et un reproche aigre que se termine cette longue lettre à Gabrielle qui n'a pas daigné envoyer son portrait. Un coursier part à bride abattue vers Mantes, chargé du précieux courrier. Henri s'affole déjà, ne peut supporter l'idée d'une rupture. À Mantes, le duc de Montpensier est gravement malade et l'on craint pour sa vie. Voilà un bon prétexte pour revenir. Dans la soi-

rée même du 14, le roi est à Mantes dans les bras de sa maî-
tresse. Gabrielle a-t-elle montré la lettre du roi à Mme de
Sourdis, et celle-ci, à son tour, l'a-t-elle fait lire à Cheverny ?
Si tel est le cas, on imagine l'inquiétude du couple, bien
décidé à reprendre sérieusement en main la petite Mme de
Liancourt.

Gabrielle poursuit-elle encore quelque temps sa liaison
avec Bellegarde ? Rien n'est moins sûr. Le département des
manuscrits de la Bibliothèque nationale conserve la copie
rarissime d'une lettre non datée de Bellegarde à Gabrielle,
familièrement appelée « Biby » par son ancien fiancé. Le
copiste a fidèlement recopié le monogramme qui sert de
signature à Monsieur Le Grand :

> « Mon âme, c'est avec un extrême regret qu'il faut
> que je vous dise que je ne vous puis voir ce soir.
> L'accident de la mort de Monsieur d'Épernon en est
> cause, car, comme le roi a reçu la nouvelle, il me
> commande de rester ce soir à son coucher. Vous ne
> doutez point, mon cœur, que de cela ne dépende ma
> fortune, ou jamais il ne faut que je l'espère. C'est pour-
> quoi, mon seul bien, ne trouvez point mauvais si, pour
> ce soir, je manque à mon devoir : je vous crois de si bon
> naturel que vous y consentirez et que vous m'aiderez en
> ce qui vous sera possible. Demain, ma chère vie, je vous
> en demanderai pardon et vous baiserai mille fois en
> effet, comme je fais maintenant en imagination. À
> Dieu, ma chère Biby. »

Il est difficile de dater cette lettre, car les faux bruits sur la
mort d'Épernon apparaissent souvent (le cousin germain de
Bellegarde survivra, on le sait, à Henri IV). En courtisan
appliqué et attentif, Monsieur Le Grand espère recevoir la
charge de colonel général de l'Infanterie détenue jusqu'alors
par Épernon. Le 9 juillet, celui-ci a été blessé devant Aix-en-
Provence, et Henri IV est bientôt informé de sa mort, mais à
quelle date ? D'après Ritter, le billet de Bellegarde daterait
des alentours du 20 juillet, c'est-à-dire après la lettre décisive

du roi à Gabrielle. Selon cette hypothèse, la lettre d'Henri n'aurait pas produit grand effet sur sa maîtresse. Nous doutons de cette date, car, le 20, Henri est à Mantes, auprès de Gabrielle. Peut-être celle-ci a-t-elle reçu en même temps les lettres de ses deux amants ? Les priorités de Bellegarde ne percent que trop dans son billet : sa carrière avant tout. Henri ne doit pas dissimuler sa froideur ou sa rancœur à l'égard de son « compétiteur ». Si la présence du grand écuyer auprès du roi reste inévitable, c'est que sa charge a été érigée en grand office de la couronne. Son renvoi provoquerait une rupture scandaleuse avec les lois de la Cour, éclabousserait la réputation de Mme de Liancourt et proclamerait de façon indirecte, mais ridicule, l'infortune du souverain. Bellegarde n'est pas homme à affronter des situations périlleuses pour ses avancements. Il se sait soupçonné, l'hostilité du roi l'ennuie fort, et son billet laisse deviner imperceptiblement que sa liaison commence à lui peser.

Gabrielle va choisir le roi. Mais son choix lui est dicté de toutes parts. Est-ce pourtant un choix résigné, triste ? La tendresse d'Henri, l'attrait grandissant du pouvoir, la sollicitude protectrice et permanente de Cheverny et de Mme de Sourdis brouillent ses regrets et coupent les derniers liens avec le bel amant.

Le 22 juillet, Henri revient à Saint-Denis reprendre la préparation de sa conversion... interrompue pendant une semaine, pour une grande part, à cause d'une crise passionnelle ! Le roi se réconcilie avec Dieu, mais après s'être réconcilié avec Gabrielle. Il tient tant à l'avoir auprès de lui au moment de faire le « saut périlleux », selon l'expression de la lettre qu'il lui écrit le lendemain de son arrivée à Saint-Denis ! Son monogramme a changé. Henri termine sa lettre par un H barré d'une fermesse. C'est le signe d'une nouvelle étape dans ses amours. Gabrielle a peur d'être malmenée, sur la route de Saint-Denis, par une foule hostile et choquée par la présence d'une favorite lors d'un acte religieux si grave. Henri la rassure en lui envoyant une escorte importante :

« J'arrivai arsoir de bonne heure et fus importuné de Dieu-gars [tous ceux qui crient « Dieu vous garde »] jusques à mon coucher. Nous croyons la trêve et qu'elle se doit conclure ce jourd'huy. Pour moi, je suis, à l'endroit des Ligueurs, [de l'avis] de saint Thomas.

« Je commence ce matin à parler aux évêques. Outre ceux que vous mandai hier pour escorte, je vous envoie cinquante arquebusiers qui valent bien des cuirasses. L'espérance que j'ai de vous voir demain retient ma main de vous faire plus long discours. Ce sera dimanche que je ferai le saut périlleux. À l'heure que je vous écris, j'ai cent importuns sur les épaules, qui me feront haïr Saint-Denis comme vous faires Mantes.

« Bonjour, mon cœur, venez demain de bonne heure, car il me semble déjà qu'il y a un an que je ne vous ai vue. Je baise un million de fois les belles mains de mon ange et la bouche de ma chère maîtresse.

« Ce vingt-troisième juillet,

L'archevêque de Bourges, Renaud de Beaune, assisté de trois évêques, interroge le roi pendant les journées du 23 et 24 février. Les prélats sont étonnés par les connaissances théologiques du souverain, qui tient à faire valoir l'indépendance et la sincérité d'une foi œcuménique mais bien enracinée. Il accepte sans difficulté le dogme catholique de la présence réelle dans l'hostie, rejeté par les huguenots, mais prie ses interlocuteurs de ne pas l'ennuyer avec des histoires de purgatoire. Le samedi 24, Henri accepte le formulaire de propositions rédigé par Renaud de Beaune et se prépare à l'abjuration prévue pour le lendemain. Il est ému au point que, selon L'Estoile, les larmes lui sortent des yeux. Il pleure aussi en prenant congé pour toujours des pasteurs de sa maison. Mais la présence de Gabrielle l'aide heureusement à dominer ses émotions.

Le lendemain, dimanche 25, les rues de Saint-Denis qui mènent à la basilique sont jonchées de fleurs. Gabrielle, que le roi a logée auprès de lui au palais abbatial, en toute désinvolture, admire son amant vêtu de satin blanc – la couleur des catéchumènes – chamarré d'or, bas à attaches de soie blanche et souliers blancs, portant manteau et chapeau noirs. Un long cortège de gentilshommes mené par fifres, tambours et trompettes, précède le souverain qui se dirige vers la basilique. Une foule de Parisiens, bravant les interdictions, est venue crier « Vive le roi! » À la porte de l'église, Renaud de Beaune, assis sur une chaise couverte de damas blanc, attend Henri. « Qui êtes-vous? – Je suis le roi. – Que demandez-vous? – Je demande à être reçu au giron de l'Église catholique apostolique et romaine. – Le voulez-vous? – Oui, je le veux et le désire. » Le roi, à genoux, jure de vivre et de mourir pour la religion catholique, renonce à toutes les hérésies, baise l'anneau de Renaud de Beaune et reçoit l'absolution. L'archevêque de Bourges le prend alors par la main et l'introduit dans l'édifice. Parmi la foule qui s'entasse dans la basilique, Gabrielle se tient probablement auprès de sa tante. Les deux femmes peuvent apercevoir, parmi les prélats qui entourent Henri, le jeune évêque de Maillezais, François de Sourdis, fils d'Isabelle.

Le roi écoute la messe, se confesse et communie. Lorsqu'il sort de la basilique, largesse est faite au peuple. Les grands comme les humbles pleurent de joie. La foule hurle « Vive le roi! » La solennité de l'acte, la ferveur populaire confèrent au souverain une dimension toute nouvelle, qui impressionne quelque peu Gabrielle, consciente enfin des perspectives de son propre rôle. Henri a décidé de ne plus se séparer de sa maîtresse. Sa gracieuse présence lui est si nécessaire pour marcher vers sa plus estimable victoire : la victoire contre la guerre civile et les démons du fanatisme. Gabrielle va devenir, avec bonheur, la compagne de la pacification.

DEUXIÈME PARTIE

La compagne de la pacification

CHAPITRE VI

Favorite ou compagne?

Gabrielle vit désormais auprès d'Henri. Les pamphlets contre la « putain » du roi la blessent au cœur. Quelles compensations va-t-elle trouver à cette situation où elle s'est trouvée jetée, pour une grande part, malgré elle? Certes, beaucoup de faveurs matérielles. Mais aussi l'espérance de plus en plus affirmée de monter sur le « char triomphant » de son amant qui, après le sacre solennel à Chartres, entre à Paris, acclamé par une foule en délire. Gabrielle est calomniée, haïe. Pourtant, ceux qui la connaissent témoignent de son affabilité et de sa gentillesse naturelles. Touchée par l'infinie tendresse d'Henri, flattée de la confiance du monarque dont elle est la principale confidente, la favorite devient l'affectueuse compagne du roi.

La putain du roi

Le soir du 25 juillet, jour de son abjuration, Henri galope jusqu'au sommet de la colline de Montmartre et contemple sa capitale qui lui ferme encore ses portes. Pourtant, les ligueurs les plus durs et les curés les plus déchaînés ne parviennent pas à endiguer le puissant courant de sympathie de la population à l'égard du Béarnais. Les Parisiens se bousculent à Saint-Denis pour tenter d'apercevoir le roi. Le 28, le souverain y joue au jeu de paume, protégé par des archers qui empêchent les commères de la capitale de le regarder. Ces dames expriment à haute voix leur mécontentement jusqu'à ce que le monarque ordonne à ses soldats de s'écarter!

Pour exciter ces Parisiens trop complaisants, le terrible curé Jean Boucher prononce entre le 1er et le 9 août, en l'église Saint-Merry, de violents sermons contre les mœurs dissolues du roi et contre Gabrielle elle-même : « Honte au Béarnais et à ses adultères, à ses paillardises et ordures! Que ne les jette-t-il au loin? Pourquoi, venant à se convertir, a-[t]-il près de soi des ministres [pasteurs]? Pourquoi une folle mariée, dont le déshonneur est connu partout? Pourquoi logée près de soi? Pourquoi dans un monastère, au temps de sa conversion? Pourquoi tant d'honneur à cette idole, tant par lui que par les siens? » Le 8, il dénonce chez Henri l' « impertinence de faire coucher en même temps une femme, voire plusieurs, et de la réputation que l'on sait, dans le monastère de Saint-Denis, chose défendue [...] par les sacrés conciles sur peine d'excommunication à quiconque se fera, soit clerc, soit laïc ». Et de stigmatiser cette femme « avec qui il commet publiquement et au su de tout le monde, un ordinaire et double adultère, lui marié, et elle mariée ». Comment, s'indigne Boucher, ses directeurs de conscience ont-ils pu taire et effacer ce sacrilège, au moment de sa conversion? Puis, évoquant les maladies intermittentes et douteuses du roi, Boucher déclare que « le Béarnais avait été malade d'avoir trop embrassé sa Gabrielle ». Le même jour, le moine Guarin dans son sermon désigne Mme de Liancourt du nom de « putain ».

Une trêve de trois mois a été conclue le 31 juillet. Henri, peut-être enfin conscient du caractère malséant de la présence de Gabrielle à l'abbaye même de Saint-Denis, l'installe à Montmartre. Les curés parisiens continuent à se déchaîner contre la favorite. Il y a un curieux passage, dans le *Journal* de L'Estoile, selon lequel les Seize reprochent à Guarin, comme à Boucher leurs invectives contre Gabrielle, car ils pensent pouvoir se servir d'elle pour empoisonner le roi; un prêtre parisien ferait des allées et venues entre Paris et Montmartre à cet effet. Le souverain, prévenu de ces rumeurs, s'en moque avec raison et décide de profiter de la trêve pour s'accorder quelque repos avec sa maîtresse à Fontainebleau qu'il chérit particulièrement.

Le château, où Henri séjourna au milieu des fastes brillants de la Cour des Valois, est maintenant délabré, ses jardins à l'abandon. Le roi veut y ramener la vie et les splendeurs d'autrefois. « Je fais raccommoder la maison et les jardins », annonce-t-il au duc de Nevers. Il chasse beaucoup le cerf dans la magnifique forêt. Il connaît une bouffée de bonheur auprès de Gabrielle qu'il rend alors enceinte du futur César de Vendôme. Les affaires vont bientôt mettre fin aux vacances royales. L'assemblée générale des réformés va se réunir dès octobre à Mantes. Il faut aussi donner suite aux négociations avec Marguerite. Érard est venu visiter le roi à Fontainebleau afin de lui rendre compte de son séjour à Usson. La reine organise tant bien que mal sa réclusion, continue à satisfaire ses sens avec ses plus beaux serviteurs et son esprit avec sa vaste bibliothèque. Mais Marguerite est financièrement aux abois, et le parti du roi s'étend en Auvergne. La reine utilise toutes les subtilités de son intelligence pour monnayer efficacement la procuration nécessaire à la procédure de l'annulation de son mariage. De Fontainebleau, Henri écrit à son épouse une lettre pleine d'amitié et de promesses : « M'amie, [...] croyez, je vous supplie, que je n'omettrai rien de ce que je penserai être de votre contentement, tant pour le présent que pour l'avenir, et que vous me connaîtrez en toutes choses très affectionné à vous satisfaire en tout ce que vous voudrez de mon amitié, de quoi vous devez faire toujours état, et que je ne serai moins soigneux de votre conservation que de la mienne propre. »

Hélas! les promesses du roi ne sont pas suivies d'effet. Henri est lui-même fort à court d'argent, et les exigences de Marguerite sont importantes. Comment assurera-t-il à son épouse la continuation des privilèges qu'elle tenait de ses frères, une pension de 50 000 livres et le don énorme de 250 000 écus pour le paiement de ses dettes?

Le souverain somme Duplessis-Mornay, qui boude à Saumur depuis l'abjuration, de venir le rejoindre à Chartres. Le 28 septembre, le roi quitte Fontainebleau en compagnie de Gabrielle. Les amants arrivent peu après à Chartres, à nouveau bien entourés par le clan Cheverny-Sourdis. Duplessis-Mornay étudie avec son maître et Cheverny les termes de la procuration et les moyens de satisfaire les demandes de la reine. Le roi, ainsi que le clan, apprennent probablement la grossesse de Gabrielle lors du séjour chartrain. L'enfant à venir suscite-t-il déjà des ambitions et des projets insensés ? Peut-être, mais, selon les apparences, Henri envisage encore sa succession dynastique hors de Gabrielle. En attendant, il a besoin d'argent rapidement, et les Sourdis ne manquent pas d'en profiter. Depuis plusieurs mois, le ménage offre au souverain de lui acheter la baronnie de Mondoubleau qui fait partie du duché de Vendôme, fief personnel d'Henri. Le contrat est signé le 23 octobre, quelques jours après le départ du roi. Les Sourdis acquièrent la baronnie tout entière pour la somme de 100 000 écus, mais Duplessis, furieux, estime, à tort ou à raison, qu'elle en vaut 400 000. Le 11 août, il écrivait déjà à Loménie : « Je n'attends que personne fondée de procuration de Mme de Sourdis qui se prévaut tant qu'elle peut de notre nécessité. »

Le 18 octobre, Henri et Gabrielle quittent Chartres et arrivent à Gisors le 21 dans le même carrosse. Après avoir passé la nuit sous le même toit, les amants se rendent ensemble encore à l'église, écoutent la messe puis se séparent brièvement, le roi se dirigeant vers Mantes et Gabrielle vers Clermont. Peut-être doit-on situer à ce moment la lettre non datée d'Henri à sa maîtresse ? Celle-ci lui a enfin envoyé son portrait :

« Je vous écris, mes chères amours, des pieds de votre peinture, que j'adore seulement pour ce qu'elle est faite pour vous, non qu'elle vous ressemble. Je puis être juge compétent, vous ayant peinte en toute perfection dans mon âme, dans mon cœur, dans mes yeux.

Le mois de novembre, le roi et sa maîtresse séjournent à Dieppe. Henri commence à recueillir les fruits de son abjuration. Dès juillet, le capitaine Bois-Rosé lui a remis les deux places qu'il commandait, Fécamp et Lillebonne. À Dieppe, les amants reçoivent Renée de Clermont, épouse de Balagny, gouverneur de Cambrai et du Cambrésis. Renée est aussi la sœur du fameux Bussy d'Amboise, le fol amour de Marguerite, triste héros de la Dame de Montsoreau. Balagny a envoyé sa femme pour négocier au mieux sa reddition. Selon la tradition, Gabrielle a joué un rôle important dans ces négociations. De là daterait son pacte avec Balagny dont elle fera son beau-frère par la suite... Le roi paie cher toutes les redditions. Et, le 10 novembre, sous des propos les plus aimables, Marguerite rappelle à son époux qu'il n'a pas tenu ses promesses tandis qu'elle se sacrifie pour la grandeur du roi!

Le 3 décembre, la Cour revient s'installer à Mantes, que Gabrielle n'aime guère. Le 13, jour de la Sainte-Lucie, Henri fête joyeusement ses quarante ans à Vernon, en compagnie de sa maîtresse et de gais compagnons. Les événements sont favorables au destin du roi. Le 8 décembre, le souverain a conféré la dignité de connétable à son vieux compère Montmorency qui va l'aider efficacement à reconquérir son royaume. Le 23 décembre, Vitry, gouverneur de Meaux et l'un des conseillers les plus proches de Mayenne, capitule, ne voulant plus combattre un roi catholique. Cette reddition a un très grand retentissement au sein de la Ligue. Les places ligueuses paraissent plus faciles à obtenir que la procuration de Marguerite. À Mantes, le 27 décembre, Henri écrit à son épouse dans un flot d'amabilités : « Je vous prie, m'amie, que le plutôt que vous pourrez, vous m'envoyiez la procuration que vous savez et y ajouteriez les mots que j'ai donné charge audit Érard de vous mander, pour ce qu'ils sont nécessaires pour faciliter la poursuite de ce que vous savez, selon que le désirez et que vous en avez fait le choix. »

Henri passe la Saint-Sylvestre à Saint-Denis, puis refuse de prolonger la trêve demandée par Mayenne. Le souverain se sent maintenant assez fort pour continuer le combat et contraindre la Ligue à négocier en position de faiblesse. Le roi a besoin de la noblesse, ordre militaire : il veut rallier la noblesse ligueuse et non l'anéantir. Mayenne le sait, et négocie secrètement, mais armes à la main. La pieuse reine Louise, veuve très aimante d'Henri III, réitère bien inutilement sa requête auprès d'Henri IV, pour demander la punition de ceux qu'elle considère comme les assassins de son mari (c'est-à-dire Mayenne et les siens). Enveloppée de voiles noirs, Louise se rend à Mantes au mois de janvier 1594. La reine douairière vit retirée à Chenonceaux entre sa chambre et son cabinet peint en noir, semé de larmes, d'os de mort, de tombeaux et de devises lugubres. Le 7 janvier, Henri reçoit solennellement la veuve d'Henri III dans l'église Notre-Dame de Mantes où deux trônes ont été préparés. Louise, en grand deuil, arrive précédée des suisses de sa garde et des officiers de sa maison, et suivie par quarante dames. Cheverny répond par des promesses vagues et difficiles à exécuter aux demandes de la reine, faites en son nom par un procureur. À la fin de la cérémonie, Louise écoute l'*Exaudiat* que son mari faisait réciter tous les jours à la messe. L'émotion l'étreint au point qu'elle tombe en syncope. Le roi est parmi les premiers à ranimer la triste reine qui retournera bientôt à Chenonceaux, n'ayant rien obtenu. L'univers exalté et morbide de Louise n'a plus sa place dans le monde concret, conciliateur et optimiste de l'amant de Gabrielle. Et pourtant les ombres baroques de la mort ont fugitivement traversé Mantes...

Ce mois de janvier, la trêve étant terminée, Henri s'empare de La Ferté-Milon. Le malheureux Stavay, gentilhomme picard et premier soupirant de Gabrielle, trouve la mort au cours du siège. La haine méprisante contre Mme de Liancourt ressuscite le souvenir de cette idylle et provoque les rumeurs et les pamphlets les plus malveillants, tous rapportés par L'Estoile :

« En ce mois fut tué, devant La Ferté-Milon, Stavay, maquereau de M. le Grand, et un des écuyers de Madame de Liancourt, qui fut cause que S.M. (ainsi que le bruit en fut) l'envoya à ce siège, en un lieu un peu bien chaud, d'où il ne revînt point. Son testament et la plaisante assignation qu'il fit, à sa mort, de son état à un aussi homme de bien que lui, fut à la Cour divulgué en ces quatre vers :

Je me meurs, mon Cachat, et, mourant, je te laisse
Mon cœur, mon amitié, mon office et mes biens :
Car, pour bien pratiquer quelque belle putain,
Tu es seul à la cour qui aies cette adresse.

À Paris, circulent également ces épigrammes :

« Sur le bel Ange du Roi »

N'est-ce pas une chose étrange
De voir un grand roi serviteur
Des femmes, vivre sans honneur,
Et d'une putain faire un ange ?

« Au roi »

Cette putain, qui ne vous aime
Que de gauche et pour le profit,
Est si putain que le Temps même
Putassait le jour qu'on la fit.

Un cruel pamphlet écrit par un certain Dorléans, « Le Banquet et l'après-dîner du comte d'Arète... », traite Gabrielle d' « impudique garce ». Les commensaux du banquet dialoguent longuement sur la maîtresse du roi de la façon la plus injurieuse, évoquent ses amants, les anges gardiens de Gabrielle : « Aussi ai-je toujours ouï-dire que les belles gardes s'accompagnent volontiers de beaux fourreaux. »

Antoinette de Pons, comtesse de La Roche-Guyon, qui refusa de céder aux avances d'Henri, va bientôt se remarier. Le roi lui garde une forte estime et favorise son union avec son premier écuyer, Charles du Plessis, qui, par un curieux hasard, se nomme également seigneur de Liancourt... Le contrat est signé le 17 février à Mantes. C'est une nouvelle humiliation pour Gabrielle. Antoinette a donné son consentement à condition de ne pas s'appeler Liancourt, « puisqu'une putain portait le même nom ».

Gabrielle se console de toutes ces avanies en obtenant des largesses de plus en plus importantes qui vont lui permettre de mener grand train. Le 1ᵉʳ février, le roi porte sa pension de 400 à 500 écus par mois. Le 2 février, François d'Escoubleau de Sourdis, fils d'Isabelle et jeune évêque de Maillezais, sert de prête-nom à Gabrielle pour l'achat de la terre, seigneurie et châtellerie de Vandeuil en Picardie, dépendant du domaine personnel d'Henri IV, moyennant la somme de 50 000 écus, correspondant à la dot de la fille d'Antoine.

Le char triomphant du roi

La phase ascendante du destin d'Henri se poursuit, de plus en plus éclatante malgré la reprise de La Ferté-Milon par Mansfeld. Le parlement d'Aix a reconnu Henri IV comme roi le 5 janvier. Lyon a chassé les échevins favorables à la Ligue au cours de l'insurrection du 7 février. Orléans, Bourges se rallient à leur tour.

Le sacre d'Henri doit démultiplier les effets bénéfiques de l'abjuration. Mais Reims, qui détient la Sainte Ampoule et où se font traditionnellement sacrer les rois, est aux mains des ligueurs. Alors, Cheverny sert à nouveau son maître de façon remarquable. On ne peut aller à Reims ? Chartres, fief du chancelier et des Sourdis, fera l'affaire. L'inséparable trio s'active pour organiser un sacre chartrain aussi brillant et reconnu que les sacres rémois. Nicolas de Thou, évêque de la ville et oncle par alliance de Cheverny, aura l'honneur de sacrer le roi. En attendant, il rassemble l'Église de France autour du souverain, passant outre le refus réitéré de Clément VIII d'absoudre Henri (le roi a pour lui 79 % des archevêques et 86 % des évêques). On trouve une autre

Sainte Ampoule à l'abbaye de Marmoutier, près de Tours – l'huile sainte qu'elle contient aurait guéri saint Martin de Tours. Le trésor de Saint-Denis, où sont conservés les insignes royaux, est à Paris, aux mains de la Ligue. On commande en hâte aux tisseurs, brodeurs et orfèvres les vêtements du sacre, une couronne close, un sceptre, une main de justice...

Le 17 février, Henri est à Chartres avec sa maîtresse. La cérémonie du sacre, dont le fastueux déroulement a été préparé avec une grande précision, a lieu le 27 février dans la cathédrale. Bien sûr, les relations officielles ne mentionnent pas la présence de Gabrielle. Nous la supposons donc assise auprès d'Isabelle de Sourdis, parmi les dames de la Cour. Le roi arrive peu après sept heures du matin, vêtu d'une chemise de toile de Hollande fendue aux endroits où il recevra l'onction, d'une tunique en satin cramoisi et d'une longue robe de toile d'argent par-dessus. Le souverain est entouré de pairs ecclésiastiques (remplacés par des évêques, les véritables étant réticents) et de pairs laïcs, ces derniers vêtus de tuniques de toile d'argent damassée de feuillages rouges. Le chancelier Cheverny porte une tunique de velours cramoisi rouge, un manteau bordé d'hermine et, sur la tête, un mortier de drap d'or.

La foule qui a envahi la cathédrale crie un très long moment « Vive le roi! » avant d'écouter les cantiques joués par des clairons, hautbois, trompettes et tambours. Après avoir été consacré et couronné, Henri, roi-prêtre, monte sur son trône, revêtu d'un manteau fleurdelisé, portant le sceptre et la main de justice. Gabrielle est, sans aucun doute, fortement impressionnée par l'aura sacrée qui enveloppe désormais l'homme dont elle porte un enfant. Les tendres paroles du roi lui tournent maintenant la tête. Il lui répète si souvent qu'il la veut pour seule compagne, associée à son destin. Henri projette-t-il sur Gabrielle un rêve qui l'aide à affronter sa si difficile mission? Son amour n'est-il qu'une illusion nécessaire au milieu des amertumes? S'agit-il, comme le suggère le duc de Lévis-Mirepoix, d'une « solitude masquée »? C'est maintenant Gabrielle qui craint un songe immatériel et fugitif. Où chemine sa pensée pendant l'interminable cérémonie ? Elle ne quittera plus le roi, et, par sa présence, par sa sollicitude continue, elle transformera le rêve idéal en amour bien réel.

Le roi sort en grande pompe de la cathédrale pour se diriger vers le palais épiscopal où a lieu le banquet officiel. Le soir, dans la même salle, un somptueux souper est offert aux dames de la Cour. Gabrielle n'est pas admise à la table du roi. Probablement reléguée auprès d'Isabelle de Sourdis, elle observe – avec quels sentiments ? – le souverain et sa sœur, Madame, assis sous le même dais, mais en laissant entre eux une place vide, celle de la reine Marguerite. Prennent place à la table royale la princesse de Condé, la duchesse de Nevers, la princesse de Conti, Mmes de Rohan et de Retz. Catherine regarde, émue, Soissons faire office de grand maître, précédé de hérauts et de maîtres d'hôtel. Au doigt d'Henri, brille l'anneau du sacre, qui officialise solennellement les épousailles du roi avec la France. Cinq ans plus tard, au cours d'un autre festin, Henri annoncera ouvertement et solennellement son mariage avec Gabrielle, assise auprès de lui, et passera au doigt de sa maîtresse l'anneau sacré, devant l'assistance horrifiée...

Le sacre et le couronnement font grande impression sur l'opinion des Français et – espère le roi – sur l'opinion des Parisiens. Henri se rapproche de la capitale. Mayenne est critiqué par les extrémistes de la Ligue qui lui reprochent de trop négocier, par sa propre famille (surtout sa mère, la duchesse de Nemours) qui lui reproche de ne pas négocier assez, et par les Espagnols qui se méfient de sa duplicité. Il se trouve de plus en plus isolé et, le 6 mars, il quitte Paris avec toute sa maison, en recommandant aux Parisiens d'obéir au gouverneur, Charles de Cossé-Brissac. Henri parvient à gagner secrètement ce dernier et décide d'entrer par surprise dans sa capitale. Le 21 mars dans la nuit, les troupes royales déferlent dans Paris. Des tracts inondent la capitale pour annoncer la présence et la clémence du roi. Les Parisiens acclament le souverain dans une poussée soudaine de délire royaliste. La journée du 22 se déroule comme dans un rêve insensé. Henri entend le *Te Deum* à Notre-Dame. Il va rassurer les duchesses de Nemours et de Montpensier, la mère et la terrible sœur du Balafré, ligueuse hystérique qui haïssait si violemment Henri III. Les garnisons espagnoles partent avec armes et bagages emmenant avec elles le curé Boucher, et défilent sous les fenêtres du roi qui les regarde avec ironie. « Monsieur le chancelier, dit-il à Cheverny, dois-je croire, à votre avis que je sois là où je suis ? » Et il mande à M. de Pluviers : « Je vous prie me venir trouver incontinent en ce lieu où vous me verrez en mon char triomphant. » Jacques-Auguste de Thou se souviendra : « La tranquillité qui régna dans la ville, après une si grande et si subite révolution, est presque incroyable. On ouvrit toutes les boutiques l'après-midi. »

Peu après, Henri quitte la capitale pour Saint-Germain où il séjourne quelques jours avec Catherine et Gabrielle, puis il revient seul à Paris afin d'y célébrer les fêtes de Pâques. Renaud de Beaune officie à la cathédrale. Devant une foule admirative, selon l'usage de tous les rois, Henri lave les pieds de treize enfants pauvres, les sert à table et leur donne l'aumône. Le roi, maintenant oint, touche 600 pauvres, malades des écrouelles, dans la cour du Louvre, et 30 autres malades de condition plus élevée dans sa chambre. Catherine, farouchement huguenote, arrive à Paris le lendemain des fêtes religieuses et va loger dans le palais de la Reine. Gabrielle reste encore à l'écart de la capitale. Sa venue n'est pas conseillée et la maîtresse du roi ne tient probablement pas encore à séjourner dans une ville où circulent des pamphlets si cruels à son égard. D'ailleurs, elle est bientôt rejointe par son amant. Épuisé par cette suite de cérémonies interminables et de fortes émotions, Henri s'installe pendant presque tout le mois d'avril à Saint-Germain, auprès de Gabrielle et de Catherine.

La compagne de la pacification

Les deux amants font le point sur la trajectoire royale. La crise qu'ils ont traversée est bien finie. Le roi est maintenant sûr de la fidélité de Gabrielle. La jeune femme a mûri, elle écoute avec douceur les projets du souverain et comprend avec bon sens la ligne générale de sa politique. Certes, cette compréhension est facilitée par son appartenance au milieu des « politiques », dont la pensée est proche de celle du roi. Mais Henri apporte aussi aux « politiques » de nouveaux atouts et l'originalité d'une personnalité hors du commun, qui fascine tous les historiens du XVIe siècle.

Le roi peut réussir là où Catherine de Médicis ne le pouvait pas, pour plusieurs raisons, les unes tenant à lui-même, les autres aux circonstances. La première est qu'Henri IV donne de lui-même l'image d'un chef de guerre, qui combat personnellement ses ennemis. Cette image d'une « monarchie musclée », selon les termes de Jean-Pierre Babelon, convient à ces temps de sursaut patriotique contre les ingérences de Rome et de l'Espagne. Les « bons Français » veulent un roi armé.

D'autre part, la politique d'équilibre entre les ordres du royaume et les différents partis pratiquée par Henri IV, fut pratiquée de façon différente par Catherine de Médicis et les Valois. Assurément, les circonstances n'étaient pas les mêmes, et Henri agit en tenant compte des échecs des expériences passées. Catherine choisissait souvent une politique de bascule, suscitait des ennemis à ses amis, favorisait tantôt les uns, tantôt les autres. Ses relations avec ses fils, sa hantise de perdre son influence, sa haine contre les favoris-ministres nommés en dehors d'elle, affaiblissaient l'image du pouvoir royal en la rendant équivoque. Henri ne veut pas balancer de l'un à l'autre. Il tient à une monarchie diversifiée, à la vitalité et même au pouvoir des différents ordres, à la haute distinction des maisons souveraines qui résident en France, mais à condition que sa suprématie soit reconnue sans contestation. Pour cela, il veut *d'abord* réduire les oppositions par les armes et la diplomatie, et accorder la paix *après* la reddition ou l'allégeance solennelle. Ce mélange de souplesse et de grand autoritarisme prépare le passage vers l'État bourbonien et la monarchie absolue.

Les choix doivent être nets. Henri ne bascule plus entre les catholiques et les protestants. C'est un roi fermement catholique qui accorde de larges franchises aux protestants. Cette tolérance civile reconnaît sans équivoque un parti dominant, celui du roi catholique, et un parti accepté, mais en état d'infériorité, celui des huguenots. Face aux différentes composantes de la société, le souverain ne veut pas tantôt élever, tantôt abaisser. Il veut soumettre, mais en respectant les prérogatives. Norbert Elias a magistralement démontré l'ambivalence d'Henri IV face à sa noblesse. Les armées du XVIe siècle ont encore grand besoin de cet ordre militaire. Les chefs militaires de la noblesse et leurs troupes se débandent facilement si la victoire et le butin paraissent lointains ou incertains. Le roi achète, souvent très cher, la soumission des nobles ligueurs et paie à nouveau très cher leur attachement. Cette attitude prolonge celle des seigneurs à l'égard de leurs vassaux depuis des siècles. L'interdépendance féodale existe encore. Lorsqu'il met fin à la longue vacance de la charge de la connétablie en l'accordant à son vieux compère Montmorency, Henri donne un grand coup de chapeau à la noblesse tout entière.

La noblesse a également besoin du roi pour la protéger contre les puissances montantes des couches bourgeoises et de finances, des parlements, du pouvoir des villes. À leur tour, ces puissances se servent de leur propre alliance avec le roi pour contenir la force encore très présente de la noblesse. Henri réussit à tenir à égale distance les différents pouvoirs avec une maestria incomparable, mêlant autorité, libéralisme et bonhomie. C'est dans ce contexte qu'il faut juger l'attitude de Gabrielle. On reprochera tant à la maîtresse du roi de toucher à tous les partis pour établir le sien propre! On oublie qu'elle sera également l'intermédiaire efficace entre ces partis et son royal amant et que son amabilité multiple sert un monarque qui ne veut plus préférer une faction à l'autre, mais les reconnaître toutes à condition qu'elles-mêmes reconnaissent son autorité suprême. D'ailleurs, lorsque le roi se laissera emporter par un trop grand libéralisme ou une distraite et inutile concession, Gabrielle ne manquera pas de lui rappeler la ligne directrice de sa politique.

Les Valois ont dû faire face à la virulence des premières éruptions de la violence; Henri IV bénéficie de l'immense lassitude des Français. Mais cet homme a aussi en lui des dons exceptionnels pour exorciser cette haine furieuse qui a ravagé la France. Cette haine, il sait qu'il ne peut l'éteindre par les armes seules, car elle est liée à la terrible crise de conscience du siècle. Nous reprenons les termes d'Yves Cazaux qui évoque la clémence du roi, « une clémence de haute politique, titanesque, insoupçonnée, insoupçonnable chez un homme, une clémence qui fit, par son étendue, par sa profondeur, l'effet d'une révolution des mœurs, une clémence en fanfare qui fit s'écrouler les murs de Jéricho, une clémence en coup de canon qui sut faire éclater des Bastilles de méfiance et d'incompréhension ».

Henri va bien au-delà d'une paix calculée, savamment combinée. Il construit sa paix avec son tempérament, avec la force de son sentiment, avec son humour aussi. Il est le roi guerrier qui chasse les méchants et le roi démiurge qui efface de la mémoire des Français un long mauvais rêve. « Amnistie-amnésie », écrit justement Arlette Lebigre. Libertés communales, souveraineté nationale, droit de déposer les rois, terreur idéologique paraissent s'évanouir dans la conscience collective des Français. Mais c'est aussi un évanouissement obtenu *manu militari*. Dès le 27 mars, Henri fait détruire à Paris tous les témoignages de la subversion : registres, affiches, tableaux, écrits injurieux. Ce courant subversif ressurgira deux siècles plus tard, charriant beaucoup de thèmes nés au XVIᵉ siècle, et si bien étouffés par Henri IV qu'on les croira tout neufs.

Le roi veut exorciser les voiles noirs et les spectres sanglants qui l'ont blessé de si près et qui hantent sa propre mémoire. Il ne veut pas le soutien d'une égérie autoritaire. L'autorité, c'est lui. Il veut le bonheur privé auprès d'une femme qui sache l'écouter, la beauté d'un visage jeune, le charme d'un tempérament paisible – bonheur qui l'aide à oublier, à trouver la force de pardonner pour pacifier en profondeur un pays déchiré moralement et matériellement. Mais ce bonheur, il l'a aussi conquis de haute lutte, en mêlant autorité, écus, clémence, voire amnésie... De quel charme a donc usé Gabrielle auprès du roi pour paraître, malgré les avanies qu'elle subit, la seule femme capable de tenir le rôle de compagne véritable, de maîtresse exclusivement aimée? Charme physique, bien sûr. Douceur des paroles et des manières, douceur nouvelle pour un homme habitué aux femmes impérieuses et peu accommodantes. Gabrielle est diplomate, apaisante, point méchante. La pacification, nous l'avons dit, est pour beaucoup une affaire de tempérament. Le tempérament de la fille d'Antoine d'Estrées correspond à cette période du destin d'Henri. Lorsque cette période se terminera, la situation de Gabrielle n'aura plus la même justification. Alors, surviendra la tragédie...

En attendant, Henri est heureux, et sa maîtresse s'applique à tenir le rôle qu'il souhaite lui voir tenir. Elle reste la favorite haïssable pour le peuple, mais est devenue pour le roi la compagne de la pacification.

D'agréables nouvelles arrivent à Saint-Germain pendant ce mois d'avril. Vers la fin mars, Villars de Brancas a livré au roi Rouen et une grande partie de la Normandie. Le 29, Villars s'est montré à la foule massée sur la place Saint-Ouen, en portant l'écharpe blanche des royalistes et en criant « Vive le Roi! » Le souverain a accepté ses conditions exorbitantes. Outre l'allocation d'une énorme somme d'argent, Henri a dû racheter la dignité du grand amiral exigée par Villars! En Champagne, Troyes chasse le gouverneur qui appartient à la maison de Lorraine, le prince de Joinville. Sens et Chaumont font leur soumission. En Bourgogne, fief de Mayenne, Mâcon, Auxerre, Avallon passent au roi. Le Sud-Ouest commence à céder à son tour. À Paris, la situation se normalise. Les parlementaires royalistes parisiens, qui s'étaient installés à Tours, reviennent dans la capitale le 14 avril, « sur de pauvres montures », fort surpris de l'accueil triomphal du peuple répandu dans les rues ou debout sur les tables disposées devant les boutiques, tandis que les dames les saluent de leurs fenêtres décorées de tapis. Le 22, l'assemblée générale des docteurs et maîtres de l'Université, centre idéologique de la Ligue s'il en fut, reconnaît Henri IV comme roi légitime et ordonne à tous ses sujets une pleine obéissance.

Alors qu'il doit véritablement « racheter » son royaume, le roi n'oublie pas pour autant de gratifier largement sa maîtresse. Le 18 avril, Gabrielle reçoit la donation de 21 033 écus « à prendre sur les deniers provenant de la nouvelle attribution et augmentation des gages attribués aux receveurs du domaine ». Le 30 avril, la jeune femme bénéficie d'une grande part de « la finance » à tirer du rétablissement « qui se fera aux avocats de Sa Majesté, ès élections et greniers à sel de son royaume ».

Au mois de mai, le comte de Mansfeld investit La Capelle, en Picardie. Le 12 mai, Henri IV quitte Saint-Germain et se dirige avec ses troupes vers La Capelle. Gabrielle, malgré son neuvième mois de grossesse, s'empresse de suivre le roi, allongée sur une litière tirée par des mules. Quand on songe au mauvais état des routes, encombrées de broussailles et de fondrières si boueuses qu'il faut parfois passer à travers champs, on mesure le changement de l'attitude de Gabrielle à l'égard de son royal amant! Le 23 mai, Mansfeld réussit à faire tomber La Capelle. Pour compenser cette perte, Henri décide d'aller mettre le siège devant Laon. Gabrielle, tout près de son terme, est envoyée à Coucy où elle prépare la naissance de l'enfant qui va, en quelques années, transformer sa liaison avec le roi en affaire d'État.

CHAPITRE VII

La mère de César

La naissance d'un fils, pourtant deux fois adultérin, va engendrer les espérances les plus inouïes et les rêves les plus insensés. D'après l'*Alcandre*, Gabrielle, voyant Henri commencer « non pas à l'aimer davantage – car son amour était si extrême qu'il ne pouvait recevoir d'augmentation –, mais à en faire plus de cas et à la faire honorer », elle prit « de plus grandes espérances, le conseil de sa tante Lydie [Mme de Sourdis] lui inspirant qu'elle pourrait arriver à une plus grande fortune, et le vieil amoureux de cette femme [Cheverny], très habile homme – fors en cela seulement qu'il aimait Lydie – lui donnait des avis très utiles pour ce dessein. Elle commença donc d'y travailler à bon escient, pratiquant du support, faisant des amis et établissant ceux qui dépendaient d'elle. »

Intrigues coupables, selon tous. Mais peut-on oublier l'ivresse d'une jeune femme transfigurée par le rêve grandiose et insistant d'un roi ? Gabrielle, présence charnelle qui donne la vie et reçoit une puissance bien réelle ? Ou Gabrielle, projection allégorique d'un songe heureux et tentateur pour un souverain éprouvé qui doit encore affronter une dure liquidation des troubles ? Probablement les deux à la fois. La gloire et la tragédie du destin de Gabrielle sont déjà inscrites dans le double regard d'un homme et d'un roi.

Naissance en Picardie

Tout près du terme de sa grossesse, Gabrielle ne peut plus suivre Henri et doit choisir une résidence pour préparer son accouchement. D'après Desclozeaux, elle aurait sollicité l'hospitalité de son cousin germain, Philippe de Longueval, que nous avons vu participer aux arrangements financiers liés au mariage avec Liancourt. Longueval, scandalisé de la liaison de sa cousine ave le roi, aurait refusé avec « beaucoup de dignité et de fermeté ». Henri installe finalement sa maîtresse à Coucy, petite ville bien fortifiée... et probablement beaucoup plus sûre que la résidence de Longueval. Le château n'étant pas habitable, Gabrielle loge dans l'hôtel du gouverneur. C'est là que, le 7 juin, entre midi et une heure, elle met au monde un fils.

La joie du roi est immense. Avec cet enfant ressurgit soudain la sève même de la vie, cette sève dont Henri est si avide. Bien que bâtard, ce petit enfant perpétue la lignée selon une conscience « naturaliste » de la vie-conscience profondément enracinée dans la mentalité européenne, et si proche du tempérament personnel d'Henri IV. La stérilité d'un couple paraît alors d'autant plus grave qu'elle interrompt les cycles qui président au renouvellement de l'espèce et qu'elle s'oppose à la grande loi de l'univers. Le fils de Gabrielle délivre Henri d'une sorte de responsabilité à l'égard de l'ordre de la Nature, et assure la continuité de la « race » au sens où on l'entend à cette époque où les inégalités hiérarchiques sont à l'image des inégalités naturelles. Nous verrons par la suite ces deux conceptions affirmées par le roi, de façon surprenante pour nos mentalités, dans les lettres de légitimation enregistrées au Parlement. Comme le souligne Arlette Jouanna, « l'inégalité sociale est une inégalité de qualités innées et héréditaires ». La race de la noblesse d'épée et, *a fortiori*, la race royale transmettent héréditairement la vaillance et l'héroïsme. Cette hérédité héroïque est exprimée par le choix du prénom donné au fils d'Henri : César.

Le roi déborde d'amour et de reconnaissance envers sa maîtresse. Il y a quelque temps, était mis en vente un très curieux document signé par Henri IV au camp de Givry, le 16 juin 1594 [1]. Le roi mande au trésorier de l'épargne, François Hotman, « de payer comptant à celui qui vous a été par nous commandé et ordonne et lequel nous voulons être ci nommé ni espécifié la somme de *vingt-sept mille écus sol* que nous voulons être par vous mise en ses mains pour employer en certaines affaires important notre service dont nous ne voulons être ci-fait aucune mention ni déclaration ». Cette énorme somme ne serait-elle pas destinée à Gabrielle ou au petit César lui-même ? Le fils du roi n'est encore qu'un enfant doublement adultérin, ce qui expliquerait le caractère secret de la donation. Hotman doit en rapporter la certification des hauts personnages faisant partie du conseil du roi. Figure également dans cette liste Antoine d'Estrées, désigné non pas par son nom (lapsus involontaire lié au secret de la donation ?), mais par ses dignités : le grand-père de César n'est plus seulement lieutenant général en Ile-de-France, mais également à Paris! Le baptême reste également secret, et pour la même raison. Il a probablement lieu le 26 ou 27 juin, car le souverain est à Coucy ces jours-là. Bien entendu, l'acte a disparu...

Le 20 juin, la famille d'Estrées a été endeuillée par la mort du fils aîné d'Antoine, François-Louis, marquis de Cœuvres. Grièvement blessé sous les murs de Laon, il est venu mourir auprès de sa sœur, à Coucy. Reste à Antoine un autre fils, François-Annibal qui, on s'en souvient, fut nommé évêque de Noyon malgré son jeune âge. L'idée de race et le devoir de perpétuer la lignée sont alors si forts que le petit évêque de Noyon pourra, sans offusquer personne, pas même l'Église, se délier de ses vœux sacerdotaux et embrasser la carrière militaire... François-Annibal deviendra plus tard le maréchal d'Estrées...

Si Henri ne doute pas un instant que César ne soit son fils,

1. Catalogue n° 789 de la maison Charavay, avril 1987.

l'opinion est persuadée que l'enfant de Gabrielle est celui de Bellegarde. Les bons mots circulent. Le roi n'a pas voulu appeler son fils Alexandre : « Il aurait eu bien trop peur qu'on ne dise Alexandre... le Grand ! » Bellegarde, Monsieur Le Grand, est aussi seigneur de Termes. Catherine de Bourbon aurait dit à propos du nouveau-né : « Il vivra, car sans doute il est... à Termes ! » Plus grave sera la mort, suspecte aux yeux de beaucoup, d'Aliboust, médecin du roi (Sully brodera sur cet épisode une histoire non crédible : hélas, les Mémoires du grand ministre ne manquent pas d'anachronismes ou d'inventions). Lors de la « maladie » d'Henri en 1592, Aliboust déclara au souverain qu'il ne pourrait pas espérer devenir père. Après la naissance de César, le médecin a l'imprudence de rappeler au roi son diagnostic, mettant ainsi en doute la fidélité de Gabrielle. L'Estoile note à la date du 24 juillet : « Ce jour même, on eut nouvelles à Paris de la mort de M. d'Aliboust, premier médecin du roi, auquel on disait qu'une parole libre qu'il avait dite à Sa Majesté tenant son petit César avait coûté la vie, non de la part du roi, qui ne connaît point ces bêtes et monstres de poisons, mais de la part de celle (comme tout le monde tenait) qui s'y sentait intéressée ; à laquelle le roi contre sa promesse l'avait redit, ne pensant qu'il en dût coûter la vie à ce bon homme de médecin, fidèle serviteur de Sa Majesté. En sa place succéda La Rivière, médecin de M. de Bouillon, qui le donna au roi. »

Cette mort opportune d'un ennemi de Gabrielle n'est probablement qu'une simple coïncidence, mais la haine contre la maîtresse du roi encourage toutes les malveillances. César est-il à Henri ou à Roger ? Les portraits de Vendôme adulte montrent la ressemblance entre le fils et la mère. Mais si les traits de César ne sont pas vraiment ceux du roi, ils ne rappellent absolument pas ceux de Bellegarde. En outre, la conception eut lieu à Fontainebleau, au cours d'un séjour où le souverain ne quittait pas Gabrielle. Et l'affection toute particulière qu'Henri IV aura toujours pour César, laisse supposer que la certitude du roi a de solides raisons d'exister...

Gabrielle a convaincu son amant de l'amour qu'elle lui porte, comme le prouve cette lettre adressée par Henri à la duchesse de Nemours, le 21 juillet, pour annoncer la capitulation de Laon, où il fera son entrée le 3 août :

> « Ma tante, j'envoie ce porteur vers ma maîtresse, pour lui dire comme la ville de Laon a traité avec moi, pource que, m'aimant comme elle fait, elle sera fort aise de savoir que je ne cours plus de danger. [...] Je crois qu'elle pourra venir en ces quartiers, et cela étant elle vous pourra voir. »

Le roi veut maintenant achever la reconquête de la Picardie, de plus en plus attirée par le parti royaliste. Amiens chasse le duc d'Aumale le 9 août et se déclare pour Henri IV. Avant d'y faire son entrée solennelle, le roi se rend accompagné de Gabrielle à Cambrai, à l'invitation de Balagny qui a fourni des troupes pour le siège de Laon. Jean de Montluc, seigneur de Balagny, neveu du célèbre homme de guerre Blaise de Montluc, est le fils naturel de l'évêque de Valence et d'une Picarde selon les uns, d'une esclave grecque selon les autres. L'évêque légitima son fils. Renée d'Ambroise épousa Balagny à la condition qu'il tuerait Montsoreau, le meurtrier de son frère. Balagny n'en fit rien. Le ménage s'est rendu odieux à tous par son arrogance, son luxe, son avidité et sa brutalité. Les habitants de Cambrai aimeraient bien se débarrasser de son gouverneur, mais celui-ci reçoit le roi et sa maîtresse avec magnificence, leur offre festins, tournois et mascarades. Surtout, Balagny promet à Gabrielle son dévouement le plus fidèle. Les d'Estrées et les Montluc se connaissent depuis longtemps. Blaise laisse des appréciations très élogieuses à l'égard d'Antoine dans ses *Commentaires*. Gabrielle, forte de sa maternité triomphante, songe déjà à s'établir un réseau personnel de solides amitiés. Elle n'oubliera jamais Balagny, même lorsqu'il ne le méritera pas.

Le 18 août, après son séjour à Cambrai, Henri fait son entrée solennelle dans la ville d'Amiens et, à travers les rues magnifiquement tapissées, passe sous des arcs de triomphe dont les peintures le représentent en Hercule domptant la Ligue et l'hérésie. Pendant les quatre jours de son séjour, le roi négocie la capitulation de Beauvais et de Doullens. Seule, Soissons restera fidèle à Mayenne. Une autre affaire fort importante occupe le souverain : l'annulation du mariage de Gabrielle qui permettra la légitimation du petit César et l'irrésistible ascension de sa maîtresse vers les marches du trône. Mᵉ Paul Accard, procureur, est chargé de préparer la requête qui est signée par Gabrielle et deux de ses tantes : l'inévitable Mme de Sourdis et Anne de Maridort, épouse de M. de Longueval et sœur de la Dame de Montsoreau.

Le 23 août, le couple arrive à Compiègne. Le 31, le roi gratifie sa chère maîtresse de « tous et chacuns les deniers provenant des réformations et suppléments des ventes cidevant faites des terres vaines et vagues, et autres domaines du duché d'Alençon et comté d'Évreux, dont jouissait Monsieur [dernier fils de Catherine de Médicis] [...] ensemble des outrepasses et surmesures d'icelles ventes, amendes et autres condamnations qui pourraient être, à cause de ce, adjugées à Sa Majesté ». Henri prépare à Gabrielle un établissement digne de la mère de son fils. Il songe au merveilleux château de Montceaux-en-Brie que les créanciers de la succession de Catherine de Médicis tiennent encore en gage. Le roi et Gabrielle y font leur premier séjour début septembre. Profondément séduite par cette splendide demeure, Gabrielle n'accompagne pas Henri qui part seul pour Fontainebleau. L'absence est bien sûr très courte, le roi ne pouvant vivre séparé de sa maîtresse. Les amants correspondent à tout moment. Gabrielle se sent happée vers les plus hautes destinées. Les bouderies à l'égard de Catherine lui paraissent maintenant fort maladroites et malvenues. Elle écrit au roi sa hâte de retrouver Madame à Saint-Germain. Henri en est touché au cœur. Le 12 septembre, quelques heures avant de la retrouver, il adresse à « ses belles amours » l'une de ses plus charmantes lettres :

« Mes belles amours,

« Deux heures après l'arrivée de ce porteur, vous verrez un cavalier qui vous aime fort, que l'on appelle Roi de France et de Navarre, titre certainement honorable, mais bien pénible. Celui de votre sujet est bien plus délicieux. Tous trois ensemble sont bons, à quelque sauce que l'on les puisse mettre, et n'ai résolu de les céder à personne.

« J'ai vu par votre lettre la hâte qu'avez d'aller à Saint-Germain. Je suis fort aise qu'aimiez bien ma sœur : c'est un des plus assurés témoignages que vous me pouvez rendre de votre bonne grâce, que je chéris plus que ma vie, encore que je m'aime bien. C'est trop causé, pour vous voir si tôt. Bonjour, mon tout. Je baise vos beaux yeux un million de fois.

« Ce douzième septembre, de nos délicieux déserts de Fontainebleau. »

Dès leurs retrouvailles, les amants se préparent à recevoir les honneurs de la Ville de Paris.

Honneurs parisiens

Le 13 septembre, Henri et Gabrielle se rendent *incognito* à Paris. La ville, qui a terriblement souffert du siège et des épidémies, est passée de 300 000 habitants au début du siècle à 220 000 habitants dans les années 1590. Les maisons, étriquées, élevées, souvent bâties en bois bordent des rues étroites, mal alignées, tortueuses, boueuses et malodorantes, encombrées par les gravois, les charrettes, les mulets et même les bêtes de somme. L'animation et la vivacité de la rue parisienne amusent les étrangers. Il n'y a pratiquement pas de « coches » (carrosses). On n'en dénombre que huit vers 1584 ! En revanche, une foule de cavaliers se frayent un difficile passage entre les encombrements de toute sorte et une multitude de marchands ambulants des deux sexes qui crient à haute voix pour vanter leurs marchandises (un petit livre, *Les Cris de Paris*, énumère cent trente-six cris différents). Les magistrats, les médecins circulent généralement sur des mules. Les femmes de qualité sortent masquées, également sur des mules ou à cheval en croupe derrière un domestique, comme la présidente de Thou. Les ponts, bordés de maisons, ressemblent à des rues. Il y a partout des auberges, gargotes, pâtisseries. Robert Dallington, secrétaire de l'ambassade d'Angleterre, s'étonne de « cette chose en usage autant chez les hommes que chez les femmes, que nous pouvons voir dans les rues, assis en plein air, devant leur porte, boire et manger ensemble ». Aux bruits les plus divers s'ajoute l'incessante rumeur des cloches. Car d'innombrables clochers dominent la capitale. Les églises se touchent presque (cinquante édifices religieux dans la seule île de la Cité!). Quasiment chaque faubourg a son monastère pourvu d'un grand jardin.

Suivant l'exemple de la Cour, la bourgeoisie aisée abandonne les maisons aux murailles de torchis et se fait élever de solides demeures aux murs de brique et pierre, et aux toits d'ardoise. C'est dans la maison d'un de ces riches bourgeois, M. du Mortier, située à la « couture Sainte-Catherine » (entre la rue Saint-Antoine et la rue des Francs-Bourgeois) que descendent Henri et Gabrielle. Le roi y laisse sa maîtresse pour se promener dans sa capitale – « à la dérobée », nous dit l'Estoile – n'étant accompagné que de Longueville. On suppose que le souverain vient reconnaître le parcours de son entrée à Paris, prévue pour le surlendemain. Les saillies des maisons d'où se penchera la foule des spectateurs, les sinuosités des rues, les nombreuses croix qui barrent les carrefours et ralentissent la circulation inquiètent fortement les responsables de la sécurité du cortège.

Le lendemain matin, 14 septembre, les deux amants retournent en coche à Saint-Germain. Une anxieuse émotion doit étreindre Gabrielle. Henri, par un défi insensé, a décidé qu'elle participera solennellement au cortège royal, allongée sur une litière, magnifiquement parée, « exposée » ainsi devant ces Parisiens qui l'ont tant brocardée ! Et la mère de César, n'ayant pas encore obtenu l'annulation de son mariage, est encore la femme légitime du sieur de Liancourt. Cette provocation dans une ville si imprégnée par la religion catholique paraît une véritable aberration. Le roi veut-il affirmer la profonde et réelle union de leur couple, solidaire d'un même destin ? Veut-il associer ouvertement sa bien-aimée à son triomphe pour effacer les humiliations subies par la mère de son fils ? Veut-il faire taire les pamphlets, interdire la haine contre Gabrielle en l'imposant de toute son autorité ? L'engouement des villes pour les entrées royales, déjà si vif au Moyen Age, témoigne d'une volonté de mettre en scène un ordre hiérarchique, de célébrer la cohésion organique d'une société où chacun a sa place et sa fonction. Or, pour les puissants comme pour les gens du peuple, Gabrielle n'a pas de place ni de fonction dans le pouvoir officiel. L'exaltation amoureuse aveugle cet « homme de communication » généralement si doué qu'est Henri IV.

Mais n'y aurait-il pas, dans cette « exposition » de Gabrielle, une sorte de réduction inconsciente de sa réalité comme compagne charnelle du roi, celle-ci se trouvant transformée, l'espace de quelques heures, en un simple objet de représentation[1] ? L'image du roi, identifiée aux héros éternels, consolide le pouvoir royal parce qu'elle séduit et impressionne. La représentation de Gabrielle en déesse d'amour et compagne héroïque ne séduit et n'impressionne personne... hormis Henri qui puise dans cette image fabriquée par lui-même, la force de poursuivre un épuisant et interminable combat. La Gabrielle réelle devra constamment rattraper sa propre projection allégorique. Exercice bien périlleux, dans lequel le petit César sera son meilleur allié.

La maîtresse royale a choisi la robe qu'elle portera ce 15 septembre à Paris. Elle est en satin noir, houppée de blanc, surchargée de perles et de pierreries. Selon Jean Delumeau, sous la triple influence de l'Espagne, de la

---

1. Françoise Bardon a finement analysé la portée des allégories et de l'image dans l'art monarchique.

Réforme catholique et de l'austérité protestante, le noir est devenu très à la mode en cette fin de siècle. La magnificence des étoffes, les surcharges de bijoux affirment hautement les privilèges d'une caste dans une société où les différences sont plus appuyées que jamais. Pierre de L'Estoile laisse la meilleure description de l'entrée du roi, précédé par Gabrielle : « Le jeudi 15 septembre, le roi fit son entrée à Paris aux flambeaux, entre sept et huit heures du soir. Il était monté sur un cheval gris pommelé, avait un habillement de velours gris tout chamarré d'or, avec le chapeau gris et le panache blanc. Les garnisons de Mantes et de Saint-Denis furent au-devant, avec le corps de la ville et échevins. Messieurs de la cour, avec leurs robes rouges, l'allèrent attendre à Notre-Dame, où le *Te Deum* fut chanté. Le reste de l'ordre et cérémonies qui y furent gardés ont été imprimés à Paris. Il était huit heures du soir quand Sa Majesté passa sur le pont Notre-Dame, accompagnée d'un grand nombre de cavalerie, et entourée d'une magnifique noblesse. Lui, avec un visage fort riant, et content de voir tout ce peuple crier si allègrement : " Vive le Roi ! " avait presque toujours son chapeau au poing, principalement pour saluer les dames et demoiselles qui étaient aux fenêtres ; entre lesquelles il en salua trois fort belles qui portaient le deuil, et étaient à des fenêtres hautes vis-à-vis de Saint-Denis de La Chartre ; comme il fit aussi La Raverie [la célèbre courtisane], étant chez Bocquet à la rue Saint-Jacques. Madame de Liancourt marchait un peu devant lui, dans une litière magnifique toute découverte, chargée de tant de perles et de pierreries si reluisantes qu'elles offusquaient la lueur des flambeaux ; et avait une robe de satin noir, toute houppée de blanc. »

L'itinéraire du cortège se termine au Louvre, logement officiel du roi. Le vieux palais manque de confort, et Gabrielle ne peut tout de même pas occuper la chambre des reines. Tandis que Catherine de Bourbon prend possession du palais de Catherine de Médicis, près de Saint-Eustache, Gabrielle s'installe dans le magnifique hôtel du Bouchage, tout proche du Louvre, entre les rues de l'Autruche et du

Coq. Ce logis de construction récente est abandonné, car il appartient au duc de Joyeuse, qui combat pour la Ligue les armées d'Henri IV en Languedoc. Henri de Joyeuse est une des figures les plus originales de son temps. Dans sa jeunesse, il a épousé la sœur du duc d'Épernon, qu'il aimait profondément. Il portait alors le titre de comte du Bouchage. En 1584, il acheta dans l'ancien Louvre féodal deux vieilles maisons situées qu'il fit abattre pour construire à la place un vaste hôtel décoré des armes des Joyeuse. Désespéré par la mort de sa femme, il entra dans un couvent, prononça ses vœux et devint frère Ange. Mais, après la mort de ses deux frères, l'obligation de relever le titre fut plus forte que le respect des vœux religieux : frère Ange se transforma en duc de Joyeuse et chef militaire ligueur.

Tandis que Gabrielle veille à sa nouvelle installation, Henri calme son tempérament nerveux et son incessant besoin d'activité en jouant, parfois pendant des journées entières, au jeu de paume, ancêtre du tennis. C'est d'ailleurs sous ce nom que Dallington désigne ce jeu, extrêmement populaire en France à cette époque : « Quant à l'exercice du jeu de tennis [...], il est plus en usage ici que dans toute la chrétienté réunie », écrit le secrétaire anglais, étonné du nombre de salles consacrées à ce jeu dans tout le pays, et en particulier à Paris. Les Français, « nés avec une raquette à la main », n'hésitent pas à le pratiquer à tout moment, même au cœur de l'été, en pleine chaleur. Le 24 septembre, le roi, en chemise, y joue tout au long de la journée dans la salle de la Sphère. Les spectateurs médusés s'aperçoivent que la chemise royale est déchirée dans le dos! Si la garde-robe de Gabrielle s'accroît de façon pléthorique, celle du souverain reste particulièrement démunie...

Les honneurs officiels rendus à la mère de César ont étouffé les pamphlets, mais n'ont nullement désarmé les mauvaises dispositions de l'opinion parisienne et provinciale à l'encontre de la maîtresse royale. Un soir d'octobre, Henri trouve sur sa table de chevet un long poème rédigé par son vieux précepteur protestant, Florent Chrétien, qui reproche vivement à son ancien élève le caractère public et ostentatoire de sa liaison :

Mais quoi ? La volupté dévoile notre Alcide.
Il file avec Iole, et de son doigt vainqueur
Range l'or de sa tresse et n'a dessein pour guide,
Que de plaire à sa belle et lui gagner le cœur.

Je t'excuse, ô grand Mars, et toi Vénus seconde,
Mais je n'excuse pas le Soleil ni le Jour,
Qui te vont découvrant aux yeux de tout le monde :
La honte et le secret sont les rideaux d'amour.

Le 2 octobre, le représentant du grand-duc de Toscane trouve étrange que le roi soit à ce point la « proie » de Mme de Liancourt et se préoccupe si peu « de l'état où il est et de ce que disent les gens; et ces choses sont publiques ».

Les proches de la maîtresse royale bénéficient de sa grande faveur. Antoine d'Estrées, nous l'avons vu, a maintenant la capitale du royaume sous son autorité. Angélique d'Estrées, la sœur abbesse de Gabrielle, tout en conservant les profits de l'abbaye de Berteaucourt, devient l'abbesse de la riche abbaye de Maubuisson, après la démission forcée de Madeleine de Tiercelin de Brosse... Gabrielle a-t-elle pourtant à cette époque une réelle influence sur la formation du gouvernement ? Rien n'est moins sûr, malgré les affirmations de Sully. Henri IV reconstitue pour une grande part la vieille équipe gouvernementale de Catherine de Médicis et de ses fils, et manifeste ainsi son inclination à établir une continuité politique avec les Valois. Cette continuité que l'on retrouvera si souvent en filigrane ne pourra que nuire aux ambitions de Gabrielle et finira par faire triompher le mariage avec une Médicis...

Le très catholique Villeroy, qui a longtemps servi Catherine et ses fils, a fait la paix avec Henri IV. Le roi le réintègre dans ses fonctions de secrétaire d'État dès le 25 septembre, malgré les supplications de Madame et des églises réformées. Villeroy à la haute main sur les Affaires étrangères. Gabrielle ne peut l'aimer, sachant fort bien qu'il s'opposera fermement à son mariage avec le roi, et qu'il travaillera secrètement au mariage avec Marie de Médicis. Très efficace, à la fois souple, clair et rapide, Villeroy est très particulièrement apprécié du souverain qui n'aime pas les longues délibérations et les arguties sans fin. Gabrielle enrage de n'avoir prise sur cet homme dont le comportement courtois, froid et distant ne permet aucun reproche.

Il n'en est pas de même pour Harlay de Sancy, haï de la maîtresse royale. Sancy rendit d'inappréciables services à Henri III pour qui il leva une armée de mercenaires suisses en engageant ses propres bijoux (dont le célèbre diamant « le Sancy »). De confession protestante, il sert Henri IV avec le même dévouement. A la mort du surintendant François d'O, survenue le 24 octobre, le roi établit un Conseil des finances de neuf membres où il veut faire entrer les protestants Sancy et Rosny. Doté d'un caractère insupportable, le futur Sully s'est fait beaucoup d'ennemis. Le duc de Nevers réussit à l'écarter du conseil. Sancy y entre et apparaît très vite comme le véritable chef de l'administration financière. Sully prétendra que celui-ci briguait la succession pure et simple de François d'O, mais que Gabrielle l'en avait empêché, furieuse des propos que lui aurait tenus Sancy contre les droits éventuels de César au trône. Influencé par sa maîtresse, Henri aurait alors remplacé la surintendance par un Conseil des finances. Cette version des faits appelle deux remarques. En effet, Sancy dont le caractère est tout d'une pièce, fera part à Gabrielle de son opposition aux droits de César, avec une franchise brutale. Mais cette explication n'aura lieu que trois ans plus tard. D'autre part, si le roi n'a pas voulu donner officiellement la surintendance à Sancy, c'est très probablement qu'il ne pouvait la donner à un protestant sans heurter les catholiques fraîchement ralliés.

Cela dit, Gabrielle n'aime ni Villeroy ni Sancy. Et pourtant les deux hommes ont l'entière confiance d'Henri IV. Déjà le roi paraît baliser une ligne de conduite qui écartera Gabrielle, tout en poursuivant l'établissement triomphal de sa maîtresse, chaque année plus proche du trône. Cette dualité de comportement, nous l'avons déjà rencontrée chez Henri. Plutôt que de choisir, il semble alors attendre, avec une sorte de fatalisme étonnamment confiant, que le destin décide à sa place. En attendant, son attachement pour Gabrielle ne fait que croître.

Fatigué par les cérémonies officielles et la mise en place du gouvernement, las d'être éloigné des forêts et des chasses, Henri effectue quelques séjours à Saint-Germain en compagnie de Gabrielle, courant octobre et novembre. Vers la mi-octobre, le roi s'égare à la chasse dans la forêt. Des soldats de Sourdis manquent de le tuer, l'ayant pris pour un cavalier ligueur... Henri surveille la mise en route des travaux pour agrandir le château et ordonne la construction d'aqueducs pour alimenter les nombreuses pièces d'eau destinées à orner les nouveaux jardins. Avant même la liquidation définitive des troubles, le souverain est attentif aux signes extérieurs d'une monarchie stable et harmonieuse. Gabrielle, compagne de la pacification, pourra-t-elle trouver sa place après la paix? Elle est auprès du roi lorsqu'il construit déjà pour la France pacifiée, et se glisse ainsi dans la France future...

Le dimanche 6 novembre, Henri et Gabrielle sont à Paris. Les amants se préparent à assister comme parrain et marraine au baptême d'un gros nourrisson qu'Isabelle de Sourdis vient de mettre au monde. On dit que Mme de Nemours et de Montpensier ont aidé Mme de Liancourt à revêtir sa robe de satin noir, « tant chargée de perles et de pierreries qu'elle ne se pouvait soutenir », écrira L'Estoile. Quelques jours auparavant, le roi a fait dire à Cheverny, par l'intermédiaire de Loménie, « qu'il était bien aise de ce qu'il avait fait un si beau fils à Mme de Sourdis, et qu'il en voulait être le compère ». Voilà donc le couple illégitime formé par Henri et Gabrielle, et l'inséparable ménage à trois formé par les Sourdis et Cheverny réunis dans l'église de Saint-Germain-l'Auxerrois. L'opinion n'approuve guère cet étalage de fausses situations. L'évêque de Maillezais, grand fils d'Isabelle, va baptiser son petit frère. M. de Montpensier porte la salière, tandis que la maréchale de La Châtre porte l'enfant. L'Estoile laissera un récit plaisant de la cérémonie : « Le roi, vêtu d'un habillement gris, depuis qu'il fut entré dans l'église jusques à ce qu'il en sortît, ne cessa de rire avec madame de Liancourt et la caresser tantôt d'une façon, tantôt de l'autre. Quand elle vint à lever l'enfant pour le présenter aux fonts, elle s'écria : " Mon Dieu ! qu'il est gros ! J'ai peur qu'il m'échappe, tant il est pesant ! – Ventre-saint-gris, répondit le roi, ne craignez pas cela, il n'a garde ; il est bien bridé et bien sellé " [allusion à la paternité du garde des Sceaux]. Une dame qui n'en était pas loin, va dire qu'il ne se fallait point étonner s'il était bien pesant, puisqu'il avait des sceaux pendus au cul. »

Les faveurs continuent de pleuvoir sur Mme de Liancourt. Sous prétexte de pourvoir aux dépenses de son prochain voyage à Lyon, Gabrielle reçoit l'état de M. de Brou, conseiller au Grand Conseil, décédé quelques jours auparavant. Le samedi 12 novembre, elle reçoit du trésorier Hotman la somme de 500 écus sol prétendûment en remboursement d'une somme qu'elle a avancée à Sa Majesté, mais dont elle ne veut pas faire mention... Avance dont il n'existe aucune trace. Ce même jour, on montre à L'Estoile un mouchoir de parade qu'un brodeur parisien vient d'achever pour Mme de Liancourt contre l'énorme somme de 1 900 écus, à payer comptant ! Gabrielle veut le porter lors d'un ballet prévu à la Cour pour le lendemain. Alfred Franklin explique la rareté des mouchoirs à cette époque par l'absence de poches jusqu'au XVIᵉ siècle. Ces précieux carrés de linge sont alors des objets de luxe et d'ornement, surtout lorsqu'ils sont ornés de broderies d'or et de perles.

La vie de la Cour s'organise à nouveau au Louvre. Si Gabrielle loge à l'hôtel du Bouchage tout proche, elle apparaît souvent pendant la journée dans le vieux palais des rois. L'imposante tour du Louvre, vestige des temps féodaux, a été abattue vers 1527, mais l'aspect du château n'en paraît pas moins très rébarbatif. Les étrangers, étonnés, observent les murs noirâtres, les tourelles à toits coniques, les larges fossés remplis d'eau croupissante, et trouvent que la maison du souverain ressemble plutôt à une prison. Une petite rue étroite et mal pavée (la rue d'Autriche) mène à un pont en maçonnerie puis au pont-levis qui donne accès à la longue entrée sombre et voûtée, encadrée par deux tours qui datent de Philippe Auguste. La cour est en partie médiévale, en partie ornée par les beaux bâtiments construits par les Valois selon les plans de Pierre Lescot.

N'importe qui peut franchir le seuil du palais, à condition d'y entrer à pied. Seuls les princes du sang peuvent pénétrer dans la cour à cheval. Toute une foule entre et sort tout au long de la journée. Il y a d'abord ceux qui viennent pour leurs affaires, car le rez-de-chaussée de la vieille aile à droite abrite des bureaux administratifs où l'on procède à diverses opérations dont les adjudications. Il y a aussi les nombreux curieux à l'affût des allées et venues des grands qui, selon les mentalités hiérarchisantes du temps, se font un devoir de paraître richement vêtus et accompagnés d'une suite dont l'importance est proportionnée à leur rang. Les suisses et les archers chargés de la surveillance sont postés à travers le palais. Le lundi 5 décembre, un imprimeur de Genève nommé Chupin rencontre L'Estoile et, tout ébahi, lui conte son aventure au Louvre, survenue ce même jour. S'étant rendu au palais pour une de ses affaires, le Genevois aperçoit Gabrielle, magnifiquement parée et accompagnée par toute une suite. La jeune femme recevait les compliments déférents de tous ceux qu'elle croisait. Chupin demanda à un archer de la garde qui elle était. L'archer lui répondit tout haut : « Mon ami, ce n'est rien qui vaille, c'est la putain du roi. »

Les honneurs officiels dont le roi entoure la mère de César ne parviennent pas à convaincre l'opinion et à imposer le respect. Toutes les couches sociales pensent que l'on doit se marier pour la pérennité de la race, mais Henri agit déjà comme s'il voulait inverser la proposition. Et cela, personne en France ne l'acceptera, hormis ceux qui ont intérêt à l'affaiblissement du pouvoir royal. Volontairement sourd et aveugle devant les souhaits de ses sujets, le roi veut casser au plus vite son mariage et celui de sa maîtresse afin de libérer rapidement son petit César de son statut d'enfant doublement adultérin, puis d'envisager – en vérité ou en rêve ? – un bonheur légitime avec la femme qu'il aime, la mère de son fils.

Démariages

Le « démariage » du roi est difficile à conduire. Il faut d'abord s'assurer de la bonne volonté de la reine Marguerite... et Margot est tout aussi intelligente et rusée que son époux. La recluse d'Usson ne se contente pas de promesses très courtoisement exprimées, mais non suivies d'effet. Le 29 juillet, elle se plaint de ces « manquements », tout en envoyant une procuration avec certaines restrictions liées à la tenue des promesses royales. La reine ne ferme jamais la porte, mais ne l'ouvrira tout à fait que plusieurs années plus tard, après la mort de Gabrielle. Le roi lui donne de nouvelles assurances, lui propose un autre lieu de séjour que celui d'Usson, où l'on pourrait craindre une brusque incursion du comte d'Auvergne, bâtard royal et neveu de Marguerite. Sa Majesté n'a rien à craindre. Son épouse ne tient nullement à quitter cette sévère forteresse que Louis XI a rendue imprenable avec sa triple enceinte et ses larges murs : « À bon droit j'ai estimé cet hermitage avoir été miraculeusement bâti pour m'être une arche de salut », écrit-elle à Henri le 14 octobre. Peut-on deviner, à travers cette remarque, le sourire un peu narquois de la reine qui sous-entend son invulnérabilité à l'égard de tous, y compris son mari ?

Les secours financiers demandés tardent toujours. Marguerite dénonce à nouveau des manquements des assignations « ne pouvant m'en passer et vivre », écrit-elle au roi le 8 novembre. Dans la même lettre, la reine sollicite une charge vacante de président au parlement de Toulouse pour l'un de ses protégés; ainsi, précise-t-elle, celui-ci ne disputera plus l'abbaye du Mas-Grenier au secrétaire d'État Forget de Fresnes. Le roi refuse avec un « extrême regret » cette requête, bien que Marguerite ait tenté de le fléchir en faisant valoir l'intérêt de Forget... cousin germain de Gabrielle! Forget a en effet épousé Anne de Beauvilliers, sœur de Claude, la jolie abbesse de Montmartre dont la liaison avec le roi avait tant scandalisé les paroissiens parisiens.

L'autre obstacle important à ce démariage réside dans le choix du tribunal ecclésiastique. On s'est bien passé du pape pour l'abjuration et pour le sacre. Pourquoi ne s'en passerait-on pas pour l'annulation du mariage du roi et de la fille de Catherine ? Cette nouvelle provocation paraît alors politiquement très inopportune. Henri a besoin de l'absolution pontificale pour rallier les catholiques hostiles, encore nombreux, et pour ôter aux derniers ligueurs, notamment Mayenne, toute excuse à leur combat. Et d'ailleurs, à la fureur d'Henri, l'archevêque de Paris, Gondi, se refuse fermement à démarier le roi sans l'accord du souverain pontife. En outre, Henri se démarie avec le projet officiel de se remarier avec une princesse catholique chargée d'assurer l'avenir de la dynastie. Aucune d'entre elles, et en particulier Marie de Médicis, n'accepterait facilement d'épouser un prince encore marié selon l'autorité pontificale. Le très protestant Duplessis-Mornay, appelé à Paris par le roi pour examiner la procuration de Marguerite, est toujours prêt à conseiller une superbe ignorance à l'égard de Rome. Il n'en est pas de même pour Villeroy. Chargé des Affaires étrangères, le très catholique serviteur d'Henri IV se démène pour obtenir l'absolution pontificale avec l'aide secrète du grand-duc de Toscane qui espère marier sa nièce Marie au roi de France. Villeroy est et restera le meilleur allié de Florence. Gabrielle le sait et craint fort l'influence du ministre sur son amant. Le représentant de la Toscane à Paris écrit le 10 décembre qu'il est à propos, malgré les ordres du grand-duc, de ne parler au roi ni de sa sœur, ni de Mme de Liancourt. Et le Florentin ajoute que « M. de Villeroy est fort en crédit, le roi lui confie toutes choses; on ne peut agir en dehors de lui, comme le grand-duc paraît le désirer... »

L'annulation du mariage factice de Gabrielle est beaucoup plus aisée à obtenir. Le mariage fut une farce, l'annulation en sera une autre. Point besoin de déranger le pape! On a marié Gabrielle pour lui donner un statut plus respectable. On la démarie en partie pour la même raison. La société aristocratique du temps s'offusque très peu des concubinages et des polygamies plus ou moins déguisés. Mais cette société a aussi ses règles. La concubine doit être célibataire, car l'adultère féminin est très mal toléré, la femme étant considérée comme responsable de la lignée. Rendue à l'état de célibataire, Gabrielle devrait retrouver une position plus honorable...

C'est à Noyon, lieu du mariage, qu'aurait dû se dérouler le procès. Mais la ville est aux mains de la Ligue, et Liancourt a récusé son official, sous le prétexte que le roi a nommé à l'évêché de Noyon le propre frère de Gabrielle. On s'est donc tourné vers Amiens où l'on a vu Gabrielle présenter sa requête et où François Roze, prêtre, licencié en droit, doyen de l'église d'Amiens, chanoine préhendé et official de cette ville, accepte de servir Sa Majesté en devenant juge délégué en cette cause. La promesse d'un évêché important encourage la bonne volonté de l'official... Desclozeaux et surtout Raymond Ritter ont longuement analysé les méandres juridiques de ce procès, au risque de paraître fastidieux. L'essentiel du déroulement et des conclusions de cette « farce » suffit à éclairer les intentions de chacun, la désinvolture du roi et le laxisme des ambitions courtisanes.

Presque quatre mois se sont écoulés entre la requête truffée d'inexactitudes, signée par Gabrielle, et le procès proprement dit. C'est que le sieur de Liancourt n'est guère pressé de répondre aux assignations qui lui sont signifiées à son domicile. Mais, le 8 décembre, le « mari » de Gabrielle accepte enfin de se montrer. Le roi et Mme de Liancourt font alors route vers Amiens. Liancourt est terrorisé par la venue du souverain qui l'a probablement invité sous menace à cesser ses manèges inutiles. Sa peur est si grande qu'il rédige un testament dans lequel il affirme agir par ordre du roi, et qu'on l'oblige à se déclarer impuissant alors qu'il est « puissant et habile pour la copulation charnelle et génération ». Il précise qu'il lègue tous ses biens à ses filles, y compris ce qui a été acquis par Gabrielle depuis leur mariage. Décidément, son mariage doit rester une affaire très rentable jusqu'au bout... Liancourt écrit ce document le

15 décembre, trois jours après l'arrivée d'Henri et de Gabrielle à Amiens.

Les échevins de la ville ont décidé de ne rien offrir au souverain car il ne s'agit pas d'une entrée officielle. Mais Henri a exprimé le désir que « Mme de Liancourt, bien aimée du roi [...] soit congratulée de la part de ces Messieurs ». Ceux-ci « l'iront voir en corps, et lui sera fait présent de vin et d'hypocras comme l'on a accoutumé de faire aux princesses ». Autrement dit, Gabrielle vient à Amiens pour l'annulation de son mariage et le roi la fait accueillir comme sa presque épouse !

Le 15 décembre, Mme de Liancourt, assistée par son procureur Me Paul Accard, prête serment devant l'official. Le 17, jour où il dépose son testament chez un notaire, Liancourt se présente à son tour. Tout se déroule alors très vite : le procès est mené tambour battant, les dates du mariage sont manifestement truquées pour éviter les recherches éventuelles, les témoins nécessaires sont tous au rendez-vous, Liancourt se fait examiner par des médecins qui le déclarent impuissant dans un latin des plus pittoresques. Le malheureux époux de Gabrielle subirait cette infirmité depuis qu'il a été projeté à terre par un cheval « *indomito, feroce et furiente* ». Il est impensable que François Roze soit dupe de toute cette comédie. Me Accard a l'intelligence de communiquer à l'official un sérieux motif d'annulation qui exclut toutes ces palinodies dont le ridicule risquerait d'éclabousser la maîtresse royale et l'official lui-même. Selon les lois de l'Église à cette époque, un veuf n'a pas le droit de se remarier avec une parente de sa première femme. Or la première Mme de Liancourt, Anne Gouffier, était parente au troisième degré de Gabrielle. C'est le motif qui prévaudra lors de la sentence dont le résultat est acquis d'avance...

Pour ne pas offenser la dignité de l'official, Gabrielle ne loge pas dans la ville auprès du roi, mais à deux lieues et demie d'Amiens, au château de Picquigny (actuellement chef-lieu d'un canton de la Somme) qui appartient à la famille d'Ailly. Henri évite de se montrer auprès d'elle pendant la durée de l'enquête. Le samedi 17, il part par voie fluviale pour Abbeville où il passe la journée de dimanche, avant de rejoindre Gabrielle lundi. L'absence de sa chère maîtresse le tourmente toujours. Il veut lui écrire et constate que ses bagages sont déjà partis avec son papier à lettres. Il tempête, on lui apporte de quoi écrire. Il s'empresse d'annoncer à ses « chères amours » son arrivée avec une « assez bonne bande de violons ». Que ne ferait-il pas pour la distraire de ce procès si ennuyeux ! À propos, Roquelaure, son cher compagnon gascon, est borgne. Henri ne dit pas comment. Roquelaure se dirigeait vers l'abbaye de Maubuisson (au nom prédestiné) pour rendre visite à la sœur de Gabrielle, la galante abbesse Angélique. Impatient d'apercevoir l'abbaye, il pencha sa tête hors de la portière du carrosse. Les chemins de France sont étroits, bordés de végétation sauvage, et l'épine d'un buisson éborgna le malheureux... Un messager part à bride abattue, porter la lettre à la jeune femme :

« Comme j'ai pensé vous renvoyer Bidet, j'ai trouvé Loménie et toutes mes hardes étaient parties, de façon que je n'ai su trouver un morceau de papier. Cela est vrai, mes chères amours, certes ce n'est point une excuse. Je faillis de ne vous laisser un laquais, non faute de m'en souvenir, mais ils étaient trétous [tous] devant avec nos chevaux. Vous avez suppléé à ce défaut en m'obligeant extrêmement. Je vous paierai d'une plaisante récompense : c'est ce que je mènerai à Pequigny [sic] une assez bonne bande de violons pour vous réjouir et votre sujet, qui chérira vous extrêmement.

« J'ai reçu un plaisant tour à l'église : une vieille femme âgée de quatre-vingts ans m'est venu prendre par la tête, et m'a baisé ; je n'en ai pas ri le premier. Demain vous dépolluerez ma bouche [1].

« Le laquais que j'avais envoyé à Paris est venu, je vous envoie la lettre de Guérin. Roquelaure est borgne, ce me mande-t-il. Bonsoir, mes chères et très chères amours. Je baise un million de fois vos pieds.

« Ce dix-huitième décembre. »

---

1. Les hommes et les femmes se saluent assez couramment sur la bouche en France, à cette époque. Bien entendu, cette coutume ne s'applique pas au roi !

L'enquête terminée, Henri et Gabrielle ne prennent pas la peine d'attendre que la sentence soit prononcée et envisagent de se rendre à Paris pour Noël. Le souverain, très éprouvé par une forte fièvre, veut d'abord soutenir Longueville qui attaque Ham. Ham reste aux ligueurs et le roi, épuisé, se trouve contraint de célébrer Noël à Senlis. Le retour des amants à Paris sera suivi d'événements mouvementés.

La mère de César Monsieur

27 décembre. Tandis que Gabrielle s'installe à nouveau dans le bel hôtel du Bouchage, Henri se rend chez sa sœur, qu'il entend visiter dès son arrivée. L'hiver est glacial, cette année. Le roi, botté, couvert d'un épais manteau, quitte Catherine vers cinq heures du soir et rejoint à pied, à la lueur des torches, l'hôtel tout proche de Gabrielle. Le souverain est accompagné de Conti, de Soissons, d'un groupe assez nombreux de gentilshommes et aussi de la naine Mathurine, la folle du roi. Mathurine « officiait » déjà sous Henri III et, lors de son retour à Paris, Henri IV l'a prise à son service. Paillarde, malicieuse, intrigante, les traits hommasses et la voix forte, la naine est bien connue des Parisiens qui s'amusent de ses jurons, de ses pamphlets, de sa silhouette carrée et de son accoutrement immuable, fait d'un chapeau bourgeois, d'un pourpoint disproportionné, d'une jupe de velours vert et d'une épée qui traîne presque jusqu'aux pieds. Personne ne remarque un très jeune homme qui se mêle au groupe et demande où est le roi. On le lui désigne, c'est l'homme aux gants fourrés.

Le souverain et son escorte entrent dans la chambre de la maîtresse royale. Deux gentilshommes se présentent à Henri et, selon l'usage, s'agenouillent pour lui baiser les genoux.

Henri se penche pour les relever; au même instant, il sent un coup à la lèvre qui lui brise une dent. Croyant à une brusquerie farceuse de Mathurine, il s'écrie : « Au diable la folle! elle m'a blessé! » Mathurine nie énergiquement; point folle du tout, elle est la seule à avoir la présence d'esprit de courir fermer à clé la porte de la chambre de Gabrielle. L'assassin, Jean Châtel, pris au piège, est rapidement démasqué. Il a voulu viser la gorge et n'a atteint que la lèvre, le roi s'étant incliné à ce moment. La blessure n'est pas très grave, et Henri, ému par la jeunesse de Châtel, demande qu'on le laisse aller, ce que son entourage refuse. Le jeune homme, honteux de son homosexualité, pensait se racheter en tuant celui qui restait encore pour une partie des catholiques le roi hérétique, le renard béarnais. Châtel subira, dès le surlendemain, l'horrible supplice des régicides.

Henri se sent abattu, mélancolique. Tant d'acharnement à effacer les haines fanatiques et la discorde civile n'aurait donc servi à rien ? Et cet incident est d'autant plus inopportun que Châtel était l'élève des jésuites au collège de Clermont. La compagnie créée par saint Ignace, très fidèle au pape, est honnie par tout un courant gallican féru de cette indépendance nationale dont le roi est le champion. Certains aveux de Châtel et une perquisition au collège de Clermont mettent le Parlement en fureur : les jésuites sont bannis du royaume, au moment où ils commençaient à endormir les méfiances. Henri semblait approuver son allié le grand-duc de Toscane qui lui conseillait de ménager cet ordre pour faciliter la bonne volonté du pape.

Toute cette affaire attriste et inquiète le souverain. D'autres tentatives d'assassinat ont eu lieu, mais elles ont toujours été déjouées à temps. Le roi a soudain pris conscience de la précarité de son existence. Il a quarante et un ans, a donc dépassé l'âge de la pleine maturité selon les moyennes d'espérance de vie de l'époque, il n'est pas remarié, et n'a pas de descendance susceptible de lui succéder au trône. Le beau visage de Gabrielle, sa jeunesse, le bel enfant qu'elle lui a donné lui apparaissent comme une fontaine de vie, un havre de bonheur. Cette femme lui est physiquement et moralement plus nécessaire que jamais. Le 28 décembre, l'envoyé florentin fait état de « l'affection que Sa Majesté porte à Mme de Liancourt, ne sachant vivre une heure sans elle ».

L'année 1595 apporte à la fille d'Antoine, de nouvelles et grandes faveurs. Le 3 janvier, le roi fait don à sa maîtresse « de la finance provenant de la composition des offices d'huissiers audienciers ès élections de ce royaume, restant à pourvoir ». On imagine l'habile dextérité avec laquelle Cheverny, aiguillonné par Isabelle de Sourdis, doit faciliter ces « arrangements » administratifs qui font pleuvoir tant d'écus sur la tête de Gabrielle!

La sentence de l'annulation du mariage de Mme de Liancourt a été signée dès la veille de Noël, mais elle est lue officiellement devant les procureurs des deux parties, le samedi 7 janvier. Gabrielle est enfin déliée d'un mariage théorique et encombrant, maintenant « déclaré nul dès le commencement, et par conséquent n'ayant jamais existé ». Voilà qui lave le petit César de toute parenté éventuelle avec le sieur de Liancourt... Le chanoine François Roze recevra l'année suivante, pour prix de son esprit accommodant, le prestigieux siège épiscopal d'Orléans. Mais le nouvel évêque se fera mortellement poignarder par des bandits sur le chemin menant à son diocèse. Tout heureux du démariage de sa maîtresse, le roi, ce même samedi 7, préside à la cérémonie de l'ordre du Saint-Esprit en l'église Saint-Augustin. Isabelle de Sourdis, par l'entremise de Gabrielle, a réussi à glisser parmi les nouveaux chevaliers, son frère, Georges Babou de La Bourdaisière, qui, l'on s'en souvient, avait énergiquement défendu Chartres contre les troupes royales...

Le roi peut maintenant établir officiellement sa paternité sur César. Il sait que le Parlement n'accepterait jamais d'enregistrer une lettre qui donnerait au fils de Gabrielle le droit de régner. Henri prend donc soin de préciser cette incapacité, mais en revanche, il ne se contente pas de reconnaître l'enfant : il veut aussi le légitimer. Cela ne s'est jamais vu au royaume de France. Henri II, certes, a légitimé tardivement sa fille naturelle Diane qui signe fièrement

« Diane, légitimée de France ». Mais jamais un souverain français n'a légitimé un bâtard mâle. César, premier bâtard légitimé de France, sera dès lors désigné sous le nom de « César-Monsieur ». C'est une avancée considérable dans la destinée de Gabrielle.

Les lettres patentes de légitimation, signées par le roi courant janvier, seront enregistrées par le Parlement le 3 février. Henri ne manque pas d'encourager le bon vouloir des parlementaires en rappelant tous ses services personnels pour le royaume. Ce document reste un témoignage exceptionnel sur les conceptions d'une société d'ordres, pénétrée de son devoir de continuité à l'égard de la nature et de la « race ». Que l'on en juge par ce large extrait qui proclame d'abord le zèle et l'affection du roi pour son royaume : « Cette vertu et force sera héréditaire à tous les nôtres, et [...] tout ce qui proviendra de nous naîtra et croîtra avec cette même intention envers cet État » ; mais, « puisque Dieu n'a pas encore permis que nous en ayons en légitime mariage, pour être la reine notre épouse depuis dix ans séparée de nous, nous avons voulu, en attendant qu'il nous veuille donner des enfants qui puissent légitimement succéder à cette couronne, rechercher d'en avoir ailleurs, en quelque lieu digne et honorable, qui soient obligés d'y servir, comme il s'en est vu d'autres de cette qualité qui ont très bien mérité de cet état et y ont fait de grands et notables services. Pour cette occasion, ayant reconnu les grandes grâces et perfections, tant de l'esprit que du corps, qui se trouvent en la personne de notre chère et bien-aimée la dame Gabrielle d'Estrées, nous l'avons, puis quelques années, recherchée à cet effet comme le sujet que nous avons jugé et connu comme le plus digne de notre amitié ; ce que nous avons estimé pouvoir faire avec d'autant moins de scrupule et charge de conscience, que nous savons que le mariage qu'elle avait auparavant contracté avec le sieur de Liancourt était nul et sans avoir jamais eu aucun effet, comme il s'est justifié par le jugement de la séparation et nullité dudit mariage qui s'en est depuis ensuivie. Et s'étant ladite dame, après nos longues poursuites et ce que nous y avons apporté de notre autorité, condescendue à nous obéir et complaire, et ayant plu à Dieu nous donner puis n'a guères en elle un fils, qui a jusqu'à présent porté le nom de César Monsieur, outre la charité naturelle et affection que nous lui portons tant pour être extrait de nous que pour les singulières grâces que Dieu et la nature lui ont départies en sa première enfance, qui font espérer qu'elles lui augmenteront avec l'âge, et provenant de telle tige qu'il produira un jour beaucoup de fruit à cet État auquel il pourra être grandement utile, ne lui pouvant même dénier ce que nous accordons à ceux de nos sujets qui nous en requièrent, et à ce que le caractère et titre qu'il avait d'être venu de nous le contienne toujours au devoir de servir fidèlement à cet État, nous avons résolu, en l'avouant et reconnaissant notre fils naturel, lui accorder et faire expédier nos lettres de légitimation. »

La lecture de ce texte nous paraît stupéfiante à plusieurs titres, mais s'insère tout de même dans les courants de pensée propres au XVIe siècle. Gabrielle a succombé par ordre du roi, mais non parce qu'elle avait des mœurs faciles... « Après nos longues poursuites et ce que nous y avons apporté de notre autorité », rappelle tranquillement Henri, évoquant involontairement les réticences de la demoiselle, fort éprise de Bellegarde – Gabrielle devient l'élue pour donner des enfants au souverain qui ne pouvait en avoir avec sa femme légitime. Procréer est donc considéré comme un devoir dû à la nature. Et l'enfant issu d'un roi ne pourra que servir glorieusement l'État, selon les vertus héritées de sa race...

Gabrielle exulte. La tête lui tourne plus que jamais. Henri lui a très probablement promis de l'épouser, comme semblent l'indiquer les chiffres aux initiales des deux amants destinés, par la volonté du roi, à orner la future grande galerie du Louvre. Après des recherches très affinées, Jean-Pierre Babelon livre ses analyses et ses conclusions sur ces sigles et sur la date de leur commande. Depuis son retour à Paris, en mars 1594, jusqu'au mois de janvier 1595, Henri IV conçoit et ordonne le programme entier d'achèvement du palais du Louvre et des Tuileries. Le « grand dessein » du roi consiste à quadrupler la cour du

Louvre et à réunir le Louvre aux Tuileries. Ce programme va conditionner tous les travaux effectués dans le palais jusqu'à l'époque de Napoléon III.

Les Valois avaient l'usage d'apposer leurs initiales et celles des reines sur les façades dont ils avaient ordonné la construction. On peut encore lire les HC (Henri II-Catherine) ou HD (Henri-Diane) sur la façade occidentale de la cour Carrée. À la suite des monogrammes des fils de Catherine, sur la façade méridionale de la même cour, apparaît le chiffre HDB, c'est-à-dire Henri de Bourbon. Henri IV, mari séparé de sa femme, a été obligé de choisir rapidement un sigle personnel, lors des premiers marchés de construction, en 1594. Il a pris celui-là, ne pouvant accoler l'initiale de Marguerite à celle de son propre nom. Observons maintenant la façade de la grande galerie, vue du quai. À l'étage inférieur, court la frise des frères Lheureux qui représente des scènes d'enfants jouant à des jeux aquatiques : cette frise est interrompue, à huit reprises, par des HG, enlacés et croisés par les flambeaux de l'hymen promis à Gabrielle. Des HG ont également figuré dans d'autres parties du Louvre, dont la petite galerie. Sur la face nord de la grande galerie (qui donne sur la cour Visconti) subsiste un trophée à l'antique avec cuirasse et casque à cimier, encadré à gauche par l'HDB, et à droite par un H et deux G surmontés d'une couronne. Sous ce dernier sigle, il y a deux anneaux matrimoniaux enlacés. Ajoutons que sur l'un des plans concernant les projets de parterres au jardin des Tuileries et au « jardin neuf », on trouve des HG comme motif de décoration. Le marché de construction de la grande galerie, où se trouvent principalement les HG, a été conclu le 14 janvier 1595, une semaine après la lecture de la sentence d'annulation du mariage de Gabrielle et au moment où Henri IV légitime pour la première fois un bâtard royal.

Toute triomphante de ces promesses extraordinaires, Gabrielle s'apprête à danser avec huit autres dames un ballet organisé par Madame pour la venue, le 15 janvier, du duc de Guise, fils de Balafré. Le jeune homme vient prêter allégeance au roi, après lui avoir livré Reims. Les Parisiens, qui adoraient le Balafré, accueillent son fils avec froideur et indifférence. La sœur du roi lui offre une fête, mais non sa main. Le rêve des Guise est bien brisé. Henri prend grand plaisir à regarder sa chère et magnifique maîtresse danser dans le ballet ordonné par Catherine. Auprès de lui, le jeune duc, écrira L'Estoile, « portait au visage une façon fort mélancolique, ayant son chapeau enfoncé, un pourpoint de satin blanc fort gras, avec un manteau noir dont il se couvrait le visage; et ne voulut jamais danser ».

Bien qu'elle n'ait pas encore acquis officiellement la terre de Montceaux, Gabrielle se fait déjà désigner par le titre de marquise de Montceaux, selon les désirs du roi. Regaillardi par son bonheur auprès de sa bien-aimée et par l'existence d'un fils légitimé, Henri se prépare à la guerre contre l'Espagne dont le souverain attise toutes les révoltes et menace constamment les frontières. La belle marquise de Montceaux, toujours auprès de son royal amant, sera l'incontournable confidente du guerrier.

CHAPITRE VIII

Marquise de Montceaux, confidente du guerrier

Le 17 janvier 1595, Henri déclare officiellement la guerre à l'Espagne. La pacification du royaume, but suprême de la politique royale, ne pourra s'obtenir qu'après la triple victoire sur les intolérances religieuses, les féodalités ligueuses et la puissance espagnole. C'est donc une guerre à trois volets que livre le roi. Gabrielle veut accompagner son amant dans cette triple offensive, nationale, civile et religieuse. Toujours auprès du souverain, elle écoute ses confidences, calme son anxiété et se prépare à le suivre sur les routes de France.

Le roi poursuit d'abord la lutte traditionnelle contre l'encerclement des Habsbourg. Philippe II, roi d'Espagne, a reçu de son père Charles Quint l'héritage espagnol (Espagne et colonies), l'héritage bourguignon (Artois, Flandre, Pays-Bas, Franche-Comté) et l'héritage italien (Milanais, Naples, Sardaigne, Sicile). Si l'on observe une carte de l'Europe, on s'aperçoit combien la France menace géographiquement les communications terrestres et maritimes de l'Espagne avec ses possessions européennes. La route stratégique qui relie le Milanais aux Pays-Bas – axe de la puissance espagnole – longe la France à plusieurs reprises. Henri décide de couper cette route terrestre en divers endroits (Artois, Luxembourg, Bourgogne). La route maritime effleure la Bretagne, que le roi soumettra en dernier.

Les meilleurs auxiliaires de Philippe II en France sont, bien sûr, les chefs ligueurs. Henri a fait la paix avec le duc de Lorraine au mois de novembre 1594. Le jeune duc de

Guise s'est soumis. Mais les armées ennemies se mobilisent sur tous les fronts. Le comte de Fuentes, capitaine aussi redoutable que Farnèse, lance ses troupes en Picardie. Mayenne, retranché en Bourgogne, appelle à son secours les armées espagnoles stationnées en Franche-Comté, tandis que Nemours, dans le Lyonnais, s'allie avec le duc de Savoie, gendre du roi d'Espagne. Épernon, brouillé avec la noblesse provençale, furieux contre le roi qui a donné la Provence à Guise, passe à l'opposition. Joyeuse combat Montmorency au Languedoc. Mercœur cherche à faire reculer les frontières du Maine et de l'Anjou, et ouvre les ports bretons aux Espagnols.

La pacification religieuse paraît encore bien lointaine. Déçus et inquiets de l'abjuration du roi, les protestants ont mis sur pied une puissante organisation, efficace et prête à la contestation. Les catholiques intransigeants doutent de la sincérité d'Henri et suspendent leur adhésion à l'absolution du pape. La figure de Philippe II conforte leurs convictions dans la mesure où le roi d'Espagne est une sorte de contre-exemple du roi de France. Face au Français, méridional, guerrier, mobile, jouisseur, champion de la tolérance, se dresse l'Espagnol au physique germanique, roi bureaucrate, sédentaire et ascétique qui s'honore de son intransigeance religieuse. Le fils de Charles Quint a enfermé sa propre vie dans les murs de son palais-monastère de l'Escurial dont il a inspiré le fascinant dépouillement, la grandiose sévérité, la tragique et mystique unité du thème architectural (le gril du martyre de saint Laurent). Il a enserré son empire dans les mailles rigides d'une bureaucratie pointilleuse, et y a imposé, par le fer et par le feu, l'unité absolue de la religion catholique. « Philippe II était une chose terrible », écrira Victor Hugo.

Le pape Clément VIII, longtemps terrorisé par le roi d'Espagne, qui possède des territoires importants en Italie, voudrait bien prendre ses distances et serait tenté d'absoudre Henri IV. L'expulsion des jésuites est très malvenue. En revanche, la déclaration de guerre du roi de France « libère » Clément VIII de l'ingérence espagnole dans les travaux des cardinaux sur les problèmes religieux français. En effet, comme le rappelle Yves Cazaux, lorsque deux pays d'obédience romaine sont officiellement en guerre, l'usage canonique veut que les affaires intérieures de ces pays soient traitées isolément. Le pape écoute maintenant, d'une oreille plus bienveillante, les plaidoiries des cardinaux Du Perron et d'Ossat en faveur du souverain français. En déclarant la guerre, Henri peut espérer faire avancer son absolution et, par là même, l'annulation du mariage.

Le roi pratique un jeu dangereux à l'égard de son épouse. Il alterne promesses et parcimonies qui appâtent Marguerite tout en la poussant à bout. La reine est contrainte à l'amabilité, mais n'abandonne pas pour autant ses dernières cartes. Le 14 janvier, elle exprime à son époux sa joie d'apprendre que Dieu l'a préservé du couteau de Jean Châtel : « C'est, Monseigneur, un avertissement que Dieu vous donne pour ne vous rendre à l'avenir si nonchalant à vous garder », lui écrit-elle joliment. La frontière entre la désinvolture et la provocation est souvent difficile à délimiter dans les attitudes d'Henri. Il supplée avec lenteur aux embarras financiers de son épouse tout en couvrant d'or sa maîtresse. L'affaire de l'abbaye de Sainte-Cornille (ou Corneille), à Compiègne, où fut enterré Henri III, accentue de façon spectaculaire la différence des deux traitements. Le roi a confirmé à Marguerite le droit à la nomination des bénéfices de certaines abbayes, dont celle de Sainte-Cornille. Passant outre les droits de sa femme, il donne les bénéfices de cette abbaye à Gabrielle! Retranchée dans ses murs, Marguerite ne peut s'y opposer, mais, dans sa lettre au roi datée du 24 janvier, elle tient à faire valoir gracieusement et fermement sa condescendance : « Monseigneur, il vous a toujours plu m'assurer me vouloir conserver en la nomination des bénéfices qu'il a plu à votre majesté me confirmer. Je n'ai point estimé, quand il lui a plu disposer de l'abbaye de Sainte-Cornille en faveur de madame la marquise de Montceaux, que ce fut à préjudice dudit pouvoir qu'il a plu à votre majesté m'y donner, ayant reçu trop de plaisir que chose qui dépendait de moi ait pu être propre pour témoigner à cette honnête femme combien j'aurai toujours de volonté à servir à son contentement, et combien je suis résolue d'aimer et honorer toute ma vie ce que vous aimerez. »

Toute la tactique de la reine à l'égard de Gabrielle apparaît déjà dans cette lettre. Reprenant ses vieilles habitudes, Marguerite caresse les maîtresses de son mari lorsqu'elle croit pouvoir en tirer des avantages personnels. Elle flattera encore davantage la belle marquise. Mais celle qui aime rappeler qu'elle est « fille et sœur de rois », saura borner son bon vouloir en s'opposant très subtilement au mariage d'Henri et de Gabrielle qui, plus unis que jamais, se préparent à affronter les immenses risques de cette guerre.

L'Espagne est alors une puissance considérable malgré ses défaites navales contre l'Angleterre et son recul aux Pays-Bas. Les navires espagnols venus d'Amérique déchargent sur les quais du port de Séville de fantastiques quantités d'or et d'argent. Et les caisses du roi de France, constamment obligé de racheter ses sujets, sont désespérément vides. Mais Henri trouve une nouvelle force en transformant une guerre civile en une guerre nationale. Ses ennemis intérieurs ne peuvent plus le combattre sans être traîtres à la France. Le roi semble particulièrement désigné pour incarner ce sentiment national. Il a reçu une formation essentiellement française, et connaît mieux que quiconque le royaume de France, pour l'avoir inlassablement parcouru depuis tant d'années. Sa personnalité évoque de nombreux traits des portraits que les étrangers font des Français en général : Henri paraît familier, léger, railleur aux saillies soudaines, etc. L'horizon de sa maîtresse n'a jamais franchi les frontières françaises. Aristocrate picarde et tourangelle (et Bourbon par la main gauche), Gabrielle parle et comprend le même langage que celui d'Henri IV. C'est une indéniable qualité aux yeux d'un homme qui recherche une compagne à la fois maîtresse, confidente et amie.

La guerre en perspective

En ce temps de guerre, le roi veut s'assurer de ses alliances et de ses amitiés. Les États non espagnols de la péninsule Italienne espèrent contenir les ambitions de Philippe II en soutenant Henri IV. La République de Venise envoie la première des ambassadeurs extraordinaires. Les Vénitiens arrivent à Paris le 31 janvier, accueillis par « une bonne troupe de noblesse », Bellegarde et Montpensier en tête. La réception officielle a lieu au Louvre, le vendredi 3 février. Le roi, d'humeur fort gaie, attend les envoyés du Doge en riant et en plaisantant avec les dames superbement parées qui l'entourent. Henri tranche par la simplicité de son habillement. L'audience solennelle est suivie par une audience privée. Le roi prend congé pour aller jouer à la paume, puis il se ravise, et sans façon fait demander aux ambassadeurs déjà installés dans leur carrosse s'il ne leur plairait pas d'assister à la partie.

Le dimanche 5 février, les ballets, les mascarades et les collations se succèdent en l'honneur des Vénitiens. Gabrielle et les dames de la Cour rivalisent de toilettes croulantes de perles et de pierreries. Ces robes et ces bijoux sont ruineux. Mais les cassettes de la marquise de Montceaux sont constamment réapprovisionnées. Le 4 février, à la veille de ces fêtes somptueuses, le roi a accordé à sa maîtresse « tous les deniers qui proviendront de la composition des états et offices de vi-sénéchal général en Poitou, Angoumois, Saintonge, Aunis, ville et gouvernement de La Rochelle, îles de Marans, Brouage, Loudunois, Maillezais et autres pays adjacents, d'un lieutenant de pareille puissance, en l'absence, récusation ou légitime empêchement dudit vi-sénéchal, un greffier, cinquante archers, accompagnés d'un prêtre, un fourrier, une trompette, en outre de deux lieutenants particuliers, avec chacun dix archers près desdits cinquante, pour mettre et départir ès ville desdits pays où il n'y a aucun prévôt et où les habitants [...] le demanderont ».

Le dimanche suivant, 12 février, Madame offre une dernière et magnifique fête au Louvre. Les Vénitiens, placés sur une estrade, assistent au ballet dansé par douze dames habillées aux couleurs de Catherine de Bourbon, écoutent un concert de voix et d'instruments. Puis le roi, accompagné de sa sœur et « d'une des plus belles personnes de la fête » (c'est-à-dire Gabrielle), vient au pied de l'estrade et s'entretient longuement avec les ambassadeurs.

Mme de Montceaux participe à tout, et apparaît déjà comme une presque reine, ou du moins comme une presque épouse. Qu'on en juge par le rapport envoyé par le représentant de la Toscane, le 8 février. « Il serait possible que Sa Majesté ne se rendît pas à Lyon. Beaucoup de gens pensent qu'elle répugne à s'éloigner de Paris, soit qu'elle ait des inquiétudes au sujet de cette ville, soit que l'amour qu'elle porte à Mme de Liancourt l'y retienne, ne lui semblant peut-être pas commode d'avoir à la conduire si loin. [Le Roi] est si captivé par cet amour que tout le monde s'en émerveille. Il se soucie peu d'avoir à côté de lui [sa maîtresse] dans son lit quand les principaux de la Cour sont dans sa chambre, et de telle façon, qu'il semble la tenir pour son épouse. Peut-être est-ce à cause de cela qu'on ne parle plus de faire annuler le mariage de la Reine, comme si [le Roi] aimait mieux s'accommoder de cette manière de vivre. »

Gabrielle sera toujours accusée de détourner le roi de son devoir à la tête de ses armées. Les personnes paraissant « usurper » une place qui ne leur est pas naturelle sont souvent des boucs émissaires commodes, surtout à une époque où les hiérarchies et les nuances sociales sont très présentes dans les mentalités. La maîtresse du roi, point effarouchée par les incommodités des voyages, est bien décidée à suivre son amant sur toutes les routes menant aux batailles. Et si Henri ne rejoint pas tout de suite le front bourguignon et la Franche-Comté, c'est peut-être qu'il craint les attaques de Fuentès en Picardie, et, surtout, l'esprit versatile des Parisiens. L'attentat de Châtel l'a fortement impressionné. Il a de brusques accès de mélancolie. Sa sœur ne l'aide pas : elle persiste à faire prêcher publiquement des ministres protestants, le dimanche chez elle, les mercredis et vendredis au Louvre. Les Parisiens commencent à soupçonner Henri de vouloir faire ses Pâques à la huguenote. « Un peuple, soupire le roi, est une bête qui se laisse mener par le nez, principalement le Parisien. Ce ne sont pas eux, mais ce sont des plus mauvais qu'eux qui lui persuadent celui-là. Mais afin de leur faire perdre cette opinion, je ne veux bouger d'ici, afin qu'ils me les voient faire. » Le 4 avril, l'envoyé florentin donne une indication révélatrice des appréhensions d'Henri : Mmes de Nemours et de Montpensier ont été priées de se préparer à quitter Paris pendant l'absence du roi. Les démons de la Ligue parisienne pourraient bien se réveiller à nouveau...

Henri et Gabrielle séjournent donc à Paris jusqu'au 20 avril, excepté quelques incursions hors de la capitale. Ainsi, le 1er mars, les amants vont à Maubuisson, visiter la joyeuse abbesse Angélique d'Estrées. Le temps de cette fin d'hiver est exécrable. Il pleut, neige, vente. Les rivières débordent, la campagne est inondée, les récoltes sont compromises. Les paysans sont accablés par la cherté des vivres et les maux de la guerre. Le vendredi 17 mars, le ciel est menaçant. Henri et Gabrielle ont décidé de chasser ensemble dans la campagne environnante. Gabrielle, tout habillée de vert, couleur qui lui sied à merveille, monte à cheval comme un homme, à califourchon. Les amants suivent la chasse côte à côte en se tenant par la main, bravent la tempête, le tonnerre et les éclairs, et rentrent tous deux à Paris « en cet équipage », rapporte L'Estoile.

Dès leur arrivée, un vieux gentilhomme gascon qui se vante de ses talents divinatoires et avait prédit les victoires de Coutras et d'Ivry, avertit le roi d'un danger à la fin du mois. Le 28 mars, les amants partent pour Montceaux et reviennent à Paris au début d'avril. La menace prédite par le Gascon se concrétise par un accident de santé. Le froid, extraordinairement vif pour la saison, provoque de nombreux « catarrhes » dans la capitale. Le roi est atteint à son tour d'un catarrhe ou érysipèle qui le défigure. Le 15 avril, il écrit à Duplessis-Mornay : « M. Duplessis, depuis mon retour de Montceaux, j'ai tant été travaillé d'une fièvre continue qui m'a duré sept jours et demi, et d'un érysipèle au visage, que je n'étais nullement reconnaissable par ceux qui ont accoutumé de me voir chaque jour. Je commence à m'en porter mieux, Dieu merci; et espère partir lundi prochain sans plus de remise pour m'en aller à Fontainebleau. »

La présence affectueuse de Gabrielle réconforte le souverain, totalement épris. Le 5 avril, elle a reçu les abbayes de Longvaux, Lessaydes, Fontenoy « et autres bénéfices vacants par la mort du feu sieur de Sourdeval [...] pour en faire pourvoir personnes suffisantes et capables [...] qu'elle avisera ». Gabrielle reçoit donc non seulement de l'argent, mais la possibilité d'établir pour son compte tout un réseau de clientèles. Cette puissance et celle du clan auquel elle appartient exaspèrent l'opinion. Isabelle, la tête toute tournée par les faveurs exorbitantes de sa nièce, ose reprocher au roi d'avoir cassé quelques compagnies de son mari, ce qui a fait du tort à M. de Sourdis « et à elle du déshonneur beaucoup ». Henri lui répond promptement « que, pour le regard du déshonneur, jamais personne ne lui en ferait autant que M. le Chancelier lui en avait fait ». Les gens, rapportera crûment L'Estoile, reprochaient au souverain de ne pas avoir « nettoyé sa Cour de toutes telles pestes et ordures, et particulièrement cette maison, laquelle il ne pouvait ignorer être remplie de toute vilenie et autres péchés abominables devant Dieu et les hommes. Cela donna sujet aux pasquils et vers diffamatoires qu'on publia, en ce temps, contre ceux de cette maison, particulièrement contre la Sourdis et son vieux serviteur de Chancelier, l'impudité de la marquise de Montceaux, sa nièce, et sodomie du sieur de Sourdis, et incestueuses abominations de ceux et celles de sa race : n'étant non plus possible de garder la liberté française de parler que d'enfouir le soleil en terre ou l'enfermer dans un trou ». Certains de ces pamphlets sont tellement obscènes que « ce papier même en les écrivant en rougit », rapporte le chroniqueur...

Henri ne peut ignorer le tort que lui fait sa liaison aux yeux de l'opinion. Il refuse d'en tenir compte et décide de séjourner quelques semaines à Fontainebleau en compagnie de Gabrielle, afin de rétablir tout à fait sa santé et de mettre la dernière main à l'offensive générale qui a déjà commencé.

Hercule et Diane à Fontainebleau

Le 20 avril, le roi et sa maîtresse arrivent à Fontainebleau. Le paysage est encore hivernal, car il a beaucoup neigé la veille. Le 27, le soleil printanier brille enfin. Ces conditions climatiques exceptionnelles ont probablement poussé le souverain à retarder son départ pour Lyon.

Henri adore Fontainebleau dont il fera, au fil des années, le quartier général de ses chasses. Le plan architectural du château est alors, à bien des égards, différent du plan actuel. Henri IV hérite de plusieurs constructions commandées par les Valois. On accède à l'entrée principale du château par la chaussée qui longe l'étang. Henri II avait ses appartements dans l'aile qu'il avait fait construire par Philibert Delorme. Ce bâtiment rejoint, côté de l'étang, le pavillon des Poêles où avait logé Charles Quint en 1539. Ce pavillon n'existe plus de nos jours, ayant été remplacé, en 1750, par le Gros Pavillon de l'architecte Gabriel. C'est dans le pavillon des Poêles, au bord de l'étang, à l'angle de la cour de la Fontaine, que Gabrielle installe ses appartements.

Lors de leurs premiers séjours à Fontainebleau, les amants ont pu admirer la chambre de la duchesse d'Étampes, favorite de François I\ier. Primatice y a peint les épisodes de la vie d'Alexandre le Grand (Louis XV fera construire l'actuel escalier du roi à l'emplacement de cette chambre : le décor de Primatice ne subsiste que sur le mur de l'entrée). Henri choisit le thème de la vie d'Hercule pour orner les deux chambres de sa maîtresse, situées au deuxième étage, au-dessus de la grande chambre du pavillon des Poêles. Le mythe d'Hercule est si répandu au XVIe siècle que l'on a pu parler d'une véritable « inflation ». L'Hercule grec s'est enrichi de l'Hercule imaginé par les humanistes. À la force s'adjoint la magnanimité. Hercule est aussi justicier, pacificateur, civilisateur. Sa force, il l'utilise pour chasser les maux et les démons. La mission que s'est donnée ce roi-Hercule est formidablement ambitieuse : il doit combattre par les armes et veut aussi changer les âmes. Il lutte depuis tant d'années! Sa tension nerveuse permanente l'a prématurément vieilli. La présence continue de Gabrielle, les pauses de bonheur avec sa maîtresse alimentent son courage et son optimisme, face à un combat qui rebondit sans cesse.

Le témoignage de l'ambassadeur florentin Camillo Guidi qui visitera Fontainebleau au début de l'année 1608, nous laisse la seule description des deux chambres de Gabrielle, au décor similaire. Au-dessus de cimaises en noyer sculptées un peu plus hautes que la taille d'un homme, est peinte la fresque de la série des Travaux (*Forces*, comme on dit alors) d'Hercule. Henri en a confié l'exécution, dès 1594, au Bolognais Ruggiero Ruffieri, ancien collaborateur de Primatice, et à son gendre, Toussaint Dubreuil. Si ce décor n'est pas terminé au cours du séjour d'avril 1595, il doit être très avancé. Le peintre anversois Ambroise Dubois est déjà à Fontainebleau depuis janvier. C'est peut-être au cours de ce printemps-là qu'il peint Gabrielle en Diane, entourée de quelques chiens et de cupidons facétieux. Cette peinture est placée au-dessus de la deuxième chambre.

Rien n'évoque maintenant le passage de Gabrielle d'Estrées à Fontainebleau, hormis deux pièces dépareillées remontées dans une cheminée moderne, ornées par deux petits génies qui encadrent les chiffres enlacés d'Henri et de Gabrielle.

De la fenêtre de ses appartements, Mme de Montceaux peut assister à la naissance des jardins ordonnés par son amant. L'amour que porte Henri aux jardins ne reflète-t-il pas son besoin de bonheur ? Sur la surface de l'étang, apparaît un jardin qui couvre une sorte d'îlot artificiel relié à la cour de la Fontaine par un petit pont. Au centre de ce jardin, Henri IV fait placer la statue d'Hercule par Michel-Ange, qui ornait la cour de la Fontaine depuis François Ier.

Le roi aime avec passion chasser dans les immenses forêts très giboyeuses. Il y trouve la sérénité et la force avant de reprendre les armes. Dès son arrivée, il écrit à Bellièvre : « Je ne séjournerai à Fontainebleau que autant qu'il sera nécessaire pour attendre ceux qui me doivent suivre en ce voyage que j'entamerai par la Bourgogne, pour rencontrer tant plus tôt mon armée, afin d'entrer en besogne. » Le 29 avril, parvient la nouvelle de la curieuse mort du duc de Longueville, gouverneur de Picardie. L'ancien soupirant de Gabrielle a été, par erreur, mortellement blessé d'un coup d'arquebuse, au cours d'une salve tirée en son honneur à Doullens. D'après l'*Alcandre*, l'opinion soupçonne la maîtresse royale d'avoir encouragé ce coup maladroit. Toujours selon le récit inspiré par Bellegarde, Longueville aurait prié Gabrielle, après la fin de leur intrigue, de lui rendre toutes les lettres qu'il lui avait adressées, en lui promettant de rendre à son tour celles qu'elle-même lui avait écrites. Rendez-vous fut pris : Gabrielle apporta la totalité des lettres de Longueville mais celui-ci ne restitua que la moitié des lettres de la maîtresse du roi, s'imaginant ainsi « qu'il conserverait par crainte quelque pouvoir sur elle ». Terriblement offensée, Gabrielle se serait ingéniée à desservir Longueville auprès du roi, ce qui a encouragé tout le monde à accuser la marquise de Montceaux d'assassinat commandé ! Nous restons assez sceptiques sur cet épisode entre Longueville et Gabrielle. Quel intérêt aurait eu ce grand seigneur, très proche du souverain, à se servir de Mme de Montceaux par le chantage ? Henri IV l'avait pourvu de grands honneurs, tout naturellement et sans Gabrielle. Il n'en reste pas moins que Stavay et Longueville n'ont pas eu de chance. Ce sont des exemples tentants pour conforter une opinion prête à croire que le roi se trouve enchaîné par la puissance maléfique d'une femme trop belle.

Henri ne tient nullement compte des rumeurs infamantes contre sa maîtresse, et attend l'absolution pontificale qui lui permettra de faire avancer son divorce. Marguerite est financièrement aux abois. Elle s'impatiente et multiplie les amabilités à l'égard de son mari. Henri montre-t-il à Gabrielle les lettres de son épouse qui lui parviennent à ce moment ? C'est probable, car il se confie de plus en plus à sa maîtresse. La reine se réjouit de la guérison de l'érysipèle du roi ; elle avoue à son mari que, « trop pleine de jeunesse et de vanité », elle ne lui a pas rendu les services qu'il méritait.

Les amants quittent Fontainebleau le 20 mai pour passer quelques jours à Montceaux. Ce jour-là, le souverain écrit à Villeroy : « Pour le regard de l'abbaye de La Ferté, de laquelle m'avez envoyé le placet, ladite abbaye m'ayant été demandée en même temps par la dame de Montceaux, pour la récompense qu'elle doit à mon cousin, le maréchal de La Châtre, je la lui ai accordée, en conséquence de la réserve que je lui avais bâillée de la première qui viendrait à vaquer. » Gabrielle doit exulter. Elle a gagné une manche contre le ministre qu'elle déteste. Pourtant, la faveur de Villeroy ne faiblira jamais...

Le 25, le roi et la marquise célèbrent la Fête-Dieu à Meaux. 26 mai : c'est enfin le départ pour Troyes, première étape vers la Bourgogne où il faudra affronter les troupes de Mayenne et celles de Philippe II. Gabrielle, décidée à ne jamais s'éloigner de l'astre royal, entreprend son grand voyage pour Lyon.

CHAPITRE IX

Voyage à Lyon

Les uns reprocheront à Henri IV d'avoir abandonné trop tôt le front picard pour celui de l'est, sud-est. Les autres reprocheront au roi d'avoir trop remis son voyage vers Lyon et la frontière de la Saône. Les uns et les autres désignent la même coupable : Gabrielle! Pour les Toscans, impatients de voir l'hégémonie espagnole en Italie bousculée par la France, la marquise de Montceaux a amolli l'esprit de son amant en le retenant en Ile-de-France. Les accusations de Sully contre la maîtresse du roi sont plus graves, mais pour des raisons opposées. Selon les écrits du futur ministre, c'est Gabrielle qui aurait poussé le souverain à se rendre à Lyon, sur les suggestions de Cheverny. Le chancelier aurait prévu qu' « en ce voyage le roi conquêterait facilement la Franche-Comté, laquelle avait peu de places fortes, et qu'il faudrait après faire en sorte qu'il en donnât la propriété utile à son fils César », tout en laissant la souveraineté honorifique aux cantons suisses.

Henri IV songe depuis longtemps à l'importance stratégique de la Franche-Comté, avant même la naissance de César. Et la nature de la campagne qu'il y mènera prouvera, nous le verrons, qu'il veut surtout y établir un glacis défensif. Il est temps de chercher les explications à l'hostilité systématique de Sully à l'égard de Gabrielle, et à la fréquente aigreur manifestée par le futur ministre. Rosny rêve d'obtenir la charge de grand maître de l'artillerie. Or, à son immense dépit, c'est Antoine d'Estrées qui l'obtiendra, poursuivant d'ailleurs ainsi une tradition familiale. Sully ne pardonnera jamais. D'autre part, après la mort d'Henri IV, Marie de Médicis évincera le principal ministre de son époux pour favoriser Villeroy et sa politique pro-espagnole. Le discours de Sully semble souvent une adresse à Marie : vous m'avez congédié pour me remplacer par Villeroy, alors que j'avais donné les meilleurs conseils au roi et que j'avais personnellement empêché le mariage avec Gabrielle d'Estrées – mariage qui vous aurait privée du royaume de France. Rancunier, dépité, Sully se met curieusement en scène, à travers le « vous » des secrétaires qui écriront le récit de sa vie : vous fîtes ceci, vous dîtes cela... Certes, on ne peut négliger cette source, qui reste l'une des plus importantes du règne. Mais il faut constamment avoir à l'esprit que l'on lit les Mémoires d'un homme aigri et particulièrement imaginatif.

Cela dit, Gabrielle, chaperonnée par Isabelle de Sourdis, ne néglige jamais ses intérêts et ceux de son petit César. Elle est bien sûr décidée à ne pas revenir les mains vides de ce voyage. Elle s'apprête à jouer les bons offices entre Mayenne, acculé dans sa province, et Henri qui avance inéluctablement, en échange de promesses extraordinaires. Et le bébé laissé aux mains des nourrices aura son gouvernement !

Dijon

Le voyage militaire d'Henri IV vers la Bourgogne est d'une importance primordiale pour le déroulement de la guerre contre l'Espagne. Les ambitions de Gabrielle se greffent sur ce voyage, mais ne l'ont nullement inspiré. La Bourgogne est un point doublement dangereux. D'abord, parce que la Franche-Comté voisine est la grande place d'armes de Philippe II, qui rêve de reconstituer le royaume du Téméraire. Ensuite, parce qu'elle est le dernier réduit du principal chef de la Ligue : Mayenne. La collusion probable entre les deux armées menace gravement la France.

Six mois auparavant, Mayenne, chassé de partout, est revenu en Bourgogne, trouver refuge dans son fief, point de départ de sa lutte. Il détenait alors plusieurs places importantes, dont Dijon. Le maréchal Biron [1] a commencé à « nettoyer » la province avant l'arrivée du roi. L'abjuration d'Henri et la déclaration de guerre contre l'Espagne ont retourné l'opinion des villes, soulevées par un élan patriotique et national. Les « châteaux », fidèles aux princes de Lorraine ligueurs, font pression sur les villes. Mais les populations citadines révoltées ouvrent facilement les portes aux troupes de Biron. Beaune et Autun font la paix royale. Le maréchal s'approche de Dijon. Mayenne court solliciter l'aide de Velasco, le connétable de Castille, qui se trouvera en Franche-Comté. Les Dijonnais, furieux contre la trahison de Mayenne, livrent leur ville à Biron, le 28 mai. Le château de Dijon reste, lui, fidèle au frère du Balafré.

Henri IV, informé des intentions de Mayenne et de Velasco, rejoint Dijon à grandes journées, laissant Gabrielle poursuivre la même route à pas plus lents. Le 4 juin, le roi est aux portes de Dijon, avec sa minuscule armée, comparée à l'immense armée de Velasco. Le 5, à l'aube, vêtu d'un pourpoint de futaine blanche percée aux coudes, Henri s'élance contre ce qu'il croit être l'avant-garde de l'armée espagnole. À Fontaine-Française, c'est le choc, non pas avec l'avant-garde, mais avec la totalité des troupes de Velasco ! Le souverain refuse de reculer. Son courage insensé « bluffe » le connétable espagnol. Comment le roi de France pourrait-il charger avec sa seule petite cavalerie sans avoir toute une armée derrière lui ? Velasco accable Mayenne pour l'avoir trompé et repasse la Saône avec son armée... Or Henri était isolé et aurait dû se faire écraser. Par une simple escarmouche, d'une folle témérité, la Bourgogne se trouve libérée.

Le roi établit son quartier général à Dijon dont il investit le château. Gabrielle n'a pas encore rejoint son amant : Henri veut la tenir éloignée des coups de canon de la forte-

1. Charles de Gontaut, duc de Biron (1562-1602), fils d'Antoine, tué au siège d'Épernay en 1592.

resse, encore dangereuse. Comme on est loin des premiers temps de leur liaison! C'est maintenant Gabrielle qui craint les absences d'Henri, et non sans raison. Les 15 et 24 juin, les chroniqueurs signalent les parties fines et les nuits de débauche du roi et du maréchal...

Le 30 juin, le château capitule enfin. Dès les premiers jours de juillet, Henri commence à harceler la Franche-Comté afin de consolider le front de l'est. Le 9, il va à la rencontre de sa chère maîtresse qui approche de Dijon en compagnie de sa cousine, Mme Forget de Fresnes. Le soir, les amants entrent ensemble dans la ville qui fête le couple par de nombreuses réjouissances et offre à la belle marquise « quantité de dragées et de confitures ». Peu après, Gabrielle s'installe à Saint-Jean-de-Losne, où Henri la rejoint le 14, après avoir définitivement quitté Dijon la veille.

Tandis qu'il poursuit la razzia de la Franche-Comté, le roi apprend les graves défaites sur le front picard, confié au trop prudent duc de Nevers. Après la chute de Le Catelet (25 juin), c'est celle de Doullens (31 juillet), par la faute de Villars qui, par orgueil, a voulu engager les opérations avant Nevers. L'ancien chef ligueur de Rouen, fait prisonnier, a tenté de racheter sa liberté, mais un officier espagnol qui l'a reconnu l'a abattu d'un coup de pistolet dans la tête. La garnison et la population sont massacrées par les troupes de Fuentes. Le roi songe à rejoindre la Picardie, puis se ravise et décide d'en terminer avec ses affaires dans cette région, notamment à Lyon. Ce choix lui sera beaucoup reproché par ses contemporains et par les historiens à venir. La responsabilité de Gabrielle est souvent invoquée. Tentons de démêler, à la lumière d'excellentes études régionales [1], la part de la faute et la part d'une politique parfaitement justifiée.

1. Henri Drouot, *Mayenne et la Bourgogne.*

Lyon

Le jeudi 3 août, Gabrielle est officiellement reçue à Lyon par les échevins de la ville qui lui offrent une tenture de tapisserie de Bergame. La marquise de Montceaux se présente en messagère personnelle du roi, chargée d'annoncer la prochaine arrivée du souverain, dès la fin des opérations menées en Franche-Comté. Cette campagne si souvent décriée est loin d'être inutile. Beaucoup de raisons plaident en faveur de la présence du roi le long de la frontière tendue de Pontallier jusqu'à Lyon, le second but du voyage.

Les troupes espagnoles ont été chassées par un coup de « bluff », mais elles stationnent intactes, de l'autre côté de la Saône. La Franche-Comté est, d'une part un tampon nécessaire, et d'autre part le point de transit de l'or espagnol destiné aux nombreux soldats de Philippe II aux Pays-Bas. La voie maritime allant de Bilbao à Anvers était impraticable en raison de la surveillance de la marine anglaise, l'or et l'argent des Amériques sont embarqués à Barcelone vers Gênes, puis transportés aux Pays-Bas *via* le Milanais et la Franche-Comté. Henri IV et son armée ravagent cette province et y ramassent un immense butin, fort bienvenu pour remplir les caisses désespérément vides du roi de France.

Comme le remarque si justement Henri Drouot, la brutalité d'Henri en Franche-Comté contraste avec sa douceur calculée en Bourgogne. Ce contraste révèle « l'acceptation par le premier Bourbon, de deux destins bourguignons opposés » : conquête en Bourgogne et consolidation des victoires encore inachevées en Franche-Comté. D'ailleurs, lorsque les cantons suisses, très inquiets de cette invasion, demandent le respect de la neutralité de la province dont ils ont la suzeraineté nominale, le roi cède facilement : il a besoin de ces précieux alliés protestants, d'autant que le zèle d'Elizabeth commence à se refroidir. Ce n'est donc pas pour donner la Franche-Comté à César qu'Henri a entrepris ce voyage, essentiel à tant d'égards !

Le renforcement de cette frontière affaiblit deux résistances primordiales, celle du pape et celle de Mayenne. Clément VIII donnerait bien maintenant l'absolution à Henri IV, mais à la condition que le roi dépose sa couronne aux pieds du trône pontifical. D'Ossat et Du Perron, les deux représentants du souverain français, rejettent catégoriquement toute clause contraire à l'indépendance de l'autorité royale. Le pape, souverain temporel en Italie, soucieux comme tel des ambitions de Philippe II, n'est pas insensible à la présence des troupes françaises aux frontières de l'Italie espagnole. Ce nouvel équilibre des forces fait nettement avancer l'affaire de l'absolution.

Pendant qu'Henri achève sa campagne en Franche-Comté, Gabrielle, à Lyon, négocie secrètement la reddition de Mayenne par l'entremise discrète du président Jeannin. Le couple se partage les tâches. Gabrielle est devenue pleinement la compagne de la « pacification ». Ces pourparlers se nouaient déjà au mois de mars, à Soissons, entre Jeannin d'une part, Villeroy, Sancy et Schomberg d'autre part. L'ambassadeur vénitien signalait la présence, ce mois-là, à Soissons, de la duchesse de Mayenne qui se préparait à rejoindre son mari en Bourgogne. La duchesse a reçu l'appui de sa belle-mère et de sa belle-sœur, les duchesses de Nemours et de Guise, qui ont promis de susciter les bons offices de la marquise de Montceaux. D'après Jacques-Auguste de Thou, Gabrielle se serait assuré le dévouement de la famille de Mayenne, pour le cas où César réclamerait un jour le trône de France...

La jeune femme trouve que son amant tarde un peu trop à la rejoindre. Elle se déclare brusquement souffrante et appelle le roi qui quitte le camp de Conliège le 20 août, pour retrouver au plus vite sa bien-aimée. Maladie réelle ou diplomatique ? Gabrielle usera parfois de ce stratagème pour ramener le souverain auprès d'elle. Henri apprend alors que Cambrai est investi. Le danger est très grave. Il écrit à sa sœur, le 24 août : « Étant venu en diligence pour secourir ma maîtresse, m'est venue la nouvelle du siège de Cambrai, lequel je me résous de secourir ou mourir, de façon que je crois que je vous verrai dans le quinzième de septembre, au plus tard. » Et pourtant le roi va rester à Lyon, carrefour financier grouillant d'activité, ville au style italianisant, aux maisons de quatre, parfois de huit étages palliant le manque de place.

Est-ce la faute de Gabrielle qui veillerait au repos du guerrier afin d'en tirer des avantages substantiels ? Certes, Mme de Montceaux continue à engranger les dons que lui accorde son amant. Le 20 juin, elle a reçu « tout et chacun de lods, ventes, quints, requints et autres droits et devoirs seigneuriaux dus à Sa Majesté à cause de la vendition de sa terre et seigneurie de Marigny ». Le 23 août, c'est-à-dire dès son arrivée à Lyon, Henri fait don à sa maîtresse « de la moitié des deniers provenant de la composition des offices de lieutenants nouvellement rétablis aux élections particulières et greniers à sel », et des taxes à exiger des lieutenants, des élections principales pour leur nouvelle attribution de juridiction.

D'autre part, le couple a pris connaissance de la mort du duc de Nemours. Voilà, nous le verrons, qui aidera à procurer un beau gouvernement au petit César. Nemours était le demi-frère de Mayenne. Sa mère, Anne de Ferrare, avait épousé en premières noces le duc de Guise qui mourut assassiné. Trois fils naquirent de cette union : Henri (le Balafré) et Louis de Guise, assassinés à Blois, et Charles, duc de Mayenne. Anne se remaria avec le duc de Nemours (branche de la famille de Savoie) dont elle eut deux fils. L'aîné, Nemours, d'abord très lié avec ses demi-frères, était tout acquis à la Ligue. Henri III le confirma dans la charge de gouverneur de Lyon. Puis il gouverna Paris assiégé par Henri IV, mais sa mésentente croissante avec Mayenne l'incita à revenir à Lyon. Son autoritarisme et son hostilité à l'égard de son demi-frère provoquèrent la colère des Lyonnais qui l'enfermèrent au château de Pierre-Encize d'où il réussit à s'évader. Il se tourna alors vers son parent le duc de Savoie, gendre du roi d'Espagne, qui lui envoya 3 000 mercenaires suisses afin qu'il puisse s'approprier le Beaujolais, le Forez et le Lyonnais. Au printemps de 1595, Montmorency repoussa les troupes de Nemours et barra la route de Lyon au duc de Savoie. Miné par la fièvre, désespéré par ses défaites, Nemours meurt le 15 août. Henri annoncera bientôt (le 21 septembre) que son fils César devient gouverneur en titre du Beaujolais, Forez et Lyonnais. Les fonctions seront exercées de fait par Philibert de Guiche.

Il serait néanmoins absurde de réduire ce séjour lyonnais aux seuls caprices d'une favorite. Le roi manifestait depuis plusieurs années son intention de se rendre à Lyon (les lettres à ses collaborateurs en font foi). La soumission de cette ville est d'une grande importance. La cité est non seulement une place financière et commerciale considérable, mais encore une porte vers la Savoie pro-espagnole, le Dauphiné et la Provence.

L'entrée solennelle d'Henri IV dans la ville a lieu le 4 septembre. L'entrée parisienne avait été chaleureuse, mais simple, car la capitale était exsangue. Lyon, riche cité banquière, offre au roi une entrée spectaculaire qui éblouit sûrement Gabrielle. Au début de la matinée, le souverain monte sur un bateau peint en écailles d'argent, arborant un lion en bronze doré à la poupe, qui le mène près de la cité. Assis sur son trône royal placé sur une estrade couverte de tapisseries, il reçoit toutes les communautés de la ville. Vêtu de toile d'argent enrichie de perles et de broderies, conte l'historien lyonnais Pierre Matthieu, le roi se dirige vers les portes de Lyon, monté sur un cheval blanc, environné de gentilshommes. Le parcours à travers la ville est jalonné d'arcs de triomphe et de temples en trompe-l'œil, de pyramides, de « statues mortes » et de « vives beautés très accomplies ». L'ensemble, d'un faste inouï, est plein d'allusions symboliques. Le thème des bêtes domptées aux pieds d'Hercule ou de Marc-Antoine évoque les promesses d'une monarchie civile, victorieuse de ses ennemis et garante de la paix. Dans la rue Saint-Jean (les visiteurs du vieux Lyon peuvent aujourd'hui en admirer la restauration), se dresse un arc orné de Mars et de Minerve, tandis qu'au fronton domine la statue du roi. Le souverain paraît ainsi soutenu par le dieu de la guerre et la déesse de l'intelligence et de la culture. La victoire des armes doit servir une civilisation.

Le roi a traversé la ville en tenant à la main une palme offerte par les échevins en signe de victoire. Toute cette symbolique triomphante consacre, en réalité, la soumission de Lyon et la perte des libertés communales d'une ville stratégiquement et économiquement si importante pour le royaume qu'elle ne peut se passer de la surveillance royale. Le nombre des échevins sera réduit, une garnison royale sera installée, et l'intendant royal aura le pouvoir effectif...

Était-il nécessaire, pour mettre en place ces nouveaux statuts, qu'Henri prolongeât son séjour jusqu'au 24 septembre, au milieu des fêtes et des amusements en compagnie de sa maîtresse? Les historiens accablent Gabrielle, mais ne tiennent nullement compte du traité du 22 septembre (deux jours avant le départ du souverain) qui établit une véritable barrière entre la France et l'Espagne sur cette frontière. Le roi veut colmater définitivement la brèche de l'est-sud-est. Si le souverain se trouve à Lyon vers le 20 août, le gros de son armée ne quitte la Franche-Comté que vers le 20 septembre. Le traité du 22 septembre renouvelle l'acte de 1580 qui a confirmé la neutralité de la Comté et, *en même temps*, décide de la retraite de Velasco et de son armée. Ce que l'on appellera l'entretien de la Neutralité sera ratifié par Philippe II le 21 mars 1596. Comme le souligne Henri Drouot, « Fontaine-Française n'aurait livré au roi de France que les grands points d'appui de Mayenne. La campagne de Franche-Comté lui donnait la paix victorieuse à l'est. »

Entre-temps, le pape, impressionné par le nouvel équilibre de forces, se décide enfin à accorder l'absolution au roi de France, le 17 septembre. Henri l'apprend avec joie quelques jours plus tard. Mayenne se servira de cette absolution pour excuser ses négociations avec le roi. Mais lorsqu'il signe la trêve le 20 septembre, les nouvelles de Rome ne sont probablement pas encore connues. C'est l'insistance du souverain dans cette région qui l'a fait fléchir.

Ce long séjour à Lyon est donc tout à fait justifié, et l'on ne peut accuser Gabrielle d'en avoir été l'unique instigatrice, empêchant ainsi son amant de secourir à temps le front picard. D'ailleurs, le roi est très préoccupé par la situation sur l'autre frontière. Depuis la Bourgogne et le Lyonnais, il ranime les alliances anglaise et hollandaise, et, dès la fin juin, il a envoyé à Nevers le régiment de Champagne, un autre début juillet et une grande partie de l'artillerie. Mais, hélas! les qualités militaires de Nevers sont insuffisantes pour faire face à la forte offensive espagnole.

Si Gabrielle n'est pas la seule responsable de la longueur du séjour lyonnais, elle porte une lourde responsabilité dans la catastrophe de Cambrai. Elle apparaît là gravement coupable. Les députés de cette ville sont en effet venus à Lyon pour solliciter une audience du roi et se plaindre « du tyran dont le joug les accablait ». Ils ont prévenu le souverain de l'exaspération de la population, prête à se soulever en faveur des Espagnols pour se débarrasser de Balagny. Henri a promis de les débloquer bientôt, de les protéger de Balagny, mais non de chasser le gouverneur honni : Gabrielle soutenait son allié, et la prédiction des députés se réalisera malheureusement.

Après avoir signé le traité du 22 septembre, le roi apprend que Cambrai est au bord de la défaite. Le 24, il part précipitamment pour la Picardie *via* Paris. Gabrielle se met en route à pas plus lents. Les amants se retrouveront quelques semaines plus tard pour une nouvelle campagne en Picardie, au cours de laquelle réapparaîtront de vieilles connaissances, dont Corisande...

CHAPITRE X

Retour en Picardie

Parti de Lyon le 24 septembre, le roi retrouve sa sœur à Paris le 30. Le 2 octobre, les Espagnols pénètrent dans Cambrai et en attaquent la citadelle. Le 6, Henri se dirige vers la Picardie pour prendre la tête des troupes rassemblées à la hâte, mais en vain. Le 9, Balagny, débordé par la fureur des Cambraisiens, rend la citadelle à l'ennemi. Sa femme, Renée de Clermont d'Amboise, a tenté, avec toute la force de son désespoir, de retourner la population. La sœur de Bussy s'est donné la mort, ne voulant survivre au déshonneur de ce désastre. Tragique destin du frère et de la sœur...

Les critiques contre l'amant de Gabrielle s'accumulent. Dans ses Mémoires, Cheverny aura le front de reprocher au souverain sa campagne de France-Comté, responsable de toutes ces catastrophes. Le chancelier cherchera-t-il ainsi à nier le rôle que lui prêtera l'opinion publique, probablement persuadée, comme Sully, de son dévouement à la cause de Gabrielle et de César, et de ses visées sur cette région ?

Quant à Henri – qui accepte toujours fort mal les critiques – il se tourne contre Nevers dont il maudit en termes cruels l'incapacité militaire. Le duc, malade physiquement et blessé moralement, meurt le 23 octobre. Gabrielle ne manque pas d'écrire une lettre de condoléances à sa veuve. D'un naturel aimable, la maîtresse du roi sait aussi la force qu'elle tire, auprès des grands, de son propre pouvoir sur son amant. D'Aubigné s'en inspirera pour écrire un chapitre mordant et drôle, intitulé : « De l'intercession des saints et des saintes », médiateurs chargés de présenter au roi-Dieu les requêtes des courtisans. Gabrielle est désignée comme « la sainte qui règne ». La duchesse de Nevers supplie ainsi Mme de Montceaux de favoriser l'avenir de ses enfants, maintenant orphelins de leur père : « Je vous supplie, Madame, que la pitié que vous montrez avoir de mon infortune soit employée à mes enfants, auxquels la jeunesse permet d'espérer. Ils sont demeurés destitués de tout secours humain, excepté de celui qu'ils attendent de la bonté du roi. Duquel, si, par votre intercession, ils sont relevés d'une si grande perte, ne doutez point, Madame, que vous n'ayez toujours propice à vos vœux. Celui qui a lui-même pris le titre de protecteur des veuves et des orphelins. »

Les amants doivent se retrouver à Compiègne, la dernière semaine d'octobre, après presque un mois de séparation. L'amour d'Henri s'est approfondi. Sa maîtresse est la mère de son fils, la confidente de ses peines, la complice de son action. Sans elle, le roi est d'autant plus seul que sa solitude est en quelque sorte institutionnelle. Le souverain n'est responsable que devant Dieu et sa conscience. Et il a toutes les raisons de se méfier de sa famille. Le 22 octobre, Henri écrit à sa maîtresse qu'il va bientôt revoir et qu'il rassure en lui promettant de ne pas voir une certaine Mme de Vau dont Gabrielle est probablement jalouse...

« Mes chères amours,

« Il faut dire vrai, nous nous aimons bien. Certes, pour femme il n'en est point de pareille à vous; pour homme, nul ne m'égale à savoir bien aimer. Ma passion est toute telle que quand je commençais à vous aimer : mon désir de vous revoir, encore plus violent qu'alors; bref, je vous chéris, adore et honore miraculeusement.

« Pour Dieu, que toute cette absence se passe comme elle a commencé et bien avancé! Car dans dix jours j'espère mettre fin à ce mien exil. Préparez-vous, mon tout, de partir dimanche, et lundi être à Compiègne. Si vous y pensez être ce jour, il m'arrivera bien des affaires, ou je m'y trouverai. Madame de Vau est ici, je ne l'ai vue ni la verrai si ne me le commandez. Bonsoir mon cœur, je vous baise un million de fois les mains.

Ce vingt-deuxième octobre, d'Amiens. »

Les retrouvailles à Compiègne sont, on n'en saurait douter, des plus affectueuses. Pour tenter d'effacer l'effet désastreux des places perdues, le roi se prépare à attaquer La Fère, fief Bourbon dont, on s'en souvient, Antoine d'Estrées était le gouverneur. Est-ce à Compiègne qu'Henri promet à sa maîtresse de remettre la place, en cas de victoire, au jeune d'Estrées qui a troqué sa robe d'évêque contre l'armure des officiers ? Les amants reprennent la route et s'arrêtent à Chauny, sur le chemin de La Fère.

Chauny, La Fère et le retour de d'Aubigné

À peine arrivés à Chauny, Henri et Gabrielle auront la surprise de voir réapparaître d'Aubigné, resté farouchement huguenot. L'ancien compagnon du roi se prépare à rejoindre son maître, malgré les conseils de son entourage. Car Henri a clamé publiquement et à maintes reprises sa colère contre d'Aubigné, l'un des principaux animateurs d'une résistance protestante de plus en plus dangereuse pour l'unité du royaume.

Que représente la force huguenote dans le pays ? D'après le recensement de 1598, la population protestante compte à peu près 1 250 000 personnes (2 500 maisons nobles et 272 000 familles roturières), soit environ un douzième des habitants du royaume. Il s'agit d'une puissante minorité qui n'a pas réussi à donner à son mouvement le grand élan populaire dont elle rêvait à ses débuts, mais qui, portée par la force de sa foi, a remarquablement durci sa cohésion. L'abjuration du roi a bouleversé le monde huguenot qui se méfie de son ancien chef. Henri a dû jurer solennellement, comme le veut le rite du sacre, de lutter contre l'hérésie. Et la Saint-Barthélemy est encore si proche... Lors de son passage à Beauvais (1594), le roi a promis qu'avant deux ans tous les Français vivront « sous une même Église catholique, apostolique et romaine ». Et il a ajouté : « Je saurai manier les huguenots, desquels j'ai été vingt-deux ans chef, avec telle douceur que je les réduirai tous au giron de la vraie Église. » Les huguenots n'ont que faire de la douceur du souverain. Comme le souligne Ivan Cloulas, le massacre des nobles protestants ordonné par Catherine de Médicis a restitué aux pasteurs leur place de chefs des communautés. La ferveur religieuse y a gagné en même temps que la volonté politique et l'esprit représentatif.

Une série d'assemblées réorganise le parti protestant. L'assemblée tenue à Sainte-Foye, en mai 1594, sans l'autorisation du roi, a divisé le royaume dans son ensemble en neuf provinces avec ses députés, puis a prévu avec beaucoup de précision la périodicité des réunions et l'attribution des rôles. Il ne s'agit plus de la sécession d'une partie du territoire, mais de la sécession d'une partie de la population totale du royaume qui affirme hautement son particularisme. Au mois de novembre suivant, à Saint-Germain, Henri IV s'est contenté de confirmer l'édit de 1577. Mais les prétentions protestantes sont bien plus ambitieuses. La première assemblée générale du parti se tient à Saumur en février 1595. Les huguenots veulent l'admission des calvinistes à tous les emplois et des chambres mi-parties dans tous les parlements. Et ils réclament en outre des places de sûreté. En somme, ils prétendent, tout à la fois, à l'égalité et à la différence. Henri juge ces exigences exorbitantes et les refuse. La détermination huguenote est renforcée par l'horrible massacre perpétré par des Ligueurs, le 13 août 1595, au cours duquel périssent deux cents coreligionnaires désarmés, réunis pour le prêche à Rochefort-sur-Loir, près d'Angers.

Le 5 novembre, d'Aubigné se présente à Chauny. Il se sent désespéré par la mort de sa femme, survenue quelques mois auparavant. D'après son témoignage, il ne passera guère de nuit sans pleurer pendant trois ans. Il sait la colère d'Henri à son endroit, mais les relations passionnelles qu'il a toujours eues avec lui l'ont décidé à cette visite. Il a besoin de retrouver l'amitié de son maître pour surmonter le poids de sa peine. Bien sûr, il compte aussi travailler aux intérêts de son parti. D'Aubigné racontera les retrouvailles dans *Sa Vie à ses enfants* (où il se cite à la troisième personne et désigne Gabrielle sous le titre de duchesse de Beaufort, qu'elle portera plus tard) : « [D'Aubigné] étant donc arrivé au logis de la duchesse de Beaufort où l'on attendait le roi, deux gentilshommes de marque le prièrent affectionnement de remonter à cheval pour la fureur où le roi était contre lui ; et de fait il entendit quelques gentilshommes disputants si on le mettrait entre les mains d'un capitaine des gardes, ou du prévôt de l'hôtel [1]. » D'Aubigné n'est pas personnage à se laisser impressionner, et se met bien en vue, entre les deux rangs de valets qui attendent le roi sur le perron, flambeaux à la main.

Tentons de faire connaissance avec cette forte figure, et son côté cadet de Gascogne qui n'est pas sans rappeler Cyrano de Bergerac. Né dans une famille du Sud-Ouest, orphelin de mère, d'Aubigné est de trois ans l'aîné d'Henri IV. Enfant, il fut parfois le compagnon de jeux du futur roi de France. Âgé de dix ans, il se rendit à Paris avec son père qui lui montra les têtes de ses compagnons suppliciés après l'échec de la conjuration d'Amboise, en lui faisant jurer de les venger. Soldat dans l'âme, il participa plus tard aux grandes batailles des armées huguenotes contre les Valois. Son caractère emporté et batailleur le sauva de la Saint-Barthélemy. Lors du mariage d'Henri et de Marguerite, il fut expulsé de la capitale à la veille du drame, pour avoir blessé un sergent qui voulait l'empêcher de servir en second dans un duel ! Son dévouement au roi de Navarre fut

---

1. Officier de la maison du roi, chargé d'instruire et de juger les cas criminels qui se présentent à la Cour du souverain.

total et passionné. Henri sait qu'il a peu de compagnons de cette trempe, aussi profondément intègres et honnêtes. La violence de l'intransigeance religieuse de d'Aubigné, jointe à son irrépressible affection pour le roi, crée entre les deux hommes un curieux climat, fait d'émotion, de reproches et de confiance mêlés.

D'Aubigné n'a pas la beauté classique, mais ce grand roux athlétique a les traits et l'expression virils. Sa barbe est taillée court, ses cheveux coupés en brosse, militairement. Son aplomb est extraordinaire. Il a la lame facile, improvise des vers, stupéfie la Cour par sa mémoire infaillible et ses interminables citations dites avec l'art d'un comédien consommé. Mieux que quiconque, il organise sur-le-champ une fête ou un tournois dont il ne manque pas de gagner le prix. Voilà l'homme, campé entre les flambeaux, qu'aperçoit Henri lorsqu'il arrive en carrosse, accompagné de Gabrielle et de sa jeune sœur Julienne d'Estrées. D'Aubigné poursuit ainsi son récit : « Et comme le carrosse para au perron de la maison, il ouït la voix du roi disant : " Voilà Monsieur Monseigneur d'Aubigné. " Quoique cette seigneurie ne lui fût pas de bon goût, il s'avança à la descente; le roi lui mit la joue contre la sienne, lui commanda d'aider à sa maîtresse, la fit démasquer pour le saluer, et on oyait dire aux compagnons : " Est-ce là le prévôt de l'hôtel ? " Le roi, ayant donc défendu d'être suivi, fit entrer d'Aubigné seul avec sa maîtresse et sa sœur Juliette; il le fit promener entre la duchesse et lui, plus de deux heures; ce fut là où se dit un mot qui a tant couru : car, comme le roi montrait sa lèvre percée [1] au flambeau, il souffrit, et ne prit point en mauvaise part ces paroles : " Sire, vous n'avez encore renoncé Dieu que des lèvres, il s'est contenté de les percer; mais quand vous les renoncerez du cœur, il vous percera le cœur. " La duchesse s'écria : " Oh les belles paroles, mais mal employées ! – Oui, Madame, dit le tiers, pour ce qu'elles ne serviront de rien. " »

La scène restitue si bien l'ironie mordante du roi, qui rappelle à la fois la prétention politique de d'Aubigné et la petitesse de sa maison (« Monsieur Monseigneur d'Aubigné »),

---

1. À la suite de l'attentat de Jean Châtel.

l'amitié et l'émotion des ineffaçables souvenirs, l'affection déçue et colérique du poète huguenot, l'à-propos de Gabrielle et sa résistance physique qui lui permet de se promener deux heures dans la maison après les fatigues du voyage !

D'Aubigné, très fier de la franchise de ses remarques au roi, ajoutera que Gabrielle, « amoureuse d'une telle hardiesse », désira l'amitié de l'auteur. Dans son *Histoire universelle*, il laisse l'un des portraits les plus élogieux de la jeune femme : « Cette occasion nous convie à traiter de cet amour [celui d'Henri pour Gabrielle] autant que le respect et la bienséance nous permettent. On n'a guère vu d'amies de nos rois qui n'aient attiré sur elles les haines des grands, ou en leur faisant perdre ce qu'elles désiraient, ou en faisant défavoriser ceux qui ne les adoraient pas, ou en épousant les intérêts de leurs proches, leurs dettes, leurs récompenses et leurs vengeances. C'est une merveille comment cette femme, de laquelle l'extrême beauté ne sentait rien de lascif, a pu vivre plutôt en reine qu'en concubine tant d'années avec si peu d'ennemis. Les nécessités de l'État furent ses ennemies. Ce de quoi je laisse, comme en chose douteuse, à chacun son explication. »

Sans vouloir nier les manières convenables et le charme certain du grand amour d'Henri IV, l'amitié de d'Aubigné pour Gabrielle s'explique aussi pour d'autres raisons... Dans ce même texte, le grand écrivain huguenot révèle qu'il a proposé aux assemblées de son parti de donner une pension de 10 000 écus à l' « amie du roi, qui était de la religion en son âme, témoin qu'elle ne se confiait en aucuns de ses domestiques s'il ne faisait profession de la religion ». Gabrielle reçoit très probablement de l'argent du parti huguenot. Et d'Aubigné a déjà beaucoup contribué à établir les principes du futur édit de Nantes. Gabrielle est et sera indéniablement associée au parti de la tolérance religieuse. L'est-elle pour des considérations purement vénales ? Rien n'est moins sûr. On sait que la maîtresse royale ne néglige jamais ses intérêts et ceux de son fils. L'âpreté et l'ambition des individus comme des clans sont dans l'air du temps. Mais nous verrons aussi la fille d'Antoine d'Estrées rappeler à son amant qu'aux yeux de l'opinion il doit effacer son passé huguenot et se montrer bon catholique. Le roi a expliqué son projet à Gabrielle : il choisit franchement l'Église catholique et prépare une sorte de contrat de tolérance avec le parti huguenot. Gabrielle a du bon sens. Son propre tempérament, très éloigné de tout fanatisme, et l'éducation reçue au sein de son clan, dans la mouvance des « politiques », l'ont aidée à comprendre parfaitement le dessein d'Henri. Le souverain peut difficilement négocier lui-même sans perdre un peu de sa majesté et de son indépendance. Gabrielle joue le rôle évoqué par d'Aubigné : celui de la « sainte » qui intercède. Elle le fait pour les huguenots comme pour le chef de la Ligue catholique... et compte bien y trouver des avantages de tous ordres.

Le 7 novembre, le roi commence le blocus de La Fère. Sa maîtresse l'accompagne les premiers jours au camp de Travecy, puis le quitte pour passer quelque temps à Paris. Est-ce l'inconfort du quartier général du souverain qui a provoqué ce départ ? On peut suggérer une autre raison. La noblesse protestante pousse la résistance au roi au point de bouder le siège de La Fère. Cette noblesse représente la force militaire du parti huguenot, qui menace d'entrer en dissidence. Le « protecteur » ou chef militaire de ce parti devrait être dans l'avenir le jeune Henri de Condé, fils du cousin germain d'Henri IV, dont la mort brutale parut étrange (on se souvient que l'on soupçonna sa veuve de l'avoir empoisonné). Le roi décide de faire ramener le petit prince à Paris et de l'élever dans la religion catholique. Le 17 novembre, il demande à la municipalité parisienne de venir saluer l'enfant à Saint-Germain. Cet événement provoque une grande émotion chez les protestants... ainsi que chez Gabrielle et son clan. Car Henri de Condé est, selon les lois françaises, l'héritier présomptif de la couronne.

Gabrielle se rend dans la capitale et revient dès le début du mois de décembre – Henri ne peut se passer d'elle longtemps –, mais avec César. Elle sait l'attachement du roi pour son fils : la présence de l'enfant ne pourra que fortifier l'affection paternelle. Le clan Bourbon s'agite également. La légitimité est de leur côté. Gabrielle s'applique à perdre les Bourbons à travers la personne de Soissons, propre oncle du jeune Condé. Dès son arrivée, elle raconte à son amant le curieux incident survenu au moment où elle s'apprêtait à monter dans la litière pour le rejoindre : un inconnu lui a chuchoté que la rentrée en grâce de Soissons, négociée par le connétable, n'était, dans l'esprit de ce prince, qu'une étape pour accéder au trône, et que le roi devait prendre grand soin de se garder. Henri, facilement convaincu par sa maîtresse, rapporte ces ragots à Montmorency lui-même ! Soissons a souvent l'occasion d'agacer Henri IV. Il n'y manque pas en conseillant au roi de faire élever son neveu dans la religion catholique. Furieux, probablement encouragé par Gabrielle, Henri adressera à Soissons, le 15 décembre, une lettre dans laquelle il le rabroue vertement : il n'a pas attendu ses conseils pour agir comme il le doit.

C'est probablement au moment du retour de Gabrielle avec César qu'il faut situer cet épisode raconté par d'Aubigné : « [Sa maîtresse désirant l'amitié de d'Aubigné] le roi la voulut établir avec de grands desseins pour l'élévation et manutention du petit César, aujourd'hui duc de Vendôme, lequel il fit apporter nu pour le mettre sur les bras d'Aubigné qui le devait à trois ans emmener en Saintonge pour le nourrir, et appuyer entre les huguenots; et pour que ce dessein s'en alla au vent, nous y envoyons aussi les discours ». Cette scène a-t-elle vraiment eu lieu ? Ce n'est pas impossible. Henri ne craint pas les gestes spectaculaires qui ne le lient nullement dans les faits. Le roi cherche peut-être à jouer sur la corde des émotions pour faire fléchir l'homme qui a déjà jeté les bases importantes d'un futur édit de tolérance. D'Aubigné a bien établi – dans le même paragraphe – la relation entre l'ambition de Gabrielle pour César et la faveur de la maîtresse royale à l'égard des protestants. Il faudra se servir du parti huguenot pour l'élévation de César. Mais pas exclusivement... Les princes de la Ligue sont également sollicités ! On traite activement avec eux, à Folembray où Henri s'installe avec les siens.

Folembray et le retour de Corisande

Le roi a jugé le camp de Travecy trop inconfortable pour les dames. Il loge maintenant près de la giboyeuse forêt de Coucy au château de Folembray, construit par François Ier, dans l'aile encore habitable, les autres ayant été à demi détruites par les Espagnols. Les amants et leur enfant retrouvent là Catherine de Bourbon qui s'est fait accompagner par Corisande ! La comtesse de Guiche, dominant sa rancune, est venue demander à son ancien amant un avancement pour son fils, Antoine de Gramont. Agrippa d'Aubigné, présent pendant ce séjour, laissera ce commentaire féroce sur Corisande qu'il a toujours détestée, dans lequel il accuse la vieille maîtresse d'avoir jeté un sort sur la jeune : « Au siège de La Fère, la comtesse de Guiche soûle de blasphémer le roi, de l'appeler Ottoman infidèle, vient se réconcilier et s'insinuer en la familiarité de la duchesse [Gabrielle]. À la vue des caresses du roi et des beautés d'elle, cette femme qui avait déjà au visage toutes les couleurs d'un coq d'Inde en chaleur, se ternissait et enflammait de si étranges mutations. Un huguenot l'épiant du coin de la chambre, en sextil aspect, me dit qu'elle était là pour faire le trait de Circé. » Suit une épigramme écrite après la mort tragique de Gabrielle et adressée au roi :

> *Roi pic, sur qui Circé découple en sa colère*
> *Ses Démons déguisés en Amours, en Soupirs.*
> *Elle empoisonnera le nid de tes plaisirs :*
> *La tragique prépare une scène dernière*
> *Et n'est point à tes pieds sans dessein, la sorcière,*
> *Puisqu'elle n'y est pas sans regrets, sans désirs.*

C'est à Folembray que se concluent les négociations avec Mayenne. Le frère du Balafré avait écrit au roi pour solliciter sa bonne grâce dès le 28 octobre. Par l'édit dit de Folembray, le souverain fait au chef de la Ligue de très larges concessions. Outre trois places de sûreté (Châlons-sur-Saône, Seurre et Soissons), Mayenne obtient le gouvernement de l'Ile-de-France, excepté Paris, et une indemnité de 2 640 000 livres. Henri épargne avec une extraordinaire clémence l'amour-propre du prince lorrain. Il excuse sa conduite par son zèle religieux. Le roi insiste sur son propre zèle pour la religion catholique qu'il jure de maintenir dans le royaume, à l'exemple de ses prédécesseurs. C'est presque avouer la victoire de la Ligue!

Gabrielle a, encore ici, joué son rôle de médiatrice. Elle est donc toute désignée pour préparer, chez elle, à Montceaux, les retrouvailles entre le roi et le duc de Mayenne. Est-ce pour l'aider à pourvoir aux frais de la réception que le souverain accorde à sa maîtresse de nouvelles faveurs? Le 10 janvier 1596, il la gratifie de 10 000 écus à prendre sur le produit des provisions d'offices des lieutenants de robe longue « établis en tous les greniers à sel du royaume ». En outre, tous les deniers à provenir de ces charges seront « affectés pour les bâtiments »... qu'on suppose être ceux de Montceaux.

Le 20 janvier, Gabrielle part pour Montceaux, *via* Paris, toujours flanquée d'Isabelle de Sourdis. Elle a laissé son petit César auprès d'Henri.

Dès la première étape, elle écrit à son amant qui lui répond sur-le-champ :

> « Mes chères amours,
> « Ce courrier est arrive ce soir. Je le vous ai soudain redépêché pour ce qu'il m'a dit que vous lui aviez commandé d'être demain de retour auprès de vous, et qu'il vous rapportât de mes nouvelles. Je me porte bien, Dieu merci, accompagné d'un désir violent de vous voir. L'on m'a écrit de Paris que les dames y disent que j'emploie trois ou quatre heures le soir à médire d'elles. Vous pouvez leur témoigner que mes affaires ne me donnent pas une heure de relâche, laquelle j'ai toujours employée auprès de vous, où étant, mes yeux ni ma

langue ne pense pas en eux. Bien ai-je un registre des
mauvais contes qu'ils [elles] font ; et vous me ferez plaisir de leur dire que je saurai bien rendre la pareille en
temps et lieu.

« Notre fils se porte fort bien. Demain, je vais à La
Fère au soir. Je vous en manderai des nouvelles. Je
baise un million de fois vos belles mains. Faites mes
recommandations à votre tante de Sourdy.

« Ce vingt et unième janvier,

Henry. »

Vers la fin du mois, il va rejoindre la châtelaine de Montceaux, associée plus que jamais à la pacification de son
royaume.

CHAPITRE XI

La châtelaine de Montceaux

Gabrielle, chaperonnée par sa tante Isabelle, arrive à Paris le 22 janvier. L'Estoile, infatigable chroniqueur de la vie parisienne, note vers cette époque le scandaleux contraste entre l'alarmante progression de la pauvreté et la spectaculaire poussée du luxe dans la capitale. Les festins succèdent aux mascarades. La « superfluité » des « bagues » et des pierreries s'étend jusqu'au bout des souliers.

Les toilettes de Mme de Montceaux rivalisent sans difficulté avec les somptueuses parures des dames de la Cour, car le roi ne cesse de couvrir sa maîtresse de dons substantiels. Le 10 janvier il lui a assigné l'énorme somme de 30 000 écus (20 000 écus, « dont ceux du pays de Languedoc font don au roi de France, pour être quitte des francs fiefs et nouveaux acquêts », et 10 000 écus « à prendre sur les deniers qui proviendront des lieutenances de robe longue en tous les greniers à sel »). Lc 14, la maîtresse royale est gratifiée des biens d'un certain M. de Boisbaril condamné à mourir sur la roue par le parlement de Rouen, confisqués au profit du roi. Le 24, elle reçoit, concurremment avec Sancy, la moitié des droits supplémentaires imposés par le souverain aux officiers de Mayenne durant les troubles, tandis que l'autre moitié revient au frère du Balafré [1].

La veille, Henri a miraculeusement échappé à un stupide accident. Le roi vint rendre visite à sa sœur malade et alitée, en tenant son petit César dans ses bras. Lorsqu'il s'approcha

---

1. Tous les documents relatifs aux dons reçus par Gabrielle ont été dépouillés par Raymond Ritter.

de la ruelle, le plancher s'effondra tout autour sauf, heureusement, à l'emplacement du lit : le roi n'eut que le temps
de se jeter sur le lit de sa sœur, en serrant son fils contre lui!

Le 28, Henri quitte le camp de La Fère. Ce jour-là, ne
tenant nullement compte de la coutume de Paris, le souverain accorde à sa maîtresse la garde-noble de César, c'est-à-
dire l'usufruit des biens appartenant à l'enfant et, éventuellement, sa succession.

Après une étape à Attichy, Henri arrive le 30 avril à Montceaux, fort mal en point, souffrant encore d'un de ses
innombrables embarras gastriques provoqués par son appétit
boulimique. Tout le petit monde de Montceaux veille aux
derniers préparatifs : le duc de Mayenne est attendu le lendemain, 31 janvier, un mercredi, jour faste pour Henri IV.

On a trois récits de cette journée qui consacre la haute
position de Gabrielle. Palma Cayet confirme Sully en
situant l'entrevue du souverain avec l'ancien chef de la
Ligue dans les allées du parc de Montceaux. Le roi aurait
entraîné le gros duc, tout essoufflé, dans une longue promenade à pied. D'après ce récit, observant les souffrances de
Mayenne, Henri lui déclare : « Dites le vrai, mon cousin, je
vais un peu vite pour vous, et vous ai par trop travaillé ? » Le
duc avoue qu'il est hors d'haleine. Le roi l'embrasse, lui
frappe de la main sur l'épaule, et lui dit en lui tendant la
main : « Allez, touchez là, mon cousin, car pardieu! voilà
tout le mal et le déplaisir que vous recevrez jamais de moi. »
Mais, encore ici, Sully commet des erreurs chronologiques
grossières – comme celle de situer cet événement en été, par
jour de grosse chaleur – qui rendent sa relation assez suspecte. Nous préférons le récit de l'Estoile, toujours plus
proche de la vérité historique : « Le mercredi 31ᵉ et dernier
du mois, le duc de Mayenne, accompagné de six gentilshommes seulement, vint trouver le roi à Montceaux, pour
baiser les mains à Sa Majesté. Madame la marquise fit l'honneur de sa maison : car elle le fut attendre à la porte du château où, après l'avoir reçu avec toutes les caresses et bon
visage qu'il était possible, le conduisit elle-même, et le mena
par la main jusque dans la chambre du roi où Sa Majesté,
assise sous son dais, attendait ledit duc.

« Le duc de Mayenne donc, entrant dans la chambre, fit trois grandes révérences; et à la troisième, comme il eut mis le genou en terre pour baiser les pieds de Sa Majesté, le roi, s'avançant avec un visage fort gai, le releva et l'embrassa, lui disant ces mots : " Mon cousin, est-ce vous? ou si c'est un songe que je vois? " À quoi le duc de Mayenne ayant répondu avec grandes soumissions et révérences, le roi lui dit lors cinq ou six paroles qu'on disait n'y avoir eu que ledit duc qui les eût entendues. Puis, l'ayant promené deux ou trois tours par la chambre, le mena en son cabinet, où ils furent quelque temps ensemble. Après, ils vinrent souper, et soupa le roi en une table à part, ayant la marquise à son côté. Le duc de Mayenne était en une autre table joignante celle du roi, qui était à potence, qu'on appelait la table des gentilshommes, ayant près de lui assise mademoiselle Diane d'Estrées, sœur de Madame la marquise. Ainsi, les deux sœurs firent, ce jour, l'honneur de la fête, et but le roi au duc de Mayenne, que les courtisans appelaient son beau-frère. »

Après le repas, le roi et le frère du Balafré se promènent dans le parc où, au signal donné par deux petits canons, surgissent soudain des comédiens déguisés en dieux de l'Olympe et en bergers. Une représentation en vers précède le souper, puis un feu d'artifice clôt la célébration de la disparition de la Ligue.

Henri reste encore quelques jours à Montceaux, afin de guérir tout à fait son « dévoiement d'estomac ». Les deux amants reviennent à Folembray le 5 février au soir. La guerre commande encore leurs itinéraires et leurs séjours.

Gabrielle châtelaine, et les péripéties de la guerre

La situation militaire et financière du roi de France reste très précaire. La Fère n'en finit pas de résister, et les frontières nord, nord-est sont dangereusement menacées. Les caisses royales sont vides. Les alliés protestants d'Henri IV ont ressenti la conversion du roi comme une trahison. L'Allemagne protestante ne surmonte pas son irritation et répugne maintenant à aider le souverain français. La Hollande et l'Angleterre sont trop impliquées dans leur propre conflit avec l'Espagne pour refuser leur soutien à Henri. Elizabeth prie Dieu de pardonner au roi « la faiblesse d'un si monstrueux acte » (sa conversion), mais elle ne veut ni ne peut abandonner son compère, tout en lui infligeant des négociations serrées.

Le 7 février, Unton, ambassadeur d'Angleterre, reçoit une lettre de sa souveraine, qu'il remet à Henri en début d'après-midi. Les deux hommes poursuivront dans le jardin une conversation commencée dans le cabinet du roi. Gabrielle paraît à ce moment – Unton fera à sa reine le récit de cette entrevue. Mme de Montceaux y est sévèrement jugée, et l'on se doute pourquoi : Elizabeth n'oublie pas que les incroyables négligences d'Henri à son égard lors du premier siège de Rouen étaient en grande partie la conséquence de ses amours avec la fille d'Antoine d'Estrées. En outre, beaucoup de protestants attribuent à Gabrielle la responsabilité de la conversion d'Henri. La relation d'Unton évoque tant de détails vivants et précis que nous la citons en entier : « Le roi fit appeler Mme de Montceaux, me disant qu'il ne voulait pas être moins près de moi maintenant qu'autrefois, et il usa de beaucoup d'expressions affectueuses pour louer sa maîtresse. Entre autres choses, il me dit qu'elle n'intervenait jamais dans ses affaires et qu'elle était d'humeur accommodante. Il avait raison, car on la tient pour incapable de se mêler des affaires et d'esprit borné. Quand elle arriva, il alla vers elle très respectueusement, ayant d'abord son chapeau à la main. Il lui dit alors que j'étais trop bien connu d'eux pour qu'il doutât qu'elle voulût me faire bon accueil. Comme elle fit en ôtant son masque et en me faisant l'honneur de sa plus grande bienveillance, ce qui ne me procura pas un plaisir particulier, et que je ne considérai pas non plus comme une faveur. Elle était vêtue d'une robe de satin dépourvue d'ornements, et coiffée d'un capuchon de velours qui lui seyait très mal. À mon goût, son teint et son visage – bien que fardés outrageusement – sont fort abîmés. Je regrette de mêler de pareilles bagatelles aux choses sérieuses, mais parfois ces circonstances ne sont pas inutiles. En ce qui me concerne, j'en demande humblement pardon, car je désire de pécher plutôt par surabondance que par omission.

« Après ces formalités, le roi la mit à sa gauche et moi à sa droite. Il nous associa à ses discours qui furent tout à fait ordinaires et nullement dignes d'être rapportés à Votre Majesté. Ainsi, pendant près d'une heure, continuâmes-nous de nous promener ensemble à travers le parc. Finalement, le mauvais temps l'obligea à rentrer. Le Roi resta pour me montrer ses chevaux. Ensuite, il rentra lui aussi et m'invita à le suivre dans sa chambre. Là, en un lieu retiré, entre son lit et la muraille, il me demanda comment je trouvais sa maîtresse et si elle me paraissait changée en quelque façon. Dans ma réponse, je la louai avec modération, lui disant que si je pouvais lui en parler sans l'offenser, je lui dirais que j'avais un portrait d'une maîtresse bien plus accomplie, quoique son portrait ne correspondît que de très loin à la perfection de sa beauté : " Si vous m'aimez, dit-il, montrez-le-moi, si vous l'avez sur vous. " J'y mis quelque difficulté, mais, sur ses instances, je le lui fis voir, comme à la dérobée, le tenant toujours dans ma main. Il le considéra avec passion et admiration, déclarant que j'avais raison et ajoutant : " Je me rends. " Il protesta n'avoir jamais rien vu de comparable, puis, très respectueusement, il le baisa à deux ou trois reprises. Je ne le lâchais toujours point. Il le saisit alors pour me l'enlever de force. Enfin, après une sorte de lutte, il me l'arracha, m'assurant que j'en pouvais faire mon deuil, car il ne s'en dessaisirait pas, même en échange de quelque trésor que ce fût, et que, pour conquérir la faveur du modèle vivant de cette image, il abandonnerait tout au monde et se regarderait encore comme le plus heureux des mortels. Il prononça encore mille autres paroles enflammées. Il me reprocha ensuite – puisque c'était par mon intermédiaire qu'il avait envoyé tant de lettres passionnées et à moi qu'il avait si ardemment recommandé son affection, en me prenant pour son messager – de ne lui rendre en retour aucune réponse favorable de Votre Majesté, se plaignant de votre indifférence et de votre dédain, qui n'étaient pas les moindres motifs de tristesse pour lui. Ma réponse à ce propos fut aussi convenable que je pus et je l'appropriai de mon mieux à ses sentiments. Mais je constatai que ni mes arguments les meilleurs ni mon éloquence n'avaient produit autant d'impression sur lui que cette muette peinture. » Henri et l'ambassadeur jouèrent tous deux la meilleure comédie possible pour séduire la terrible reine !

Le 11 février, les amants reçoivent à Folembray la visite du duc de Mayenne venu offrir au roi un magnifique cheval, estimé à plus de mille écus. Henri ordonne aussitôt à Bellegarde de l'essayer devant lui. Un cheval est un présent rare à l'époque, car les guerres de religion ont cruellement décimé la race chevaline.

Quelques jours plus tard, Gabrielle se rend à Paris pour assister aux noces de Diane... avec Balagny qui se console très rapidement de son récent veuvage ! On sait combien Mme de Montceaux tient à l'amitié du « prince de Cambrai » qui lui a promis toute sa loyauté. Diane enrage de ne pas être encore mariée : peut-être son ancienne liaison avec Épernon et l'enfant qu'elle a probablement eu du favori d'Henri III ont-ils découragé les candidats. Ce mariage arrangé par Gabrielle présente un double avantage : il établit Diane et renforce l'appartenance de Balagny au clan personnel de la maîtresse royale. Le 15 février, le contrat de mariage est signé dans la résidence parisienne de Gabrielle. Outre la signature de Mme de Montceaux, figurent également celles d'Antoine d'Estrées, d'Isabelle de Sourdis, de l'abbesse de Maubuisson, de l'oncle La Bourdaisière, du président Forget... Bien sûr, le roi participe à la dot de la mariée.

Le surlendemain, 17 février, le mariage est célébré en grande pompe. Henri a dû rester à La Fère pour faire face aux graves menaces de l'armée espagnole. Sa sœur Catherine de Bourbon le représente, très probablement à contre-cœur. Le lendemain des noces, Mme de Montceaux offre aux jeunes mariés un magnifique festin, toujours en présence de la sœur du roi.

À Paris, ce mariage suscite de nombreux ragots. Les uns affirment qu'il a été prophétisé par Nostradamus :

En l'Occident de cité reconquise,
Il sortira un enfant de l'Église [1];
Femme mourra; et par bien grand'écorne
Jointe on verra la lune au capricorne.

D'autres disent que, « quand un homme avait gagné la corde, il n'avait point un plus beau moyen de s'en racheter que d'aller prendre une putain en plein bordel ».

Bientôt, Gabrielle rejoint son amant près de La Fère, tandis que Catherine se rend à Compiègne. Le roi, toujours accompagné de sa maîtresse, veut aller visiter sa sœur afin de la décider à épouser M. de Montpensier. Henri, Gabrielle, Montpensier et Sancy montent tous les quatre dans un carrosse qui doit les mener à Compiègne. Sancy laissera de ce trajet un curieux récit dans lequel il expliquera les raisons de sa disgrâce. Entre Chauny et Noyon, Gabrielle « entama un propos de bâtards, et qu'il n'y avait rien de plus aisé que de les rendre légitimes, et qu'il ne les fallait mettre que sous l'abrifol [nom plaisant que l'on donnait au voile dont on couvrait la tête des mariés] ». Et Sancy poursuit : « J'eus opinion qu'elle ne s'était mise sur ce discours que pour faire voir au roi que si j'avais la hardiesse de parler à Sa Majesté franchement sur ce sujet en son absence, je n'oserais le faire en sa présence, et que sur ce elle dirait au roi que puisqu'elle avait assez de puissance pour me faire taire, il le devait bien faire par son autorité. Mais elle se trompa, car je lui répondis sans aucun respect ce que je pensais être de la raison et de mon devoir, pour l'empêcher de plus penser en cela. Elle s'en trouva étonnée, et étant sans masque, elle le mit promptement. Je ne dirai point la réponse que je fis, pour l'honneur qu'elle porte aux enfants qu'elle a laissés, que le roi lui fait l'honneur d'avouer, m'étant la mémoire de

1. Balagny, fils naturel d'un évêque.

ce grand prince si vénérable que j'honorerai toute ma vie ce qui s'avouera de lui. »

Grâce aux précisions de Marbault, secrétaire de Duplessis-Mornay, on sait la réponse – très brutale – que Sancy fit à Gabrielle : « Le roi lui [Sancy] demandant avis, en présence de M. de Montpensier, s'il épouserait ladite duchesse, il lui déconseilla hardiment, et finit par ce mot, que putain pour putain, il aimerait mieux la fille de Henry second [Marguerite] que celle de Madame d'Estrées, qui avait été tuée au bordeau. Et à Madame la duchesse [Gabrielle] qui lui disait qu'on ferait mettre leurs enfants sous l'abrifol, il eut la hardiesse, sur l'exemple qu'elle lui alléguait d'un gentilhomme qui en avait usé ainsi, que cela était bon pour un gentilhomme de cinq ou six mille livres de rente ; mais que pour un royaume, elle n'en viendrait jamais à bout, et qu'elle fît tout ce qu'elle voudrait, que toujours un bâtard serait fils de putain. C'est pourquoi elle conçut une telle haine contre ledit sieur de Sancy, qu'elle n'eut point de patience qu'elle ne lui eût fait ôter la surintendance des finances pour la bailler à notre auteur [le futur duc de Sully], qui la suivait et l'accompagnait partout, avec toutes les soumissions et actions les plus serviles, croyant qu'elle serait reine. »

À une lieue de Noyon, Henri demanda son cheval, ne voulant pas entrer en carrosse dans la ville. Sancy l'accompagna et retrouva M. de Montpensier, également descendu du carrosse. « Montpensier loua le courage de Sancy, le remercia de s'opposer au mariage du roi avec Mme de Montceaux, tout en le prévenant de la grande colère de Gabrielle contre lui. Après avoir dîné [déjeuné], le roi appela Sancy. Ce dernier rapporte le discours que lui tint alors le souverain : " [Il] me dit qu'il savait bien quelle était la sincérité de mon affection à son service, et prenait de bonne part ce que je lui disais, mais trouvait mauvais que je lui dise en la présence de sa maîtresse, me commandant de m'en abstenir à l'avenir ; comme je fis toujours depuis. " »

Le 28 février, les amants arrivent à Compiègne escortés par M. le Grand. Le roi apprend avec une immense joie la prise de Marseille par le duc de Guise, survenue le

17 février. « C'est maintenant que je suis roi ! » s'exclame le souverain. La soumission d'Épernon ne va pas tarder. Mais ce bonheur est assombri par Mme Catherine qui se montre toujours aussi intraitable. M. de Montpensier repart bredouille, tandis qu'Henri et Gabrielle reviennent le 3 mars au camp de La Fère, après avoir couché à Noyon la veille.

Au cours des derniers événements, nous avons aperçu Bellegarde à plusieurs reprises. Sa fonction explique fort bien sa présence auprès du roi. Il nous paraît tout à fait improbable que la maîtresse royale poursuive encore à cette époque une liaison amoureuse avec son ancien amant. Elle est maintenant la mère d'un enfant légitimé, et le roi lui a tant parlé de mariage... Et puis la tante Isabelle doit veiller avec soin à la bonne conduite de sa nièce, de plus en plus proche du trône. Pourtant l'*Alcandre* suscite les doutes de ses lecteurs... D'après ce récit – c'est-à-dire d'après Bellegarde –, le grand écuyer s'est rapproché de son ancienne fiancée après la naissance de César. Gabrielle se serait prêtée au jeu : « [Elle] avait une si forte inclination à l'aimer qu'elle s'aidait à se tromper elle-même lorsqu'il la flattait. À quoi il apportait toute son industrie, la voyant plus puissante que jamais. »

Bellegarde voulait épouser Mlle de Guise, mais ne voulait pas se brouiller avec Gabrielle, « cette puissance ». Le beau Gascon convainquit donc Mme de Montceaux qu'il pouvait beaucoup mieux « la servir » si elle acceptait son mariage avec Marguerite de Lorraine. Gabrielle cajola la fille du Balafré, et voilà les deux jeunes femmes si liées d'amitié qu'elles paraissaient à la Cour habillées de façon semblable !

L'*Alcandre* brouille maintenant toutes les cartes. D'après ce récit, c'est à ce moment qu'un valet-espion réussit à confisquer un billet écrit par Bellegarde à Gabrielle. Il le remit au souverain qui entra dans une fureur terrible et ordonna au capitaine de ses gardes, Charles de Choiseul, seigneur de Praslin, de tuer le grand écuyer dans le lit même de sa maîtresse. Praslin fit tant de bruit et de détours pour arriver à la chambre de Mme de Montceaux que Bellegarde eut, encore cette fois, le temps de s'échapper... Alors, ce billet écrit par Bellegarde serait-il celui que nous avons daté,

comme Raymond Ritter, du mois de juillet 1593 ? Le grand
écuyer y évoque – on s'en souvient – la mort de son cousin
Épernon. Pourquoi Gabrielle annonce-t-elle si bruyamment
la mort de l'ancien mignon d'Henri III, comme le signale
L'Estoile vers la fin janvier 1596 ? Les longues duplicités de
la fille d'Antoine permettent les doutes. Néanmoins, nous
ne sommes pas convaincue de l'infidélité de Gabrielle à
cette époque. Son attitude à l'égard du roi et l'impudique
étalage de son ambition démentent la folie d'une liaison aux
risques énormes. La mort d'Épernon a souvent été annoncée
à tort. Le billet de Bellegarde a pu évoquer une « mort » précédente.

Un ami de Choiseul de Praslin, donnera à Tallemant des
Réaux une version assez différente de cet épisode vaude-
villesque. Pour l'empêcher d'épouser Gabrielle, Praslin proposa au roi de surprendre Bellegarde couché avec elle. Mais
Henri, à la porte de l'appartement de sa maîtresse, aurait
refusé d'entrer en disant : « Ah! cela la fâcherait trop! »
Cette scène se serait passée à Fontainebleau. Les divers nar-
rateurs ne mélangent-ils pas les dates et les lieux ?
L'*Alcandre* est assez coutumier de ce genre d'erreurs,
souvent vérifiables. La vanité amoureuse de Bellegarde est
célèbre et le restera de longues années encore. On a fait
comprendre à Monsieur Le Grand que Mademoiselle de
Guise méritait mieux qu'un Gascon de noblesse « seconde »
qui, de surcroît, avait recruté les assassins de son père! Cette
année 1596, Bellegarde épouse discrètement Anne du Bueil
dont il n'aura pas d'enfants. M. Le Grand ne camoufle-t-il
pas ses ambitions déçues en prétendant s'être marié par
ordre d'un roi jaloux qui voulut casser son irrésistible succès
auprès de deux maîtresses si haut placées ? Quoi qu'il en
soit, on ne soupçonne plus Gabrielle depuis lors.

Le roi rejoint sa maîtresse et sa sœur à Verneuil-sous-
Coucy, près de Folembray, la dernière semaine du mois de
mars. Le souverain ne sait comment financer l'effort de
guerre. Les caisses royales sont désespérément vides. Le
24 mars, Henri écrit au connétable : « Madame de Montceaux envoie à Paris Vallon [l'écuyer de Gabrielle], présent

porteur, pour vingt-cinq ou trente mille écus de bagues, et parce que je désire qu'il passe sûrement, je vous prie de lui faire donner telle escorte qui lui sera nécessaire et me mander par lui de vos nouvelles. » Selon toute vraisemblance, Gabrielle a mis en gage ses bijoux pour venir en aide à son amant [1]. Ce gage considérable permet d'attendre les secours financiers du grand-duc de Toscane. Mais la générosité de la maîtresse royale n'entame pas sérieusement son importante fortune. Celle-ci lui permet, le 25 mars, de se rendre enfin officiellement adjudicataire, pour la somme de 40 000 écus (dont 1 000 pour les frais de représentation), de la seigneurie de Montceaux et de la moitié par indivis des fiefs de Trilfort, Pierrelevée et Bruquoy. La fille d'Antoine devient châtelaine à part entière et propriétaire de terres très rentables. Il a fallu auparavant poursuivre la saisie et la vente des biens de Catherine de Médicis. L'adjudication a lieu par décret, le 27 mars, au Parlement de Paris, et le représentant de Gabrielle passera la déclaration définitive au nom de sa cliente le 26 avril.

Pendant ce temps, Henri court à Travecy parer aux menaces espagnoles. Il revient de temps à autre passer la nuit auprès de sa maîtresse qui lui annonce une nouvelle grossesse. « Le crédit de Mme de Montceaux augmente de jour en jour », écrit le 29 mars Bonciani, l'envoyé du grand-duc. Les épreuves et les difficultés militaires accablent le roi qui, plus que jamais, cherche le soutien moral et affectif de sa compagne. La Fère résiste toujours. Le 17 avril, les Espagnols entrent dans la ville de Calais. Le 27, les troupes du cardinal d'Autriche prennent la citadelle et massacrent la garnison. L'opinion consternée tourne sa colère contre Gabrielle. Les maîtresses royales ont été, de tout temps, les catalyseurs de tous les mécontentements... Un quatrain court les rues :

Ce grand Henri qui voulait être
L'effroi de l'Espagnol hautain,

1. Ritter, systématiquement hostile à Gabrielle, cite cette lettre sans préciser qu'il s'agit d'un gage.

Maintenant fuit devant un prêtre
Et suit le cul d'une putain.

Sully situe vers cette époque un voyage mouvementé au cours duquel il fut chargé d'accompagner Mme de Montceaux qui partait rejoindre le roi en Picardie. Rosny se rendit donc à Maubuisson chercher la maîtresse royale qui se trouvait auprès de sa sœur malade. Les femmes affectées au service de Gabrielle suivaient dans un carrosse la litière de leur maîtresse. Une négligence du carrossier provoqua la panique des cheveux du carrosse qui s'emballèrent près d'un précipice. Les deux roues de devant s'écartèrent miraculeusement, le corps du carrosse toucha terre et les chevaux s'arrêtèrent tout près de la litière de Mme de Montceaux, au milieu des hurlements. Gabrielle, furieuse, fit bastonner le carrossier, et le futur Sully fut bien soulagé du dénouement de cette aventure. La maîtresse du roi arriva à bon port, et Rosny laissa les amants échanger « les salutations, compliments et caresses ». Sully reconnaît ici l'influence décisive de Mme de Montceaux sur sa carrière. Gabrielle, qui hait Sancy, encourage son amant à imposer Rosny au Conseil des finances. Rosny n'attendra pas longtemps : à la fin de juillet, il entrera au Conseil des finances et au Conseil des affaires, plus restreint, qui dirige la politique intérieure et extérieure du royaume. L'ascension du futur Sully est alors parallèle au déclin de Sancy.

Le 1ᵉʳ mai, le roi reçoit l'hommage de Gabrielle en tant que châtelaine de Montceaux. Les écus et les faveurs continuent à pleuvoir sur la tête de la belle marquise. Le 8, elle est gratifiée de 2 000 écus sur la vénalité des charges des greffiers de la gabelle. Le 16, le roi lui accorde le droit de pourvoir une personne de son choix d'un office de maître en la chambre des comptes de Languedoc, à Montpellier, de la valeur de 2 000 écus. Une éclaircie heureuse semble apparaître, après tant de déboires. Le 22 mai, La Fère capitule enfin, après six mois de siège. Henri a donné à César « l'état et charge de capitaine et gouverneur des ville et citadelle de La Fère ». La charge sera exercée au nom de l'enfant par son oncle, le jeune frère de Gabrielle, ex-évêque de Noyon et futur maréchal de France!

Hélas! une nouvelle défaite exaspère l'opinion : Ardres est tombé le 23 mai et le roi arrivera encore trop tard. Il se décide à quitter sa maîtresse le 26. Gabrielle lui écrit le jour même et, dès le lendemain, Henri lui répond de Péronne :

« Mon cœur,

« J'ai reçu ce matin, à mon réveil, de vos nouvelles. Cela me rendra cette journée plus heureuse; je n'en ai eu nulles du comte de Saint-Paul [François d'Orléans-Longueville] depuis vous avoir laissé. Je ne manquerai point de me ramentevoir [rappeler] deux fois le jour aux bonnes grâces de mes chères amours, pour l'amour de qui je me conserverai plus que je n'ai jamais fait.

« Vous verrez demain César, de quoi je vous porte bien envie. Aimez toujours votre cher sujet, qui jusques au tombeau n'adorera que vous. Sur cette vérité, je finis, vous baisant aussi tendrement qu'hier au matin, un million de fois.

« Ce vingt-septième mai, de Péronne. »

Le 6 juillet, Bonciani constate que la situation du roi est critique, et il semble ne songer qu'à sa « dame ». Gabrielle, enceinte de cinq mois, évite Paris où, après un hiver doux et des chaleurs printanières inhabituelles, règnent des « fièvres chaudes et pestilentes » particulièrement meurtrières. La châtelaine de Montceaux s'installe vers la mi-juillet jusqu'à la mi-septembre dans son beau château, qui sera, désormais, le refuge heureux des amants.

Montceaux, refuge heureux

Le château se trouve à dix kilomètres de Meaux, au sommet d'un coteau qui s'incline vers la rive gauche de la Marne. Catherine de Médicis, encore dauphine, fut séduite par le site et confia la construction d'un splendide château au Primatice (qui figure dans les documents sous le nom de l'abbé de Saint-Martin). Plusieurs sculpteurs et peintres qui travaillaient à Fontainebleau furent également employés à Montceaux (ainsi, le sculpteur Michel Gaultier orna les galeries et les peintres Saget et Dumonstier peignirent les arabesques au plafond des salles de réception). Les travaux durèrent dix années, de 1549 à 1560. Catherine commença à habiter sa nouvelle demeure en 1558. Elle avait fait planter un magnifique parc et avait entouré les bâtiments de beaux jardins. Lors de son installation, elle fit venir de Tours deux mille plants d'arbres fruitiers et trois cents de lauriers. Elle acheta des levreaux qui allaient rapidement peupler les garennes. Les comtés de Melun, de Moret et la châtellenie de Crécy vinrent agrandir le domaine qui serait celui de Gabrielle.

Le château est posé sur une esplanade ceinturée par une balustrade de pierre sculptée qui surplombe des fossés secs et pavés de soixante pieds de large, tandis qu'à l'ouest on peut rejoindre l'esplanade par un escalier de pierre à double rampant bordé de balustres sculptées, à l'est des ponts en pierre reliant l'avant-cour occupée par les communs, les jardins et les parterres, à l'entrée du château. Les carrosses accèdent à la cour intérieure par la porte monumentale d'un gros pavillon carré situé au centre de la façade est : au-dessus de la porte, deux génies soutiennent un écu sculpté. Le château lui-même a la forme d'un carré long à quatre faces avec une imposante cour au milieu. La construction, en pierre de taille, est fort élégante. Une toiture élevée, couverte d'ardoises, coiffe des bâtiments composés d'un sous-sol, un haut rez-de-chaussée, un premier étage et des combles. Une large frise se déroule entre le rez-de-chaussée et le premier étage. La façade ouest, ornée de niches, est séparée en son milieu par un gros pavillon de deux étages, surmonté d'un dôme allongé.

En 1595, Jacques II Androuet du Cerceau (apparenté aux de Brosse), qui a déjà travaillé pour Catherine de Médicis, est nommé architecte du roi. Henri lui confie la transformation du château. Les travaux ne commenceront qu'en 1597, mais on devine que les amants se penchent avec enthousiasme sur les plans d'Androuet dès ce premier long séjour à Montceaux. Des pavillons seront construits aux angles, près de la terrasse. Ils portent les chiffres H et G, tout comme les pilastres et les colonnes. Peut-être est-ce à Androuet que le pavillon central d'une des façades doit son décor extérieur caractérisé par un ordre ionique colossal, également vu à Blois.

Les deux façades et les deux ailes forment quatre corps de logis qui renferment une soixantaine de chambres et plusieurs galeries. Mme de Montceaux installe ses appartements et ceux du roi en y introduisant, dans les années à venir, un luxe des plus raffinés. Nous décrirons le détail des objets plus loin, car nombre d'entre eux seront placés à Montceaux lorsque Gabrielle, devenue duchesse de Beaufort, sera au faîte de sa gloire. Les vastes logements non occupés par les courtisans ou les hôtes de passage restent vides.

Il y a déjà à Montceaux un prévôt, c'est-à-dire un représentant du roi, qui, placé au bas de la hiérarchie judiciaire, est chargé, entre autres, de la justice ordinaire. On y trouve également un tabellion, auxiliaire des notaires. Pour affirmer l'importance du fief de Gabrielle, le roi fait ajouter à la justice prévôtée une justice particulière et au tabellion un notaire royal. Une capitainerie des chasses – impopulaire partout où elle existe – contrôle le territoire qui s'étend à deux lieues autour du château. Les laboureurs protestent, les seigneurs voisins contestent les limites. L'interdiction faite aux habitants de la châtellenie de Meaux de chasser dans la forêt avoisinante est fort mal reçue... mais le roi tient à chasser en toute tranquillité!

Gabrielle a rendu hommage à son seigneur, le roi, et à son tour, elle exerce son autorité en tant que châtelaine. Les relations entre le souverain et sa maîtresse – il ne faut jamais l'oublier – se situent dans un contexte encore féodal. La structure sociale de l'Europe change peu pendant tout ce siècle dont on a peut-être exagéré la « modernité ». Si la bourgeoisie s'affirme en tant que telle, ses membres les plus brillants viennent renouveler la noblesse en s'y intégrant. Le prestige nobiliaire est incomparable, et sa puissance se mesure à l'importance des clans et de ses réseaux imbriqués dans une hiérarchie sociale subtile et acceptée. Le roi honore Gabrielle en la hissant à l'état de suzeraine, en favorisant son clan familial, et en lui permettant de constituer un réseau personnel de « clients ».

Montceaux témoigne de la permanence d'un ordre. Mais, en même temps, il abrite un rêve annonciateur de temps nouveaux, un rêve qui légitime le bonheur intime d'une cellule familiale réduite à un foyer. Les analyses de Philippe Ariès éclairent l'évolution de l'histoire de la vie privée. Elles suggèrent combien, en ce domaine comme dans d'autres, Henri IV est extraordinairement sensible à tous les mouvements, contradictoires ou complémentaires, de la civilisation foisonnante de son temps. Le siècle connaît un intense effort de codification et de contrôle des comportements. Les règles de civilité paraissent nier la vie privée. Dans cette société très hiérarchisée et encore féodale, chacun se sent et se veut sous le regard des autres, à la Cour plus qu'ailleurs. Le roi, symbole visible de cette loi tacite, est condamné à n'être qu'un personnage public : « Il ne manque rien à un roi que les douceurs d'une vie privée », écrira La Bruyère. La revanche de l'intimité arrivera plus tard, note Philippe Ariès. Pourtant, elle commence déjà à s'affirmer au temps d'Henri IV. Elle accapare des lieux bien précis, comme la chambre, les jardins clos. Elle s'épanouit dans un habitat plus luxueux, qui réserve davantage d'indépendance aux maîtres. Ce siècle est aussi celui des individualités qui aspirent à « mieux délimiter les uns des autres ».

Corisande voulait s'attacher Henri en l'isolant dans une île romanesque ; Gabrielle attire le souverain dans un univers de luxe raffiné où puissent se développer les joies d'une intimité, même relative. À Montceaux, les amants ont leur chambre, des appartements qui les rendent plus indépendants de la représentation obligée de la Cour. Henri s'y repose d'un protocole qui l'ennuie à mourir. Il y fera régulièrement une cure de diète pour réparer les conséquences de son appétit gargantuesque. Les vicissitudes d'une guerre interminable et difficile, l'agitation perpétuelle d'une Cour itinérante, véritable cohue truculente, quémandeuse et bruyante, ont exacerbé sa grande nervosité naturelle qui exténue son entourage sauf Gabrielle. Montceaux devient la halte salutaire et heureuse.

Jamais le roi ne connaîtra auprès d'autres femmes le bonheur domestique vécu auprès de Gabrielle. Il forme avec sa maîtresse et son fils une famille déjà proche de la famille nucléaire moderne, « lieu de refuge et d'affectivité et plus seulement une unité économique, fonction de reproduction ». Nous avons vu combien la naissance de César montrait que l'enfant appartient, alors, autant à la lignée qu'aux parents. Néanmoins, se dessine une nouvelle évolution. L'époque découvre la spécificité de l'enfance. L'iconographie familiale prend de l'importance : le père et la mère se font représenter avec leurs enfants. Tandis qu'après la mort de Gabrielle le roi, devenu polygame, élèvera sa progéniture bâtarde et légitime dans un lieu à part (Saint-Germain), César vit le plus souvent auprès de ses parents qui l'adorent. Rêve délicieux pour le souverain qui se complaît à imaginer tout haut son mariage avec sa maîtresse. Gabrielle écoute les promesses de son amant. On les imagine tous deux, se dire leurs espoirs, évoquer leur futur enfant, s'amuser des ébats de leur fils, maintenant âgé de deux ans, en se promenant main dans la main, selon leur habitude, dans les beaux jardins de Montceaux et son parc percé d'allées en étoiles.

Henri veut croire à son droit au bonheur, mais le roi y croit-il vraiment ? Gabrielle et son clan redoutent la fragilité de leur situation. Leur crainte va brusquement ressurgir pendant ce séjour à Montceaux, avec l'arrivée en France du légat du pape, Alexandre de Médicis, cousin du grand-duc de Toscane et donc proche parent de Marie, la rivale la plus dangereuse de Gabrielle.

Le légat du pape

Alexandre de Médicis avait pris le titre de cardinal de Florence pour ne pas être confondu avec son cousin Ferdinand qui était encore désigné sous le nom de cardinal de Médicis, avant de succéder à son frère aîné en qualité de grand-duc de Toscane. Le choix du pape Clément VIII est des plus heureux, car le légat est une personnalité aussi estimable qu'attachante. Sa très haute valeur morale et spirituelle convient parfaitement à l'importante mission que lui a confiée le souverain pontife.

La force encore vivace du protestantisme, le passé huguenot du roi, le gallicanisme prôné par le Parlement et les « politiques », et accepté par une large fraction de l'Église de France, la désorganisation religieuse consécutive aux guerres civiles, qui laisse des milliers de paroisses sans prêtres, préoccupent profondément le pape. Henri IV l'a remercié de son pardon avec retard : le roi est sensible à l'opinion des parlementaires et des « politiques » et aussi des huguenots, furieux de certains termes de l'acte de l'absolution, qu'ils estiment déshonorants pour le souverain et pour l'indépendance de la France. Ils sont d'ailleurs mécontents de la soudaine arrivée du légat.

Alexandre de Médicis joint à son irréprochable intégrité et à la sincérité de sa foi une solide expérience des affaires et une bonté naturelle qui lui seront précieuses pour redresser la détestable situation religieuse d'un pays épuisé. Il a en outre l'avantage d'avoir toujours montré des sentiments francophiles et bienveillants à l'égard d'Henri IV. Les deux hommes seront conquis l'un par l'autre. La légation du cardinal de Florence aura des conséquences exceptionnelles sur le renouveau catholique en France : outre la régularisation canonique de nombreux clercs, la nomination de plus de deux mille curés de paroisse soigneusement choisis va réveiller la piété populaire et améliorer sensiblement la qualité du catholicisme en France.

En plus de sa mission strictement religieuse, le légat est également chargé de contribuer à la réconciliation entre la France et l'Espagne, et d'arranger la situation matrimoniale d'Henri IV. Ce dernier point, on s'en doute, fait trembler le clan d'Estrées. Pourtant, le roi lui accorde de nouvelles faveurs, à la veille de son départ pour Montlhéry, où il doit accueillir Alexandre de Médicis. Le 17 juillet, il écrit en effet au connétable « qu'il n'a encore été satisfait à ce qui a été promis au sieur d'Estrées pour la récompense du château de Pierrefonds, et qu'il est nécessaire de pourvoir cependant à la sûreté dudit château, sur l'instance que ledit sieur d'Estrées m'en a faite, je vous ai fait la présente pour vous prier d'aviser quel nombre de gens de guerre sera nécessaire pour la conservation de ladite place et tenir la main qu'il soit pourvu à leur entretènement jusques à ce que ladite récompense soit fournie audit sieur d'Estrées ».

C'est avec inquiétude que, le lendemain, Gabrielle voit s'éloigner son amant. Le vendredi 19, « avant dîner [1] », le roi, accompagné de plusieurs princes du sang, du gros Mayenne, d'Épernon – revenu au service du souverain et de Bellegarde – arrive devant le logis du légat qui accourt près de la porte. Henri s'empresse alors de mettre pied à terre et court embrasser le cardinal, « le visage tout joyeux ». Le roi tient presque constamment le prélat par la main et l'entraîne près d'une fenêtre. Les deux hommes échangent leur première conversation. L'immense sympathie qui naît entre eux ce jour-là ne se démentira jamais, malgré l'intransigeance du légat à l'égard de la liaison du roi.

Pour ne pas inquiéter longtemps sa bien-aimée, le roi veut que cet aller et retour entre Montceaux et Montlhéry se déroule le plus rapidement possible. Mayenne est tout essoufflé, et, pour se remettre de ce galop à bride abattue, il se rend à Paris où, racontera L'Estoile, « il but si bien à la santé du roi avec Messieurs d'Épernon, Schomberg et Sancy qu'il les fallut remporter tout saouls ».

Revenu à Montceaux, le souverain fait sa cure de diète et, le 29, il écrit à Villeroy : « Hier, j'achevai de me purger, et

1. C'est-à-dire avant le déjeuner, selon nos termes actuels.

aujourd'hui je me suis baigné. Je commence à me bien porter. » Puis le souverain tente d'excuser la longueur de son séjour à Montceaux qui exaspère secrètement son ministre...

La peste ravage Paris. C'est donc au château de Saint-Maur-des-Fossés, le 1er août, que le roi reçoit à nouveau le légat, mais cette fois en audience officielle. Il retourne sans tarder chez sa maîtresse où il retrouve sa sœur qui, toujours aussi obstinée, refuse d'épouser le duc de Montpensier. Les amants passent encore tout le mois d'août à Montceaux. On y prépare la réunion d'une Assemblée des notables du royaume à qui l'on demandera des subsides pour continuer la guerre, car la situation financière de l'État est catastrophique. En même temps, on négocie les modalités d'une réconciliation définitive entre le roi et l'Église. Le légat a décidé d'ignorer Gabrielle et persistera dans cette attitude tout le long de son séjour en France. Les d'Estrées sont d'autant plus inquiets que le mariage du roi avec la riche Marie de Médicis remplirait de façon substantielle les caisses royales. Le 24 août, Bonciani note : « Les amis de Mme de Montceaux cherchent à savoir si le légat a des ordres pour prononcer la nullité du mariage du roi, et pour proposer à ce prince une autre alliance. »

Sur ce, quelques cas de peste s'étant déclarés à Montceaux, Henri, Gabrielle et Catherine se hâtent vers Fontainebleau. Gabrielle y reçoit de nouvelles faveurs. Le 25, Henri lui fait don de la totalité des biens « de feu Bocquet, habitant Paris, et de ses enfants qui ont tué ledit défunt ». Le 31, elle reçoit le produit d'amendes importantes, concurremment avec le maréchal de Fervacques. De retour à Montceaux le 2 septembre, le roi, heureux et amoureux, donne à sa chère maîtresse le montant de tous les trop-perçus que les receveurs de Guyenne et de Rouergue doivent restituer, et à compter de l'année 1590 !

Henri ne peut quitter l'enchantement de cette longue parenthèse à Montceaux. Mais les affaires sérieuses approchent. L'Assemblée des notables aura lieu à Rouen, afin d'éviter les régions infestées par la peste. Et le roi a décidé d'accepter de ratifier son absolution dans la forme désirée par le pape. C'est une première victoire d'Alexandre de Médicis. Le 15 septembre, le petit monde de Montceaux s'achemine vers Juilly. Le roi devrait revoir le légat aux Tuileries, mais il remet cette rencontre au lendemain, préférant se rendre à Chelles « où il mène encore les dames, lesquelles il ne peut quitter », note Villeroy, très agacé.

Le 19 septembre, le roi arrive aux Tuileries et, sous les yeux du cardinal de Florence, appose sa signature au bas de l'acte qui le réconcilie solennellement avec l'Église. Le soir même, il rejoint sa maîtresse à Saint-Germain-en-Laye. Les amants y préparent leur départ pour Rouen. Gabrielle approche du terme de sa grossesse, mais n'imagine pas quitter le roi : sa situation reste fragile, et la présence du légat l'effraie. Henri continue à lui accorder des faveurs, ce qui, en ces temps de terrible pénurie, scandalise à juste titre les ministres et l'opinion. Le 28 septembre, à Saint-Germain, il donne à sa maîtresse une large part des taxes qui vont être imposées par les fourneaux destinés à la fabrication de l' « acier dur propre pour tous tranchants et pointes acérées ». Le 20, les amants se dirigent enfin vers Rouen.

CHAPITRE XII

Séjour à Rouen

Une longue colonne de carrosses, litières, charrettes, chevaux et mules se déroule sur les routes menant à Rouen. La capitale normande se prépare à devenir la capitale du royaume pendant plusieurs mois. La Cour s'empresse de suivre le roi, sa maîtresse et son fils. Gabrielle, « fort grosse et enceinte », précède Henri, allongée sur une litière. Le petit César se tient auprès d'elle.

Les amants couchent au château de Trie, la nuit du samedi 5 au dimanche 6 octobre. Puis ils traversent Gisors, Vernon et, le 8 au soir, ils atteignent le merveilleux château de Gaillon construit par le cardinal d'Amboise. Gabrielle admire l'exquise décoration de ses grandes salles et l'enchantement de ses jardins. La demeure est affectée à l'archevêque désigné de Rouen qui n'est autre que le demi-frère du roi ! Antoine de Bourbon a eu, en effet, un fils naturel de sa maîtresse, Louise de La Béraudière. Charles de Bourbon est d'un an à peine plus jeune que son frère royal qui l'a fait nommer archevêque de Rouen en 1594. Il illustre parfaitement ces nombreux prélats de l'époque, soucieux de leur carrière et dénués de toute vocation religieuse. L'archevêque de Rouen ne sait même pas dire la messe !

Le surlendemain, jeudi 10 octobre, la marquise de Montceaux gagne Rouen, quelques jours avant le roi. Tandis que Gabrielle veille à son installation, Henri règle depuis Gaillon les détails concernant la cérémonie de son entrée officielle dans la ville.

Rouen, centre provisoire du royaume

On a déjà évoqué l'importance de Rouen, considérée comme la seconde ville de France, pour son commerce portuaire, sa population et sa richesse. La cité normande est le siège du parlement de la province, établi par Louis XII. Outre sa cathédrale environnée de six tours, elle possède plusieurs palais et grands édifices. Gabrielle loge dans le plus agréable d'entre eux, le palais abbatial de Saint-Ouen, élégante construction du commencement du siècle. Thomas Platter, de passage à Rouen quelques années plus tard, note qu'« on y jouit d'une vue étendue et délicieuse du côté du levant, et il est entouré de charmants jardins; c'est pourquoi on y loge les rois lorsqu'ils viennent à Rouen ». Henri a décidé de s'y installer avec sa maîtresse, au mépris de l'opinion scandalisée de cette cohabitation adultérine dans un monastère. Gabrielle prend une chambre située juste au-dessus de celle que l'on destine au roi.

Le premier président du parlement de la ville, Claude Groulard, doit aller saluer Mme de Montceaux, sur ordre du roi. Il s'exécute le 11 octobre, puis le 13, probablement à contrecœur lorsque l'on sait ses réticences au sujet de la liaison royale. Le 14, Henri rejoint *incognito* sa maîtresse. L'entrée officielle, prévue pour le lendemain, est repoussée d'un jour à cause du mauvais temps. Le 16 tombe un mercredi, le jour préféré du souverain. Le temps est magnifique et la ville offre au roi une entrée exceptionnellement fastueuse.

Trônant aux abords de la cité, dans un pavillon construit pour l'occasion, Henri accueille le très long défilé de toutes les délégations représentatives de l'Église, de la milice bourgeoise, des corporations, des officiers civils, des compagnies armées, de la noblesse. Les vêtements des délégués, les harnachements de leurs chevaux, brillent d'un luxe inouï. Le souverain, coiffé d'un chapeau relevé par-devant et orné d'un grand panache blanc, est vêtu de satin gris blanc, sous la cotte d'armes de velours violet, brodée de douze fleurs de lys. Le défilé terminé, les fifres, les tambours et les trompettes ouvrent la marche du cortège vers la ville. Le connétable de Montmorency s'avance seul, tenant l'épée du roi [1]. Il précède le souverain qui monte un cheval gris-blanc pommelé, harnaché de velours cramoisi brodé et frangé d'or, la tête ornée d'un grand panache de plumes d'autruche blanches. Mme de Montceaux doit sûrement admirer son amant d'une fenêtre bien placée pour voir le cortège. Henri, comme à Lyon, passe sous plusieurs arcs de triomphe qui rivalisent de décors somptueux pleins d'allusions mythologiques. Le roi admire l'ingénieux mécanisme qui fait tourner un ciel sphérique et mouvoir un ange artificiel. L'interminable journée parsemée de harangues se poursuit par un *Te Deum* à la cathédrale et se termine au palais abbatial de Saint-Ouen que le souverain regagne en carrosse.

Le lendemain, 17 octobre, Henri veut que Gabrielle soit aussi officiellement complimentée. Les échevins vont donc offrir à la maîtresse royale les présents de la ville. Le chapitre de la cathédrale refuse de s'associer à cet hommage, et l'on peut lire sur le registre de ses délibérations : « Est à noter qu'il ne fut délivré à madame la marquise de Montceaux, grande amie de Sa Majesté, ni pain ni vin, pour certaines causes lors alléguées, à présent célées. » Le 18, les échevins offrent au souverain un superbe objet en « argent doré-vermeil » représentant une fontaine dans un bassin.

L'installation du roi dans leurs murs coûte très cher aux Rouennais et bouleverse leurs habitudes. La ville, brusquement envahie par la Cour venue en foule, doit loger les plus hauts personnages de l'État ainsi que les ambassadeurs. Parmi ceux-ci, les envoyés de la reine d'Angleterre.

Elizabeth boudait Henri et réclamait Calais. Après la prise de cette ville par les Espagnols, la reine admit que la présence de l'ennemi en face de Douvres menaçait directement son royaume et accepta de constituer avec le roi de France

---

1. Dans les villes de parlement, c'est le connétable qui porte l'épée du roi, dans les autres, le grand écuyer.

une ligue offensive et défensive. Elizabeth exigeait d'Henri la promesse qu'il ne ferait pas la paix avec Philippe II sans son accord et celui des Provinces-Unies (le souverain – nous verrons – ne devait nullement tenir compte de cette volonté). Le 26 mai, à Greenwich, la reine jure devant Bouillon d'observer fidèlement ses promesses. Ses envoyés sont à Rouen pour obtenir d'Henri IV le même engagement. Le 19, dans l'église de Saint-Ouen pendant les vêpres, Henri jure à son tour le traité devant les représentants d'Elizabeth. Le 20, au même lieu, l'ambassadeur remet au roi les insignes de l'ordre de la Jarretière, au cours d'un cérémonial parfaitement réglé.

Le 24, dans l'après-midi, l'échevinage de la ville offre au roi une naumachie sur la Seine. Henri, sa Cour, et très probablement Gabrielle malgré sa grossesse, admirent la joute depuis la grande salle du pavillon du pont. Ce combat naval simulé réjouit tout le monde. Le souverain est ensuite reçu à l'hôtel de ville où il doit encore subir des harangues et des sonnets récités dans un décor mythologique très appuyé, avant d'assister à un banquet, au son de musiques douces. Cette série d'interminables cérémonies étant achevée, il faut maintenant se consacrer au véritable but de ce séjour : l'assemblée des notables dont l'ouverture est prévue pour le 4 novembre.

Quelques jours auparavant, Henri a voulu procurer un nouveau logis parisien à sa maîtresse. Le duc de Joyeuse s'étant rallié au roi, il désire reprendre possession du bel hôtel occupé par Gabrielle. Le 28 octobre, Henri écrit à Schomberg [1] : « J'ai su que vous alliez vendre votre maison de Paris, et pour ce qu'étant proche du Louvre comme elle est, elle serait fort propre à ma maîtresse, qui en cherche une à acheter, j'ai pensé que vous seriez aussi aise de la lui vendre qu'à un autre. C'est pourquoi je vous prie de me mander si vous êtes en cette volonté, et combien vous la voulez vendre au dernier mot. »

1. Gaspard Schomberg, issu de la noblesse allemande, combattit dans les armées huguenotes, passa au service d'Henri III, puis d'Henri IV qui le fera maréchal.

L'assemblée des notables

Les prédécesseurs d'Henri IV convoquèrent à plusieurs reprises des États généraux, composés des députés du clergé, de la noblesse et du tiers état et qui devaient présenter au roi des cahiers de doléances. Il s'agissait d'un organe purement consultatif, qui ne devait pas prétendre décider à la place du souverain. Mais, dans les faits, l'institution s'éloigna de ses principes. Les troubles avaient affaibli la monarchie. Celle-ci demandait aux États non seulement ses avis, mais son accord pour des subsides. Les États s'enhardirent de plus en plus, jusqu'à paraître subversifs.

Fort de cette expérience manquée, Henri IV et ses conseillers improvisèrent une réunion de notables qui présentait sous certains aspects les mêmes formes que la réunion des États, tout en restant très différente dans sa nature même. Les trois ordres figurent dans l'assemblée de Rouen, et ont été choisis par le gouvernement. Chaque circonscription y a ses députés, comme pour les États. Très astucieusement, le roi a donné à cette réunion l'apparence d'une consultation nationale. Mais, en réalité, ses membres sont tous choisis par le souverain, contrairement aux députés des États. En outre, l'assemblée est restreinte aux représentants d'un petit nombre de villes. Le roi cherche à obtenir des subsides extraordinaires dans une période particulièrement critique de son règne, sans subir l'autorité d'une assemblée tentée par l'indépendance.

Ces remarques vont éclairer les commentaires de Gabrielle qui, à la demande de son amant, assiste à l'ouverture de l'assemblée, cachée derrière une tapisserie, dans la grande salle du palais abbatial de Saint-Ouen. Le roi prononce une « fort belle harangue, mais brusque et courte, selon son humeur et qu'on disait sentir un peu beaucoup son soldat », écrira L'Estoile. Pourtant, le souverain se fait humble jusqu'à ressembler à ce que l'on appellera beaucoup plus tard un roi constitutionnel. Gabrielle écoute attentivement son allocution, et en particulier cette phrase : « Je vous ai assemblés pour recevoir vos conseils, pour les croire, pour les suivre bref pour me mettre en tutelle entre vos mains. »

Henri a bien envie de retrouver au plus vite sa maîtresse, mais il doit écouter le discours du chancelier et ceux des représentants des divers ordres. Un certain Langlois, prévôt des marchands, est chargé de parler pour le peuple. Il s'en acquitte si mal que l'échevin Talon prend la parole à sa place. Le roi, grand amateur de calembours, déclare « que son prévôt a la langue au talon » ! La séance terminée, Henri se rend auprès de Gabrielle et lui demande son avis. La jeune femme dit que jamais elle n'a « ouï mieux dire » : seulement elle est très étonnée de ce qu'il a « parlé de se mettre en tutelle. – Ventre saint gris, lui répond le roi, il est vrai; mais je l'entends avec mon épée au côté ! »

La remarque de Gabrielle aura probablement plus d'influence sur le souverain qu'on ne le pense généralement. Sully écrira que les notables ont demandé et obtenu l'établissement d'un « conseil de raison », avec la prétention de disposer d'une manière absolue de la moitié des revenus publics. Le futur ministre affirmera en outre qu'il a conseillé au roi d'accorder aux notables une satisfaction peu dangereuse parce que provisoire. Sully ment, encore une fois. Henri IV ne donnera pas suite à ce projet : il n'y aura aucun « conseil de raison » à Rouen, et le roi ne sera nullement « mis en tutelle », du moins à cette époque. Le terme de « tutelle » relevé par Mme de Montceaux n'a-t-il pas réveillé le naturel autoritaire de son amant ? Quelques mois plus tard, éclatera un conflit violent avec le Parlement de Paris, au sujet d'édits fiscaux. Le roi écrira aux parlementaires parisiens : « Il semble que vous vous contentez de faire croire au peuple que vous êtes les *tuteurs*, protecteurs et conservateur d'eux et de l'État. Et, en effet, vous ruinez le royaume, et eux et votre roi. »

Henri a pris en considération le commentaire de Gabrielle. Pourtant, on aperçoit déjà, à Rouen, les éléments qui, ajoutés les uns aux autres, vont bâtir peu à peu un mur invisible entre les deux amants. La puissance financière commande de plus en plus la puissance politique. Comme le remarque Philippe Erlanger, la monarchie commence à capituler devant l'argent. Le grand-duc de Toscane prête des sommes considérables au roi de France. Le projet d'un mariage avec Marie avait encouragé la bonne volonté de Ferdinand de Médicis : sa patience risque d'avoir des limites. Les conseillers du roi ne l'ignorent pas et – hormis Philippe de Cheverny – sont exaspérés par la persistance de la liaison royale. Marie appartient à cette aristocratie financière qui étend de plus en plus son pouvoir en Europe, tandis que Gabrielle appartient à l'aristocratie terrienne et militaire qui, malgré sa force encore réelle, n'est plus en mesure de diriger l'évolution des événements.

La composition de l'assemblée des notables reflète l'importance accordée aux magistrats – officiers de justice par leur fonction – et aux trésoriers. Il y a en effet 9 prélats, 19 gentilshommes et 52 magistrats, trésoriers de France, maires et échevins. Le monde parlementaire, assez largement représenté dans cette réunion, a acquis une haute conception de son rôle moral : il est le défenseur des intérêts supérieurs de l'État et de la nation, le gardien des « lois fondamentales » du royaume. Il ne s'oppose pas au roi, mais prétend exercer une sorte de surveillance tutélaire et morale sur le souverain, en lui rappelant, si besoin est, le respect qu'il doit au droit. En revanche, il considère aussi que le système monarchique facilite l'application de la justice et de la loi, à condition que la personne du roi soit exemplaire. Or les parlementaires, dans leur ensemble – et Claude Groulard les illustre fort bien – blâment la liaison d'Henri qui, selon eux, affaiblit l'image royale. La monarchie ne peut, à cette époque, se passer des parlements. Le roi fait constamment appel à eux non seulement pour l'enregistrement des édits concernant les affaires de l'État, mais pour obtenir la légitimation de ses enfants. Pourrait-il facilement épouser Gabrielle en passant outre l'avis du Parlement ?

L'argent et la loi menacent inexorablement les deux amants qui affichent insolemment leur bonheur privé. La naissance, à Rouen, de leur fille Henriette va susciter les nouvelles réprobations d'une opinion scandalisée.

Henriette

Le 11 novembre [1], au monastère de Saint-Ouen, Gabrielle met au monde une fille, prénommée Catherine-Henriette : sa marraine sera Catherine de Bourbon et son parrain le connétable Henri de Montmorency. Catherine est arrivée l'avant-veille, souffrante et fiévreuse. Elle accepte sûrement à contrecœur d'être la marraine d'une bâtarde. Le connétable viendra à Rouen pour le baptême. Montmorency a, depuis peu, un fils de sa nouvelle épouse, la très belle et très jeune Louise de Budos. Henri projette de marier sa petite Henriette au fils de son « compère ». Le 15, il lui écrit : « Je me porte bien, comme fait ma maîtresse et la petite mademoiselle de Montmorency. » Le 20, il insiste assez lourdement dans une nouvelle lettre au connétable : « Je me porte très bien, Dieu merci, comme fait César et la petite mademoiselle de Montmorency, pour laquelle on m'a parlé d'un mari qui est de bonne maison et fort riche, mais j'ai juré qu'elle serait dame de Montmorency et de Chantilly. »

Le roi, tout attendri, s'approche du feu qui flambe dans la cheminée et fait chauffer lui-même les langes d'Henriette. Les courtisans l'observent, pétrifiés, et commentent aigrement les gestes familiers de leur souverain. « Notre roi est devenu la sage-femme de Madame la marquise. » Épernon, ironique, fait mine de défendre la majesté royale : « Tout beau, messieurs, il ne faut parler ainsi du roi. » Mais, le jour du baptême, les plus hauts personnages de la Cour s'empressent de participer à l'imposant rituel de cérémonie, comme s'il s'agissait d'un enfant de France !

1. Ritter a démontré les erreurs typographiques figurant dans les Mémoires de Claude Groulart qui mentionnent des dates fausses pour la naissance et le baptême d'Henriette (2 et 17 au lieu 11 et 27 novembre).

La date choisie est le 27 novembre, un mercredi, jour porte-bonheur pour Henri. Henriette attend dans son berceau, vêtue d'« un grand drap d'argent doublé d'hermines mouchetées, la queue longue de six aulnes ». Le prince de Conti est prêt à recevoir l'enfant des mains de Madame, sœur du roi, chargée de lever le bébé du berceau. Ô surprise! Madame refuse cet office. Henri insiste, elle refuse une deuxième et une troisième fois. Froidement, Catherine rappelle à son frère que, lors de la naissance de la fille de Charles IX, Catherine de Médicis ne l'a pas obligée à ce geste humiliant, et pourtant l'enfant était légitime, et elle-même appartenait à cette époque à une branche cadette. Aujourd'hui, c'est elle la première dame du royaume, et cette petite fille n'est qu'une bâtarde. Le roi n'insiste plus et demande à la maréchale de Retz de prendre l'enfant. La maréchale obéit et place Henriette dans les bras de Conti.

La foule s'est amassée pour regarder le cortège. Suivant le cérémonial observé pour les enfants de France, il y a quatre poêles dressés dans l'église. L'évêque de Paris, le cardinal de Gondi, va baptiser Henriette qui s'approche de l'autel dans les bras de Conti. Mlle de Guise porte la longue traîne du lange d'argent. Conti et Louise-Marguerite (qui, on s'en souvient, a été la rivale de Gabrielle dans le cœur de Bellegarde) s'avancent en queue du cortège. En tête, marchent les gardes, les suisses, les tambours, les trompettes et les violons, les pages avec les flambeaux. Puis suivent les grands personnages de la Cour, tenant chacun un objet nécessaire au rituel : le maréchal de Matignon porte le cierge, le maréchal de Retz « une grande salière couverte », le duc d'Épernon le bassin, le duc de Nevers le vase, le duc de Nemours la serviette et le duc de Montpensier le chrémeau [1].

Toute cette haute noblesse qui honore une bâtarde

1. On peut retrouver, dans l'inventaire des biens meubles de Gabrielle, fait après son décès, certains de ces objets, décrits avec plus de détails. On peut ainsi lire : « un lange de toile d'argent de deux largeurs de quatre aulnes deux tiers de long, bordé d'hermine mouchetée et doublé de taffetas blanc, avec deux carreaux aussi de toile d'argent et quatre aulnes deux tiers de gaze d'argent, contenant trois lais, prisé cent écus ». Et également : « une grande salière d'argent doré semée d'antiques avec un couvercle sur empâtement ».

comme une fille de France tient énormément aux pré-séances. Les duchesses de Nemours et de Longueville ne veulent pas se céder le pas : elles ont donc décidé de ne pas quitter le palais abbatial! Le comte de Saint-Pol refuse d'assister à la cérémonie, ne voulant pas s'effacer devant le duc de Nemours. « *O quantum est in rebus inane!* » commente Groulard. On sait par Jacques-Auguste de Thou combien cette célébration en présence des ambassadeurs étrangers a scandalisé l'opinion : « Les personnes sensées blâmèrent cette pompe pour une fille bâtarde. »

Bien sûr, Gabrielle reçoit encore des cadeaux substantiels à l'occasion de cette nouvelle naissance. Le 28, le roi lui accorde des sommes à provenir « des amendes, confiscations et adjudications » consécutives à « la recherche des malversations et concussions commises par les receveurs particuliers du Limousin et de la Haute et Basse-Marche ». Le lendemain, Mme de Montceaux, reçoit la totalité des biens meubles et immeubles de M. Raulin, conseiller au présidial de Lyon, dont la confiscation a été ordonnée par arrêt des Grands Jours.

La haine monte sourdement contre la maîtresse royale. L'opinion exprime ses désirs de vengeance justicière en se berçant de prophéties qui annoncent le prochain malheur du couple maudit. D'après L'Estoile, la Cour chuchote la prédiction d'un « grand magicien des Pays-Bas, qui disait que le roi devait être tué dans son lit sur la fin de cette année ». Et, pour bien accuser Gabrielle, rendue responsable d'attirer le mauvais sort sur le souverain, on colporte en même temps l'exemple du Grand Turc : le « Grand Seigneur » obtint la victoire sur les chrétiens grâce à la justice qu'il « avait faite d'une garce qu'il entretenait, qu'il aurait tuée de sa propre main pour contenter le peuple et ceux de sa Cour, auxquels elle était fort odieuse; et que depuis tout bonheur l'avait suivi ». Le conte revient aux oreilles d'Henri qui s'en moque, « disant, poursuit L'Estoile, que pour cela il ne lairrait de baiser sa maîtresse, comme de fait il la baisait devant tout le monde, et elle lui en plein Conseil ». Les affaires laissent au roi le temps de chasser le cerf dans les forêts avoisinantes, de courir la bague et de jouer au grand jeu de paume de Saint-Ouen. Tous les jours, il regarde « remuer » sa fille.

L'attitude de Catherine à l'égard d'Henriette a dû tendre ses relations avec Gabrielle, mais Mme de Montceaux ne saurait compromettre ses ambitions en se fâchant avec la sœur du roi. Henri cherche-t-il encore à marier Madame à Montpensier ? Il songerait à épouser Mlle de Longueville, sœur de l'ancien soupirant de Gabrielle. Mlle de Longueville a le caractère hautain et laisse courir le bruit que le roi a fait tuer son frère... conseillé par Gabrielle. Selon Groulard, Mme de Montceaux s'arrange pour casser ce projet de mariage, pendant son séjour à Rouen...

Le 11 décembre, le souverain part brusquement pour Paris, afin de régler rapidement une question concernant les rentes de la ville, qui mécontente violemment la capitale. Il visite Saint-Germain-en-Laye et Fontainebleau, puis reprend le chemin de la Normandie. Le 19, il est à Gaillon où il a fait venir sa maîtresse. Les amants s'y reposent quelques jours, loin des affaires et de l'agitation rouennaise. Le lundi 23, ils sont de retour dans la capitale normande. Gabrielle et son clan redoutent la présence du légat, qui est arrivé à Rouen le 13 décembre, pendant la courte absence d'Henri.

Le cardinal de Florence à Rouen

Alexandre de Médicis craint les fatigues d'une entrée officielle. Conti et Montpensier le conduisent simplement en carrosse jusqu'au bel hôtel de Bourgtheroulde. Sans attendre le roi, le légat a l'élégance de rendre visite à Catherine de Bourbon. Aux craintes exprimées par Madame, le cardinal répond qu'il n'est pas venu en persécuteur des huguenots, mais en homme de paix. Catherine est rassurée mais, obstinée comme sa mère, elle a le front de célébrer le culte protestant au monastère même de Saint-Ouen !

L'entourage féminin du souverain ne facilite pas la mission du prélat... Alexandre de Médicis feint d'ignorer Gabrielle, installée, elle aussi, au palais abbatial. Le légat reçoit de plusieurs côtés des informations contradictoires sur la maîtresse royale. Au mois d'octobre, le cardinal Aldobrandini lui a écrit de Rome pour lui faire part de bruits tout à fait alarmants : le roi ne veut plus considérer le prince de Condé comme son successeur légitime, car les hérétiques le poussent à faire de César l'héritier de la couronne et à épouser sa mère, afin d'entraîner Sa Majesté à suivre l'exemple d'Henri VIII d'Angleterre. Le légat, encore à Paris, a renvoyé à Rome des informations différentes [1]. « La marquise Gabrielle n'est pas hérétique, ni amie des hérétiques. Elle est même ennemie mortelle de Sancy [Sancy est alors protestant] et lui d'elle. Celui-ci s'est vanté d'agir en sorte que, d'ici deux ou trois mois, le roi la chasse. Il est certain que Bouillon [gentilhomme le plus titré du parti huguenot], lorsqu'il vint ici, s'efforça de la mettre de son bord en lui faisant craindre que le légat y fût venu pour la perdre et pour l'éloigner du roi. Elle, qu'elle le crût ou qu'elle n'y crût pas, courut vers le roi et se jeta à ses genoux, lui demandant en grâce, s'il entendait la congédier, de le faire avant que le légat s'en mêlât. Le roi s'étant attendri chercha dans sa pensée qui pouvait le lui avoir dit et le lui demanda. Elle dit ce qui en était. Le roi repartit que c'était un malfaisant et qu'elle demeurât en parfaite tranquillité ; et cela est bien vrai.

« Je me suis abstenu d'écrire à son propos, ayant estimé qu'il vaut mieux la laisser à l'écart. Je me suis comporté ici comme si elle n'y était point, pensant que le moment n'est pas opportun pour y pourvoir. »

Si ce bruit est fondé, il montre bien la terreur qu'inspire le légat aux d'Estrées. Alexandre de Médicis écoute particulièrement les confidences que lui fait le moine Bonciani, l'envoyé toscan. On sait le contenu probable de leurs conversations par les lettres expédiées à Florence par Bonciani. Le

1. Lettre citée par Raymond Ritter, *Lettres du cardinal de Florence sur Henri IV et la France.*

18 décembre, il écrit au grand-duc : « On estime qu'il n'est pas très bon pour la santé de Sa Majesté d'être toujours auprès de Mme de Montceaux. » Le roi, précise le moine toscan, ne parle plus d'annuler son mariage; sa liaison avec Mme de Montceaux fait scandale, il ne songe pas à se remarier et fait rendre de grands honneurs au jeune prince de Condé comme à son successeur. Le 30, Bonciani fait part à Ferdinand de Médicis, des difficultés rencontrées en France par son cousin Alexandre : « Bouillon met tout à feu et à sang entre le pape et le roi à propos de la religion de Madame, de la putain et du concile. » Puis il raconte le scandale du baptême d'Henriette, semblable à celui d'un héritier de la couronne. On a blâmé le cardinal de Gondi d'avoir accepté de baptiser cette enfant : l'évêque de Paris s'est excusé en alléguant qu'il ne pouvait refuser d'administrer un sacrement. Et Bonciani conclut : « L'amour du roi pour cette dame augmente encore et deviendra un mal incurable, à moins que Dieu n'y mette sa sainte main. »

Le 24 décembre, Henri reçoit le cardinal au palais abbatial. Le roi est alité, avec beaucoup de fièvre. Pour se guérir au plus vite, il avale, nous dit L'Estoile, « force huîtres à l'écaille », et boit de l'hypocras. Henri promet de recevoir la communion des mains du légat, le lendemain, jour de Noël. La foule admire la piété du roi...

Henri a demandé au cardinal de Florence de présider à l'abjuration de la princesse de Condé, mère de l'héritier présomptif de la couronne. On se souvient que Charlotte de La Trémoïlle fut accusée d'avoir empoisonné son mari, frère de Soissons et de Conti, et cousin germain du roi. Henri la garda prisonnière en Saintonge pendant huit ans. Elle ne voulut se convertir qu'après son procès, pour ne pas être soupçonnée de gagner ses juges par sa conversion. Le roi l'a fait revenir à la Cour l'année précédente. Ses beaux-frères sont furieux de cette rentrée en grâce : ils restent persuadés de la culpabilité de Charlotte. Comment Gabrielle perçoit-elle ce soudain intérêt pour les Condé ? Comme Bonciani, le clan d'Estrées lie-t-il cette réconciliation à la volonté du roi de faire traîner son annulation ? Ou bien imagine-t-il le souverain mettant en valeur son héritier légitime pour épouser tranquillement Gabrielle ? Sancy confirmera plus tard qu'à cette époque le roi « ralluma vivement » ses projets de mariage et lui dit, « en particulier, qu'il y était résolu ». Sancy se souviendra de sa réponse : « Je lui remontrai tout ce que je pus pour l'en dissuader, tant par exemples que par raisons. Il ne s'offensa point de tout ce que je lui dis, mais il rapporta tout à sa maîtresse, qui jura ma ruine. Elle n'avait pas, néanmoins, jusques alors, le pouvoir de me faire du mal, tant mon service était agréable à mon maître. » La marquise, si près des épousailles, veut aussi le royaume pour César et ne doit pas apprécier les cérémonies qui vont faire de Charlotte l'héroïne du moment.

La princesse de Condé, qui a fait son entrée à Rouen le 19 décembre, abjure le 26, dans l'église Saint-Michel. Une foule immense accourt pour assister à la cérémonie. Le connétable ordonne en hâte à ses gardes de placer des barrières autour de l'église pour contenir la foule. Beaucoup de dames de la Cour doivent passer par-dessus les palissades pour rejoindre la princesse, agenouillée aux pieds du légat ! Alexandre de Médicis récite les psaumes avec Charlotte, tout en touchant légèrement de sa baguette les épaules de la pénitente. L'affluence est telle, que le légat affleure plusieurs fois le visage de la belle épouse du connétable. Il s'en aperçoit et casse le bout de sa baguette pour en réduire la taille. Plusieurs personnes croient qu'il s'agit d'un geste imposé par le rite de l'abjuration !

Épuisée par tant d'émotions, Charlotte tombe malade pendant la nuit et la journée suivante. Le surlendemain, le cardinal dit la messe à la cathédrale puis offre, dans son hôtel, un superbe banquet en l'honneur de la princesse de Condé, où il convie plus de trois cents nobles. Les serveurs apportent des pièces montées pétries avec du sucre très blanc. Les princesses sont priées d'en ôter les couvercles. S'en échappent, à l'instant, de petits lapins de diverses couleurs, portant à leur cou des clochettes d'argent, ainsi qu'une multitude de passereaux. La surprise du légat provoque les applaudissements enthousiastes et les rires des invités...

Que ces festivités n'attristent pas Gabrielle! Comme cadeau de fin d'année, le roi lui offre 50 000 livres à prendre « sur les premiers deniers provenant de la vente et aliénation du temporel des ecclésiastiques ».

En ce mois de janvier 1597, tout le clan familial se trouve à Rouen pour marier la sœur cadette de Gabrielle, Julienne-Hippolyte, avec Georges de Brancas, seigneur de Villars, gouverneur du Havre. Le fiancé est le frère de l'amiral de Villars qui, on s'en souvient, a défendu Rouen pour le compte de la Ligue avec un acharnement féroce. La fiancée se rendra célèbre par ses audaces amoureuses, dignes d'une femme Babou (d'après Tallemant, elle n'hésitera pas à dénuder sa poitrine devant un capucin dont elle tombera folle amoureuse). Le 7 janvier, on signe le contrat, et les noces sont fastueusement célébrées le 8. Après Balagny, Villars-Brancas apporte à Gabrielle l'appui d'une famille riche et puissante. Mme de Montceaux le fera nommer par le roi lieutenant général au gouvernement de Normandie.

Le 12 janvier, la marquise est fière de montrer sa puissance au légat. Alexandre de Médicis a cédé aux cajoleries du souverain et accepte de confirmer César. Le cardinal se gardera de mentionner cette cérémonie dans ses lettres...

Les travaux des notables touchent à leur fin. L'Assemblée se sépare le 29 janvier, après avoir voté une taxe de 5 % sur les marchandises et avoir rédigé un « avis » sur les mesures souhaitables pour sauver le royaume du marasme économique. Le roi et sa maîtresse restent encore quelques jours dans la capitale normande où une délégation du parti protestant est venue exprimer ses revendications. Les huguenots sont maintenant fermement organisés, et leurs exigences sont assorties de menaces plus ou moins voilées. Pour endormir leur mécontentement, Henri veut faire enregistrer l'édit de Poitiers par le parlement de Rouen. Celui-ci finit par obéir d'assez mauvaise grâce à la volonté royale.

Gabrielle fait largement prospérer ses affaires personnelles jusqu'à la fin de son séjour rouennais. Le 5 janvier, elle a passé une procuration par-devant notaires. Le 8, elle obtient la moitié des 59 000 livres échues au roi par droit d'aubaine, provenant de l'héritage d'un riche Génois décédé en France. Cette opération a été montée par l'astucieux et richissime financier toscan Sébastien Zamet que nous rencontrerons souvent par la suite. À cette époque, Mme de Larchant voudrait échanger sa seigneurie de La Ferté avec le souverain : Mme de Montceaux cherche alors à acquérir cette terre. Enfin, le 4 février, deux jours avant son départ, le roi procure à ses chères amours d'énormes bénéfices en perspective : en échange de la somme dérisoire de 4 000 livres à payer au Trésor, Gabrielle obtient « tous les droits, profits et émoluments » provenant des taxes récemment établies sur les batelleries des « rivières de Seine, Marne, Yonne étant des navigables » ! On comprend la colère de l'opinion devant de telles largesses alors que le royaume traverse de si grands périls.

Le 6 février, les amants quittent Rouen avec leurs enfants, suivis par l'interminable file de carrosses, litières, charrettes, chevaux et mules...

CHAPITRE XIII

Le coup de tonnerre d'Amiens

Après avoir pris congé de l'échevinage de Rouen qui a tenu à l'accompagner jusqu'à Franqueville, Sa Majesté se dirige à petites étapes vers Paris. Le 9 février au soir, la très gaie mère Angélique reçoit à Maubuisson, pour la nuit, sa célèbre sœur et son royal amant. Puis le roi et sa maîtresse se reposent quelques jours à Saint-Germain-en-Laye avant de gagner la capitale, le jeudi 13 au soir, bien décidés à y passer le plus joyeusement possible les journées du carnaval tout proche.

La surprise d'Amiens

D'humeur légère, les amants n'ont nulle envie de coucher dans les sinistres appartements du Louvre. Ils s'en vont donc souper et passer la nuit dans le magnifique hôtel du financier italien Zamet, situé rue de la Cerisaie. Curieux personnage que ce Sébastien Zamet. Il est né à Lucques où, paraît-il, son père était cordonnier. Catherine de Médicis l'a fait venir en France pour l'attacher à la personne de son fils Henri III, en qualité de valet de garde-robe. Sa drôlerie malicieuse, ses aptitudes à se mêler aux intrigues et à rendre toute sorte de services et aussi son génie ses affaires lui ont procuré une fortune immense. Après la mort du dernier roi Valois, Zamet, enfermé à Paris, ne put faire fructifier ses intérêts qu'en servant la Ligue et son chef, le duc de Mayenne. Mais il ne négligeait pas Henri IV pour autant et servit – avec bonheur – d'intermédiaire entre Mayenne et le roi béarnais. Henri IV, revenu à Paris, apprécia fort la splendide maison du Lucquois qui lui aménagea un appartement dont il pouvait disposer à tout moment. Le roi ne manqua pas de l'utiliser par la suite, comme maison de rendez-vous. Il aimait y venir avec Gabrielle.

Le lendemain, 14 février, ils vont tous deux « dîner » (déjeuner) chez le diplomate Jérôme Gondi (à ne pas confondre avec l'évêque de Paris) qui possède un luxueux hôtel entre les portes Saint-Germain et Saint-Michel. Gabrielle admire un paravent de brocatelle que le diplomate s'empresse de lui offrir. Les marchands de la foire Saint-Germain se préparaient à démonter leurs étalages, mais Henri les a fait prier de différer quelque peu leur départ, car il compte les visiter après le repas dans la maison toute proche de Gondi. Le souverain s'amuse toujours énormément de cette animation foraine. Sa maîtresse auprès de lui, il se promène dans les allées bordées de baraques qui exhibent les marchandises les plus variées. Les denrées exotiques, comme le tabac, font leur apparition. Quelques archers obtiennent un peu d'espace autour de Sa Majesté dont la présence n'intimide nullement les forains. Le roi, qui accorde si facilement des largesses insensées à sa maîtresse, ressemble à un paysan avare lorsqu'il s'agit de marchander... hélas pour les marchands, très déçus. Il veut offrir à Mme de Montceaux une bague proposée par un Portugais au prix de 800 écus. N'ayant pu en rabattre le prix, Henri renonce à ce bijou, mais un autre joaillier de la foire lui vend, pour le petit César, « un drageoir d'argent mathématicien » où sont gravés les douze signes du ciel.

Les amants s'étourdissent au milieu des fêtes et des mascarades. L'Estoile évoquera leur journée du 23 février, premier dimanche de carême : « Le roi fit une mascarade de sorciers et alla voir les compagnies de Paris. Il fut sur la présidente Saint-André, sur Zamet, et en tout plein d'autres lieux, ayant toujours la marquise à son côté, qui le démasquait et le baisait partout où il entrait. Et ainsi se passa la nuit, étant huit heures du matin quand Sa Majesté revint au Louvre. »

La désinvolture du souverain et de sa maîtresse suscitent des pamphlets et des placards menaçants que l'on découvre au Louvre même, comme celui-ci, d'inspiration ultra-catholique, « semé » au palais, le jour du Mardi gras :

> *La femme d'autrui tu rendras,*
> *Que tu retiens injustement.*
> *Et la tienne tu reprendras*
> *Si tu veux vivre saintement.*
> *Et ce faisant te garderas*
> *Du couteau de Jacques Clément.*

Aux premiers jours de mars, circulent des écrits féroces sur Gabrielle et sa famille. Sur Isabelle de Sourdis, sa liaison et l'homosexualité de son mari :

> *Ne suis-je pas un grand docteur?*
> *Au moins, je ne suis pas menteur,*
> *Car Madame la Chancelière*
> *Me ferait fouetter par derrière,*
> *Comme un page par son mari.*

Sur la liaison royale :

> *– Ha! vous parlez de votre Roi?*
> *– Non fais, je vous jure ma foi!*
> *Par Dieu! J'ai l'âme trop royale :*
> *Je parle de Sardanapale.*
> Non sempre sta in bordello :
> *Hercule!* non se far immortello
> *Au royaume de Conardise,*
> *Où, pour madame la marquise,*
> *Les Grands Monts sont mis à Monceaux,*
> *Et toute la France en morceaux,*
> *Pour assouvir son putanisme.*

L'opinion continue à dénoncer les infidélités (non prouvées) de Mme de Montceaux. On lui attribue une liaison avec son écuyer Claude Vallon qui lui apporterait des satisfactions que le roi ne parviendrait pas à lui procurer. Ces médisances sont arrangées en forme de dialogue mis en quatrains, entre Gabrielle et sa tante :

MADAME LA MARQUISE À SA TANTE
Mon Dieu! que j'ai eu peur – n'en dites rien, ma tante –
Que le Roi n'aperçut Vallon dessus mon lit!
Puisque lui seul ne fait que m'ouvrir l'appétit,
Il me faut bien chercher ailleurs qui me contente.

RÉPONSE DE SOURDIS
Il faut dire, ma nièce : « Étant bon cordonnier,
Je voulais qu'il me fît des mules en broderie »,
Il faut tourner cela toujours en raillerie,
Comme j'ai fait souvent à mon vieux chancelier.

Henri, comme toujours, fait mine de se moquer de ces audaces.

Au mécontentement des ultra-catholiques s'ajoute celui des huguenots, après l'incident survenu chez Catherine de Bourbon le 4 mars. La nuit précédente, Madame s'est sentie très malade, et son frère lui a tenu compagnie jusqu'à minuit. Il retourne la voir avec sa maîtresse dans l'après-midi du lendemain. Catherine écoute, au son du luth, le Psaume 78. L'assistance protestante commence à chanter les versets et, distraitement, le roi se met à les chanter aussi! Gabrielle a la présence d'esprit de lui mettre la main sur la bouche et de le prier de se taire. Les huguenots chuchotent, indignés : « Voyez-nous cette vilaine qui veut engarder le roi de chanter les louanges de Dieu! »

On peut penser que Mme de Montceaux est satisfaite d'avoir infligé un camouflet à Catherine de Bourbon qui l'a tant humiliée lors du baptême d'Henriette, légitimée depuis peu. En vérité, Gabrielle a agi avec un solide bon sens et a évité à son amant une bévue aux graves conséquences. La fille d'Antoine d'Estrées a bien compris la ligne politique que le souverain lui a lui-même expliquée : tendre vers un accord de tolérance avec les protestants, et adopter fermement la foi catholique. Les diplomates surestiment l'influence des huguenots sur Gabrielle.

Le lendemain, 5 mars, la marquise assiste aux côtés du roi au baptême du fils du connétable. L'enfant, tenu par le roi, est baptisé par le légat dans l'église des Enfants-Rouges. Gabrielle, tout habillée de vert, est magnifiquement parée. Ne se souciant guère de la présence du cardinal, Henri s'amuse à contrôler la coiffure de sa maîtresse : elle n'a que douze brillants dans les cheveux, alors qu'il lui en faudrait quinze. La cérémonie terminée, les amants assistent au somptueux festin offert par Montmorency en son hôtel. Tous les grands cuisiniers de Paris préparent ce repas depuis huit jours. D'après L'Estoile, les poissons, véritables « monstres marins », qu'on a fait venir de toutes les côtes, sont « déguisés en viande de chair ».

Le séjour parisien du roi et de sa maîtresse se poursuit au milieu des fêtes, dans la plus heureuse des insouciances. Le 12, au petit matin, éclate l'effroyable coup de tonnerre : Amiens est tombée la veille aux mains des Espagnols. Le glacis défensif qui protège la capitale se fissure gravement sur cette brèche stratégiquement essentielle. Henri l'avait, en effet, transformée en place d'armes où s'accumulaient la poudre et les approvisionnements en vue d'une offensive sur les frontières du nord. Les Amiénois, très préoccupés de leur indépendance municipale, avaient refusé de recevoir une garnison royale. Sachant la place mal gardée, les Espagnols s'en sont emparés – de la façon la plus humiliante pour les armées du roi de France – en plein jour, habillés en paysans venus vendre des noix !

Tout d'abord le souverain paraît vaciller sous le choc et s'écrie, comme il le fait souvent dans l'adversité : « Ce coup est du ciel ! » Puis il ajoute : « Ces pauvres gens, pour avoir refusé une garnison que je leur ai voulu bailler, se sont perdus. » La faute en incomberait aux seuls Amiénois... mais le roi sait bien que l'opinion va lui reprocher durement d'avoir joyeusement festoyé avec sa maudite maîtresse au lieu d'être parti inspecter ses places fortes. Rosny se souviendra du souverain faisant les cent pas dans sa chambre, en robe, bonnet et bottines de nuit devant ses conseillers consternés.

Gabrielle, qui couche auprès du roi au Louvre, apparaît en pleurs. Henri s'est déjà ressaisi et l'avertit avec un à-propos qui ne manque pas d'humour en ces circonstances : « Ma maîtresse, il faut quitter nos armes [celles de l'amour] et monter à cheval pour faire une autre guerre. » Et, à son entourage, il lance : « C'est assez faire le roi de France, il est temps de faire le roi de Navarre. » Comme l'écrira Jacques-Auguste de Thou, « au milieu de ces disgrâces, de ces contretemps et de ces dangers, Henri fit paraître un courage invincible et une présence d'esprit admirable, mais qui lui était ordinaire dans les plus grands périls ». Le roi se prépare à courir sur-le-champ vers Amiens. Selon une dépêche de Bonciani, il est réduit à emprunter 2 000 écus à Mme de Montceaux, sans lesquels il ne pourrait quitter Paris.

Gabrielle est terrifiée par l'idée de rester à Paris sans le souverain. Elle sait la haine qu'elle inspire au peuple parisien. Elle sait aussi que l'opinion la rend responsable de tous les malheurs en général et de celui-ci en particulier. L'hôtel Schomberg où elle commence à s'installer est situé rue Fromenteau, tout près du Louvre dont il jouxte la cour des Offices. Henri a mis à la disposition de sa maîtresse un contingent de gardes du corps pour sa sécurité. Mais les misérables logis du petit peuple entourent la plupart des hôtels parisiens et le Louvre même. Et hors des couches sociales les plus pauvres, il y a beaucoup de monde qui souhaite la mort de Mme de Montceaux. Effrayée, Gabrielle s'apprête rapidement et quitte Paris dans sa litière, une heure avant le départ du roi. Madame Catherine, impassible, reste à Paris et continue à faire prêcher chez elle.

Intrigues diplomatiques

La chute d'Amiens agite fortement les Cours d'Europe. Gabrielle et sa camarilla se trouvent au centre de cet imbroglio diplomatique. Avant d'observer les amants au fil des jours qui suivent le désastre, tentons de dénouer brièvement les fils d'un contexte assez compliqué et de cerner à grands traits le rôle exact du clan de Gabrielle au milieu des nombreuses intrigues.

La France est en grand péril, mais le danger vient d'un ennemi blessé. En effet, les Anglais ont réussi à s'emparer de Cadix, au mois de juin 1596, et à contraindre l'Espagne à la banqueroute.

En fait, la France et l'Espagne, toutes deux épuisées et à bout de ressources, cherchent à négocier par l'intermédiaire du pape et plus particulièrement du légat. À Rouen déjà, on notait la présence discrète d'un envoyé espagnol. La grande diplomatie passe encore par des mariages dynastiques. Et si l'on envisageait un mariage avec l'infante, toujours célibataire ? Encore faut-il que le mariage du roi soit annulé. Villeroy se prépare à aller à Rome, et Henri parle au légat de l'infante. Le pape reste méfiant. Et si Henri cherchait à obtenir l'annulation pour épouser Gabrielle ?

Ces approches diplomatiques et matrimoniales ne plaisent guère à Florence et à Venise. On sait que ces deux États résistent à l'hégémonie espagnole sur la péninsule italienne. Leur candidate est Marie de Médicis, leur ennemie est Gabrielle d'Estrées. Le clan de la maîtresse royale ne l'ignore point. Alors ils vont accepter de nouer des alliances en dehors et à l'insu du roi. Pour le moment, Henri ne semble pas en prendre conscience.

De façon résumée, voici la stratégie Estrées-Sourdis-Cheverny face aux grands de ce monde. D'un côté, le pape, le grand-duc de Toscane et la République de Venise souhaitent l'union d'Henri IV avec Marie de Médicis, mais craignent qu'une annulation obtenue avant sa rupture avec Gabrielle ne profite à Mme de Montceaux, permettant le mariage du roi avec sa maîtresse. De l'autre côté, Philippe II verrait d'un assez bon œil le mariage d'Henri avec Gabrielle, ce qui créerait de fortes contestations en France et affaiblirait ainsi la grande puissance rivale de l'Espagne en Europe continentale. C'est ici que se place le duc de Savoie, gendre du roi d'Espagne. Il existe entre la France et la Savoie un contentieux au sujet du marquisat de Saluces. Ce territoire qui appartenait à la France a été annexé par la Savoie sous le règne d'Henri III. Le duc de Savoie veut garder le marquisat. Il monte donc une intrigue avec les d'Estrées à qui il promet d'intervenir auprès de son beau-père pour qu'il favorise l'annulation du mariage du roi à Rome : Gabrielle pourrait ainsi épouser Henri. En échange, Mme de Montceaux doit convaincre son amant d'abandonner le marquisat au duc de Savoie. Pourtant, le roi tient à Saluces et paraît déterminé à se battre pour le garder. Tous ces manèges n'échappent pas aux diplomates toscans...

La situation de Gabrielle, si forte soit-elle, présente aussi des points faibles. Le grand-duc de Toscane se lasse de la piètre situation militaire et financière de la France et commence à vouloir des gages. La perte de l'alliance toscane serait catastrophique pour Henri et cette perspective pourrait le pousser à épouser Marie. Mme de Montceaux tremble devant les Médicis.

D'autre part, le jeu des proches de Gabrielle auprès du duc de Savoie est très risqué. Le clan a toujours tiré sa force de sa parfaite concordance avec les intérêts d'Henri. À la fois légitimistes et « politiques », les d'Estrées et le faux ménage Cheverny ont, pour l'essentiel, fidèlement cheminé avec le roi. En se prêtant aux intrigues de Charles-Emmanuel de Savoie, ils rompent avec leur ligne de conduite habituelle et basculent dans les errances des grands féodaux, toujours prêts à pactiser avec les puissances étrangères pour favoriser leurs intérêts personnels plutôt que ceux de leur souverain.

Le mariage d'Henri avec Gabrielle apparaît comme une possibilité assez dangereuse pour remuer toutes les Cours d'Europe. Mais, en même temps, ce projet heurte trop violemment les mentalités du temps pour échapper tout à fait à son aspect utopique. L'objectif est si haut qu'il incite Mme de Montceaux et sa famille à sortir, presque malgré elles, de l'ornière royale. Or c'est parce qu'elle a suivi cette ornière – aidée en cela par son éducation et sa nature – que Gabrielle garde, pour une bonne part, son statut de compagne-épouse, bien supérieur à celui d'une favorite traditionnelle. Faut-il accabler la maîtresse royale ? On ne doit pas oublier la coupable responsabilité du roi qui a arraché la fille d'Antoine de son cadre social et des bras de Bellegarde qui lui promettait un avenir heureux et à sa mesure, pour entraîner la jeune femme, en la grisant d'honneurs et de faveurs, dans sa propre tentation : une tentation incompréhensible pour ses contemporains et insensée pour un roi, celle du bonheur à travers un mariage d'amour.

En attendant les tragiques dénouements, les deux amants sont plus unis que jamais. Leur affection grandit tandis que les armées royales préparent le siège d'Amiens.

Au fil des jours, tandis que l'on investit Amiens

La situation matrimoniale du roi ne fait qu'aggraver l'instabilité du royaume. Le légat a exprimé les inquiétudes des « bons serviteurs » du souverain, dans une lettre chiffrée, envoyée à Rome le 6 mars : « On ne parle pas de défaire le mariage; on pense moins encore à prendre femme, car on persiste dans l'amour de la Gabrielle. Je ne crois pas, cependant, que cela puisse aller ainsi très avant, tous les bons serviteurs que peut avoir le roi se refusant à envisager qu'il demeure sans enfants mâles et se voyant en grand péril, puisque leur prospérité repose tout entière sur la tête du roi. Toutefois, il ne se trouve personne pour oser en parler. L'un des principaux, m'entretenant tout récemment, se plaignit presque en pleurant de la situation du roi et du danger menaçant, et il m'assura que nul ne peut parler et n'en a le courage. Je dois m'abstenir de tout impair et ne pas m'éloigner d'un iota de la commission que j'ai reçue et dont je ne me suis pas écarté jusqu'ici. Mais le mal présent me préoccupe, et je suis épouvanté à la pensée de celui qui pourrait advenir, et qui serait pire. Quant à l'infante, tant que la succession d'Espagne ne sera pas assurée, jamais on ne la donnera à ce roi. »

Depuis peu, Mme de Montceaux paraît avoir reçu une alliance insolite, celle de la reine Marguerite, à bout de ressources. Cette année, l'épouse du roi n'a rien touché de sa pension et de ses assignations, et, par deux fois, ses créanciers l'ont menacée de la saisir. L'affaire de son divorce n'avance pas, et elle est lasse de sa réclusion à Usson. Sachant le pouvoir de Gabrielle sur Henri, elle écrit à la marquise de Montceaux le 24 février. Marguerite s'adresse à Gabrielle en prenant le prétexte d'une affaire de pensions qu'elle envoie à leur grand ami commun Roquelaure, dont elle n'ignore pas la liaison avec la belle abbesse Angélique! La personnalité et le rang exceptionnels de la fille de Catherine de Médicis, nous incitent à citer sa lettre en entier :

« Madame la marquise, le commandement que j'ai reçu du roi et votre recommandation ne pouvait être pour personne de qui j'affectionnasse davantage le bien que M. de Roquelaure, pour savoir combien il est aimé du roi et de vous, et pour être de mes meilleurs et plus anciens amis. Je lui envoie les provisions, avec révocation de celles que j'avais données en faveur de Mme du Monastère, ne m'étant lors ressouvenue que M. de Roquelaure le pût désirer, car si je l'eusse pensé, tout autre en eût été refusé de moi pour les lui offrir. Je bénis cette occasion, qui me donne l'heur de faire chose utile à un ami que j'estime tant, et qui me fait recevoir des lettres du Roi et de vous, de quoi la privation d'un si long espace de temps me faisait vivre en beaucoup d'ennui, craignant que, par quelque artifice de mes ennemis, l'on m'eût éloignée de l'heur de sa bonne grâce et de votre amitié, que si curieusement je rechercherai toujours de conserver, que toutes mes intentions et actions ne tendront jamais à autre but. Prenez, je vous prie, cette assurance de moi, et m'obligez tant de la donner au Roi et de croire que mes désirs se conforment entièrement à ses volontés et aux vôtres. J'en parle en commun, les estimant si unies que, me conformant à l'une, je le serai aussi à l'autre. Je ne dis ceci sans sujet, sachant bien que des personnes qui m'ont de l'affection vous ont pu faire quelquefois des propositions qui vous ont fait peut-être juger mon intention toute autre qu'elle n'est, et hors qu'ils l'auraient fait pour bien, trouvant néanmoins cette occasion de vous pouvoir sûrement écrire, je vous prierai trouver bon que je vous parle librement et comme à celle que je veux tenir pour ma sœur, et que, après le Roi, j'honore et estime le plus. Je vous prierai donc que, qui qui [sic] vous parle de moi, vous n'en preniez jamais autre croyance et qu'assuriez le roi que je n'ai jamais eu désir de le presser de chose du monde, qu'en quelque condition que je sois elle me sera toujours agréable, pourvu que ce soit avec sa bonne grâce, et que, comme il a plu à Dieu faire tant de grâce à ce royaume de lui faire tenir le bien des rois, mes pères et frères, et de lui. J'ai pris tant de confiance en l'assurance que m'avez donnée de m'aimer, que je ne veux prendre autre protecteur en ce que j'aurai à requérir le Roi, auquel je n'ose user de si longue importunité, qui, sur du papier, l'ennuiera; mais partant de votre belle bouche, je sais qu'il ne peut être que bien reçu. Obligez-moi tant donc de me rendre cet office, et de lui représenter que, tant que les États ont duré, je n'ai voulu partir d'ici, de peur que, si je me fusse approchée, quelques-uns qui s'entremettent, et quelquefois par un zèle inconsidéré, ne prissent sujet de le presser d'une ou d'autre résolution contre son dessein, auquel toute ma vie je veux servir et non contrarier; et bien que mon extrême nécessité, pour n'avoir rien touché toute l'année passée, de ma pension et de mes assignations, et être à cette occasion tourmentée incessamment de mes créanciers, me tirât à force de delà, j'ai mieux aimé souffrir le martyre de cette incommodité que de lui donner seulement aucune apparence d'en pouvoir recevoir de moi. Mais, maintenant, toutes mes affaires ont si grand besoin de ma présence, et ma nécessité est si pressante qu'il n'y a plus moyen de la supporter ici, où je suis éloignée de toutes mes commodités. S'il lui plaît trouver bon que j'aille en quelqu'une de mes maisons de France, la plus éloignée que je pourrai choisir de la Cour, pour pouvoir là donner ordre à mes affaires, il me serait bien nécessaire. Je vous saurais une grande obligation de m'en faire savoir sa volonté, qui me sera une perpétuelle loi, comme perpétuelle sera en moi l'affection très fidèle que je voue à votre mérite, pour en éternité me conserver votre très affectionnée et plus fidèle amie, MARGUERITE. »

La démarche de la reine reste inutile, donc humiliante. Henri n'est guère pressé de faire venir son épouse, et Gabrielle ne doit pas souhaiter le retour d'un personnage dont elle brigue la place officielle.

À la même époque, d'autres alliances – et quelles alliances! – s'offrent à Mme de Montceaux : celle du duc de Savoie et peut-être même celle du roi d'Espagne. Dès le 14 février – donc, dès avant la chute d'Amiens –, Bonciani dénonce à son gouvernement les manœuvres du duc de Savoie auprès de Gabrielle, tandis qu'Henri a déclaré à l'ambassadeur de Venise « qu'il voulait récupérer le marquisat de Saluces, s'il ne le peut par d'autres moyens, avec l'épée ». Le Toscan devine la satisfaction de l'Escurial...

Pendant tout le mois de mars, le roi chevauche en Picardie et prépare le siège d'Amiens. Gabrielle se tient toujours en un lieu où il peut la retrouver facilement. Son absence laisserait le champ libre aux conseillers d'Henri, et cela Mme de Montceaux le redoute plus que tout au monde. Au début du mois d'avril, le roi souffre des premières atteintes de la gravelle. Pendant que Biron investit peu à peu la ville perdue, Henri fait sa diète et se repose à Saint-Germain où il séjourne jusqu'au 10 mai, excepté deux incursions à Paris (les 3 et 19 avril) pour y haranguer, de façon véhémente, un Parlement avare de subsides. Gabrielle soigne son amant de toute son aimable tendresse. L'amour du roi pour sa maîtresse ne cesse de grandir, mais les périls qui guettent la jeune femme surgissent à tout moment.

Le 23 avril, le premier président du Parlement de Paris est venu demander au roi le renvoi du chancelier! Le clan s'affole, mais Gabrielle a vite réussi à conjurer la menace : Cheverny reste chancelier...

Le 29, de Saint-Germain, Henri écrit deux lettres au connétable sur les pourparlers avec la reine d'Angleterre – alliée bien difficile – et sur la visite de Bellièvre au cardinal de Florence, pour relancer l'idée d'une négociation avec l'Espagne. De toute évidence, le roi cherche déjà la paix avec l'Escurial. Serait-il tenté d'épouser l'infante ?

Les derniers jours d'avril, Bonciani envoie en Toscane des rapports très importants sur la liaison du roi et sur les intrigues diplomatiques à la Cour de France. Le légat et Gondi ont examiné de près l'hypothèse du mariage d'Henri avec Marie de Médicis. Gondi tient fidèlement Bonciani au courant de ses conversations. Philippe II n'acceptera jamais de donner sa fille à Henri. Marie garde donc toutes ses chances.

Assez optimiste, le diplomate toscan fait part au grand-duc de son espoir : « Le roi ne pourra finalement refuser de prendre femme, ni se dérober aux prières et à la contrainte, pour ainsi dire, du royaume tout entier. Et, s'agissant d'une question de si haute importance, il n'y aura pas moyen pour Mme de Montceaux de s'opposer à ce vœu unanime. D'autant plus que l'on tient pour certain que le chancelier sera congédié, et par suite l'influence de Mme de Sourdis sera ruinée, sans les conseils de laquelle Mme de Montceaux est incapable de poursuivre de si grands desseins. Il semble à Gondi que, pour toutes sortes de considérations, ces projets seraient gros de conséquences heureuses s'ils pouvaient aboutir, et encore qu'on n'en puisse avoir la certitude, il veut néanmoins en concevoir le plus grand espoir, d'autant plus que la princesse n'a pas encore dépassé l'âge auquel d'autres grandes princesses se sont mariées. »

Mais une autre lettre rapporte le découragement du légat : « Il m'en a parlé, observait-il, comme de chose on ne peut plus difficile, non seulement parce que la reine de Navarre est vivante, mais bien plus encore à cause de l'amour du roi pour Mme de Montceaux, car Sa Seigneurie Illustrissime redoute que, si le prince en a la liberté, il ne la prenne pour femme, tant est violente la passion qu'il lui porte. C'est Mme de Montceaux qui a rétabli la position du chancelier, en montrant au roi que, s'il survenait à Sa Majesté un accident quelconque, il ne resterait personne capable de la soutenir, elle, avec leurs enfants, sauf le chancelier. Avec tout cela, le légat, encore qu'il nourrisse à cet égard la plus ardente volonté, ne reprend pas courage autant qu'il faudrait. Il ne s'en confie à personne, afin de ne point se découvrir hors de propos, mais il demeure prêt à profiter de toutes les occasions qui pourront se présenter. »

Une conjuration va se nouer peu à peu entre le légat, Gondi, Bonciani, et bientôt Villeroy – l'ennemi le plus efficace de Gabrielle. En somme, il faut avant tout détacher le souverain de sa maîtresse, puis, ensuite, le marier à Marie.

Isabelle, Marie... Méfiante, Gabrielle ne peut et ne veut quitter le roi plus de quelques heures. C'est en invoquant cette raison, dans la lettre ci-après, qu'elle prie la duchesse de Nevers de l'excuser, car elle n'a pu la visiter lors de son court passage à Paris :

« Madame, ce m'a été un déplaisir extrême d'avoir été contrainte de faire un voyage à Paris sans avoir joui de l'honneur de votre présence, mais la mienne y fut si précipitée qu'il ne me semble point y avoir été. L'excuse que je vous puis alléguer, Madame, qui la doit rendre la plus excusable, est la solitude en laquelle j'avais laissé le roi et la promesse que je lui avais faite de le revenir trouver promptement, car, si cela n'eût été, je fusse plutôt morte que de consentir à manquer à aller recevoir vos commandements. Je me suis acquittée de celui qu'il vous plaît de me faire en votre lettre, de savoir si le roi aura agréable de voir le gouverneur de Mézières. Il m'a demandé, Madame, de vous mander qu'il ne fallait point douter de cela puisqu'il était présenté par une si digne main que la vôtre, mais que, outre cela, il serait fort aise de parler à lui. Il vous supplie de le venir voir le plus tôt que vous pourrez et de croire que, comme il s'assure que vous êtes celle de toutes ses parentes qui l'aime le plus et le bien de son service, aussi vous supplie-t-il de croire que vous êtes celle qu'en recouvrez le plus de témoignage de son assurée bonne volonté. Je n'aurai pas moins de curiosité à le maintenir en cette résolution, Madame, que si mon salut en dépendait, sachant bien que c'est le plus agréable service que je vous puisse rendre. Toute mon ambition est de mériter l'honneur de vos bonnes [grâces], par tous ceux que je vous pourrai faire en ma vie, que j'estimerai heureuse s'il s'en offre autant d'occasions que j'en ai de volonté, avec laquelle je vous baise les mains en toute humilité et révérence, et vous supplie de me croire, Madame, votre très humble et affectionnée servante. »

Le ton très déférent de Gabrielle est naturel de la part d'une jeune femme qui s'adresse à une dame de si haute lignée et beaucoup plus âgée. Mais il faut également noter que la maîtresse royale flatte les grands de la Cour dont elle cherche l'appui et dont elle apprécie généralement l'amitié intéressée à son égard (rappelons que la duchesse de Nevers est née Henriette de Clèves, qu'elle fut l'amie intime de Marguerite et la maîtresse de Coconas, et qu'elle est la mère des duchesses de Longueville et de Mayenne).

Le 4 mai, Catherine de Bourbon rejoint les amants à Saint-Germain. Mme de Montceaux espère que le nouveau candidat proposé par Henri à sa sœur réussira à épouser Madame et à l'éloigner, enfin, de son entourage ! Reprenant la politique des Valois, Henri IV arrange des alliances matri-

moniales avec les familles régnantes frontalières. La famille
de Lorraine a toujours été très sollicitée par la Cour de
France. Le roi veut donc marier sa sœur au marquis du
Pont, fils du duc de Lorraine. Le prince arrive le 8 mai à
Saint-Germain. Sa Majesté l'accueille dans l'allée du parc, à
mi-chemin entre l'entrée du domaine et le château, puis
l'emmène par la main jusqu'à la chambre des dames, où se
trouvent Catherine et, sûrement, Gabrielle. Le 10, toute la
Cour se retrouve à Paris. Dès le lendemain, Madame fait
prêcher « à huis couvert » au Louvre, pour bien montrer
qu'un mariage avec un Lorrain ne la fera pas changer de
religion.

Ce mois de mai, Sancy se convertit au catholicisme, et
abjure devant le légat, « en pleurant fort ». Le roi se moque
de ses larmes et dit qu'il ne faut plus à Sancy « que le tur-
ban ». La conversion du principal conseiller financier du
souverain ne contribuera pas à enrayer sa demi-disgrâce.
Chaleureusement approuvé par Gabrielle, Henri lui préfère
maintenant Rosny, dont la politique financière plus auda-
cieuse et plus brutale convient mieux pour faire face aux
graves difficultés du moment.

Après quelques jours passés à Montceaux, les amants
reviennent à Paris. Le souverain doit encore tancer son Parlement et affronter de multiples affaires. Il se détend en
jouant tous les jours à la paume dans la salle de la Sphère,
sous le regard admiratif de Gabrielle et de ses tantes, Mmes
de Sourdis et de Sagonne. Le roi, écrira L'Estoile, « se faisait
prêter de l'argent par Mme de Montceaux, laquelle il cares-
sait fort et baisait devant tout le monde ». L'argent prêté par
la maîtresse royale est très largement remboursé! Le 3 juin,
elle reçoit la somme de 50 000 livres « à prendre sur les premiers deniers provenant de la vente et aliénation du temporel des ecclésiastiques de ce royaume ».

Le lendemain, Henri repart inspecter les préparatifs du
siège d'Amiens, laissant, apparemment, sa maîtresse dans la
capitale. C'est à cette époque que les pourparlers reprennent
entre la France et la Savoie. Charles-Emmanuel insiste pour
négocier la cession du marquisat de Saluces. Cela explique-

rait-il la présence de Gabrielle à Paris, malgré l'absence du roi ? Ce dernier n'entend nullement céder le marquisat et laisse Lesdiguières harceler la Savoie, et envahir la Maurienne.

Henri revient à Paris le 16 juin dans l'après-midi. Gabrielle assiste à ce moment à une magnifique réception dans les jardins de l'ambassadeur de Venise. Apprenant l'arrivée imminente du souverain, Mme de Montceaux quitte précipitamment l'ambassade et s'empresse d'aller au-devant de son amant. Dès le lendemain, l'ambassadeur Pietro Duodo offre une deuxième fête où se rendent les grands de la Cour, le roi, sa sœur et sa maîtresse. Henri se montre fort aimable avec le diplomate vénitien. Il regrette que la marquise ait cru bon de prendre congé, la veille, pour le rejoindre. « N'est-il pas vrai ? » dit-il en se tournant vers sa maîtresse, qui acquiesce. Gabrielle se promène dans le jardin au bras d'Henri. Duodo a fait placer un buffet sous les arbres. Tout le monde se restaure debout, au son de musiques très agréables. L'ambassadeur a placé le roi à sa droite, et la princesse de Condé à sa gauche. Mme de Montceaux est à la droite du souverain, sans qu'aucun protocole ne l'y autorise. Mais qui songe à lui contester sa place ? Duodo dissimule son déplaisir : toute l'Italie non hispanique déplore la liaison royale.

« Comment trouvez-vous la marquise ? » demande Henri à son hôte. Le Vénitien répond adroitement : « Comme la guerrière digne d'avoir fait prisonnier un aussi grand capitaine que Votre Majesté. » Le mot ravit les amants à qui l'on propose maintenant un concert. Venise n'approuve guère les pourparlers de paix avec l'Espagne. La République est prête à aider financièrement le souverain pour lui permettre de continuer la guerre. C'est une offre à ne pas laisser passer, et l'on comprend les gracieux propos adressés par le roi à l'ambassadeur.

Pendant ce temps, le pape Clément VIII étudie attentivement la lettre chiffrée qu'Alexandre de Médicis lui a envoyée le 22 mai. Le légat rapporte la conversation confidentielle qu'il vient d'avoir avec le roi. Henri reparle de paix avec l'Espagne : « Il me dit en outre désirer que je mandasse à Sa Béatitude qu'elle faciliterait beaucoup la paix si elle consentait à traiter avec le duc de Sessa, le mariage de Sa Majesté avec l'infante. » Le cardinal répond avec prudence et rappelle au roi qu'il doit auparavant faire annuler son propre mariage. Cette union peut être dissoute, affirme Henri, « avec irréflexion ». Le roi prétendrait-il secrètement obtenir son divorce auprès de la seule Église de France ? Le légat esquive le sujet et déclare qu'il n'a pas étudié la question. D'autre part, Alexandre de Médicis fait part au pape de la tension actuelle entre la France et la Toscane, après l'occupation du château d'If par le grand-duc, las de ses largesses jamais remboursées...

Le 26 juin, le pape répond à son légat par une lettre également chiffrée. Clément VIII se montre très réticent à l'égard d'un mariage entre Henri IV et l'infante. Philippe II désire ouvertement marier sa fille à l'archiduc d'Autriche, et la dissolution du mariage d'Henri « ne peut se faire sinon *causa cognita* ». « Ainsi, poursuit le pape, entrerait-on dans des complications inextricables. » Sans le dire dans cette lettre, Clément VIII – comme la Toscane et Venise – souhaite un mariage avec Marie de Médicis, mais annonce déjà les difficultés d'une annulation. Marguerite entrera dans ce scénario un peu plus tard. Sera-t-elle avertie du plan du pape ? C'est très probable. Il ne s'agit plus maintenant d'obtenir la dissolution de son mariage à n'importe quel prix. Gabrielle devra d'abord quitter la scène, mais la maîtresse du roi paraît actuellement au plus haut de sa faveur.

Avant de retrouver ses armées, Henri se repose quelques jours avec Gabrielle à Montceaux. Le 28 juin, il galope vers Amiens. Le 1er juillet, les grands officiers de finance en la généralité de Paris sont invités à augmenter l'emprunt de 266 666 livres qu'ils doivent imposer à leurs subordonnés, de la somme de 10 000 livres « que Sa Majesté a accordé et fait don » à sa maîtresse ! Gabrielle rejoint le roi devant Amiens entre le 8 et le 10 juillet : la marquise de Montceaux vient d'être faite duchesse de Beaufort.

CHAPITRE XIV

Duchesse de Beaufort, négociatrice de la paix

Le 6 juillet, la duchesse de Guise vend à Gabrielle le comté de Beaufort en Champagne, la seigneurie de Sou-laynes, les étangs de la Hort et les forêts avoisinantes pour la somme de 80 000 écus, ainsi que la baronnie de Jau-court et la seigneurie de Larzicourt pour 40 000 écus. Zamet prête ce même jour à la maîtresse royale la somme de 70 000 écus. L'Italien sait que les dettes de Mme de Montceaux sont toujours rapidement remboursées! Le sur-lendemain, devant Amiens, le souverain signe les lettres patentes qui érigent les fiefs fraîchement acquis par sa maîtresse en duché-pairie. Le roi justifie assez lourdement une décision qui, à n'en point douter, sera mal accueillie par l'opinion. César n'est âgé que de trois ans, mais son père affirme avec un aplomb confondant les merveilleuses qualités que révèle déjà cette petite personnalité! Certes, l'enfant est encore trop jeune pour exercer les charges de duc et pair. Gabrielle aura donc les honneurs du titre avant de les transmettre à son fils. Suit un éloge appuyé de la famille d'Estrées soudain pourvue de maréchaux parmi ses ascendants et brillamment illustrée par Jean d'Estrées, sans oublier Antoine...

Un courrier arrive ventre à terre au Parlement de Paris, porteur des lettres patentes accompagnées d'une lettre de cachet par laquelle le souverain exige un rapide enre-gistrement. « Vous ne nous sauriez faire service plus agréable, écrit le roi aux parlementaires, que de vérifier promptement nos dites lettres. Partant, vous ne faudrez, et sur tant que désirez nous complaire, d'y procéder incontinent, et sur toutes autres choses cessantes, et sans y apporter aucune restriction ni difficulté : car tel est notre plaisir. » Et de fait les lettres patentes sont enregistrées le jeudi 10 juillet.

Voilà Gabrielle officiellement duchesse de Beaufort. L'opinion parisienne ne tarde pas à réagir. « Depuis quel jour, écrira L'Estoile, on l'appela la duchesse de Beaufort, que les autres appelaient la duchesse l'Ordure. Il [le roi] fit aussi pair de France son petit César, auquel les médisants disaient que le nom d'Alexandre le Grand eût mieux convenu. » Une lettre chiffrée du légat au Saint-Siège donnera toute la mesure de la haine que les Parisiens portent à la nouvelle duchesse : « Et l'on commença à murmurer contre ces dames, c'est-à-dire contre la sœur du roi et contre la Gabrielle ; et, Sa Majesté étant partie, on parla de les noyer dans le fleuve, l'une à cause des prêches, l'autre parce que l'on dit qu'elle accapare tout l'argent du roi, qui devrait servir à d'autres fins, qu'elle vend la justice et que c'est par sa faute que le roi n'a point de succession légitime. Ces rumeurs allèrent si loin que ces dames en furent terrifiées et parlèrent de s'enfuir ; elles restèrent plusieurs jours sous bonne garde au palais du Louvre. Puis elles se placèrent sous la protection de certains grands chefs militaires, et ceux-ci, entrant dans leurs propres vues, les accompagnaient par la ville, d'où le roi, jugeant ainsi Paris en plus grande sécurité, ne voulut pas qu'ils s'éloignent. Ces dames demeurèrent irritées pour cette raison contre la population. La Gabrielle s'est vengée et continue à se venger en empêchant les réformes et en soutenant certains personnages afin qu'on n'examine pas leurs comptes. »

C'est avec soulagement que la jeune femme quitte la capitale pour rejoindre le roi, vers le 8 juillet.

Au camp devant Amiens

La duchesse de Beaufort retrouve son amant au milieu d'un camp d'une impressionnante importance. Rosny a fait surgir une véritable ville. « Il mena, écrira d'Aubigné, un Paris devant Amiens. » Soucieuse d'une installation digne de son rang, Gabrielle a fait dresser pour elle une magnifique tente de cuir doré. Elle y a sûrement placé une tenture de chambre, voire des tapisseries de plusieurs pièces, ainsi que le lit de camp qui figurera dans l'inventaire après décès. On y lira en effet : « Un tour de lit de drap vert garni de passementerie et franges de soie verte [...], une malle de cuir dans laquelle il y a un bois de lit, façon de camp, qui se ploie, servant au tour de lit ci-dessus. » La jeune duchesse a vraisemblablement apporté le petit meuble où elle range ses objets de toilette, « un petit coffre de nuit de broderies d'or, doublé par-dedans de satin, dedans lequel s'est trouvé une toilette de toile d'or en broderies de mêmes avec des franges et crêpines à ladite toilette et sac garni de houppes. Ladite toilette et sac doublés de satin de Bruges. » Le petit César a-t-il accompagné sa mère ? Les chroniqueurs ne mentionnent pas sa présence mais l'inventaire fait à Montceaux signale également une tente à l'usage personnel de l'enfant et à celui des femmes à son service. Cette tente est de tapisseries composées de neuf pièces « de toutes verdures, les broderies orangées ».

L'arrivée de Gabrielle au camp met Biron en fureur. Il exprime crûment toute sa colère devant le roi. Compréhensif, mais bien décidé à garder sa maîtresse, Henri s'évertue à calmer le maréchal en louant son activité et la qualité de son ouvrage ! Est-ce sous la belle tente de Gabrielle que les amants engendrent leur troisième enfant, vers le 20 juillet ? La duchesse et son clan continuent à engranger les faveurs royales. Que l'on en juge par l'énumération qui suit [1] :

---

1. Raymond Ritter, *op. cit.*, pp. 375-376.

11 juillet : Gabrielle prie son trésorier de remettre la somme de 2 000 écus à Isabelle de Sourdis.

4 août : Henri déclare sa maîtresse quitte de tous droits de lots et ventes et autres qu'elle doit au trésor à raison de l'acquisition de la seigneurie de Montceaux.

28 août : la duchesse de Beaufort (qui a prêté au roi foi et hommage pour son duché, huit jours auparavant) se voit attribuer la finance à provenir « des permissions qui seront données à aucuns particuliers et habitants qui voudront tenir chambres garnies à Paris ». Vers la même époque, Gabrielle obtient pour son protégé et ami, le premier président de Harlay, « la résignation de la trésorerie de la Sainte-Chapelle ».

5 septembre : le roi accorde à sa maîtresse une exonération identique à celle du 4 août pour ses terres en Champagne.

Ce même jour, au cours d'un assaut vigoureusement mené contre les troupes espagnoles retranchées dans Amiens, meurt M. de Saint-Luc, grand maître de l'artillerie de France. À qui le roi va-t-il attribuer cette charge maintenant vacante, autrefois si brillamment exercée par les Babou et les d'Estrées ? Henri hésite à la donner à Antoine d'Estrées, prêtre militaire. Rosny la convoite fortement. Bien sûr, Gabrielle aura gain de cause et convaincra son amant de nommer son père à cette très haute distinction. Antoine fêtera sa promotion quelques mois plus tard, à la fureur du futur Sully qui ne pardonnera jamais à la maîtresse royale et à son clan de l'avoir évincé.

Enfin, faveur suprême qui désigne Gabrielle comme une « presque reine », le roi demande à Guillaume Dupré de graver le profil de sa maîtresse en médaille. On peut lire autour de l'effigie de la jeune femme : « Gabr. Des. Trez. Duc. de Beaufort. 1597 ». À l'avers, figure l'effigie du roi !

Le 15 septembre, les troupes fraîches du cardinal Albert d'Autriche se font repousser par celles de Biron et de Mayenne. Le 19, c'est enfin la victoire pour la France. La garnison espagnole d'Amiens signe la capitulation qui deviendra effective le 25. Le 21, Henri a écrit son avant-dernière lettre connue à Corisande. La comtesse de Guiche reste une alliée intéressante dans le Sud-Ouest, région frontalière de l'Espagne. Un reste de complicité héroïque transparaît dans le langage d'Henri...

C'est le 25 que le roi fait son entrée solennelle dans la ville conquise. Tous les officiers défilent en silence, pour baiser la botte du souverain français. Henri échange quelques propos avec certains d'entre eux, dont le comte de Morette. Le roi ne peut s'empêcher d'évoquer la présence de sa maîtresse dans le camp. La réponse de Morette fuse, particulièrement injurieuse pour la duchesse de Beaufort, comme le révélera L'Estoile : « Le comte de Morette, d'une rodomontade espagnole, ne pouvant faire pis – comme le roi, montrant l'endroit où avait donné le cardinal d'Autriche, eut dit que s'il eût donné aussi bien dans le quartier de sa maîtresse comme il avait fait de l'autre côté, qu'indubitablement il eût gagné la bataille – répondit fièrement que son maître eût aimé mieux perdre cent batailles que d'avoir donné dans un bordel. »

Tandis que Gabrielle se rapproche de la région parisienne en passant par Beauvais, Henri tente, sans succès, d'autres opérations militaires en Artois. Des pluies torrentielles paralysent son armée devant Doullens, et le cardinal d'Autriche refuse le combat devant Arras. Laissant ses troupes à Biron, le roi gagne Saint-Germain vers le 20 octobre. On peut supposer qu'il y retrouve Gabrielle. Le souverain aimerait se reposer en prolongeant son séjour, mais la population parisienne, enthousiasmée par la victoire d'Amiens, réclame son roi à grands cris. Henri se rend à Notre-Dame pour les cérémonies de la Toussaint, au milieu d'une foule en délire. Les récents succès militaires encouragent maintenant la recherche de solutions négociées pour obtenir la triple paix avec le parti protestant, le duc de Mercœur (dernier des ligueurs), et le roi d'Espagne...

Gabrielle négociatrice

La mauvaise saison est peu propice aux combats. Et si les préparatifs d'une nouvelle campagne se poursuivent, nul n'ignore les efforts officieux des capitales et des partis pour parvenir à la paix. Pendant cet automne et cet hiver 1597-1598, les amants vont séjourner tantôt à Paris, tantôt à Montceaux ou dans les diverses résidences royales autour de la capitale. Après Paris, Villeroy et Fontainebleau, Henri retrouve Gabrielle à Montceaux vers le 10 novembre. Puis, vers le 22, le couple s'installe à Saint-Germain : le roi veut y faire sa diète annuelle.

La duchesse de Beaufort paraît au faîte de sa faveur. Non seulement elle reçoit du roi des subsides importants, mais elle est devenue une sorte de puissance inévitable. Chaque parti, chaque diplomate cherche à la mettre dans son jeu.

Voyons d'abord comment sa fortune continue encore à s'arrondir.

12 décembre : pour 50 000 livres, Gabrielle cède à M. de Sobolle, gouverneur de Metz, le don effectué par le roi, deux ans auparavant, de la moitié de la finance à tirer des charges de création nouvelle de commissaires aux saisies. La maîtresse royale, pressée de dépenser, trouve parfois le recouvrement de certaines assignations trop lent. Elle subroge alors une personne tierce dans ses droits pour un paiement immédiat d'une somme forfaitaire;

19 décembre : le souverain accorde à la jeune femme un don de 20 000 livres à prélever sur de nouveaux droits de justice;

24 décembre : Gabrielle reçoit le produit des confiscations et amendes sur les « Espagnols et Français négociant en Espagne ou avec les rebelles sans permission ou passeport de Sadite Majesté, ès villes de Paris, Havre-de-Grâce, Orléans, Tours, Angers, et Fontenay-le-Comte, contre les ordonnances et défenses sur ce faites »;

11 janvier 1598 : pour la campagne royale, encore, « le sel qui se trouvera dans les magasins de la ville de Berre, en Provence, par la reddition faite d'icelle par le duc de Savoie, suivant le traité de paix, à quelque valeur et estimation que ledit sel puisse monter ; à la réserve toutefois de la somme de 2 000 livres que Sa Majesté a accordée au sieur de Rignac, maître de camp d'un de ses régiments de gens de pied » ;

31 janvier : Gabrielle reçoit le bénéfice de la vente de deux mille emplacements en Normandie « sur les terres mouvantes de Sa Majesté, et au dedans du franc-alleu des villes de ladite province, pour faire bâtir des fuies, colombiers, tries et volières à pigeons » et des amendes imposées à « ceux qui ont fait bâtir sans permission » de Sa Majesté.

L'influence de la maîtresse royale est assez forte pour maintenir Cheverny à la chancellerie. Et pourtant l'amant de la tante Isabelle peut craindre pour sa place. Les critiques contre le chancelier s'amplifient au point que le souverain songe à nouveau à le remplacer. Claude Groulard, le premier président du parlement de Rouen, laissera un témoignage significatif sur ce sujet. Le 25 décembre, en effet, Groulard se rend au château de Saint-Germain et visite le roi, « fort seul » car la plupart des courtisans célèbrent Noël à Paris. Puis le premier président a une entrevue avec Cheverny qui se montre très aimable, voulant ainsi apaiser l'hostilité croissante des cours souveraines à son encontre : « Aussi, expliquera Groulard, n'y a eu de chancelier depuis cent cinquante ans plus ennemi des cours souveraines, du bien du peuple et de la justice, toute son ambition n'étant que d'agrandir sa maison, et de contenter à quelque prix que ce pût être l'avarice insatiable de Mme de Sourdis qui le possédait ; en sorte qu'elle lui faisait sceller toutes les méchancetés du monde. »

Le 27, le roi reçoit le Rouennais au cours d'une audience solennelle. Puis, poursuit Groulard, « le roi monta en haut à la chambre de Madame la duchesse, où il m'appela pour me licencier, et après plusieurs discours me dit, voyant madame de Sourdis : " Voyez-vous cette dame ? Elle est bien fâchée, car son bon ami le chancelier s'en va. Je baillerai les sceaux au bon homme de M. de Bellièvre, qui s'en acquittera mieux; et si, c'est du consentement de ma maîtresse. " Je pensais que cela serait; mais en matière d'affaires de Cour, quand elles dépendent des dames, elles reçoivent bien des changements : et de fait peu de temps après Madame la duchesse le rappointa. »

Voilà donc le roi de France qui avoue tranquillement à l'un des parlementaires les plus importants du royaume, que le départ d'un chancelier, pourtant critiquable, dépend du bon vouloir de sa maîtresse!

Gabrielle est si puissante auprès de son amant, que même Bonciani cherche son appui pour calmer le courroux royal contre le grand-duc de Toscane. Exaspéré par Henri qui tarde à le rembourser et à épouser sa nièce, Ferdinand de Médicis occupe le château d'If. Le 6 décembre, Bonciani fait son rapport à son maître. Il a rendu visite à Mme de Sourdis et à « Mme de Montceaux » [sic], et leur a fait des présents : « un cadeau de pièces de draps pour les inviter à prendre part » à un service en faveur du grand-duc. On pourra leur envoyer encore « certaines gentillesses », par exemple des cassettes de parfum. « Et les Amis [nom de code pour désigner le grand-duc] pourront décider ce qu'ils veulent dépenser chaque année pour ces dames, et risquer quelque dépense pour voir si, par ce moyen il y aura des chances de mener à bien leur dessein. » On constate à nouveau combien l'influence de Gabrielle paraît indissociable de celle de sa tante...

Pourtant, la puissance de la maîtresse royale peut-elle réellement vaincre la puissance formidable et intransigeante du pape ? Clément VIII ne souhaite sous aucun prétexte accorder l'annulation au roi de France, tant que celui-ci n'a pas rompu avec Gabrielle, et peut-être aussi, tant qu'il ne s'est pas officiellement engagé à épouser Marie de Médicis. Les confidences du légat à Bonciani (lettre du 23 octobre) expriment clairement les inquiétudes du souverain pontife. Le pape et le grand-duc peuvent s'allier pour faire fléchir le roi de France : le premier en refusant l'annulation, le second en refusant de restituer le château d'If... à moins que le roi ne quitte sa Gabrielle et ne se fiance à Marie.

Gabrielle ne se décourage pas. Peu à peu, elle tisse sa toile, renforce les alliances en sa faveur, comme en celle de César. Les destins de la mère et du fils sont étroitement liés. Devenir reine, parce qu'elle a mis au monde le futur roi... Rêve grandiose qui la hante sans cesse et qui doit griser sa tante ! Le jeune prince de Condé, héritier présomptif du trône, se dresse comme un gêneur insupportable. La duchesse s'applique à exciter son amant contre ses cousins et neveux Bourbon. Bonciani observe ce manège. Tout en rapportant les propos du légat, effrayé par la perspective d'un mariage d'Henri avec sa maîtresse et d'une légitimation complète de ses enfants, le moine toscan ajoute : « Et déjà il apparaît que le roi commence à avoir de la jalousie du prince de Condé. » Lors du siège d'Amiens, la princesse de Condé a fortement agacé le roi, en voulant présenter son fils au peuple de Paris : le marquis de Pisani s'est énergiquement opposé à cette démarche. Au cours d'un entretien confidentiel avec Gondi, le roi a parlé des intrigues qui ont lieu en faveur de Condé et de Soissons...

Face au danger Bourbon, Gabrielle glisse les intérêts de César dans les objectifs politiques immédiats de son amant. Henri prépare un voyage en Anjou et en Bretagne pour en finir avec Mercœur et signer un édit de tolérance avec les protestants. À demi lâché par les Espagnols qui souhaiteraient maintenant la paix, le dernier des Lorraine ligueurs sait bien qu'il ne peut continuer longtemps une résistance solitaire. Pourquoi ne pas se servir de la duchesse de Beaufort pour obtenir la capitulation la plus douce possible ? Un projet qui inclut César et la petite Françoise de Lorraine, fille de Mercœur, se forme peu à peu... Quant au parti huguenot, il craint beaucoup un mariage du roi avec la très catholique infante, et même avec Marie de Médicis qu'il juge plus ou moins inféodée au parti du pape. Gabrielle, dont le naturel reste très éloigné de toute intolérance, ne serait-elle pas une reine souhaitable pour les protestants ? Et le jeune César ne pourrait-il pas devenir le souverain le plus apte à continuer une politique pro-huguenote ? La duchesse de Beaufort accueille les avances de ces importants alliés avec la meilleure des grâces...

Henri ne veut pas traiter à n'importe quel prix avec Mercœur. À plusieurs reprises, il exprime en public sa colère contre le prince lorrain. De toute évidence, il cherche à l'intimider, connaissant la précarité de sa situation. Le 30 novembre, un secrétaire de l'ambassade de Toscane envoie une curieuse dépêche à Florence : le duc de Mercœur a recours à Gabrielle et la duchesse, son épouse, viendra elle-même offrir à la maîtresse du roi la main de sa fille pour le fils qu'elle a eu du roi, le bâtard César ! Voilà qui intéresse grandement les deux amants. Les alliances matrimoniales avec les Lorraine – nous l'avons vu – sont très recherchées par les rois de France. Et la petite Françoise aura une fortune considérable, ses parents étant fort riches. Que de perspectives brillantes pour César ! Henri s'attend à « acheter » la soumission de Mercœur comme il a acheté tous les autres chefs ligueurs. Mais ce rachat retombera sur la tête de son fils, sous forme de dot...

Mercœur est encouragé dans la voie de la négociation par plusieurs parents. Son cousin Mayenne, très ami de Gabrielle, a-t-il suggéré un futur mariage entre César et Françoise ? La reine Louise, demi-sœur de Mercœur, cherche vainement depuis plusieurs années à réconcilier son frère avec Henri IV. Elle apparaît plus que jamais comme une interlocutrice de premier plan. La veuve d'Henri III est l'amie de longue date de la famille Babou. Elle a même séjourné à La Bourdaisière. La malheureuse est assaillie par les créanciers de Catherine de Médicis qui la menacent de saisie et la menacent de « déguerpir » [sic] de Chenonceaux. Avertie de ces ultimatums, Gabrielle traite avec les créanciers le 24 décembre, et acquiert leurs droits hypothécaires sur le château, moyennant 22 000 livres. Nous verrons comment Chenonceaux entrera dans la combinaison ourdie avec les Mercœur et ira dans l'escarcelle de César... En attendant, Louise pourra continuer à habiter sa merveilleuse résidence, tout en encourageant la soumission de son frère et les brillants projets d'avenir pour le fils de Gabrielle.

La maîtresse royale travaille aussi pour la paix avec les huguenots. Ceux-ci sont au plus mal avec leur ancien chef.

Henri ne pardonne pas à ses ex-coreligionnaires de l'avoir lâché au siège d'Amiens. Le protestant Duplessis-Mornay, resté très attaché au souverain et à un patriotisme français au-dessus des factions, cherche à détendre les relations entre Henri IV et le parti huguenot. Sans difficulté, il fait de Gabrielle sa meilleure alliée. La duchesse connaît bien la terreur qu'inspire aux protestants le spectre d'une inquisition inspirée par une reine espagnole ou italienne... Elle montre donc les meilleures dispositions à l'égard des huguenots et se dit prête à appuyer leurs revendications auprès du roi. On se souvient que d'Aubigné a suggéré à son parti de verser secrètement une pension à la jeune femme. Les négociations entre Duplessis-Mornay et Gabrielle s'engagent aussi de façon secrète...

En effet, le 14 novembre, le gouverneur de Saumur écrit à la maîtresse royale pour la remercier longuement de ses aimables pensées à son égard, à l'occasion de la pénible agression dont il a été victime quelques semaines auparavant (le malheureux Mornay a été sauvagement « bâtonné » par un certain M. de Saint-Phal « qui le laissera sur le pavé pour mort », nous apprend L'Estoile). Mais cette lettre révèle bien autre chose que l'humble courtoisie du huguenot. Duplessis-Mornay a remis à la duchesse de Beaufort son chiffre, comme l'indique la première phrase de l'extrait ci-après : « *62* Madame, m'ayant prévenu de vos bonnes grâces, reste que je tâche désormais de les mériter par quelques services qui ne pourront jamais être que bien éloignés de l'obligation, et dépendront de l'honneur que me ferez d'être libérale de vos commandements. Je vous supplie donc très humblement, Madame, de me donner quelque sujet où je vous en puisse rendre quelque preuve, sinon en l'utilité, au moins en l'affection de mon très humble service, avec assurance que je le recevrai avec tant d'honneur et de respect, que vous n'aurez point de regret d'avoir en moi employé vos justes faveurs. Ce que j'ai prié le sieur du Maurier, Madame, de vous représenter plus au long, ne me restant qu'à vous baiser très humblement les mains en vous suppliant d'user de *celui que vous avez loyalement acquis.* »

Vers la mi-décembre, Mornay apprend de son ancien secrétaire M. du Maurier, tout dévoué à la cause protestante, que le roi veut le soutenir dans la fâcheuse affaire Saint-Phal et que la maîtresse royale étend sa sollicitude à toute sa maison : « Mme la duchesse s'y affectionne de plus en plus et ne croiriez pas comme cette femme se passionne pour ceux de votre maison, jusques à avoir demandé, sur le faux bruit d'Amiens, le gouvernement [de cette ville] pour M. votre frère, et, au défaut de cettui-là, celui de Calais, qui lui a été accordé, avec paroles si solennelles que rien plus, soit que la place soit réduite par le traité qui est maintenant en avant, soit qu'elle soit prise par l'effort que Sa Majesté y prétend faire, à l'aide de l'Angleterre et des Pays-Bas, ce printemps. [Au] cas qu'il ne se fasse rien par ledit traité, Sa Majesté lui en a donné plusieurs fois sa parole. »

L'heure des accords de paix paraît s'approcher. Les amants préparent leur voyage en Anjou et en Bretagne, où ils devront affronter les Mercœur et les huguenots. Le 13 janvier, La Varenne (l'ancien cuisinier de Catherine devenu le messager confidentiel d'Henri IV) écrit à Mornay : « Monsieur, nous commençons à nous acheminer pour le voyage en Bretagne. Le roi est parti pour aller à Montereau [sic pour Montceaux] et repassera par ici samedi pour repartir lundi et commencer son voyage. Je m'assure qu'il sera dans la fin de ce mois à Blois [le voyage sera retardé de plusieurs jours]. Madame la duchesse vous écrira de Montereau et moi aussi. Je vous puis assurer de son amitié. Je vous tiendrai averti à Saumur du jour du partement du roi. »

Le monde protestant s'agite. Le 26 janvier au soir, arrive à Paris une huguenote de haute qualité : Louise de Coligny, princesse d'Orange. Cette femme a toutes les raisons de souhaiter l'établissement de la tolérance. Son père, le grand Coligny, a été massacré sous ses yeux lors de la Saint-Barthélemy. Son second mari, Guillaume d'Orange (aimable et gai malgré son surnom de « taciturne »), a été assassiné devant elle, à Delft, par un Franc-Comtois catholique fanatique. Le 27, Louise de Coligny se rend au Louvre, voit Henri et Catherine, puis ne manque pas de présenter ses compliments à Gabrielle, avant de retourner à son logis parisien... Ces jours-là, la maîtresse du roi reçoit également M. de Pierrefitte, envoyé de Duplessis-Mornay. Le gouverneur de Saumur précise par écrit à son messager de bien le recommander sur l'affaire Saint-Phal auprès de la duchesse de Beaufort. Le 1er février, Pierrefitte écrit à Mornay : « J'ai vu et baillé vos lettres à Mme la Duchesse, de laquelle j'ai eu beaucoup de bonnes paroles et promesses d'en parler au Roi, et l'en solliciter. Elle m'a fort parlé du regret qu'elle a de la mort de M. de Buhy [Pierre de Mornay, frère aîné du gouverneur de Saumur]. » Et le surlendemain, l'envoyé de Mornay apprend à son maître : « J'ai vu ce jour d'hui M. le Chancelier, extrêmement plein d'affection à votre endroit. »

Ainsi, tandis que le roi cherche à effrayer les derniers récalcitrants – ligueurs ou protestants – en exprimant haut et fort son courroux et en rassemblant les ultimes forces armées avant la paix secrètement préparée, le parti politique – particulièrement représenté par Cheverny et son meilleur instrument, Gabrielle – achève le long itinéraire qui aboutit, enfin, au triomphe de ses idées.

Voyage en Anjou et en Bretagne

Le 7 février, Gabrielle signe une ordonnance de 113 écus pour acheter des chevaux en prévision de son voyage. La maîtresse royale est enceinte de sept mois et doit se ménager. Elle va donc se diriger vers l'Anjou par petites étapes et rejoindre son amant en cours de route. Henri quitte Fontainebleau le 18 février, quelques jours après Gabrielle. Tous deux cheminent en rêvant à leurs heureux projets. Henri écrit à Bellièvre pour presser l'annulation de son mariage. Il se garde d'avouer que c'est pour épouser sa maîtresse bien-aimée. Allongée sur sa litière, probablement près de son petit César, la belle duchesse prend conscience avec orgueil de l'importance de son rôle dans la partie qui va se jouer de façon imminente. Elle va participer à la réconciliation de Mercœur et des huguenots avec le roi et organiser de brillantes fiançailles pour son fils!

Tout au bonheur des retrouvailles, les amants s'installent vers le 23 à Orléans où ils se reposent quelques jours, en compagnie d'un petit nombre de courtisans (Rohan, Épernon, Roquelaure, Schomberg, Villeroy). Le 1ᵉʳ mars, le couple descend sur les quais de la Loire et s'embarque pour Amboise. Après avoir assisté aux festivités offertes par le gouverneur de cette ville, Henri et Gabrielle se rendent chez la reine Louise à Chenonceaux. Gabrielle y retrouve sa cousine germaine, Mlle de La Bourdaisière, dame d'honneur de la reine. Selon Brantôme, le souverain n'est pas insensible au charme Babou de la demoiselle! C'est dans la demeure de la veuve d'Henri III que le roi accepte la reddition des frères Saint-Offange et la rémission de leurs crimes. Depuis huit ans, ils vivaient de leurs rapines, retranchés dans le château de Rochefort-sur-Loir. Un vent de soumission se lève sur le passage du souverain, accompagné d'une armée de 4 000 hommes...

Les amants arrivent à Tours dans la soirée du 2 mars. Henri y fait une diète, afin d' « assurer sa santé » avant d'aborder les grandes négociations. Le roi et la maîtresse se dirigent alors vers Saumur d'où ils gagneront les Ponts-de-Cé (13 km d'Angers) où se trouve la duchesse de Mercœur, envoyée en éclaireur par son mari.

Avant de décrire les marchandages entre les Mercœur et les parents de César, évoquons brièvement la personnalité de ce ménage lorrain, son rôle dans les dernières guerres et sa position actuelle en Bretagne. Philippe-Emmanuel de Lorraine, duc de Mercœur, fils de Nicolas de Lorraine, comte de Vaudémont, et de sa seconde femme, Jeanne de Savoie, est le demi-frère de la reine Louise née d'un premier lit. Mercœur a épousé Marie de Luxembourg, fille unique du très riche duc de Penthièvre qui prétendait avoir des droits sur le duché de Bretagne. Après l'assassinat des Guise, Henri III, craignant la vengeance de son beau-frère, voulut l'arrêter. Averti par sa sœur, Mercœur s'enfuit en Bretagne où il leva des troupes. Henri III préféra l'apaiser en le nommant gouverneur de la province. Mercœur se déclara chef de la Ligue en Bretagne et traita directement avec le roi d'Espagne. Cette alliance fut fructueuse pour les provinces de l'Ouest; les hôtels des monnaies s'y sont installés, attirés par l'argent espagnol, et les ports de la région ont développé leurs relations commerciales avec la péninsule Ibérique.

En 1598, Mercœur approche la quarantaine. « Haut et puissant, grêle de corps, médiocrement large des épaules, la barbe jaune et les cheveux gris cendré », selon son historiographe, c'est un prince particulièrement cultivé, poète à ses heures, religieux, solitaire, diplomate maladroit et irrésolu, « lent et long dans tous ses discours ». La duchesse, son épouse, apparaît toute différente. Jeune d'allure, vive, décidée, entreprenante, Marie parle et agit assez adroitement pour rattraper en partie aux yeux de l'opinion ses violences ou ses ingérences souvent insupportables. La victoire d'Henri IV à Amiens et les progrès des pourparlers de paix entre la France et l'Espagne portent un coup terrible à la puissance des Mercœur, de plus en plus isolés. Le roi n'a pas encore atteint la Bretagne, mais la seule avance de son armée décide Dinan, puis Fougères, Vannes, Hennebont à chasser les garnisons ligueuses. Les négociations ouvertes quelques mois auparavant avec la duchesse de Beaufort sont une véritable aubaine pour le gouverneur de Bretagne et son épouse. Mercœur juge plus prudent d'envoyer sa femme auprès du souverain. Elle saura, mieux que lui, mettre à profit l'amicale intercession de la maîtresse royale.

Le 6 mars, Henri et Gabrielle arrivent aux Ponts-de-Cé où la duchesse de Mercœur les attend anxieusement depuis deux jours. Le roi charge aussitôt cinq commissaires (dont Gaspard de Schomberg et Jacques-Auguste de Thou) de conférer avec les représentants du duc de Mercœur. De Thou laissera de précieux témoignages sur ces pourparlers, sur l'humilité première des députés qui tentent bientôt de relever la tête en apprenant les grandes amabilités d'Henri et de Gabrielle à l'égard de Mme de Mercœur. Le 7 mars donc, d'après de Thou, « l'assemblée se tint chez Schomberg.

Tout y fut d'abord dans un profond silence. Soumis, les yeux baissés, ils [les députés] approuvèrent tout ce qu'on leur proposa. On convint que le duc de Mercœur sortirait de Bretagne, qu'il renoncerait au gouvernement de cette province ; qu'il remettrait toutes les places, et les châteaux, où il avait garnison ; au moyen de quoi on lui accordait une pension de 50 000 livres. Ce traité fut aussitôt communiqué au roi qui, sachant que la duchesse de Mercœur était rentrée chez elle, accablée de tristesse, dans l'incertitude de l'événement, lui envoya Schomberg et ses collègues pour la complimenter, et l'engager à venir à la Cour. Les vues du roi étaient de ménager le mariage de César, son fils naturel, avec la fille unique du duc de Mercœur, quoiqu'elle ne fût âgée que de six ans. Ainsi, la duchesse vint au château après le dîner [repas de midi], et le roi la reçut avec honneur. Il lui parla même de ce mariage, qu'il souhaitait tant. La duchesse, qui avait encore un air de suppliante, ne parut pas s'en éloigner, et demanda seulement qu'on fît l'honneur à son mari de lui proposer le mariage. Le roi goûta cette remontrance, et Gabrielle d'Estrées, mère de César, l'appuya. La duchesse monta aussitôt dans la litière de Gabrielle et vint avec elle à Angers, dont on lui avait injustement fermé les portes quelque temps auparavant. Elle y entra comme en triomphe, et on abattit toutes les barrières, afin que le peuple, qui accourut en foule au-devant du roi, pût le voir de tous côtés.

« Dès qu'on fut à Angers, les agents du duc de Mercœur, qui le matin n'avaient pas osé parler, proposèrent hardiment leurs prétentions, et demandèrent qu'on y répondît. Quoique Schomberg, chez qui se tenait l'assemblée, sûr que le Roi, à la sollicitation de Gabrielle d'Estrées, avait consenti à cette démarche, il refusa d'abord d'écouter leurs propositions, et leur objecta avec fermeté le traité, qui le matin avait été conclu. »

Le roi et sa maîtresse s'installent au logis de Lancreau, rue Saint-Michel. Quelques jours plus tard, Villeroy constate que les articles de l'accord avec Mercœur ne sont pas encore signés. Dans ses Mémoires, Cheverny confirme les explications de De Thou sur les soudaines réticences des représentants bretons. Les Mercœur, écrira le chancelier, « obtinrent plus qu'ils n'avaient pensé », parce que le roi voulait le mariage de César « avec la fille et seule héritière dudit sieur Mercœur, qui devait être grandement riche ». Les princes lorrains ont pu, « en se jetant dans les bras » du roi, « garder les grands biens et argent qu'ils avaient amassés pendant les guerres, à la conservation desquels S.M. se trouverait obligé pour l'intérêt de son fils ». Sully, furieux contre les d'Estrées, et peut-être aussi vexé de ne pas avoir participé aux négociations, accablera Gabrielle, coupable, à ses yeux, d'avoir empêché son amant d'écraser les derniers ligueurs, avec la complicité de la duchesse de Mercœur : « Toutes ces femelles surent si bien cajoler, que le roi condescendit à traiter avec M. de Mercœur sans s'avancer davantage qu'Angers. »

Ces reproches paraissent injustes. Il est vrai que Mercœur rend son gouvernement de Bretagne contre 4 000 295 livres... Mais les princes lorrains quitteront leur fief, et César recevra la dot de la fille et le gouvernement de la province ! Le roi veut la soumission du gouverneur rebelle, mais surtout pas l'anéantissement d'un prince de si haute lignée. En vérité, Henri reste fidèle à l'un des principes essentiels de sa politique : le maintien des positions de la grande noblesse. Ce maintien lui paraît nécessaire et même indispensable à la conservation de l'équilibre global des pouvoirs et à la vie organique de toute la société de son royaume. Les intérêts de Gabrielle et de son fils se sont trouvés étroitement mêlés aux lignes générales du dessein royal.

Les velléités des agents du duc de Mercœur sont, finalement, énergiquement repoussées par le souverain. Dès lors, on se préoccupe du projet qui va sceller concrètement la paix entre le dernier ligueur et le roi : les fiançailles de César, âgé de quatre ans, avec Françoise de Lorraine, âgée de six ans. À cette occasion, le fils de Gabrielle recevra en apanage le duché de Vendôme. Rappelons que la mère d'Antoine d'Estrées était née Catherine de Bourbon-Vendôme-Ligné. Il est possible et même probable que cette ascendance de Gabrielle ait conduit le souverain à attribuer le duché de Vendôme à son fils. Il faut encore obtenir l'accord de Madame. Car, conformément aux clauses de la succession de Jeanne d'Albret, Catherine a l'usufruit du duché. Le 12 mars, la sœur du roi arrive à Angers en compagnie de son coreligionnaire Duplessis-Mornay. Ensemble, ils ont sûrement évoqué le rôle utile de Gabrielle dans la préparation d'un édit de tolérance en faveur des protestants. Catherine domine ses ressentiments à l'égard de la maîtresse royale, décide de se dessaisir de l'usufruit du duché de Vendôme et de servir ainsi la cause huguenote.

Dès le 20, Mercœur accepte les articles du traité proposé par le roi et se prépare à fiancer sa fille au futur duc de Vendôme. Comme Forget de Fresnes écrit joliment : « Enfin, toute notre guerre s'est terminée en noces et aurons tantôt plus besoin de violons que de canons. »

Henri annonce les bonnes nouvelles au connétable. Mais le roi masque mal son embarras, car il a promis de marier César à la fille de son « compère ». Il explique longuement son revirement : « J'ai traité aussi du mariage de sa fille avec César, qui était si avantageux pour lui, que le refuser c'eût été lui faire un extrême tort. Et je m'assure que l'aimant comme vous faites, si vous eussiez été près de moi, vous me l'eussiez conseillé, comme ont fait tous ceux qui y étaient. Vous savez que c'est le naturel d'un père de procurer le bien de ses enfants ; vous l'êtes, et je m'assure que vous avouerez que je ne pouvais mieux faire pour lui, comme étant le plus grand mariage qui soit en mon royaume. Toutefois, les choses n'en sont tellement faites que je n'en puisse bien prendre votre avis, sur l'assurance que j'ai que vous me le baillerez comme vous le verrez pour le mieux, pour le bien de cet État. »

Le roi est resté pendant toute la Semaine sainte à Angers et a multiplié les signes de piété catholique pour effacer la mauvaise impression produite par les prêches chez Madame. Ayant fait ses pâques et ne pouvant plus rester en place, Henri part explorer la région en compagnie de sa sœur et de sa maîtresse, malgré la grossesse presque à terme de cette dernière. Le souverain consacre de longues heures à la chasse. Le trio séjourne à Durtal, chez Schomberg, et au ravissant château du Verger, chez Rohan. Les deux hôtes sont protestants. On suppose des conversations animées au coin du feu, qui évoquent le problème huguenot. Catherine doit apprécier la tolérance bienveillante de Gabrielle qui encourage la paix religieuse. Le 28 mars, au Verger, Henri apprend l'arrivée de Mercœur à Angers. Le Lorrain « a tout signé et accordé, excepté les articles du mariage qu'il a voulu remettre jusqu'à ce qu'il eût l'honneur de saluer le roi ».

Le 30 mars, le roi se rend au Briollay, au nord-est d'Angers, où il attend la visite de Mercœur. Henri a exigé que le prince lorrain le rejoigne en petit équipage. Le duc approche humblement le souverain et le supplie d' « oublier tout ce qui s'était passé ». Après avoir reçu le pardon d'Henri, Mercœur va saluer la duchesse de Beaufort et le petit César, son futur gendre. Le roi a gagné la Bretagne sans une bataille et en mariant magnifiquement son fils... L'Estoile racontera la repartie « plaisante et fort à propos » que le souverain fit à Mme de Mercœur : « Ladite dame ayant, un jour, trouvé Sa Majesté qui s'ébattait à faire les cheveux à son petit César, lui demanda en riant s'il était bien possible qu'un grand roi comme lui fût son barbier. À laquelle Sa Majesté répliqua sur-le-champ : " Pourquoi non, ma cousine ? C'est moi qui fais la barbe à tout le monde. Voyez-vous point comme je l'ai bien faite ces jours passés, à M. de Mercœur, votre mari ? " »

Tout sourit à Gabrielle, considérée comme une puissance influente non seulement par les Français, mais aussi par les étrangers. Inquiète des pourparlers de paix avec l'Espagne, Élizabeth envoie des diplomates à Angers. Le 31 mars, le roi s'entretient avec l'ambassadeur Cecil dans les jardins de l'hôtel Lancreau. La reine veut assurer Catherine de Bourbon, fidèle huguenote, de sa grande amitié. Catherine accueille Cecil, entourée d'un grand nombre de nobles dames. L'envoyé anglais la décrit comme une vieille fille laide, « bien peinte, ridiculement attifée » et parée d'étranges bijoux! Cecil sollicite une nouvelle entrevue avec le souverain qui, légèrement souffrant, le reçoit le lendemain dans sa chambre, vers quatre heures de l'après-midi. Henri est impatient de conduire l'ambassadeur chez sa maîtresse et son fils. Élizabeth a-t-elle eu vent de l'opinion favorable des huguenots à l'égard de la duchesse de Beaufort ? Alors que les ambassadeurs précédents, connaissant la rage de leur reine contre Gabrielle, jugeaient très sévèrement la maîtresse d'Henri, Cecil écrit sans hésiter à sa souveraine qu'il fut charmé par la jeune femme : « Bien qu'elle soit grosse, elle est vraiment agréable et gracieuse. Je causai un moment avec elle : elle s'exprime très bien et avec courtoisie. Elle me parla de la reine avec beaucoup de respect et témoigna le désir de recevoir ses commandements. »

Gabrielle assiste avec une joie indicible à toutes les cérémonies qui projettent sur son petit César les lumières de la célébrité. Le 3 avril, Henri fait officiellement donation à son fils du duché de Vendôme, en présence d'un aréopage de personnalités, dont le cardinal de Joyeuse (frère de l'ex-moine qui a vendu son hôtel parisien à Gabrielle), Cheverny, Villeroy, trois ducs, deux maréchaux... et l'inévitable Bellegarde. Madame, pleine d'espoir pour la cause huguenote, appose d'une main légère sa signature à côté de celle de son frère. Les bonnes dispositions de Gabrielle valent bien ce cadeau pour son fils ! Outre l'accord de Catherine, il faut aussi celui du Parlement, car le roi avait réuni à la couronne cet ancien apanage de la Maison de Bourbon. Henri enjoint aux parlementaires de lever toutes les difficultés, avec les arguments habituels : « C'est chose que j'ai fort à cœur et que j'affectionne. » Le duché est « de fort petit revenu », car la plupart de ses terres ont été aliénées ou hypothéquées pour faire face aux dépenses de la guerre. Henri promet de le remembrer ou du moins de procéder à des acquisitions susceptibles de procurer les revenus primitifs du fief. Le roi s'engage, d'autre part, à payer les dettes qui le grèvent dans les quatre années à venir. Insigne faveur pour la duchesse de Beaufort, il est spécifié que si César meurt sans postérité, le duché reviendra aux autres enfants du roi et de Gabrielle, et de préférence aux mâles.

Le dimanche 5 avril est conclu le contrat de mariage. Le souverain accorde à César 200 000 écus en biens propres, en plus du duché. Les Mercœur donnent à leur fille 50 000 livres de rente et revenu annuel et, à la consommation du mariage, 100 000 écus d'argent et 50 000 écus en pierreries. Le Lorrain cède à Sa Majesté son gouvernement de Bretagne « pour en pourvoir, s'il lui plaît et comme elle en est suppliée très humblement, ledit duc de Vendôme son futur gendre ». Le petit gouverneur de Bretagne devient également capitaine du château de Nantes. En retour, Mercœur reçoit du roi 200 000 écus... à condition que cette somme soit convertie en terres et seigneuries à revenir à la jeune fiancée! Gabrielle fait à son fils la donation du duché de Beaufort et des terres seigneuriales de Vandeuil, et Saint-Lambert. Selon Scipion Dupleix, les États de Bretagne ont supplié le roi qu'il ordonne à la duchesse de Mercœur de vendre toutes les seigneuries qu'elle possède dans les enclaves du duché de Bretagne. Ils ont offert de les payer le juste prix, car ils souhaitent éteindre ainsi les prétentions de la Maison de Penthièvre sur le duché. Mais, ajoutera Dupleix, « la duchesse de Beaufort, désirant laisser ces mêmes prétentions telles quelles à son fils et à sa postérité, gagna cela sur le roi qu'il ne tint pas compte de leurs offres ». Enfin, le contrat prévoit un dédit de 300 000 écus à la charge de celui des fiancés qui, en âge de se marier, refuserait la consommation (le refus est prédit à tort par plusieurs assistants, car le mariage sera consommé en 1609...).

Le contrat est signé par les parents des fiancés, puis par Madame, Antoine d'Estrées, Souvré, Sancy, Villeroy, Gesvres, Fresnes... Immédiatement après, les fiançailles sont célébrées dans la vaste chapelle du château d'Angers, « avec autant de magnificence et de pompe que si c'eût été un fils de France », écrira Mézeray. Parmi l'assistance, on remarque Cheverny (et sûrement Isabelle de Sourdis), les ducs d'Elbeuf, d'Épernon, de Bouillon et de Montbazon, le borgne Roquelaure et toujours M. le Grand. Hélas! les témoins n'ont pas laissé de descriptions précises, notamment sur l'habillement des enfants. Vers quatre ou cinq ans, les filles prennent la robe de dame. Françoise, âgée de six ans, doit donc être habillée en petite femme. Au même âge, les garçons portent la robe ouverte devant ou fermée par des boutons et reçoivent un bonnet. Ils reçoivent le haut-de-chausse, le pourpoint et le chapeau, vers sept ou huit ans, six ans pour les princes. Une gravure représente le petit duc de Vendôme avec un chapeau, en 1598, alors qu'il n'a que quatre ans : a-t-on voulu le vieillir pour la cérémonie des fiançailles ?

Avec les fiançailles de César, s'achève la guerre civile. Il faut maintenant mettre fin à la guerre religieuse. Les clauses du traité avec le parti huguenot sont rédigées : Henri doit apposer sa signature à Nantes. Le départ est retardé de quelques jours, car le souverain souffre d'un catarrhe sur un œil. Le 10, Gabrielle embarque sur le port Lignier et descend doucement la Loire vers Nantes. Henri chasse près des rives, mais, le 11, surpris par la nuit alors qu'il poursuit un cerf, il se trouve obligé de revenir coucher à Angers ! Le lendemain, il s'embarque à son tour pour rejoindre au plus vite sa bien-aimée.

Le 13 avril, les amants sont accueillis avec enthousiasme par la ville de Nantes. Le Vénitien Contarini observe que Gabrielle est partout traitée en reine. L'échevinage nantais offre à la maîtresse royale des gants d'Espagne parfumés d'ambre gris et une cage habitée par six canaris... Ce même jour, le roi signe le très célèbre édit de Nantes. Officiellement, l'édit scelle la fin des hostilités entre catholiques et protestants. Dans la réalité, il établit une cohabitation qui n'a pas effacé toutes les tensions – nous y reviendrons.

Henri et sa maîtresse s'installent dans l'imposant château des ducs de Bretagne. C'est là que logent également les ducs d'Épernon, d'Elbeuf et de Bouillon, les ambassadeurs d'Angleterre et de Hollande, ces derniers accourus, eux aussi, dans la crainte d'une paix avec l'Espagne. Gabrielle attend la naissance imminente de son bébé et ne reçoit plus personne. Le dimanche 19 avril, elle met au monde un superbe garçon, que le roi prénomme Alexandre. Nargue-t-il ainsi les méchants ragots colportés lors de la naissance de

César que l'on n'aurait pas osé nommer Alexandre à cause de Monsieur Le Grand ? En tout cas, c'est encore un prénom héroïque qui rappelle la race royale de l'enfant. Tous ceux qui approchent le nourrisson témoignent de sa robuste beauté. Henri, fou de joie, écrit le jour même à Montmorency : Alexandre, suggère le roi, prendra la place de César dans les projets de mariage avec la fille de son compère :

> « Mon compère,
> « Je vous prie de croire que le mariage de mon fils de Vendôme avec Mademoiselle de Mercœur ne diminuera en rien l'amitié que je vous ai portée et vous porte ; car, me servant bien comme vous faites et avec fidélité et affection, je la connaîtrai toujours telle que vous la sauriez désirer, et vous rendrai certaine preuve de la mienne.
> « Dieu m'a donné ce jour d'huy un fils qui ne sera moins beau que mon fils Vendôme, et il succédera en sa place. »

Le 22 avril, les ambassadeurs hollandais prennent congé du roi. Avant de quitter la France, ils veulent remettre à Madame et à la duchesse de Beaufort de très belles étoffes qu'ils ont apportées dans leurs bagages. Qui, des deux femmes, doit avoir la première visite et les plus beaux cadeaux ? La princesse d'Orange leur conseille de flatter la maîtresse royale, dont l'influence auprès du souverain est prépondérante.

Gabrielle recevra, avant Catherine, quatre pièces de damas et deux pièces de drap fin. Henri conduit les Hollandais dans la chambre de sa maîtresse après leur avoir fait traverser plusieurs pièces. La duchesse de Beaufort, qui a accouché trois jours auparavant, les reçoit dans son lit. La chambre à coucher est alors un lieu public. Le lit est donc clos par des rideaux que l'on peut ouvrir ou fermer à volonté pour protéger l'intimité de l'occupant. Henri fait largement ouvrir les rideaux du lit de sa maîtresse, ce qui apparaît comme une marque d'honneur pour les ambassadeurs. Autre particularité bien française : les hommes et les femmes se saluent assez communément en s'embrassant sur la bouche. Aussi, lorsque le roi demande aux Hollandais d'embrasser sa maîtresse, ceux-ci surmontent leur raideur calviniste et s'exécutent sans discuter ! Après avoir échangé quelques compliments à propos des étoffes offertes, les ambassadeurs sont introduits par la princesse d'Orange chez Madame, qui jure hautement sa fidélité à la religion de sa mère.

Le souverain doit maintenant se rendre à Rennes, afin d'y faire ratifier par le parlement de cette ville les heureuses conclusions des divers traités. Henri s'attarde quelques jours à Nantes. Il n'aime guère quitter Gabrielle. Et d'ailleurs, il emploie ces quelques journées supplémentaires à consolider les intérêts de sa bien-aimée et de ses fils. Le 26, il signe les lettres patentes qui assurent le gouvernement de Bretagne à son fils. Le 30, une nouvelle pluie d'or est versée sur la tête de la jeune accouchée : « Sa Majestée, désirant favorablement traiter et gratifier madite dame la duchesse, lui a donné et octroyé tous et chacun les deniers qui sont provenus et proviendront des lods et ventes : profits de fiefs et autres droits seigneuriaux advenus et échus à Sadite Majesté en son duché de Bretagne », depuis le 1er janvier. Gabrielle est bien gratifiée pour avoir donné au roi un magnifique enfant mâle. Le nourrisson n'est pas oublié : son père promet de lui donner le comté d'Armagnac et la charge importante de gouverneur de Caen.

Le 6 mai, les amants se séparent pour une dizaine de jours. Dès le 8, le roi apprend la conclusion de la paix de Vervins avec les Espagnols le 2 mai. C'est donc maintenant la fin de la guerre étrangère. Henri écrit une tendre lettre à sa maîtresse :

> « Mon vrai cœur,
> « La Varanne vient d'arriver, qui m'a apporté de vos lettres, par où vous me mandez que vous m'aimez mille fois plus que moi à vous : vous en avez menti, et le vous soutiendrai avec les armes que vous avez choisies.

« Soudain que j'ai eu résolu ce que je deviendrai, je vous ai dépêché ce courrier pour vous dire que jeudi pour le plus tard je partirai de Rennes pour nous acheminer vers la grande cité, et serai lundi dix-huitième à La Flèche. Mesurez votre voyage à vous y trouver ce jour-là. Je suis bien marri que vous n'êtes pas venue à Rennes, car aujourd'huy Mesdames de Laval et de Torigny y sont venues. Demain, je les verrai, et vous en manderai des nouvelles.

« Envoyez par ce courrier les lettres du gouvernement de notre fils, afin que je les fasse vérifier à la cour de Parlement. Mon menon, je ne vous verrai de dix jours, c'est pour mourir. Je ne vous mande point mon déplaisir, vous seriez trop glorieuse. Jamais je ne vous aimai tant que je fais. C'est vous en dire trop. Je vous donne le bonsoir et des baisers par millions.

« Ce huitième mai, de Fontaine. »

On voit par la première phrase de la lettre que Gabrielle s'inquiète toujours de l'éloignement du roi. Une courte escapade de son amant va bientôt justifier en partie ses appréhensions.

Le 14, le parlement de Rennes enregistre les lettres nommant César gouverneur de Bretagne. Henri écrit une nouvelle lettre à sa maîtresse :

« Mes chères amours,

« Le pouvoir de mon fils a été vérifié avec un extrême applaudissement. Un conseiller qui en a été le rapporteur a triomphé, comme aussi l'avocat qui a déclamé en sa faveur. Je vous en dirai des particularités qui ne vous déplairont pas.

« Guichart est venu, qui m'a apporté des nouvelles de mes ouvrages, tant charnels que de pierre [enfants et bâtiments]. Tout s'y porte bien, Dieu merci. Il faut que je vous die [dise] que jamais roi n'eut des cœurs des Bretons comme moi, et vous assure que je les laisserai bien acquis au capitaine Vendôme [César est capitaine du château de Nantes].

« Monsieur de Sourdéac vous a mené une très belle haquenée, et m'en donne une qui sera aussi pour vous. Je m'en vais dire adieu à ces dames, car il me faut partir demain grand matin. Quelle joie de penser vous voir dans trois jours; et, mon menon, que je chérirai vous. L'on me veut faire peur du chemin que je trouverai d'ici à Laval, mais ils sont bien trompés, car pour aller à vous je ne cours pas, je vole. Vous n'aurez plus de moi qu'une lettre. Bonjour, mon tout. Je baise vous un million de fois.

« Ce quatorzième mai, de Rennes. »

Ce jour-là, Gabrielle et ses fils sont de retour à Angers. La duchesse a, en effet, déjà pris la route pour rejoindre son amant.

Le lendemain, vendredi 15 mai, le roi ne « vole » pas vers Gabrielle, mais s'attarde encore dans la ville de Nantes. Certains expliquent que le souverain n'aime pas voyager un vendredi. D'autres affirment qu'il a remarqué, quelques jours auparavant, au cours d'un bal, la très jolie « fille de Me Jean Yger, sieur de Launay, avocat en son temps, femme d'un capitaine appelé Les Fossés ». Voilà le capitaine brusquement promu sergent-major, puis expédié à Calais... Dans la nuit du 15 au 16, Henri aurait vu la belle Mme Les Fossés « plus près qu'il n'avait encore fait ». Passade sans grande conséquence. Peu après quatre heures et demie du matin, le roi se dirige vers Laval, afin de se rapprocher de Gabrielle.

Les amants se retrouvent à La Flèche, le 18 ou 19 mai. Les carrosses cheminent doucement : il faut ménager le petit Alexandre et sa mère. Le 22 mai, le roi et sa maîtresse arrivent au merveilleux château du Lude, sis sur les bords du Loir, et y passent la nuit (on y visite de nos jours la « chambre d'Henri IV »). Le 23, le couple est à Vaujours. Henri souffre d'un catarrhe sur le bras qu'il prétend guérir en chassant et en travaillant à outrance. La lenteur du transport doit exaspérer sa nervosité.

Le roi et sa maîtresse sont à Tours le 26. Après s'être fait solennellement installer comme abbé et chanoine honoraire de Saint-Martin, le souverain se rend à Chenonceaux, chez la reine Louise, en compagnie de Gabrielle, sûrement de César et des Mercœur. Le frère et la sœur se sont entendus pour désintéresser Gabrielle des droits sur le château, à condition que celui-ci revienne aux petits fiancés; Louise en garderait l'usufruit jusqu'à sa mort. La duchesse de Beaufort s'empresse de subroger tous ses droits. La fortune de la reine ne suffisant pas à faire taire les créanciers de Catherine de Médicis, Mercœur avancera la caution nécessaire en son nom propre, le 22 juin, à Paris.

Les amants font une halte chez les Babou, à La Bourdaisière, près de Tours. La demeure de la famille maternelle de Gabrielle devient momentanément le centre de la politique du royaume. Le souverain, Duplessis-Mornay et Villeroy y examinent attentivement le traité avec l'Espagne, en vue d'une ratification. Mornay prend congé du souverain pour retourner à Saumur.

Henri et sa maîtresse sont à Blois le 31. Gabrielle y reçoit de son amant un brevet qui lui assure la perception des droits sur le sel « entrant en la rivière de la Loire »...

Les amants et leurs enfants arrivent enfin à Paris, le vendredi 5 juin.

Bonheur et morale

Quel triomphe que ce voyage! Henri a terminé la guerre civile, la guerre religieuse et la guerre étrangère. Si Gabrielle n'a pas participé à la paix avec l'Espagne, elle s'est efficacement dépensée pour obtenir la paix civile et la paix religieuse. Et, outre sa charmante compagnie, elle a donné au roi de superbes enfants. Henri ne peut véritablement pas se passer de sa présence physique comme de son soutien moral. Il a pacifié le royaume à ses côtés. Il veut maintenant l'associer comme reine à la prochaine étape de son destin : la reconstruction de la France. Il y a pensé très sérieusement tout le long de son voyage. Il se préoccupe de l'annulation de son mariage et a envoyé à Bellièvre plusieurs lettres à ce sujet.

Le 21 février, de Thoury (sur la route vers Angers) : « Et comme j'estime ne pouvoir faire autre chose qui soit plus utile que de rechercher les moyens de me remarier afin de réjouir et consoler mes peuples d'une espérance de me voir des enfants qui recueillent avec ma succession le gré de mes travaux... »

Le 13 mars, d'Angers : « Continuez aussi à m'avertir de ce que vous estimerez que je devrai faire pour cet effet. » Le 26 mars, de la même ville : « M. de Bellièvre, persistant en la volonté que je vous ai écrit avoir de me mettre en état de pouvoir choisir une femme qui me donne des enfants pour ma consolation et celle de mes bons sujets, j'ai voulu revoir la procuration qui a été ci-devant sur ce passée par la reine ma femme, pour juger si elle était valable et suffisante. »

Le 9 avril, avant de partir pour Nantes : « M. de Bellièvre, j'ai reçu votre avis sur la procuration que je vous avais envoyée, lequel j'ai trouvé très bon et suivrai, espérant de parvenir par ce moyen par l'assistance de mon cousin le cardinal de Florence au but auquel j'aspire. »

Le légat fait connaître à son tour sa réponse à Bellièvre dans une lettre chiffrée (26 avril) adressée à Rome : « M. de Bellièvre est venu me trouver de la part du roi Très Chrétien, seul, sans Sillery, et, en grand secret, il m'a dit que Sa Majesté, ses affaires évoluant favorablement comme elles font, est décidée à prendre femme ; mais, voulant d'abord faire en sorte de se libérer de son mariage que l'on présume entaché de nullité, elle demande conseil au légat quant à la conduite qu'elle aurait à suivre.

« Je lui ai répondu que la question, étant de la plus haute gravité et touchant d'abord Dieu et la conscience, ensuite la succession et le bien du royaume, elle exige mûre réflexion et ne peut se traiter sans l'autorité du pape à qui il appartient seul, à l'exclusion de tout autre, de se prononcer sur un cas semblable ; et que je savais, parce qu'il me l'avait dit d'autres fois, que Notre-Seigneur, lorsque cette affaire serait soumise à son jugement, ne refuserait pas à Sa Majesté sa justice. »

Le légat ne cache pas son appréhension et poursuit : « Je ne sais, si le mariage actuel était dissous, de quel côté se tournerait le roi, encore que je puisse l'imaginer. » Rome est avertie.

Henri n'ignore pas l'importance de l'accord du pape pour obtenir son annulation et a résolument soutenu le souverain pontife lors d'un différend avec la famille d'Este, à Ferrare. Il a vivement remercié Clément VIII de son influence qui a permis la paix avec l'Espagne. Mais le pape reste méfiant. Le 18 mai, son neveu le cardinal Aldobrandini a confié à Alexandre de Médicis que Clément VIII veut détourner Henri de poursuivre auprès de lui l'annulation de son mariage... Le bonheur avec Gabrielle est-il condamné à rester « immoral » ?

L'euphorie consécutive à cette triple paix, la beauté de sa maîtresse et de ses enfants font-elles oublier au roi les difficultés évidentes que provoquerait son mariage avec Gabrielle ? Pas tout à fait. Henri rêve d'imposer son propre bonheur par des cajoleries et des ruses. Bellièvre a-t-il pu croire que le souverain recherchait sincèrement une femme qui lui donnerait des enfants, alors que cette femme a déjà été secrètement choisie et lui a déjà donné des enfants ?

La fameuse entrevue du roi avec Rosny, dans les jardins du duc de Bouillon à Rennes, a-t-elle vraiment eu lieu ? Sully prétendra qu'elle a duré « trois heures d'horloge ». Henri lui a parlé de son nécessaire remariage, puis a passé en revue toutes les candidates étrangères ou françaises, les jugeant à l'aune de trois qualités qu'il précise en ces termes : « Qu'elle soit belle, qu'elle soit d'humeur complaisante (car aussi, sans ces deux-là, me serait-il impossible de l'aimer) et me fasse des fils, songez un peu en vous-même si vous n'en pourriez point connaître quelqu'une en laquelle tout cela se pût rencontrer. »

Le futur Sully se dérobe et répond : « Nommez-la donc Sire, dites-vous, car j'avoue que je n'ai pas assez d'esprit pour cela.

— Ô la fine bête que vous êtes, dit le roi. Ah ! que si avez bien si vous vouliez, voire celle-là même que je pense, car il n'est pas que n'en ayez entendu bruire quelque chose; mais je vois bien où vous en voulez venir, en me faisant ainsi le niais et l'ignorant, c'est en intention de me la faire nommer. Je le ferai, car vous confesserez que toutes ces trois conditions peuvent être trouvées en ma maîtresse; non que pour cela je veuille dire que j'aie pensé à l'épouser, mais seulement pour savoir ce que vous en diriez, si faute d'autre cela me venait quelque jour en fantaisie. »

Henri veut croire que ses succès publics lui permettront de faire accepter aux Français ses aspirations privées. Or la situation réelle de la France, en ce printemps de 1598, reste précaire à beaucoup d'égards. Le monde paysan et le petit peuple des villes souffrent plus que jamais du cours de ses blés qui se vendent à des prix records. L'opinion populaire est toujours prête à établir un parallèle entre la généralisation de la pauvreté et l'accumulation des richesses accordées à une favorite honnie.

D'autre part, les traités de paix avec l'Espagne et les protestants, loin d'ouvrir une « ère nouvelle », semblent plutôt refermer une longue parenthèse et rétablir les clauses des accords déjà signés par les Valois. Le traité de Vervins reprend, dans l'ensemble, les clauses de celui de Cateau-Cambrésis conclu sous Henri II. L'édit de Nantes reproduit de nombreux articles de l'édit de Poitiers. Le roi accorde aux protestants la liberté de conscience, mais limite leur liberté de culte. Les huguenots ont accès à toutes les charges publiques et sont passibles de tribunaux spécifiques. Ces dispositions de tolérance s'accompagnent de garanties militaires, confortées par des clauses secrètes qui donnent au parti protestant un véritable statut d'État dans l'État. Les huguenots campent devant les catholiques, protégés par une centaine de places de sûreté.

Les similitudes avec l'édit de Poitiers s'arrêtent là. Le préambule de l'édit signé par les Valois évoquait en effet un concile; on croyait encore alors à la possibilité d'un théisme syncrétique tant souhaité par les humanistes. Rien de tel dans le préambule de l'édit de Nantes. Ici, c'est un roi catholique qui octroie à une minorité religieuse certains droits.

L'édit signé par Henri IV est proclamé « perpétuel et irrévocable », mais il est pourtant scellé de cire brune, seule la cire verte pouvant impliquer une application éternelle (Jean-Pierre Babelon). C'est une œuvre de circonstance, qui sauve de façon pragmatique l'unité politique du royaume, en reconnaissant officiellement la « contiguïté » (Emmanuel Le Roy Ladurie) de deux religions et de deux partis.

La nouveauté essentielle entre les édits de 1598 et ceux promulgués par les Valois consiste dans la ferme volonté de les appliquer. Quarante ans de guerre ont épuisé les belligérants et amolli les prétentions de domination. Et surtout quarante ans d'obstinations religieuses et de fanatismes criminels ont définitivement enterré l'espoir humaniste d'un monde réconcilié, doucement délivré de la malédiction du péché originel et de son cortège de tragédies.

Que l'on se souvienne de la religion heureuse de Marguerite de Navarre, grand-mère d'Henri IV ; que l'on se rappelle les allusions œcuméniques du roi avant sa conversion. Par tempérament, Henri aurait nettement préféré la fusion des religions, consacrée par un concile souriant et tolérant, au « saut périlleux » qui l'a profondément bouleversé.

Fusion ou confusion des valeurs ? La morale et le bonheur sont-ils antinomiques ? Robert Mauzi [1] suggère, avec raison, que l'idée selon laquelle le problème moral ne se distingue pas du problème du bonheur est une idée antique qui se manifeste chaque fois que le christianisme est remis en question : au XVIe siècle sous la forme de l'humanisme et au XVIIIe siècle avec l'esprit philosophique. Lorsque le christianisme triomphe, « le salut intercepte le bonheur ». La morale du devoir se substitue à la morale du bonheur.

Henri fut longtemps ballotté entre deux femmes vêtues de noir qui incluaient naturellement la tragédie dans leur vision du monde. L'une, sa mère, brûlait d'une foi capable du martyre. L'autre, sa belle-mère, pratiquait un cynisme politique capable du meurtre. Gabrielle, si belle, si complaisante, si « humaine », apparaît comme l'incarnation d'un bonheur assez fort pour exorciser la tragédie. Car il ne s'agit

---

1. Robert Mauzi, *L'Idée du bonheur au XVIIIe siècle*, p. 15.

plus d'un rêve heureux « contigu » à un monde réel où le devoir se moque du bonheur, mais du bonheur enfin réconcilié avec la morale. La maîtresse aimée devient l'épouse légitime.

Le fol espoir du roi est anachronique. 1598 sonne définitivement le glas de l'humanisme. La tragédie n'est pas exorcisée, mais simplement jugulée par un ordre moral identifié à l'ordre étatique et monarchique. Cet ordre qu'Henri IV va s'acharner à rétablir rejette Gabrielle. Aussi, lorsque la mort fauchera le bonheur coupable du roi, la Cour et le peuple verront, tour à tour, la main du diable, la main de Dieu.

TROISIÈME PARTIE

La main du diable, la main de Dieu

CHAPITRE XV

Projets de mariage

De retour à Paris le 5 juin, le roi dîne chez Jérôme Gondi et passe la nuit chez Épernon où il reçoit les hommages de la Cour dès le lendemain. Sa maîtresse se trouve-t-elle auprès de lui ou a-t-elle déjà rejoint son nouvel hôtel parisien, acquis de Gaspard de Schomberg? Le train de maison de la jeune femme approche maintenant celui d'une future reine...

L'hôtesse de l'hôtel Schomberg

Tous les membres de la « maison » de Gabrielle sont à pied d'œuvre pour accueillir leur maîtresse, revenue de Bretagne. Considérée comme une pécheresse publique, la compagne du roi a pourtant un aumônier dévoué à son service, Jacques Morel. Denis Lesueur, secrétaire, s'applique à gérer au mieux la fortune sans cesse renouvelée de la duchesse de Beaufort. M. de Mainville, capitaine aux gardes du roi, a été détaché auprès de la maîtresse royale. À la tête d'un groupe d'archers, il escorte Gabrielle et veille sur sa sécurité. Mainville a épousé Marie de Hermant, surnommée « la Rousse », qui commande une foule de femmes de chambre, et apparaît comme la plus proche confidente de sa maîtresse. « La Rousse » est secondée par Nicole Guyard et Gratienne Mareil. Louis de Valloys, maître d'hôtel, fait office d'intendant. Esmé Oyot, le concierge, est également chargé de la garde du linge de maison, très abondant dans les demeures aisées à cette époque : dans son appartement, « un coffre de bahut vieil de façon de garde-robe », est bondé de linge et de coupons de toile fine. Voici Michel Debuyre, le chef des cuisines, qui dirige une multitude de marmitons, Gratien Brochet, le sommelier, qui gouverne aussi les valets et le service de table et Charles Lesueur l'argentier. Claude Vallon, écuyer, assure le service des écuries : certains pamphlets malveillants lui attribuent des relations intimes avec Gabrielle. Enfin, un personnage très important dans la vie de la jeune femme : le tailleur Gilles Aubert, qui travaille exclusivement pour la duchesse. Deux grandes tables de bois de chêne montées sur des tréteaux sont placées dans la pièce qui lui sert d'atelier. Là, en compagnie de plusieurs aides, Aubert taille et coud sans relâche de merveilleuses toilettes pour la maîtresse royale.

L'hôtel Schomberg est sis rue Fromenteau (ou « Froidmanteau »), toute proche du Louvre, à l'ouest du palais et au nord de la Grande Galerie en cours de construction. Contrairement aux palais italiens, imposants quadrilatères qui s'exhibent avec superbe aux yeux du public, les demeures seigneuriales bâties dans le quartier du Louvre, au XVIᵉ siècle, se cachent entre cour et jardin au milieu d'un pâté de maisons roturières [1]. L'hôtel proprement dit est constitué par des bâtiments qui bordent une cour, et que l'on a généralement construits selon le plan d'une poêle à frire. L'emplacement de l'hôtel Schomberg est fort commode pour les deux amants. Gabrielle peut rejoindre le Louvre en passant par le jardin quasiment attenant à un guichet étroit avec pont-levis, lui-même situé devant l'escalier qui dessert la salle des gardes et l'appartement du roi.

Entrons dans l'hôtel de la jeune femme, en décrivant au passage les meubles qui subsisteront encore au moment de l'inventaire après décès et qui, grâce à leur poids ou au dévouement des serviteurs, échapperont à la cupidité scan-

---

1. Jean-Pierre Babelon, *Demeures parisiennes sous Henri IV et Louis XIII.*

daleuse d'Antoine d'Estrées, venu précipitamment vider par chariots entiers la demeure de sa fille morte... Au rez-de-chaussée, on traverse la suite des pièces de réception. Dans la salle commune ou salon, on admire des tapis de Turquie ainsi qu'une belle table « de marbre et jaspe de plusieurs couleurs » sur un châssis de bois de noyer à piliers tournés et cannelés. La salle à manger est meublée par « une longue table de quinze pieds de long », tout en chêne, d'autres tables de service et un buffet « à quatre grandes colonnes faites en arcades de bois de noyer ».

La vaisselle de Gabrielle est partie en argent, partie en vermeil. Plats, écuelles, assiettes, bassins, aiguières, chandeliers, coupes, réchauds, sauciers, rivalisent de qualité. L'inventaire signale aussi un vinaigrier en vermeil, un « cadenas » (sorte d'étui ou coffret en cuir ou en métal contenant serviette, cuiller, couteau...), ainsi que cinq cuillers et huit fourchettes en argent. Ce petit nombre de couverts ne doit pas nous étonner bien qu'Henri III ait commencé à introduire la fourchette, sous les sarcasmes de ses contemporains. En général, on mange encore avec ses doigts sous Henri IV, et l'on se sert de temps à autre d'un couteau. Les quelques cuillers et fourchettes de Gabrielle sont peut-être distribuées à Madame, la princesse d'Orange ou les princesses de Lorraine, lorsque ces hautes dames viennent partager le repas de la maîtresse royale. En revanche, comme le remarque Desclozeaux, si l'on néglige les fourchettes pour les viandes, poissons ou légumes, l'on mange depuis longtemps des confitures sèches, des friandises et des fruits avec des petites fourchettes de luxe. Ainsi, l'inventaire fait rue Fromenteau décrit ce merveilleux objet : « une petite fontaine en rochers ronds, garnis de branches de corail, nacres de perles et argent, les unes en façon de cuillers et fourchettes d'argent et couteaux, avec un petit entonnoir d'argent, étant le tout dans une boîte de cuir noir ».

De la salle à manger, on pénètre dans la chambre des pages affectés au service d'honneur de la duchesse. On y a disposé quatre lits de camp pour leurs repos. La maîtresse royale traverse tous les jours cette pièce donnant sur le jardin qui, lui-même, mène au Louvre.

Au premier étage, on découvre la chambre à coucher de Gabrielle. Les murs sont tendus de huit pièces de tapisserie de Flandre « à personnages, bêtes et oiseaux » et de sept pièces de tapisseries de toile blanche à points coupés. Le lit, composé d'une paillasse et de deux matelas de futaine, a des colonnes en noyer tourné et, aux quatre coins, des pommes de bois doré d'où s'élancent des panaches. Le ciel de lit est orné de velours tanné avec des rideaux de damas. La passementerie est d'or et d'argent. Tandis que le traversin est garni de taffetas blanc, la couverture de parade est de damas tanné à franges et crépins de soie et d'argent. Ce même tissu recouvre la table. La chambre est aussi meublée de neuf chaises de bois de noyer doré, recouvertes de cuir orangé orné de clous argentés. Une chaise, plus élégante – probablement le siège personnel de la maîtresse de maison –, est « couverte de toile d'argent et soie colombien et garnie de clous dorés et de frange de soie verte et argent ». La coupe d'or « émaillée de plusieurs couleurs » sert-elle de vide-poche à la duchesse ?

Imaginons la jeune femme dans sa chambre, écrivant, lisant ou cousant. L'inventaire signale « un écritoire [sic] fait au petit métier, d'or d'argent et soie fermant à clef, garni de son étui de velours vert, doublé de taffetas vert par dedans, garni de boutons d'or ». Si Gabrielle est assez instruite pour tourner agréablement ses lettres, elle n'est guère lettrée et sa culture reste sommaire. Quelques livres pieux ont été placés dans sa bibliothèque. Nullement mystique, la maîtresse royale ne doit pas les lire bien souvent... Son missel est relié en maroquin « incarnadin, garni d'or émaillé ». Un exemplaire du *Liber Psalmorum Davidis* est superbement relié : au centre, le chiffre, « formé des lettres GG entrelacées sur le premier plat, et des lettres BB entrelacées sur le second plat, est entouré d'une guirlande de feuillages » (catalogue de la librairie Denis, Paris, juin 1944). Ni intellectuelle ni mystique, la compagne du roi a un sens aigu du confort et du raffinement décoratif. Le nécessaire à couture de la jeune femme est d'un luxe inouï. On retrouvera à Fontainebleau les objets suivants dont elle se sert sûrement aussi à

Paris : « Deux petits étuis à mettre des aiguilles, l'un tout de rubis d'Inde et l'autre de diamants et de rubis. [...] Deux étuis d'or à mettre ciseaux, garnis de diamants, rubis et perles. » Gageons que, dans le secret de sa chambre, Gabrielle ouvre parfois un petit coffret de fer où elle range ses pièces d'or...

De la chambre, passons au cabinet de toilette. Lors de l'inventaire, « la Rousse » pourra produire un bassin ovale, une aiguillère, une grande écuelle et une autre petite, le tout en vermeil. En argent, il y a entre autres : une bassinoire, un petit bassin ovale, trois flambeaux, deux cuillers, deux fourchettes, un bougeoir à queue, un pot de chambre...

Une partie de la matinée de la belle duchesse doit être consacrée à la toilette, le maquillage, la coiffure et l'habillement. L'inventaire mentionnera plusieurs miroirs. Le plus spectaculaire est « un miroir d'une glace de Venise enrichi de papillons de verre et émaillé de plusieurs couleurs étant dans un tabernacle de bois peint en vert ». Après la toilette et le maquillage, la maîtresse royale se fait coiffer. La mode est alors aux cheveux relevés sur le sommet de la tête autour d'un tampon de filasse, le tout saupoudré de poudre d'Iris (Desclozeaux). Puis vient la longue et fastidieuse séance d'habillement.

Le vestiaire de Gabrielle est si important que nous en ferons une description restrictive, pour éviter une interminable énumération ! La chambre-atelier du tailleur Gilles Aubert est encombrée de bahuts et d'une paire d'immenses armoires « à quatre grands guichets de bois de chêne », où s'entassent une multitude de robes, manteaux, cotillons, bonnets, coiffes, chaussures de velours de toutes couleurs avec broderies d'or, bottes de maroquin, pièces d'étoffes merveilleuses venues des Flandres, d'Italie et d'Orient.

Avant de revêtir ces magnifiques atours, il faut placer les dessous. Taille de guêpe, poitrine de jeune fille sont obtenues après l' « empoitrinement » de la dame, c'est-à-dire la pose d'un busc d'acier, baleines et éclisses de bois et serré vigoureusement par-derrière ! Autour de ce corset, les femmes de chambre attachent le vertugadin, qui n'a jamais atteint d'aussi grandes dimensions dans l'histoire de la mode. Il est fait de larges cerceaux de bois ou de fer sur lesquels l'on a cousu la jupe. Le bourrelet des années précédentes est remplacé par une sorte de plateau porté sur les hanches et sur lequel s'étale la cotte ou cotillon, jupe très froncée à la taille. On a comparé la silhouette féminine à la forme d'un tambour entouré d'un volant froncé. Gabrielle possède des cotillons en velours vert, satin incarnat, taffetas blanc à fleurs d'or, soie de plusieurs couleurs, drap d'or... Sur ces splendides dessous, l'on revêt la robe, non sans avoir choisi auparavant, les bas et les chaussures assortis.

Mme de Manville fait préparer le vêtement demandé par la duchesse. Est-ce la robe « de satin couleur de pain bis [couleur très à la mode], découpée, chamarrée de passement trois à trois, d'argent clinquant avec des passepoils de satin incarnadin, garnie de son corps et manches de même satin et chamarrée, doublée de taffetas incarnadin, lesdites manches fendues sur les bras, garnies de boutons et boutonnières d'argent » ? Ou celle de velours vert découpé en branchage doublé de toile d'argent ? Ou encore celle chamarrée de passement d'or et d'argent, garnie de grandes manches à la bolonaise ? Robes de satin vert, ou taffetas de Florence, ou gaze noire doublée de satin blanc aux manches avec passepoils gris, ou de satin blanc et satin noir disposés en bandes alternatives, sortent des bahuts et des armoires gardés par le génial tailleur de Gabrielle.

Les manches, très volumineuses, ont des bourrelets aux épaules et sont rembourrées de coton jusqu'aux coudes. Elles sont souvent démontables et interchangeables. Parmi celles-ci, la duchesse hésite entre une paire en satin incarnadin brodé de palmes en argent, une paire faite « de vollants bouillonnés, avec des petites houppes de soie incarnadin », et tant d'autres encore...

Pour les journées plus intimes, Gabrielle pose autour de sa taille des « vertugadins » ou crinolines d'envergure plus raisonnable. Elle met éventuellement un « manteau de chambre » ou vêtement d'intérieur. Nous pouvons l'imaginer recevant le roi, vêtue de son manteau de chambre « de damas incarnat fourré de petit gris, garni le devant et les manches, de boutonnières d'argent » ou de celui de satin et velours feuille-morte, garni de gros boutons d'or et d'argent.

Après s'être laissée habiller par ses femmes de chambre sous l'œil attentif de la dame de Mainville, la duchesse choisit les bijoux du jour [1]. Elle en a tant et tant... Dans ses cheveux, piquera-t-elle l'ensemble de seize étoiles de diamants ? Pour une soirée ou une cérémonie, elle pourra poser sur sa ravissante tête, une « enseigne » avec le portrait du souverain entouré de plumes tout en diamants, le reste garni de diamants « avec un grand rubis en cabochon et un autre en table ». Parmi ses nombreuses boucles d'oreilles, elle aime ces deux grosses perles en poire, et aussi ces deux grands diamants taillés en facettes, ou encore ces boucles faites chacune de dix petits diamants et de trois perles rondes. Les bracelets sont variés et de prix très différents. L'un des plus beaux contient douze pièces : six sont en forme de boutons, avec perles en poire et gros rubis au milieu, six sont des nœuds émaillés de blanc, garnis de diamants.

Au-dessous de la collerette, les femmes de la maîtresse royale placent un « carquant », ou long collier très à la mode. Gabrielle en possède plusieurs, dont certains de très grande valeur comme celui-ci, rutilant de diamants, perles et rubis. Cet autre est estimé beaucoup moins cher mais il est si décoratif ! Il contient seize pièces : au milieu, un Jupiter entouré de diamants, sept planètes entourées de même façon, enfin huit rubis ornés chacun de quatre perles plates. Les progrès de l'horlogerie ont été décisifs au cours de ce siècle : nombre de gentilshommes et de dames possèdent une montre, véritable bijou. Celle de Gabrielle, avec une quantité de diamants, une perle au bout « étant en poire », est fort belle.

La duchesse de Beaufort se prépare à sortir. Sur sa tête, elle met une de ses nombreuses toques de velours. Elle choisit pour orner sa coiffe, une « enseigne ». Celle-ci, « toute ronde, d'or, faite en façon de soleil », ne contient pas moins

1. Certains bijoux décrits ici sont inventoriés à Fontainebleau. Mais Gabrielle les porte également à Paris.

de cinquante-huit diamants, dont plusieurs de grande valeur! Ce genre de bijou se prolonge jusqu'au bas de la jupe, comme l'explique la description de cette autre enseigne « où il y a un grand diamant et plusieurs autres de différentes grandeurs; au-dessus y a une Paix dans un chariot de triomphe et au bas trois grosses perles en poire, plates d'un côté. Ladite enseigne est tenue d'une chaîne d'or et de diamants et y a un gros diamant et une petite perle en poire au haut de la chaîne, qui vient se rattacher à la taille et tombe jusqu'au bas de la jupe. »

Puis, selon les circonstances, la compagne du roi se couvre d'un manteau taillé en forme de cloche. Gilles Aubert les a souvent assortis aux innombrables robes de la jeune femme. Manteaux de satin noir ou blanc ou pain bis, manteaux de taffetas de toutes couleurs, magnifiquement doublés, brillamment chamarrés ou brodés de passements d'argent s'entassent dans les bahuts. Les élégantes portent alors sur ce vêtement des chaînes orfévrées. Bien sûr, les chaînes que possède Gabrielle sont merveilleusement belles, comme celle-ci, « de cristal de fleurs de lys avec autres pièces faites en olive garnies de flammes d'or et entre deux de nœuds émaillés de rouge et de vert », ou cette autre de diamants avec les chiffres de la jeune femme mêlés à ceux de son amant.

On apporte enfin à la duchesse une paire de gants de peau parfumés, venant d'Espagne, peut-être aussi son manchon de velours gris brodé d'or et d'argent, sans oublier un masque de velours noir doublé de taffetas blanc sans lequel une dame de qualité ne saurait sortir de chez elle.

Gabrielle se dirige vers son carrosse qui l'attend dans la cour de son hôtel. Il est doublé de velours orangé et garni de franges de soie et de crépins d'or. La duchesse s'installe sur ses coussins de velours, abritée derrière des rideaux de damas. Claude Vallon a fait préparer l'un des deux attelages formés, le premier par quatre jeunes chevaux gris pommelés, le deuxième par quatre chevaux blancs plus âgés. L'écurie est également occupée, outre deux mulets d'Auvergne couleur bai, par un cheval bai « tarquenar » âgé de six ans, avec sa selle et sa bride. Il s'agit probablement de la monture dont elle se sert lorsqu'elle accompagne le roi à la chasse, si charmante toute vêtue de vert et d'argent.

Chroniques parisiennes

Le mois de juin 1598 est particulièrement froid, pluvieux et venteux. Mais Paris se réjouit de l'heureuse conclusion des différentes guerres. La maîtresse royale a soigneusement choisi ses plus belles toilettes pour célébrer le retour de la paix. Celle-ci est proclamée au son des trompettes, le 12 de ce mois. Le 16, Alexandre de Médicis entre dans la capitale, acclamé par les Parisiens reconnaissants : le légat a si bien contribué à la paix de Vervins. Trois jours plus tard, les otages espagnols et les ambassadeurs de Philippe II sont reçus au Louvre par Henri. Les sujets du sévère roi d'Espagne sont médusés par le naturel très familier du roi de France. Henri donne audience à ses anciens ennemis, simplement vêtu de noir dans la grande salle du Louvre, assis en majesté sous un magnifique dais. Puis, voyant que la chaire n'est pas bien placée sous le trône, il se lève pour la replacer lui-même à sa façon, et se rassoit tranquillement devant les Espagnols stupéfaits. Henri, selon son habitude, fait en sorte d'abréger les discours qui l'ennuient à périr, et invite les étrangers à le voir jouer à la paume, en son tripot du Louvre. Secondé par Biron, le souverain joue contre Joinville, sous les yeux des représentants de l'Escurial. L'Estoile ajoutera cette précision : « Aussi faisaient les dames, entre lesquelles paraissait, par-dessus les autres, la duchesse de Beaufort, que le roi fit démasquer, afin que les Espagnols la pussent voir tout à leur aise. » Les envoyés de Philippe II ne peuvent que se réjouir des attentions admiratives du souverain pour sa maîtresse. L'Espagne, à demi vaincue, souhaite le mariage d'Henri avec Gabrielle, persuadée, à juste raison, que cette union, suivie de la légitimation complète des bâtards affaiblirait profondément la France.

Le dimanche 21, après la ratification solennelle du traité de Vervins, le roi se rend en grande pompe à Notre-Dame, afin d'assister à la messe pontificale célébrée par le légat. Le souverain est entouré de six cents gentilshommes superbement vêtus. Son compère le connétable le précède, chevauchant seul devant lui, tandis que Bellegarde le suit, seul également, sous les yeux des badauds parisiens. Que d'arrière-pensées et de sourires malicieux doit susciter l'élégante apparition de l'ancien amant de Gabrielle, caracolant derrière le roi ! Le soir, au Louvre, un banquet suivi d'un bal réunit les Espagnols et les Français. On n'a guère de détails sur la toilette de Gabrielle, mais l'on peut deviner que la maîtresse royale est éblouissante.

La duchesse de Beaufort paraît approcher le trône, chaque jour davantage. Le lendemain du bal, lundi 22 juin, au Louvre, Gabrielle signe un document [1] par lequel elle accepte la donation du duché de Vendôme à « César Monsieur fils naturel et légitime du roi et d'elle ». Le souverain fait notifier qu'il a légitimé son fils naturel « pour le rendre capable de recevoir tous les honneurs et bienfaits des rois successeurs et tous autres en intention de le faire si bien instituer en la crainte de Dieu et à la vertu qu'il puisse être reconnu à l'avenir vraiment issu du sang de son illustre père »...

Le mardi 23, dans la soirée, le roi allume de sa main le feu de la Saint-Jean, devant l'Hôtel de Ville, place de Grève. Puis, sous le regard ravi d'Henri et de Gabrielle, les échevins de la capitale offrent un superbe feu d'artifice qui fait apparaître une ceinture d'olives de paix d'où sort un feu qui consume un amas de piques, hallebardes, épées, tambours, canons ! Le roi et sa maîtresse se dirigent alors vers l'Hôtel de Ville pour souper. Sur la porte, on a placé un portrait du souverain, revêtu de ses habits royaux, assis, le sceptre à la main, précédé des déesses de la Victoire, de la Clémence et de la Paix. L'Estoile décrira cette réception où la duchesse de Beaufort est véritablement traitée en reine. Les termes de

1. Document mis en vente à l'Hôtel Drouot le 29 novembre 1991 (catalogue M⁰ Laurin).

son récit laissent deviner l'indignation que provoque l'attitude du roi à l'égard de sa maîtresse : « Et commanda Sa Majesté au prévôt des marchands de ne laisser entrer dans ledit Hôtel de Ville aucunes dames ni demoiselles de Paris. La collation y fut faite magnifique, où madame de Guise servit la duchesse de Beaufort, qui était assise dans une chaise : à laquelle madame de Guise, avec de grandes révérences, présentait les plats. Elle, d'une main prenait ce qu'elle trouvait plus à son goût, et baillait son autre main à baiser au roi, qui était près d'elle. »

La fille d'Antoine d'Estrées servie par une princesse de Lorraine ! Le roi n'avait pas encore osé hisser sa compagne à de tels honneurs. L'extraordinaire regain de popularité que lui vaut la conclusion de la paix l'encourage à tenter d'imposer son mariage avec l'amour de sa vie. Il croit pouvoir habituer l'opinion à cette idée, en présentant publiquement sa maîtresse, telle une épouse souveraine.

Le temps se réchauffe enfin après la Saint-Jean. Les amants s'installent quelque temps à Saint-Germain où Henri constate les grands avancements de la construction du château-neuf. Courant juillet, une curieuse lettre parvient à Rome, chez Anne d'Escars, cardinal de Givry. Le prélat, évêque de Lisieux, a quitté son diocèse depuis plusieurs années pour résider près du Saint-Siège. L'auteur de cette interminable épître serait le conseiller d'État Gaillard de Cornac, abbé de Villeloin. Celui-ci raconte au cardinal l'entretien qu'aurait eu Henri IV avec trois conseillers, à Saint-Germain, après le départ des ambassadeurs espagnols. Le premier conseille au souverain d'épouser une princesse, le second l'adjure de ne pas se marier du tout et d'instituer son neveu Condé comme héritier légitime, le troisième, enfin, recommande le mariage avec Gabrielle d'Estrées. Bien entendu, cette troisième solution est présentée avec beaucoup d'arguments en sa faveur. Cet entretien a-t-il vraiment eu lieu ? Nous en doutons. Ne s'agit-il pas plutôt d'une sorte d'avertissement au pape, ou d'un pamphlet oscillant entre l'intimidation et la publicité ? Le roi peut ainsi faire part officieusement, mais franchement, de ses intentions au chef de l'Église catholique. Que celui-ci ne compromette pas les négociations futures par des déclarations intempestives. Clément VIII a-t-il compris le message caché d'Henri ? Il choisit un immobilisme prudent et paralysant avec, peut-être déjà, la complicité de la reine Marguerite dont nous évoquerons plus tard, la très subtile habileté.

Tous les diplomates italiens en mission dans le royaume de France, envoient à leurs supérieurs des rapports désabusés ou pessimistes sur les projets matrimoniaux du roi. Pourtant, durant le mois de juin, le Toscan Bonciani et le Vénitien Contarini ont cru qu'Henri renoncerait à sa Gabrielle et finirait par épouser Marie. Le 10 juin, Bonciani écrit qu'il ne manque rien au roi, hormis des héritiers : on estime qu'il prendra bientôt une décision à ce sujet. Le 20, le Toscan affirme que le pape est prêt à faciliter le deuxième mariage d'Henri : « Je vois que le légat craint que Sa Majesté ne prenne Mme de Montceaux ; mais, si cela ne se réalise pas, quatre mois ne se seront pas écoulés avant qu'on traite pour la nièce des *Amici*. »

Contarini affiche aussi les mêmes espérances. Le 19, il précise en chiffre : « J'ai su de source sûre que Sa Majesté a l'intention de se remarier et qu'il a été donné au duc de Luxembourg, à cet effet, des instructions pour en parler à Sa Sainteté. Le seigneur cardinal-légat redoute beaucoup que cette affaire scabreuse finisse par lui être confiée. »

Alexandre de Médicis se montre en effet plus lucide que ses compatriotes italiens. Le 25, le légat envoie à Rome une lettre chiffrée dans laquelle il ne cache point sa lassitude et son amertume. Il révèle une suite de nouvelles : le roi persiste dans sa volonté d'obtenir la dissolution de son mariage et désire en parler au légat... « Personne n'ose en parler ni donner un conseil contraire... » La franchise de Sancy a entraîné la demi-disgrâce de celui-ci. C'est Sillery qui accompagnera Biron pour négocier cette affaire. En outre, Catherine de Bourbon épousera sans doute le prince de Lorraine. Et le cardinal conclut : « Tout cela me crucifie, et je supplie que l'on ne m'oblige pas à m'en occuper, car, ainsi que je l'ai écrit précédemment, je n'y suis pas apte, et je me vois haï de ces dames : voilà pourquoi on ne croit rien de ce que je puis dire en pareille matière. J'implore donc de nouveau qu'on me permette de rentrer. »

Courant juillet, Bonciani et Contarini voient tous leurs espoirs partir en fumée. Le 7, le moine toscan avoue tristement : « Le roi a la volonté de prendre femme, mais il n'en prendra pas une autre que la Gabrielle, surtout pouvant légitimer les enfants qu'il a d'elle, ce qui se heurtera peut-être à des difficultés insurmontables; toutefois, on peut perdre l'espoir d'autres mariages. »

À son tour, Contarini exprime son pessimisme. Le 11, il envoie au doge de Venise cette très importante dépêche, riche en renseignements, entièrement transcrite en cryptographie : « Sérénissime Prince, M. de Sancy était déjà désigné comme ambassadeur de Sa Majesté à l'occasion de la conclusion de la paix, ainsi que je l'avais écrit à Votre Sérénité, lorsque la duchesse de Beaufort, avec sa grande autorité a fait actuellement tenir tout en suspens. La cause en est que, haïssant mortellement ce personnage parce qu'il a parlé d'elle très librement au roi, elle estime que, par cette rétractation, elle lui causera encore plus de préjudice auprès de Sa Majesté – auparavant on ne peut plus favorisé de celle-ci, il en est maintenant, pour cette raison, presque complètement écarté – et, en même temps, atteindre grandement sa réputation à la Cour. En outre, son esprit étant hanté d'idées de mariage avec Sa Majesté, elle veut qu'on envoie à Ferrare quelqu'un qui soutienne ses desseins avec toute l'efficacité qu'elle souhaite. À quoi de M. de Villeroy, qui en a l'esprit profondément agité pour avoir d'étroits intérêts de parenté avec ledit M. de Sancy, ne peut apporter de remède expédient. On devra donc en arriver à faire une nouvelle nomination, et il est question de M. de Sillery. On met celui-ci en avant sous prétexte que, fort bien instruit, pour avoir été des négociateurs de Vervins, de l'affaire du marquisat de Saluces qui doit être débattue à Ferrare, il pourra plus fructueusement que tout autre s'employer au service de Sa Majesté. À ce sujet, le marquis de Lullin, ambassadeur du seigneur duc de Savoie, raconte à certains de ces ministres que son prince, avec de l'argent, arrangerait les difficultés relatives au marquisat et engagerait des pourparlers de mariage d'une de ses filles avec le prince de Condé, mais il ne semble pas qu'on écoute une de ces propositions.

« Le roi est décidé d'aller de l'avant pour contracter un nouveau mariage, mais ce qui importe au plus haut point, c'est que, la dispense du pape une fois obtenue, on me dit de source très sûre qu'il a l'intention d'épouser la duchesse de Beaufort, non seulement pour l'amour excessif qu'il lui porte, mais encore avec le dessein de légitimer et de rendre habiles à succéder à la couronne les fils qu'il en a déjà. À cet effet, on imagine présentement toute sorte de moyens et de prétextes de nature à convaincre Sa Sainteté de prononcer la dissolution du mariage du roi, et, aussi, pour faciliter à Ferrare la confirmation de l'annulation de celui de cette duchesse avec M. de Liancourt, prononcée il y a quelques années avec l'assentiment des évêques français seulement, et dont les motifs, repris et soumis à l'examen de quelques prélats de ce royaume, se révèlent très faibles et, d'après ce qui me fut dit par Mgr Gonzague, nonce de Sa Sainteté, si l'on n'en trouve pas de meilleur, il croit qu'ils ne pourront être admis en aucune manière. La reine est prête à consentir à toutes les volontés du roi. Elle laisse entendre qu'elle est disposée à renoncer à tout et à déclarer, si besoin est, que le mariage n'a pas été consommé. Tout cela dans l'espoir que, le roi remarié, elle se trouvera libre et que sa vie ne sera plus exposée aux dangers du milieu desquels elle est en ce moment et qui l'obligent à se garder étroitement pour assurer sa propre conservation. Un personnage de grande qualité, discourant confidentiellement avec moi de ces questions, m'a dit que le roi, pour avoir traversé tant de périls et les avoir surmontés malgré les plus grandes difficultés, et connaissant aujourd'hui l'état le plus heureux, avec les princes et tous ses sujets courbés sous son autorité, croit que désormais rien ne lui est impossible. Dieu veuille que de tels sentiments ne soient plus susceptibles d'apporter à la France de nouvelles et pénibles calamités! Ces particularités, en raison de leur importance, valent de rester dans le secret de la singulière prudence de Votre Excellence. »

Le clan d'Estrées continue donc à intriguer, notamment avec le duc de Savoie. Le duc et son beau-père, Philippe II, pourront intervenir auprès du pape en faveur de Gabrielle, en échange de Saluces, placé sur le couloir qui relie l'Espagne aux Flandres... Il n'est pas impossible que l'intrigante Mme de Sourdis ait flatté les envoyés espagnols, tout en leur insinuant certaines tractations... D'autre part, selon les apparences, Marguerite abandonne toutes prétentions. Nous verrons que, contrairement à ce que craint Contarini, la reine refusera catégoriquement de déclarer la non-consommation de son mariage. Mais, aussi intelligente et rusée que son mari, elle sait que l'on ne peut encore heurter de front le souverain. Pour ne pas l'avoir su, le brutal Sancy a été remplacé par Sillery. Nicolas Brûlart de Sillery, président au mortier du Parlement de Paris, dévoué de longue date au roi, a accepté de se prononcer en faveur d'un mariage avec Gabrielle. Son aspect poupin et constamment souriant, son caractère accommodant qui n'exclut pas une malicieuse habileté ont définitivement charmé les deux amants.

Henri ne peut tenir en place. Il court de Saint-Germain à Fontainebleau ou à Montceaux, mais trop d'affaires privées et publiques le rappellent dans la capitale où il réapparaît à plusieurs reprises. Le 9 juillet, il y voit sa fille Henriette, assez souffrante. Le 14, la petite est guérie, mais ses parents veulent la faire changer d'air et l'envoient dans la demeure entourée de remarquables jardins que possède Jérôme Gondi aux portes de Paris, sur l'emplacement du futur château de Saint-Cloud. Gabrielle adore et convoite cette magnifique maison aux hautes cheminées sculptées, où mourut tragiquement Henri III.

À Paris, Henri n'a pas encore osé parler ouvertement au légat de ses véritables projets matrimoniaux, mais il met au point toutes les stratégies avec Sillery. D'autre part, sa sœur Catherine le préoccupe fort. Madame est furieuse. Son frère, selon elle, ne l'a pas suffisamment dédommagée de sa complaisance au sujet du duché de Vendôme. Et, en outre, elle est toujours vieille fille! Le 18 juin, le roi écrivait déjà au duc de La Force, son lieutenant en Béarn. « Ma sœur est en la même mauvaise humeur qu'elle était à Compiègne qui m'est une affliction insupportable. C'est pourquoi je me dépêche le plus qu'il m'est possible de la marier... Elle veut avoir tous les meubles que j'ai à Pau, Navarrens et Nérac, faisant état de les prendre sans me les demander, ne se contentant de ceux que je lui ai ci-devant donnés qui étaient à Vendôme, encore qu'il y en eût bon nombre et de beaux. »

Le souverain a donc invité Henri de Lorraine, qui porte maintenant le titre de duc de Bar, à séjourner auprès de lui dans la capitale, afin de mettre au point son mariage avec Madame. Le fils du duc de Lorraine est fêté, cajolé par le roi qui se plaît à l'appeler son beau-frère. Mais, vers le 21 juillet, Henri le quitte brusquement et sans avoir arrêté de projets précis, pour rejoindre sa maîtresse à Montceaux. Le 24, plein de colère, le duc de Bar galope à toute bride vers Montceaux, afin de prendre définitivement congé de l'amant de Gabrielle. La maîtresse royale ne songe qu'à se débarrasser de Catherine en la mariant au plus vite. Elle prépare le plus charmant accueil au Lorrain, tandis que le roi, dûment chapitré, va immédiatement retourner la situation.

La souveraine de Montceaux

Henri écoute le duc de Bar se plaindre amèrement du mauvais traitement dont il s'estime être la victime. Le roi, gagné par sa maîtresse, s'emploie à séduire le prince. Celui-ci se laisse faire d'autant plus facilement qu'il sait son père très favorable à son union avec Catherine : Charles III, duc de Lorraine, veut resserrer les liens de parenté avec le roi de France afin que celui-ci le protège dans une guerre qui le menace du côté de l'Allemagne.

Lors de l'arrivée du duc de Bar, se trouve déjà à Montceaux le président Groulard accouru à la demande du souverain. Le récit particulièrement vivant qu'il laissera de ce

séjour dessine si nettement les scènes et le climat psychologique, chez Gabrielle, en cet été de 1598, qu'il mérite
d'être largement cité. Le jour de la venue d'Henri de Lorraine, Groulard croisa l'amant de la maîtresse des lieux. « Je
saluai le roi comme il allait à la messe, lequel me fit bon
accueil, me commanda de dîner avec lui, ce que je fis; et y
avait en la table plusieurs dames et seigneurs.

« L'après-dînée se passa sans que le roi me dît rien, sinon
qu'il avait fait un coup à sa façon accoutumée, qui est
d'achever les affaires quand les hommes les tiennent toutes
désespérées, comme il était arrivé au fait de M. de Bar, qui,
pensant s'en retourner mal content, avait obtenu de lui ce
qu'il avait voulu.

« Il alla à la chasse, et pensait faire détourner un loup près
du parc, où il nous fit aller, et de fois à autres venait voir ce
que nous faisions.

« Le souper se fit en la grande allée, où derechef il me
commanda de me trouver et seoir en sa table. Étant levé, il
me fit faire deux tours en la grande allée, tenant d'une
madame la duchesse, et j'étais en l'autre. De là il nous mena
à son jardin avec les dames, et là me fit promener jusques à
minuit, dont j'étais las infiniment. Lors, il me dit que
m'ayant reconnu pour un de ses fidèles serviteurs, il avait
bien voulu me communiquer une affaire qui le touchait, qui
était la résolution prise de se faire séparer d'avec sa femme;
et ce qu'étant fait, il me communiquerait aussi par après de
son mariage, d'autant qu'il était délibéré donner ce consentement à ses sujets. Je louai Dieu de ce qu'il l'avait inspiré à
une si bonne œuvre, qui lui apporterait du repos infini, mais
que pour sa séparation elle ne dépendait seulement que du
Pape, qui, en semblables occurrences, s'en est toujours fait
croire, et de la bonne fortune du prince. Il me parla de
l'alliance de sa sœur, me dit que son dessein était d'éteindre
toutes brigues et menées de son royaume. Je répondis que je
ne pensais pas qu'il y en ait en France, si ce n'était des
huguenots. Il me répondit qu'il y mettrait bon ordre, et qu'il
les déferait les uns par les autres, ayant depuis peu fait surprendre la ville d'Aigues-Mortes sur le gouverneur d'icelle
par un autre gentilhomme de la même religion. »

Ici se place une anecdote assez piquante. Bar a amené avec lui Champvallon, qui, l'on s'en souvient, eut des amours fracassantes avec Marguerite. La présence de l'amant de sa femme remue quelque peu l'esprit du roi. Groulard poursuivra donc :

« Et, entre autres discours – comme nous en eûmes plusieurs – il me dit ces mots : *C'est chose étrange que je ne pense point qu'il y ait eu prince qui plus ait tué de gens de sa main que moi en batailles et rencontres*, mais qu'il allait se coucher avec tant de repos d'esprit, qu'il n'avait sur lui aucun remords de conscience. *Et voilà mon beau-frère, qui est appelé le* bon duc; *encore a-t-il fait tuer Tremblecourt, qui ne l'avait même pas offensé en son honneur*. Et cela disait-il, à cause qu'avec le duc de Bar était le sieur de Champvallon, auquel il avait fait fort bonne chère, encore qu'il fût soupçonné d'avoir eu beaucoup de faveurs extraordinaires de la reine de Navarre, sa femme, et qui, pour ce sujet, avait pensé être tué par le commandement du feu roi. »

Enfin, vers minuit, le souverain ramène au château le président rouennais, exténué par cette interminable promenade sous les étoiles :

« Ces propos suivis de beaucoup d'autres, il nous remmena dans sa chambre, et de là fit monter en la chambre de haut, où étaient ses enfants, qu'il éveilla, pour montrer que, quelque petits qu'ils fussent, ils ne pleuraient pour chose qu'il leur fît. Je pris congé de lui, et il commanda à Mme de Sourdis qu'on me mît en une bonne chambre, avec ces mots : *Qu'elle fît l'honneur de la maison de sa nièce*. »

Henri a besoin du soutien des parlementaires pour épouser sa maîtresse. Groulard est couvert d'attentions. Le souverain se montre à dessein devant lui, comme un amant comblé par une femme agréable et retenue, et comme un père attendri par ses enfants qui ne pleurent même pas quand on les réveille! Leur naturel excellent n'est-il pas digne de leur race royale? Les roueries assez puériles du roi n'ont aucun effet sur le président. La magistrature, dans son ensemble, désapprouve l'union d'Henri et de Gabrielle. Le Parlement de Paris a même marqué de fortes réticences pour enregistrer la donation du duché de Vendôme à César. Le roi a dû se fâcher et exiger l'enregistrement avec la mention précisant que celui-ci a eu lieu sur son exprès commandement.

En attendant son propre mariage, Henri fait avancer celui de sa sœur. Catherine arrive à son tour à Montceaux. Le 5 août, le contrat de mariage entre Madame et le duc de Bar est reçu par les notaires royaux en présence du roi. Catherine de Bourbon est accompagnée du chancelier de Cheverny, du connétable de Montmorency et du maréchal d'Ornano. Henri de Lorraine est assisté de son cousin, le duc de Mercœur.

Ce même jour, l'ambassadeur anglais Edmonds se présente dans la demeure de Gabrielle : la reine Elizabeth, mécontente, veut obtenir le remboursement des frais engagés dans la guerre et ne se console pas de la paix franco-espagnole... Le château de la fille d'Antoine d'Estrées apparaît alors comme le centre des affaires de la France, et son hôtesse comme une véritable souveraine ! Selon un rapport fait à Contarini, un soir, à Montceaux, au cours du souper, le roi a déclaré aux courtisans présents qu'il avait l'intention de se remarier sous peu de mois. Les convives ont observé le visage épanoui de bonheur de la duchesse de Beaufort. C'est le signe, pense le Vénitien, « que la décision doit se fixer sur elle ».

Le luxe et le raffinement de la demeure de Gabrielle sont dignes d'une reine. Entrons-y en même temps que les illustres invités de cet été 1598... le dernier été de la jeune femme.

Le sol des salles de réception et des galeries est recouvert de tapis somptueux, venant de Turquie ou de Bergame. Remarquons un grand tapis de haute lisse offert par le roi à sa maîtresse : il est d'or, d'argent et de soie à la mode égyptienne, à fond vert, avec franges et crépines d'or tout à l'entour. Admirons, aux murs, les splendides tapisseries. Celle-ci, « fort fine », se compose de huit pièces et représente une chasse. Celle-là, à personnages, dite de Bruxelles, énumère les travaux d'Hercule. Une autre, encore, raconte l'histoire de Cyrus. La plus précieuse avait été donnée autrefois par Henri III au duc de Joyeuse, à l'occasion de son mariage avec la sœur de la reine Louise. Provient-elle du premier hôtel parisien de Gabrielle, qui, l'on s'en souvient, appartenait aux Joyeuse ? L'étoffe est de velours brun tanné, avec broderies d'or et d'argent. Au milieu de chacune des huit pièces, un médaillon ovale représente les plaisirs sportifs d'Henri III : un combat de taureau, d'ours, une chasse au cerf, au sanglier, un combat à la barrière, un jeu de ballon, un jeu d'arc... Les princes de l'époque aiment avoir dans certaines pièces de leurs appartements, un dais avec leurs armes. La tapisserie offerte par Henri III est complétée par un dais où l'on remarque, en broderie dans un médaillon, « le feu roi en festin ».

Il semble que les grandes salles de Montceaux auraient déjà été « vidées » d'une assez grande partie de leurs meubles, lors de l'inventaire après décès. Citons néanmoins les « banselles » (bancs sans dossier) recouvertes de velours différents, d'étoffes d'argent ou de satin blanc, ou cette table de bois doré avec personnages aux armes du duc et de la duchesse de Florence. S'agit-il d'un meuble ayant appartenu à Catherine de Médicis, ancienne propriétaire des lieux, ou d'un cadeau du grand duc ?

La maîtresse royale aime montrer à ses invités les objets précieux qu'elle entasse dans un cabinet prévu à cet effet. Il y a là une quantité de bibelots et d'objets d'une extraordinaire qualité. Admirons les plus spectaculaires d'entre eux. Ici, un grand miroir, orné de deux pommes d'or supportant chacune un petit bouquet en or émaillé, s'ouvre sur deux feuillets où sont enchâssés deux grands lapis : au-dessus, une femme en argent dont les pieds reposent sur un grand lapis rond. Là, un petit rocher fait d'émail et orné d'émeraudes, sur lequel est placé un oiseau ayant un rubis sur le dos. Plus loin, un grand baril de serpentin garni d'argent doré, de petites perles, de roses et de petits saphirs; deux poignards, l'un à manche d'agate, l'autre de calcédoine; une pomme de cristal de roche garnie d'or émaillé pour mettre des dragées; une pomme d'agate garnie d'argent pour rafraîchir la main des malades ; un petit navire « de nacre de perles » garni d'or, et tant d'autres objets encore...

Gabrielle joue-t-elle au jeu de dames avec le roi ? Au XVIᵉ siècle, les damiers ou « tabliers à jouer aux dames » sont traités avec autant de luxe que les échiquiers. Sous la rubrique « meubles du cabinet », l'inventaire décrit « un damier dont les carrés sont de cristal, sous lesquels il y a des petites fleurs émaillées et tout alentour des bordures de petits chefs d'ormaie de bois couvert de cristal, le tout garni d'argent doré ».

Cette chambre aux trésors contient également des objets religieux : un calvaire de cristal garni d'or avec les emblèmes de la Passion ; un tombeau « d'or émaillé, fort beau, sur lequel il y a un roi qui représente la mort et la vie », tenant « dans ses mains une Trinité ». Remarquons, enfin, cette grande église dans laquelle se trouve un homme en or avec émail blanc : derrière lui, un arbre en or auquel sont attachées les armes de France et de Savoie. Les intrigues nouées par le clan d'Estrées laisseraient supposer qu'il s'agit d'un cadeau du duc de Savoie à Gabrielle, pour la remercier de ses bons offices.

Le luxe déployé lors des repas et des banquets éblouit tous les invités. Les nappes et les serviettes ouvragées de Venise sont innombrables. Elles recouvrent des tables à tréteaux sur lesquelles l'on dispose des surtouts de valeur exceptionnelle, ainsi que les plats, les écuelles et les assiettes d'argent vermeil doré marqués aux armes de la duchesse : trois merlettes. Parmi les pièces les plus monumentales, il y a « deux grands fruitiers, deux grands bassins, cinq grands chandeliers et deux grands flacons d'argent ciselé vermeil doré ».

Un buffet d'argent doré garni de médailles et de monnaies antiques exhibe un extraordinaire service d'argent doré et également semé d'antiques et de médailles. Voici une grande fontaine d'argent doré, ornée de médailles antiques, les tuyaux représentant deux serpents et au-dessus un lion doré. Attardons-nous sur cette nef d'argent doré, semée d'antiques, avec son couvercle surmonté d'une fleur de lys,

« et qui sert pour mettre le linge ». Cet objet se retrouve dans presque tous les inventaires des grands personnages des siècles précédents. Il s'agit d'une pièce d'orfèvrerie en forme de navire, parfois garni de mâts et de voiles. Le couvercle de la nef de Gabrielle évoque seulement un ponton. Ces nefs s'ouvrent sur les flancs ou, plus souvent, à l'arrière. A l'intérieur, se trouve une serviette au milieu de sachets parfumés. Pendant le repas, la dame placée en face de cet objet substitue à la serviette ses gants, son éventail, son mouchoir... Remarquons enfin, toujours dans le même service, deux grandes aiguières en forme de flambeaux, des salières, des assiettes fruitières...

Pour les repas moins solennels, on utilise le service de « nacre de perles », aux formes plus gracieuses et légères. On ne saurait décrire la totalité de ces ravissantes pièces, parmi lesquelles figurent deux gondoles de nacre avec deux perles qui pendent à chacune, probablement destinées au même usage que la nef. Combien décoratives sont ces trois salières « ensemencées de perles », émaillées de diverses couleurs, aux formes de dragons.

Ici, des cuillères aux manches de corail, là d'autres aiguières, fontaines, coupes... L'inventaire égraine tant de merveilles encore. Citons ce grand drageoir de cristal de roche, enrichi d'une multitude de diamants et de rubis. On trouve également deux bassins et deux aiguières en or, d'une valeur inestimable. Servent-ils pour la toilette du roi et de sa maîtresse ?

Les chambres à coucher témoignent du souci du bien-être et du goût très raffiné de la maîtresse de maison. Les plus belles ont leurs parois recouvertes de « tentures de chambre ». L'une d'elles est en velours rouge brun, avec des bouquets en broderies, rehaussés de soie et de liserés d'or et d'argent. Entre chaque lé, une toile d'argent avec des branchages d'or et d'argent ! Les murs d'une autre chambre sont tendus de toile or et argent; les lés sont séparés par des bandes en toile d'or...

De nombreux lits sont de grand prix. Rideaux et baldaquins aux superbes étoffes sont parfois assortis aux tentures.

On aime, à cette époque, s'abriter sous un « pavillon » placé dans la chambre. Celui-ci, de taffetas de Chine, couvert de toutes sortes d'oiseaux et d'animaux brodés sur l'étoffe, possède un « chapiteau » garni de franges et de crépines de toutes couleurs. Celui-là est de gaze blanche, rayée de soie bleue et orange. Et l'on s'extasie devant les taies et les matelas de soie...

Gabrielle a créé un sanctuaire du bonheur pour son amant. L'intérieur est d'un luxe infiniment raffiné et confortable. L'extérieur offre ses beaux jardins et sa petite exploitation qui doit amuser le roi. Sept chevaux de trait, une quarantaine de vaches, autant de veaux et de génisses, sans oublier le taureau, permettent à la duchesse de jouer à la fermière. Par temps clair, les amants peuvent deviner la silhouette de Saint-Germain-en-Laye, à près de seize lieues de là. La tradition prétendra que lorsque Henri se trouvait à Saint-Germain et Gabrielle à Montceaux, ils correspondaient le soir par des signaux. Les séjours chez la duchesse de Beaufort sont enchanteurs. La maîtresse royale appointe deux poètes : Porchères-Laugier compose des ballets pour les « plaisirs nocturnes », et des vers pour glorifier l'hôtesse des lieux, tandis qu'Yvetaux devient le précepteur de ses enfants.

Le roi n'a guère envie de quitter tous ces charmes. Mais les événements le bousculent. Après la ratification de la paix avec l'Espagne il faut faire enregistrer l'édit de Nantes et assurer sa succession... en épousant sa maîtresse. L'autorité du légat fait obstacle aux deux projets. Henri et Gabrielle reviennent à Paris pour tenter de vaincre les dernières difficultés.

Le départ du légat

Alexandre de Médicis a demandé son rappel au pape dès le 1ᵉʳ mai, veille de la paix de Vervins à laquelle il a tant contribué. Le cardinal de Florence est épuisé. Il a déjà considérablement œuvré pour la renaissance catholique en France et, sa santé s'étant affaiblie, il craint d'affronter les questions épineuses qui surgissent encore. Henri IV est toujours aussi hostile aux jésuites et à la publication en France du concile de Trente. En outre, le roi veut marier sa sœur huguenote à l'héritier d'une des plus illustres familles catholiques, puis épouser lui-même sa concubine et peut-être désigner son bâtard comme son successeur !

Extrêmement inquiet, Alexandre de Médicis a eu un long entretien avec Contarini, le 23 juillet, pendant le séjour du souverain à Montceaux. Dès le lendemain, le Vénitien a envoyé son rapport au Sénat de la Sérénissime :

« Le Légat est venu chez moi, hier. Il m'a révélé que, jusqu'à présent, le roi ne lui a point parlé de ce qui touche son mariage. Il croit toutefois que des instructions ont été données ou au duc de Luxembourg ou à Mgr d'Ossat. Il sait très bien qu'il fallait en arriver nécessairement au point où sa Majesté doit examiner et prendre une décision quant à sa succession. Au reste, c'est l'une des raisons pour lesquelles le seigneur cardinal légat a toujours été persuadé que l'on arriverait plus facilement à conclure la paix, car, si celle-ci n'était pas réalisée préalablement, comment en arriver à une pareille décision ? Sa Seigneurie Illustrissime affirme que Sa Sainteté observera beaucoup de circonspection et de réserve dans cette affaire, et peut-être, avant de répondre à Sa Majesté afin de découvrir où pourrait tendre l'inclination de cette dernière après la dissolution de son mariage, et fera-t-elle demander en outre à Sadite Seigneurie certains renseignements. Le Légat en sera fort contrarié, à cause de son désir de quitter la France et de ne pas avoir à s'occuper d'affaires si scabreuses. D'ailleurs, rentrant à Rome, il pourra donner des indications plus précises. Il est l'ami du roi et il l'a prouvé, notamment lors de la prise d'Amiens, quand on parlait publiquement, à Paris, de jeter à la Seine Madame et Gabrielle, ce qui lui assure de l'influence sur le souverain. Il ne connaît pas bien encore des motifs proposés pour la dissolution du mariage, et il n'a même pas essayé de les entendre. Mais, à supposer que le pape y fît droit, il estime que si le roi voulait épouser la duchesse de Beaufort, ce projet se heurterait encore à de grands obstacles. Sans doute, pour ce qui est du spirituel, n'y a-t-il aucun empêchement, puisque la sentence par laquelle l'évêque d'Amiens a déclaré nul le mariage de ladite duchesse, est valide, quand même il y aurait eu fraude à l'origine du procès, le juge n'étant pas tenu, pour donner une base suffisante à sa décision, de savoir autre chose que ce qu'il voit et qui lui est soumis dans les formes juridiques. Si le roi, ajouta-t-il, penche à prendre cette femme en vue de légitimer ses enfants, il lui sera nécessaire, en outre, pour assurer la position de ceux-ci, de procéder de manière légale et correcte. S'il agissait autrement, il les exposerait, après sa mort, aux troubles et aux désordres que pourraient fomenter ceux dont les prétentions les feraient s'opposer à eux. Sa Majesté qui, au surplus, est adroite et avisée devrait, nourrissant ce dessein, s'y prendre autrement, c'est-à-dire maintenir ses enfants à un rang modeste et non les porter si haut, car ils deviendront, comme ils le sont déjà, odieux à tout le monde. »

La réponse de Clément VIII est parvenue au légat peu après. Le souverain pontife n'a pas donné à son envoyé l'ordre formel de rester en France, mais lui a laissé entendre qu'il désirait voir sa mission prolongée. Consterné mais soumis, le cardinal a répondu, le 8 août, qu'il y consentait.

Henri et Gabrielle sont de retour à Paris le 12 août. Le surlendemain, le légat a une importante audience du roi qui, assisté du seul Bellièvre, le reçoit dans un lieu privé. Après avoir répondu aux nombreuses questions sur les affaires religieuses en France, Henri déclare brutalement au cardinal :

« Le pape a traité de tout cela avec mon ambassadeur. J'ai répondu à ce dernier qu'il dise à Sa Béatitude qu'elle n'est pas exactement informée de ces affaires et qu'elle rappelle Votre Seigneurie, qui l'en instruira fidèlement. Ainsi Sa Sainteté pourra-t-elle voir très bien comment vont les choses ici. » Et le légat commente ainsi ces paroles, dans son rapport envoyé au pape, le 18 août : « Il ajouta là-dessus d'autres détails pour me convaincre que c'était à la fois mon utilité, la sienne et celle du pape que je m'en allasse. En entendant ce langage, entièrement nouveau pour moi, je manifestai que j'y consentais, sans toutefois réussir à ne pas en éprouver de l'émotion, voyant clairement que j'étais devenu importun, comme il m'avait été indiqué par beaucoup de gens. »

Alexandre de Médicis ajoute en chiffre, à la fin de sa lettre :

« Sa Majesté Très Chrétienne est bien résolue à prendre femme et l'on croit partout que c'est pour épouser la duchesse de Beaufort afin de faire succéder à la couronne les fils qu'il a eus d'elle. Nourrissant ce désir et considérant une infinité de difficultés et de dangers, il s'efforce d'être bien avec tout le monde, catholiques comme hérétiques. Quiconque est contraire à ses desseins, soit directement soit indirectement, est éloigné de lui et tenu pour suspect. Il s'ouvre de cette pensée à très peu de gens, mais, à cause de son naturel, il la laisse surprendre. C'est pour cela qu'il souhaite le départ du légat, voulant regagner la confiance de la reine d'Angleterre et de la Hollande, et leur donner l'assurance qu'il n'a pas traité à leur préjudice avec le pape. Il lui semble, en effet, que la présence du légat entretient leurs soupçons. Pour les autres raisons déjà exposées et pour celle-là, le légat ne croit pas se tromper. Il en est au contraire certain, voyant le Roi désirer si fort qu'il s'en aille, alors qu'il ne manifeste à son encontre ni colère ni méfiance. »

Henri est-il secrètement retourné chez le cardinal, entre le 14 et le 18, et lui a-t-il alors parlé de Gabrielle, ce qui aurait provoqué ce post-scriptum chiffré ? L'historien de Thou, généralement bien informé, révélera sans donner de date précise que le roi alla voir Alexandre de Médicis, « sans cérémonie dans son hôtel, et eut avec lui une conversation secrète. Sillery, comme interprète et confident, était au milieu d'eux deux. Le roi, après avoir remercié poliment le cardinal de tous ses soins, lui fit sentir combien un fils et successeur lui était nécessaire, pour conserver dans le royaume une paix, dont la conclusion devait être attribuée, après Dieu, au Saint-Père et à son légat. Il parla ensuite de la dissolution de son mariage, et pria le cardinal d'en appuyer la demande auprès du pape. Mais le roi, par une digression affectée, ayant fait mention de Gabrielle d'Estrées, et louant avec exagération les mœurs de la demoiselle et le violent amour qu'elle avait pour lui, ce respectable vieillard, qui avait autant de prudence que d'élévation d'esprit, s'alarma sur-le-champ, et craignant que le dessein caché sous les paroles du roi ne fût un jour plus funeste à la France que la guerre qu'on venait de terminer, il interrompit tout à coup Sa Majesté avant qu'elle allât plus loin, et quoiqu'il l'eût écoutée fort attentivement, il lui répondit aussitôt, avec vivacité : Que c'était assez pour lui d'avoir satisfait le pape et Sa Majesté par la conclusion de la paix ; qu'il avait souhaité plusieurs fois que le premier jour de cette heureuse tranquillité eût été le dernier de sa vie ; que puisque Dieu avait donné cette paix au monde chrétien, et qu'il avait rempli toutes les instructions de sa légation, il ne lui restait plus autre chose à faire que de se rendre à Rome pour en rendre compte au Souverain Pontife ; qu'il demandait au roi, comme une faveur signalée, et pour prix de tous ses travaux, la permission de s'en retourner au plus tôt.

« La conversation se rompit ainsi, et le roi se repentit sans doute d'avoir parlé de ce mariage au Légat avec tant de familiarité. Le cardinal ne se contenta pas d'avoir fait voir par cette réponse qu'il était fort éloigné d'entrer dans les vues du roi, mais encore il dit aux plus grands seigneurs, en leur rendant sa dernière visite, qu'ils devaient faire en sorte que le roi abandonnât un dessein dont l'exécution serait aussi honteuse à Sa Majesté que funeste au royaume ; que sans cela la postérité lui imputerait avec justice la ruine de l'État ; et que pour lui, après avoir procuré la paix à la France, il en sortait pour ne point participer à un si grand mal. »

Le 31, Contarini envoie une curieuse dépêche à la Sérénissime : le légat a demandé un congé à Sa Majesté ; celle-ci y a consenti à la condition qu'Alexandre de Médicis la vienne voir à Fontainebleau où elle désire conférer secrètement avec lui. Et le Vénitien, grand confident du cardinal, ajoute : « Quant aux idées du nouveau mariage, le légat estime qu'il est à propos de ne point désespérer. »

Alexandre de Médicis éprouve une réelle affection pour Henri. Il perce souvent mieux que beaucoup d'autres les impulsions et les secrets contradictoires de son caractère. Le souverain voue au légat une grande estime non dénuée de tendresse. En lui confiant tout de go ses projets de mariage avec Gabrielle, il sait qu'il met un obstacle majeur à la bonne volonté du pape. Clément VIII n'accordera guère facilement l'annulation s'il apprend presque officiellement que le roi veut épouser sa maîtresse. Henri s'est-il ainsi protégé contre lui-même ? La finesse d'Alexandre de Médicis aurait-elle deviné une intime et subtile raison à la démarche du souverain ? Il ne faut pas désespérer, pense le légat, à la grande surprise de Contarini...

Henri n'aime guère s'attarder à Paris, surtout pendant la belle saison. Il s'installe bientôt à Fontainebleau avec sa maîtresse. Le légat quitte définitivement la capitale le 31 août. Il arrive à Fontainebleau le lendemain, afin de prendre congé du roi et des grands qui l'entourent. Henri descend toutes les marches du perron, court au-devant du prélat et le presse contre sa poitrine. Couvert de cadeaux, Alexandre de Médicis se rend le lendemain à l'audience que lui donne le roi dans un renfoncement d'une galerie du château. Seule Bellièvre assiste à la conversation qui dure trois heures. Dans le rapport envoyé au pape, sur le chemin du retour, Alexandre de Médicis écrira :

« Il me parla de la dissolution de son mariage, avec beaucoup de raisons de sa façon, partie à propos, partie non. A ce sujet, il me déclara bien des choses que je me réserve de dire de vive voix, et j'en aurai l'occasion, Sa Majesté envoyant à la Cour de Sa Sainteté M. de Sillery pour cette affaire, au prétexte de la question de Savoie. »

Le cardinal quitte Fontainebleau, où il a sciemment ignoré la duchesse de Beaufort, après avoir dîné en musique avec le roi. Il se laisse embrasser à plusieurs reprises par le souverain, puis prend la route, escorté quelque temps par de grands seigneurs dont Montmorency, Épernon et Bellegarde. Sillery et Bellièvre l'accompagnent une journée. En le quittant, Bellièvre pleure si fort qu'il ne peut dire un mot.

Henri, encouragé par Gabrielle devrait maintenant se sentir plus libre. L'est-il vraiment ? Il est plus facile de défier les convenances lorsqu'on connaît secrètement l'existence de garde-fous. Les contemporains ont noté la grande fatigue du roi ces derniers temps. Les premiers jours du mois d'août, à Montceaux, il combat sa lassitude en chassant à outrance. Contarini voit Henri à Paris, le 13 : le Vénitien est frappé par le mauvais aspect physique du souverain qui, pourtant, va jouer à la paume un instant plus tard. S'agit-il d'un épuisement nerveux qu'Henri cherche à enrayer par une grande activité sportive ? Il ne peut ignorer le grave danger qu'il ferait courir à la monarchie en épousant Gabrielle. Il sait l'hostilité sans nuances de l'opinion contre sa maîtresse. L'Estoile raconte deux anecdotes survenues à cette époque, mi-réelles, mi-contes : elles sont assez connues pour appartenir à la légende d'Henri IV...

Selon la première, Henri rencontre dans le bois de Saint-Germain un pauvre homme cherchant à vendre sa vache pour payer sa taille. Sans se faire connaître, le souverain cherche à s'informer sur l'opinion populaire en dénigrant « le méchant roi » qui taille de cette façon le pauvre peuple. « S'il n'est pas des pires, répond le bonhomme, mais il a une belle Gabrielle qui le gratte, qui nous gâte tout ! » Le lendemain, Henri aurait raconté cette aventure à sa maîtresse, en lui précisant qu'il a donné douze écus au paysan pour l'amour d'elle...

L'autre conte figure à la date du mois d'octobre dans le journal de L'Estoile, mais il circule à Paris depuis un certain temps. On pourrait donc le situer pendant l'été. Le roi, revenu d'une chasse, mal accompagné, demande à un batelier de lui faire traverser la Seine, afin de gagner le Louvre. Ne se sentant pas reconnu, le souverain demande au batelier ce qu'il pense de la paix. Le bonhomme se plaint amèrement, il paie plus d'impôts que durant la guerre. « Et que dit le roi là-dessus ? » questionne Henri. – Le Roi est assez bon homme, dit le batelier, je crois que cela ne vient pas de lui, mais il a une méchante putain qu'il entretient, qui nous ruine tous, car, sous ombre des belles robes et affiquets qu'il lui donne toute jour, le pauvre peuple en pâtit, car il paye tout. Encore si elle était à lui seul, ce serait quelque chose ; mais on dit qu'il y en a bien d'autres qui y ont part. »

Vérité ou légende, le roi aurait fait venir le batelier le lendemain et l'aurait obligé à répéter devant Gabrielle tous les propos tenus la veille. Celle-ci, furieuse, aurait demandé qu'on le pende. « Non, non, ma maîtresse, dit le roi. Au contraire, c'est un bon homme qui est allé tout à la bonne foi et n'a dit que ce qu'il a ouï-dire. Je lui pardonne, et si ne veux plus qu'il paye l'impôt de son bateau, car c'est de là qu'est venue toute la querelle. » Le batelier en fut quitte pour la peur « de laquelle il cuida mourir »...

Ces avertissements n'empêchent nullement Henri de continuer à déverser des fortunes sur la ravissante tête de sa maîtresse. Cet été 1598, Gabrielle engrange les dons accordés par le souverain, décrits ci-après par ordre de date :

13 juillet : « le produit des taxes imposées sur la « blanque » [loterie publique] qui est à présent en la ville de Paris » ;

14 juillet : « les biens acquis à Sa Majesté par la condamnation de Nicolas Huguet, greffier à Lorris, Louis-Benjamin Callat, greffier du grenier à sel de Nemours, Antoine Coulhard et Simon Péluaud, procureurs au dit Lorris, ensemble de leurs adhérents et complices, accusés de plusieurs concussions, faussetés et crimes » ;

27 août : « la somme de 10 000 livres sur celle que les états de Bourgogne, alloueront à Sa Majesté en 1599 ».

Henri veut toujours habituer l'opinion, non seulement à l'idée d'un mariage avec Gabrielle, mais encore à celle de la légitimation complète de ses enfants. Le 26 août, Groulard, de passage à Paris, visite le roi aux Tuileries. Le souverain ramène le Rouennais au Louvre, et lui montre la grande galerie en construction. Groulard s'extasie devant la beauté de l'ouvrage. Dans ses Mémoires, le président du Parlement de Rouen, se souviendra : « Il [le roi] me fit devant tous les princes du sang qui y étaient, réception selon son accoutumée bonté, et me dit à l'oreille entre autres choses : " Je veux faire renouveler la race des princes du sang de plus forts et vigoureux qu'il n'y en a. " Je ne lui répondis chose aucune, étant trop dangereux de parler de telles choses, dont l'événement ne peut apporter que du péril. » Et Groulard réussit à prendre rapidement congé du souverain, esquivant des commentaires embarrassants...

L'entêtement du roi à poursuivre un projet désapprouvé par l'ensemble des Français est-il exempt de tout remords, de toute inquiétude ? Les peurs fantasmagoriques propres à cette époque rôdent autour des amants. Henri croira bientôt voir un fantôme. Gabrielle tentera d'apaiser des terreurs soudaines avec l'aide de voyants. Le diable est encore bien présent, dans ce XVIe siècle finissant...

CHAPITRE XVI

La main du diable

Une fois par an, aux mois de septembre et octobre, on cure les fossés du Louvre, dont l'eau croupissante empeste les abords du palais. La Cour se déplace traditionnellement à Fontainebleau pendant ce temps. Henri et Gabrielle y séjournent la plus grande partie de septembre 1598.

La promulgation de l'édit de Nantes et peut-être aussi la vie privée du roi peuvent susciter des complots. Depuis peu, Henri a défendu de porter des arquebuses, et Contarini fait ce commentaire (2 septembre) : « Voilà qui donnera à ce royaume un aspect fort différent de celui qu'il avait il y a peu de mois, la diversité des temps l'exigeant ainsi. » Et l'ambassadeur ajoute, en chiffre : « On a remarqué que de cette prohibition sont seuls exclus quelques soldats de la garde du roi et ceux de la compagnie de Mgr de Vendôme. Mais le plus important, c'est que ce dernier est nommé " Monseigneur de Vendôme " avec le titre de " très cher fils ", sans le mot " naturel ". Ces choses donnent matière à des interprétations variées. »

Gabrielle exulte et espère : César ne sera plus l'enfant d'un double adultère, et le départ du légat facilitera son accession au trône ! Puis survient une série d'événements si troublants qu'ils paraissent porter la marque du démon. Apparitions, maladies étranges, morts brutales sont interprétées çà et là comme des avertissements des puissances de l'au-delà : la justice divine punit ceux qui refusent l'ordre naturel du monde, en permettant au diable de les tourmenter, voire même de les emporter...

La présence du diable

La conscience troublée de la Renaissance, les hantises angoissées de l'esprit baroque ont transformé la figure du diable. Plutôt comique et bon enfant au Moyen Âge, il est devenu franchement maléfique. Il apparaît tout de noir vêtu, le poil sombre, le visage hideux, ou sous la forme d'une bête, parfois mi-humaine, mi-animale. En cette année 1598, le lieutenant criminel d'Angers a voulu condamner un misérable à être brûlé « pour se transformer en loup et avoir, par sa confession propre, mangé, là autour, tout plein d'enfants et autres personnes, même les bras et les mains à quelques pauvres femmes », rapporte L'Estoile. Le « loup-garou » a été transporté à la Conciergerie à Paris. Heureusement, les juges de la Sorbonne n'ont pas confirmé le jugement d'Angers et ont enfermé le malheureux, considéré comme un aliéné. Mais combien de condamnations aussi aberrantes que celle-là ont-elles été suivies de supplices et d'exécutions ? Des femmes hâtivement accusées de sorcellerie montent sur les bûchers, après avoir été atrocement torturées. Elles ont jeté des sorts, présidé à des sabbats nocturnes ou provoqué des métamorphoses magiques et terrifiantes entre les différents règnes de la création : l'humain, l'animal, le végétal, le minéral...

Les démons, les âmes et les esprits sont partout. Personne n'a le sens de l'impossible : le naturel et le surnaturel communiquent de façon incessante et normale... Lucien Febvre nous a laissé tant d'admirables pages sur ces « hommes qui se colletaient d'un bout à l'autre de la vie avec l'Inconnu et pensaient l'univers non point, à la façon de leurs fils du XVIIᵉ siècle, comme un mécanisme, un système de chiquenaudes et de déplacements sur un plan connu — mais comme un organisme vivant, gouverné par des forces secrètes, par des mystérieuses et profondes influences ». Si l'astrologie se rapproche d'une science exacte — du moins

par les calculs précis qu'elle suppose – l'étude des phénomènes terrestres est encore très éloignée de toute idée de
calcul. Les hommes de ce siècle croient arracher les secrets
de la nature en décryptant les signes des puissances cachées.
Le monde fantastique, que le monde réel recouvre à peine,
fascine les imaginations, bien davantage que les découvertes
d'Amérique, dont on parle assez peu...

La médecine, dont les progrès sont alors notoires,
n'échappe pas aux crédulités du temps. Certains rites
doivent entourer les prescriptions. Surtout, lorsqu'elle est
accompagnée de symptômes qui défigurent le malade, la
maladie apparaît comme une malédiction et une punition,
rarement comme la conséquence d'un désordre physique.
Le grand Ambroise Paré lui-même (mort en 1590) admettait
l'existence de maladies magiques!

Henri IV et ses contemporains vivent très proches de la
nature. Leurs sens, notamment leur odorat ou leur ouïe,
sont beaucoup plus aigus que les nôtres, probablement parce
qu'ils sont perpétuellement aux aguets, confrontés à un
monde hostile, inconnu, hanté par des forces surnaturelles.
Leur sensibilité physique, extrêmement vive, réagit avec violence aux bruits surgis d'une forêt obscure, à la brusque
tombée de la nuit, à l'alternance de la chaleur et du froid...

La nuit du 8 septembre, dans la forêt de Fontainebleau
dont le roi aime tant les arbres et les odeurs, d'étranges phénomènes vont sérieusement inquiéter le souverain et ses
compagnons de chasse. Henri chasse entouré de cinq cavaliers, dont Soissons, définitivement réconcilié avec lui. Le
souverain s'est attardé dans les bois, fâché d'avoir manqué
un cerf par deux fois. Plusieurs contemporains évoqueront
dans leurs lettres ou leurs Mémoires, la troublante aventure
survenue dans l'épaisseur des broussailles de la forêt. Datée
du 25 octobre, l'une des dernières lettres de Jacques Bongars, longtemps ambassadeur de France en Allemagne, nous
apprend que : « le roi, retournant de la chasse en sa maison
de Fontainebleau, à dix heures du soir, a entendu un chasseur qui faisait grand bruit. On assure même qu'il appelait
ses chiens par leur nom. Tous ceux qui étaient en la suite du

roi en furent effrayés, sachant bien que personne n'osait chasser dans cette forêt sans la permission expresse de Sa Majesté. Le roi étant entré dans le château, fit venir les plus vieux habitants du bourg pour savoir d'eux ce que ce pourrait être. Ils lui répondirent qu'on voyait paraître quelquefois au milieu de la nuit un chasseur à cheval, avec sept ou huit chiens, qui courent la forêt, comme en chassant, sans blesser personne. Quelques-uns ajoutèrent que, sous le roi François premier, un chasseur fut tué en ce même lieu, et que c'est lui qui apparaît maintenant, et qui fait tout ce bruit dans la forêt ».

L'Estoile (édition de 1736), Cayet, Matthieu préciseront que le roi demanda à ses compagnons d'explorer les broussailles pour confondre l'éventuel chasseur, assez hardi pour chasser sur ses terres. Soissons entendit le même bruit de chasse, mais ne vit qu'un grand homme noir qui lui cria : « M'entendez-vous, ou m'attendez-vous ? » et soudain, disparut. Les bûcherons et les paysans des alentours disent qu'ils voient quelquefois un grand homme noir, avec une meute de chiens, qui ne leur fait aucun mal : ils l'appellent le grand veneur (par analogie avec le maître de la vénerie royale, chef des chasses, qui, au Moyen Âge, fut également grand maître des forêts).

Le souverain et ses compagnons reviennent pensifs et impressionnés au château. Que ces phénomènes soient dus à l'écho, comme le pense le duc de La Force, ou à une erreur d'un officier de la chasse qui, croyant – à tort – à une reprise de la chasse, aurait sonné la poursuite, comme le suggère Louis Ferrand dans son étude sur cet épisode, peu importe. Ces hommes facilement crédules sont immédiatement prêts à interpréter le moindre phénomène extraordinaire comme un avertissement surnaturel. Bien entendu, tout Paris commente le fait et, selon L'Estoile, imagine « force présages allégoriques ». Le roi ne manque sûrement pas de raconter son étrange chasse à sa maîtresse. Cette apparition encourage-t-elle déjà Gabrielle à consulter des voyants sur son avenir ? La jeune femme se sent anxieuse, parfois angoissée.

Quelques jours plus tard, le maréchal de Lavardin envoie

à Fontainebleau un personnage affublé d'une curiosité naturelle propre à amuser le roi. Il s'agit du serviteur d'un charbonnier qui vit dans le bois du Maine. Petit, « tirant sur le roux », l'homme a « une corne de cerf à la tête », excroissance placée au-dessus du front et qui se recourbe parderrière ! Gabrielle et les dames de la Cour tournent en riant autour du malheureux. Un vent de bouffonnerie balaie la pénible impression laissée par le « grand veneur ». Mais voilà confirmée encore l'existence de mystérieuses correspondances entre l'humanité et les animaux, qui témoignent du règne inquiétant de pouvoirs occultes...

Les événements obligent le souverain et sa maîtresse à faire un court séjour dans la capitale. Le 20, le duc de Lorraine et son fils le cardinal descendent à l'hôtel parisien de Catherine de Bourbon. Madame, imperturbable, fait faire la prêche, à la barbe de sa future belle-famille. On vient d'apprendre la mort de Philippe II, qui s'est éteint le 13 septembre à l'Escurial, après de terribles souffrances, stoïquement supportées. Henri et Gabrielle sont à Paris du 22 au 26. Accompagnés du duc et du cardinal de Lorraine, les amants se divertissent. Ils dînent au Petit Maure à trois écus par tête, soupent et couchent chez Zamet, puis, le lendemain, dînent chez Jérôme de Gondi. Le 25, Gabrielle ouvre un paquet bien cacheté qui a été confié à l'un des siens. Elle découvre des lettres dans lesquelles elle est cruellement injuriée. Quand finira cette période pleine d'avertissements troublants et menaçants ? Heureusement, le départ pour Montceaux, havre de paix heureuse, est prévu pour le lendemain.

À peine arrivés à Montceaux, le roi et sa maîtresse apprennent que Louise de Budos, duchesse de Montmorency, est tombée gravement malade. Gabrielle écrit sur-le-champ au connétable pour lui manifester sa sympathie : « Monsieur, j'ai su aujourd'hui la maladie de madame votre femme, dont j'ai reçu un si extrême déplaisir que ces paroles ne le sauraient exprimer. Je n'ai voulu demeurer plus de temps sans envoyer savoir de ses nouvelles, et n'osant, de peur que mes lettres lui apportassent de la peine, lui en faire voir, je vous supplie très humblement ne trouver mauvais si l'extrême désir que j'ai d'apprendre que sa santé soit bonne, me fait vous supplier de commander à quelqu'un des vôtres de m'en vouloir mander. En les attendant, je prierai continuellement la Divinité qu'il les rende telles que je les désire et qu'il me donne autant de moyens que j'en ai de volonté de vous faire très humble service, et témoigner que je suis, Monsieur, votre très humble et affectionnée à vous faire service. G. d'Estrées. »

Le roi dépêche son premier médecin, M. de Laurens, au chevet de Louise. Celui-ci ne pourra rien pour la très belle connétable. Louise meurt, le visage défiguré par une crise d'éclampsie qui a également tué l'enfant qu'elle portait. Le 28, les amants de Montceaux expédient à Montmorency leurs lettres de condoléances. Henri exhorte son compère à surmonter sa douleur : « Mais il faut du tout conformer à la volonté de Dieu, et votre âge et longue expérience à souffrir toutes sortes d'afflictions vous doit servir à vous y résoudre. » Le roi ajoute qu'il voudrait le consoler lui-même, mais il doit toucher des écrouelles.

Gabrielle écrit avec sa déférence habituelle à l'égard des grands : « Monsieur, étant si étroitement liée à l'honneur de votre alliance, ne doutez point, ainsi je vous supplie, que je ne participe de même à tout ce qui peut vous apporter du contentement ou du déplaisir. J'ai ressenti ce dernier avec plus de violence que n'a fait nulle de celles qui vous ont voué du service, et voudrais vous en pouvoir rendre preuve en cet accident par la perte de la moitié de ma vie. Mais je sens bien que ces plaintes apporteraient de nouveaux ressentiments à votre mal au lieu de le diminuer selon mon désir. Je m'en tairai pour vous supplier, Monsieur, de croire que rien au monde ne peut être si assuré que mon très humble service. Je me promets de vous voir bientôt en cette maison, et, en l'attendant, je vous baiserai les mains en toute humilité. »

N'attribuons pas à une flagornerie excessive la formule de politesse qui termine la missive de Gabrielle : les femmes, à cette époque, emploient encore couramment cette phrase à la fin des lettres qu'elles adressent aux hommes. Mais l'expression, quelque peu ampoulée, selon laquelle la maîtresse royale sacrifierait la moitié de sa vie pour la belle Louise, évoque inconsciemment la tragédie proche. Environ six mois plus tard, Gabrielle mourra de la même maladie...

Le roi est très occupé ces jours-là. Le 28, il reçoit les remontrances des députés du clergé. La réponse royale est vertement énergique. Le 29, le souverain touche 1 500 malades des écrouelles. Montmorency est désespéré. Il ne faut pas laisser la mort, alors si fréquente, entraver le cours de la vie. Henri, si plein d'énergie vitale, admoneste son cher compagnon, dans une nouvelle lettre, datée du 3 octobre : « Mon compère, vous avez quelque raison d'avoir de l'ennui et de ressentir votre douleur. [...] Vous devriez vous-même consoler un autre, quand il en serait réduit là, et vous réserver pour encore me servir et cet État, sans vous laisser abandonner à la douleur. [...] C'est pourquoi, mon compère, je vous prie, et pour l'amour de moi et pour l'amour de vous-même, de vous consoler en ce que ça a été la volonté de Dieu, à laquelle nous devons tous conformer. » Le souverain ne peut savoir qu'il sera bientôt lui-même terrassé de douleur...

Les commentaires sur la mort de Louise annoncent ceux qui suivront la mort de Gabrielle. Personne n'en doute : c'est la main du diable. Voici le rapport cruellement malveillant de L'Estoile : « Mourut aussi en ce temps, à Chantilly, en la fleur de ses ans et de son âge, Madame la Connétable, la fleur des beautés de la Cour, mais vrai miroir, en sa fin, de la vanité d'icelle, et un tableau raccourci de la vie misérable et mœurs barbares et cruelles des grands de ce siècle, voire contre leur propre sang, qui sont les vrais diables que l'on a feint en la farce de la mort de cette pauvre dame, venus exprès d'enfer pour l'emporter. En quoi, toutefois, ceux qui en sauront l'histoire auront de quoi admirer, et au mari et en la femme, une justice singulière et jugement admirable de Dieu. »

Le bruit court que, peu avant sa mort, un jour où elle recevait plusieurs amies, Louise fut avertie par une de ses femmes de la présence incongrue dans sa chambre d'un grand gentilhomme d'assez bonne mine, mais de teint et de poil noirs (signes distinctifs du diable...). Ce personnage voulait lui parler. Affolée, la connétable lui fit demander qu'il revînt une autre fois. Le sombre gentilhomme exigea de lui parler sur-le-champ. Prétextant un malaise, Louise prit congé de ses amies, le visage demi-mort. Elle leur dit adieu, les larmes aux yeux, en insinuant qu'elle savait sa mort prochaine.

Louise avait un certaine hauteur de manières qui déplaisait à beaucoup. Cela ne suffit guère à justifier des accusations aussi graves. Tallemant des Réaux en donnera plus tard l'explication, dans son historiette consacrée au connétable : « En Languedoc, il [le connétable] devint amoureux, étant déjà âgé, de Mlle de Portes de la maison de Budos, c'était une belle fille mais pauvre, et qui, quoiqu'elle fût fort bien demoiselle [sens ancien pour femme noble], n'était pas pourtant de naissance à prétendre un connétable. C'est à cause de cela, et sur ce qu'elle mourut d'apoplexie et qu'elle avait le visage tout contourné, qu'on a dit qu'elle s'était donnée au diable pour épouser M. le Connétable, et que César, un Italien, qui passait pour magicien à la Cour, avait été l'entremetteur de ce pacte. »

Montmorency, plus âgé qu'Henri de près de vingt ans, épousa en secondes noces Louise de Budos, fille de Jacques de Budos, vicomte des Portes. Louise, née deux ans après Gabrielle, était de quarante et un ans plus jeune que le connétable ! Elle avait été elle-même veuve à dix-sept ans de Jacques de Gramont. Le rang des Budos se situait très en dessous de celui des Montmorency. Dans la société si hiérarchisée de l'époque, un mariage semblable apparaissait comme une mésalliance coupable parce que défiant l'ordre naturel du monde. De là à supposer l'aide du diable, le pas est vite franchi... Si le mariage du connétable avec une jeune femme appartenant tout de même à la noblesse a tant choqué, quel scandale que l'union du roi avec une femme née d'Antoine d'Estrées et de Françoise Babou !

Montmorency, effondré, ne veut pas se rendre à Montceaux. Henri décide de commencer sa diète annuelle, tandis que Gabrielle se prépare à distraire son amant et à lui rendre agréable cette période au cours de laquelle il comprime son énorme appétit et s'abstient de chasser. Mais la maladie va atteindre le roi, assez fortement puis très gravement. Est-ce un avertissement ?, s'interroge l'opinion.

La maladie du roi

Le 8 octobre, Henri commence sa diète qui consiste à transpirer abondamment et à boire des infusions de « rhizomes de squine ». D'après Matthieu, il trompe sa faim en mangeant quantité de melons de Chenonceaux et de Lyon. Vers le 11, après s'être échauffé au « pale-mail », il se sent saisi d'une forte fièvre. Les médecins constatent une inflammation de l'urètre consécutive à d'anciennes maladies vénériennes. Saigné et purgé, le roi paraît soulagé, mais la fièvre reste élevée. Inquiets, ses médecins prévoient l'appel en consultation d'un confrère vénitien très réputé pour ce genre de maladies.

Malgré ses ressentiments, Catherine adore son frère. Elle lui écrit affectueusement : « Mon cher roi, je suis en une si cruelle peine de vous savoir malade et n'avoir point l'honneur de vous voir, que je vous requiers, les mains jointes, de me permettre de vous aller voir. [...] Je vous baise cent mille fois, mon cher et brave roi, les yeux tout pleins de larmes. » Mais Gabrielle et le proche entourage du souverain interdisent l'accès aux appartements royaux : Madame devra rester à Paris.

Le 16, la fièvre quitte enfin Henri, qui annonce la bonne nouvelle au connétable. Que son compère vienne donc le rejoindre dans trois jours, avec ses chiens pour chevreuil : « Croyez, ajoute le roi, que la maîtresse de céans vous verra de bon œil, comme aussi ferai-je. » Montmorency ne vient toujours pas...

À Paris, le Conseil a suivi les nouvelles de la santé du roi avec beaucoup d'anxiété. Rosny, puis Villeroy vont visiter le souverain après la chute de température. Les médecins font transpirer le malade mais remplacent la diète, trop épuisante, par un régime léger. Henri se promène matin et soir dans le parc et les jardins, en compagnie de Gabrielle, à nouveau enceinte. L'après-souper, le roi joue des sommes parfois énormes jusqu'à une heure avancée de la nuit. Ainsi, le 23 octobre, le duc de La Force, qui a enfin pu regagner sa chambre à Montceaux, écrit à sa femme : « Il est deux heures du matin ; nous ne faisons que de quitter le jeu : c'est la principale occupation du roi en sa diète, et y a toujours deux ou trois partis. Je suis celui de madame la duchesse. Nous nous sommes associés, M. le Grand et moi, et faisons toujours à moitié : nous avons quelque deux cents écus de gain. »

Bellegarde continue donc à faire partie du cercle le plus intime des amants, sous les yeux de la Cour qui doit, secrètement, dissimuler une certaine ironie...

Pendant ce séjour dans le beau château de Gabrielle, un certain Le Thuillier, fils du procureur de Gien, amuse le roi en lui tenant un discours de charlatan sur des potions magiques de sa composition. Puis, lors d'un aparté avec la maîtresse des lieux, il « lui dit, rapportera L'Estoile, qu'il y avait danger que le roi la laissât quelque jour : mais, si elle se voulait aider, il lui baillerait de l'eau d'une fiole que son père lui avait laissée pour tout bien, de laquelle s'étant frotté les lèvres et baiser le roi après, elle en ferait tout ce qu'elle voudrait et jamais ne se pourrait défaire d'elle ; ce que le roi ayant su, fit emprisonner ce charlatan, avec son eau, sa fiole et ses recettes ».

Notons au passage que les exégèses de Raymond Ritter sur les prétendues lettres d'Henri à Gabrielle, datées des 14 et 29 octobre et souvent citées comme telles par de nombreux historiens, nous paraissent tout à fait fondées : le roi est à Montceaux auprès de sa maîtresse, pendant tout le mois d'octobre 1598. Ces deux lettres sont très probablement adressées à Henriette d'Entragues, au mois d'octobre 1599 [1].

Le jeudi 29 octobre, Henri soupe abondamment à Montceaux. À une heure du matin, grelottant de fièvre, il est pris d'un dévoiement et de violents vomissements. Le souverain, de plus en plus mal, a une défaillance cardiaque qui dure deux heures, durant lesquelles il ne peut parler ni bouger. Le visage penché sur son amant, Gabrielle est affolée. Que deviendra-t-elle, que deviendront ses enfants sans le roi ? Elle imagine déjà avec effroi la haine générale qui se déversera sur elle et sur sa progéniture. Le médecin Rivière, épouvanté, ne se sent pas de taille à affronter ce péril. Il appelle, en hâte, trois confrères parisiens au chevet du souverain. Paris est paniqué. On ferme les portes de la capitale. Le 30, les plus grands seigneurs se précipitent à Montceaux. Montpensier, Épernon et Joyeuse s'enferment dans une chambre et décident, en cas de mort du roi, de former un Conseil de régence et d'abolir l'édit de Nantes. Le spectre de la guerre civile ressurgit, si vite...

Le rétrécissement de l'urètre dont a souffert Henri quelques jours auparavant s'est manifesté à nouveau, beaucoup plus gravement. L'Estoile évoquera « l'extrémité de la maladie du roi, qui était une carnosité provenante d'une chaudepisse, laquelle, pour avoir été négligée, lui causa une rétention d'urine qui le cuida envoyer en l'autre monde, accident autant craint des bons comme il était désiré des méchants ».

Le chirurgien Birault réussit l'ablation de ladite « carnosité » (grosseur sur la verge) d'où proviendrait le mal. Le 31, le souverain paraît ressusciter. La fièvre tombe. Henri se remet en avalant une énorme quantité de café ! Le jour même, Gabrielle écrit au connétable : « Je ne vous nierai point que ce n'ait été avec sujet que vous avez été en peine du roi, car, pour deux jours, il a été extrêmement mal. Il en est, Dieu merci, à cette heure, au retour, avec un extrême

1. Parmi plusieurs arguments tout à fait convaincants, R. Ritter, cite en particulier le passage où Henri évoque la visite à ses enfants à Saint-Germain-en-Laye. Or les enfants d'Henri et de Gabrielle sont élevés à Saint-Germain après la mort de leur mère. *Cf.* Raymond Ritter, *Charmante Gabrielle*, note 213, p. 604.

désir de vous voir. Je me promets que nous posséderons cet heur-là mardi, et moi particulièrement celui de vous assurer de mon bien humble service, que je vous ai voué avec tant d'affection que je désire rien avec tant de violence que de vous le pouvoir témoigner. Attendant l'honneur de votre présence, après vous avoir baisé les mains en toute humilité, je vous supplierai de me croire, Monsieur, votre très humble et affectionnée à vous faire service. » La jeune femme a eu terriblement peur. Cette lettre laisse deviner sa quête anxieuse d'amitiés haut placées.

Henri écrit à son tour au connétable pour le rassurer sur sa santé. Il a congédié tous les courtisans, car il ne veut pas entendre parler d'affaires, ce qui le met « en mauvaise humeur ». En revanche, il prie son compère de venir le rejoindre, « enfin, précise-t-il, qu'était ici ensemble nous puissions tous deux réjouir ». Montmorency est encore trop abattu pour accepter l'invitation.

La maladie du roi a effrayé Catherine qui a été priée de ne pas se rendre à Montceaux dans l'immédiat. Les premiers jours de novembre, elle écrit à son frère qu'il n'est plus possible de demeurer sans nouvelles et qu'elle compte le visiter bientôt. Elle termine sa lettre par ces mots : « Cependant, mon brave roi, aimez toujours et recevez mille bonsoirs que je vous donne, et mille baisers de tout mon cœur. » Elle ajoute en post-scriptum : « Si votre belle maîtresse est encore là, permettez que je lui en dise autant. »

Henri recommence déjà à sortir dans les jardins. Mais, après le temps magnifique de la Toussaint, les intempéries reviennent vers le 4. Les médecins ont interdit au roi de monter à cheval. Il est contraint de regarder la pluie tomber derrière les fenêtres du château. Probablement avec la complicité de Gabrielle, Bellegarde organise, aidé de son frère Termes et de brillants jeunes gens, un ballet bouffon pour amuser le souverain. On remarque, parmi les danseurs, le comte d'Auvergne, fils naturel de Charles IX, le duc de Nemours, le prince de Joinville, le comte de Sommerive, fils cadet de Mayenne, Antonin de Gramont, fils de Corisande... Le jeune Bassompierre, alors à Paris pour être introduit à la

Cour, dîne avec toute cette compagnie qui lui propose de participer au divertissement. Peut-il arriver déguisé à Montceaux, sans avoir été présenté au roi auparavant ? Qu'à cela ne tienne, on se rendra avec une bonne heure d'avance chez madame la duchesse, et il pourra ainsi saluer le roi d'abord. Tous apprennent le ballet, dit des barbiers (chirurgiens), dont l'argument est d'un humour particulièrement lourd et grivois. Il sera pourtant vivement apprécié ! Car il s'agit de se moquer de l'opération subie par le souverain pour se débarrasser de sa carnosité...

Après une éclipse due aux guerres civiles, la mode des ballets, introduite par Catherine de Médicis, revient, mais sous forme de mascarade hâtivement préparée, la pénurie des temps ne permettant pas encore les luxueuses représentations d'antan. Les jeunes gens ont vite fait de monter leur spectacle et de trouver les déguisements. Le 5 novembre, la petite troupe s'achemine vers Montceaux. Dans ses Mémoires, Bassompierre se souviendra : « Mais comme le roi fut averti que nous y allions, envoya par les chemins nous dire que, n'ayant point de couvert pour nous loger à Montceaux, qui n'était pour lors guère logeable [pour autant de personnes], nous nous devions arrêter à Meaux, où il enverrait le soir même six carrosses, pour amener avec nous tout l'équipage du ballet. Par ainsi je fus frustré de mon attente de le saluer avant ledit ballet. Nous nous habillâmes donc à Meaux, et nous mîmes, avec la musique, pages et violons, dans les carrosses qu'il nous avaient menés, ou que le roi nous envoya, et dansâmes ledit ballet ; après quoi, comme nous ôtâmes nos masques, le roi se leva, vint parmi nous, et demanda où était Bassompierre.

« Alors tous les princes et seigneurs me présentèrent à lui pour lui embrasser les genoux, et me fit beaucoup de caresses, et n'eusse jamais cru qu'un si grand roi eût tant de bonté et privauté vers un jeune homme de ma sorte.

« Il me prit après par la main, et me vint présenter à madame la duchesse de Beaufort, sa maîtresse, à qui je baisai la robe ; et le roi, afin de me donner moyen de la saluer et la baiser, s'en alla d'un autre côté.

« Nous demeurâmes jusqu'à une heure après minuit à Montceaux, et puis nous en vînmes coucher à Meaux, et le lendemain à Paris. »

Le ballet a eu un tel succès que l'on décide de le danser à nouveau chez Madame, le lendemain ou surlendemain. Gabrielle obtient de son amant la permission de se rendre dans la capitale pour l'occasion. Lors de cette seconde représentation, les barbiers ont invité douze jolies femmes présentes chez Madame à danser le ballet avec eux. On peut admirer parmi les danseuses Mlle de Guise, Catherine de Rohan, la duchesse de Villars, sœur de la duchesse de Beaufort... et Henriette d'Entragues, sœur utérine du comte d'Auvergne, jolie fille de dix-neuf ans. Gabrielle a-t-elle remarqué la vivacité effrontée de cette jeune personne qui va lui succéder dans la couche royale dans quelques mois ?

Ces jours-là (vers le 8), la maîtresse d'Henri ne manque pas d'écrire à la duchesse de Nevers (Henriette de Clèves), pour la mettre personnellement au courant de la santé du souverain : « Madame, nous avons été, ces jours passés, en une extrême peine de la maladie du roi, non tant pour y voir, Dieu merci, nul péril, que pour ce que ceux qui, comme moi, ne désirent salut qu'en sa vie, ne lui sauraient voir nulle incommodité, que l'appréhension qu'elle augmente ne leur fasse souhaiter la fin de la leur. Nous sommes, Dieu merci, hors de ces inquiétudes, le roi ayant depuis cinq ou six jours recouvré son entière santé. Je n'ai point manqué de lui représenter le déplaisir que vous et monsieur votre fils en aviez ressenti, ce qu'il a cru bien facilement, ayant tant de sujet d'être assuré de l'entière affection de l'un et de l'autre, que je vous puis bien assurer, Madame, sans flatterie ni rougir, personnes de vos qualités [n'être] en son royaume de qui il ait pareille satisfaction. Il sera bien aise que monsieur votre fils, après sa diète, le vienne trouver, et qu'il soit auprès de lui le plus souvent que sa santé et ses affaires le lui pourront permettre. Quant à moi, Madame, je vous jure que je ne désire rien avec pareille passion que de pouvoir témoigner l'extrême affection que j'ai à votre très humble service, par laquelle j'ai été conviée d'oser vous parler avec peut-être trop de franchise, en ce que je croyais y être important. Mais je vous supplie, Madame, croyez que tout ce qui vous sera agréable m'apportera toujours du contentement, et que je n'aurai jamais autres lois que celles de vos commandements, que je vous supplie me départir, et me permettre, après vous avoir baisé les mains en toute humilité, que je vous assure que je serai toute ma vie, Madame, votre très humble et très affectionnée servante. »

Gabrielle retrouve bien vite Henri. Le 10, elle reçoit Catherine de Bourbon, venue passer quelques heures auprès de son frère. Madame la duchesse n'a guère négligé son clan pendant ce séjour à Montceaux. Antoine d'Estrées est venu quémander quelque amélioration au souverain. Le roi écrit à Rosny : « J'ai vu M. d'Estrées qui m'a parlé de sa charge et ce que vous avez avisé pour son artillerie. » On imagine la fureur rentrée du futur Sully qui convoitait tellement cette charge...

Cheverny, lui aussi, bénéficie de la grande sollicitude de la maîtresse d'Henri. Le 6 novembre, est mort l'évêque de Chartres, Nicolas de Thou, oncle par alliance du chancelier. Ayant, autrefois, obtenu le diocèse pour sa belle-famille, Cheverny le revendique maintenant pour l'un de ses fils. Les de Thou, furieux, se brouillent momentanément avec le chancelier. Mais Gabrielle veille aux intérêts de l'amant de sa tante. Bien entendu, il faut rappeler que celui-ci se montre également très ingénieux pour favoriser la fortune de Mme de Beaufort !

Philippe de Cheverny avouera avec une désarmante franchise dans ses Mémoires : « J'écrivis à Madame la duchesse alors à Montceaux, pour obtenir ledit évêché pour mon dit fils [...]; et comme madite dame la duchesse, officieuse en cela pour moi, s'en allait le trouver [le roi], pour lui en parler, il arriva dans sa chambre, et lui-même lui dit le premier : " Ma maîtresse, nous savons bien que le bonhomme de Chartres est mort : voilà maintenant le fils de M. le chancelier évêque. " Sur quoi ladite dame, le remerciant avec toute affection, lui dit, comme je lui avais écrit pour l'en supplier : " Cela, dit le roi, est fait, je commanderai au sieur de Gèvre de l'expédier. " » Voilà qui s'appelle devancer les désirs de sa maîtresse!

Le 18 novembre, les amants quittent Montceaux en direction de Saint-Germain-en-Laye « pour changer d'air ». Le souverain, encore faible, se déplace en litière et ne veut pas se montrer aux Parisiens autrement qu'à cheval. À Saint-Germain, puis à Paris, il lui faudra prendre d'importantes décisions, dont la plus grave concerne son mariage : Gabrielle d'Estrées ou Marie de Médicis? Le bonheur équilibré auprès d'une femme qui l'accompagne si facilement dans ses projets, ou le retour des Médicis dont le seul nom évoque un cortège hanté de tragédies? Marguerite de Valois, fille d'une Médicis, entre en scène, à sa façon toujours originale, afin d'aider son mari à exorciser le passé et à succéder pleinement aux rois prédécesseurs.

CHAPITRE XVII

Gabrielle, Marguerite et Marie

La triple paix obtenue en avril et mai 1598 annonce de nouvelles et importantes perspectives. Quelle sera la place de Gabrielle, à l'aube d'un autre siècle ? Pourra-t-elle devenir reine dans le contexte financier, politique et diplomatique qui prévaut à ce moment-là ? Hormis l'Espagne, la Savoie, quelques grands et probablement le parti huguenot, personne ne souhaite le mariage du roi avec la duchesse de Beaufort. De hauts personnages, en France et à travers l'Europe, se servent de la jeune femme plus qu'ils ne la favorisent, ou bien travaillent patiemment à sa perte.

Printemps-été 1598 : le point
sur les personnages et les événements

Les noces de Gabrielle dépendent de l'annulation du mariage du roi, et celle-ci ne peut s'obtenir sans le consentement de Marguerite. On se souvient que, cheminant vers la Bretagne, le souverain écrit plusieurs lettres à Bellièvre afin de faire renouveler la procuration périmée de la reine. La situation financière de Marguerite est catastrophique. Sa longue réclusion à Usson lui pèse lourdement. Mais l'épouse d'Henri a une haute idée de son rang. Fille, sœur et femme de rois, elle entend négocier son acceptation et obtenir les nécessaires assurances pour sa sécurité – au cas où elle sortirait d'Usson –, des avantages matériels qui lui permettent un train de vie digne de sa qualité et la conservation de son titre de reine. Car la dame d'Usson signe les documents officiels : Marguerite, reine de France et de Navarre.

En même temps, elle ne peut se dérober aux sollicitations, ou plutôt aux injonctions de son mari qui lui demande une procuration satisfaisante. Si elle refuse, la reine risque l'arrêt des subsides royaux et la transformation d'une résidence surveillée en véritable prison ! Ce printemps 1598, le souverain envoie donc à Usson Martin Langlois, ancien prévôt des marchands de Paris, et alors maître des requêtes de l'hôtel du roi. Langlois est habile et a l'avantage d'avoir crédit auprès de Marguerite.

L'épouse d'Henri signe une nouvelle procuration notariée le 19 mai. Les diverses procurations de Marguerite se trouvent au département des Manuscrits de la Bibliothèque nationale. L'analyse de leurs termes dévoile la subtilité à la fois discrète et remarquablement rusée de la reine. Comme en 1594, Marguerite refuse d'admettre la non-consommation de son mariage, sachant fort bien que la consommation fera toujours de César et d'Alexandre des enfants adultérins. La dame d'Usson confie à ses procureurs, Langlois lui-même et Édouard Molé, conseiller au Parlement de Paris, le soin « de supplier très humblement le roi, son très honoré seigneur et époux [...] comparaître par ses procureurs spécialement à ce par lui députés par-devant notre saint-père le pape et ses délégués ou autres juges ecclésiastiques, auxquels la cause en appartient ». Contrairement à la première procuration, Marguerite fait ici mention du pape. Certes, il s'agit du pape *ou* autres juges ecclésiastiques. Prévoit-on le cas où Henri pourrait se passer du chef de l'Église et faire appel aux seuls évêques français, comme il le fit lors de son abjuration ? Il n'empêche : l'arbitrage du souverain pontife est sollicité : la reine n'est plus à la merci de son seul époux.

De son côté, le roi ne veut ni ne peut braver impunément Clément VIII, déjà très inquiet des accords avec les huguenots et du projet de mariage entre Catherine et Henri de Lorraine. Ossat, l'habile religieux envoyé par le souverain en Italie, signale que Villeroy a l'estime du pape. Le très catholique ministre d'Henri compte bien briser les ambitions de Gabrielle et de son clan, en surveillant lui-même le déroulement du procès en annulation. Le ministre réussit à convaincre le roi de relever le duc de Luxembourg de ses fonctions à Rome, et de le remplacer par Sancy, son parent, l'ennemi mortel de la duchesse de Beaufort! Celle-ci se manifeste alors avec une énergie inaccoutumée, et obtient la disgrâce définitive de Sancy au profit de Sillery. Selon les témoignages du temps, elle aurait même promis à ce dernier les sceaux, et plus tard la dignité de chancelier, en échange de son dévouement...

Courant août, Sillery est désigné pour aller à Rome afin de négocier l'annulation du mariage du roi ainsi que la restitution à la France du marquisat de Saluces. Car les deux questions relèvent du pape. En effet, lors de la paix de Vervins, il fut décidé de confier durant une année le contentieux sur Saluces à l'arbitrage de Clément VIII – on a vu comment Charles-Emmanuel de Savoie a déjà cherché à gagner l'appui de Gabrielle. Vers la fin d'août, il envoie à la duchesse un bijou d'une valeur de 6 000 à 7 000 écus, et un cordon de chapeau du prix de 2 000 écus environ pour César. Henri ne pourrait-il pas accepter la Bresse contre Saluces qui, géographiquement, appartient davantage à la Savoie italienne? Justement, le pape ne souhaite nullement la restitution de cette région à la France, car il craint qu'elle ne provoque une contagion de la maléfique « liberté de conscience » à travers toute l'Italie. Quelle aubaine pour les d'Estrées! Si Sillery pouvait persuader le souverain pontife qu'en permettant le mariage avec Gabrielle, il aurait l'assurance que Saluces resterait à la Savoie...

C'est peut-être sur cette question précise que l'on s'aperçoit le mieux de la réelle et profonde fragilité de la position de Gabrielle. La solution encouragée par le clan de la maîtresse royale finira par prévaloir en partie, mais, après la mort de celle-ci et après une guerre éclair contre la Savoie qui abandonnera à la France beaucoup plus que la Bresse. Du vivant de la duchesse, Henri ne veut rien entendre et exige la restitution de Saluces. Cet été-là, Villeroy et probablement Rosny vont s'employer à ouvrir les yeux du souverain sur les imprudentes négociations du clan, et à le convaincre sinon d'abandonner Gabrielle, du moins d'envisager avec un peu plus d'attention son remariage avec Marie.

En attendant, le départ de Sillery est remis à plus tard, soit sous la pression des ministres, soit à cause des exigences de Marguerite qui demande toujours davantage de précisions sur les garanties que le roi devra lui accorder. A-t-elle déjà établi une correspondance secrète avec le pape à qui elle aurait fait dire qu'elle ne consentirait pas à l'annulation pour le moment ? Mézeray l'affirmera, influencé par Rosny.

On a beaucoup écrit sur les prétendues affirmations de Sully à propos de ses relations personnelles avec Marguerite et de ses algarades avec Gabrielle, ces années-là. On s'est beaucoup appliqué à démontrer que le grand ministre a délibérément fabriqué de fausses lettres et raconté des scènes qui n'ont jamais eu lieu. Or les études récentes – notamment la mise au jour par Jacques Bolle de nombreux inédits dans les archives de Florence – semblent prouver que Sully a probablement moins menti sur ce sujet que sur d'autres. Certes, les prétendues lettres que Marguerite lui aurait adressées ont le style des secrétaires chargés d'écrire les *Économies royales*, et non celui de la reine... Mais il est tout à fait plausible que Rosny et l'épouse du roi commencent à correspondre à partir du mois d'avril. Car c'est entre avril et juin que le futur Sully prend les rênes des finances royales, de façon d'abord prédominante, puis complète. Marguerite sait que ses subsides passent par l'administration de Rosny, dont elle garde le meilleur souvenir.

De son côté, comme responsable des finances et bientôt des réformes nécessaires à la reconstruction de la France, Rosny a tout intérêt à souhaiter le « démariage » d'Henri et de Marguerite, suivi d'un remariage rapide avec Marie de Médicis. Ces nouvelles noces favoriseraient la stabilité politique dont il a besoin, annuleraient l'énorme dette de la France à l'égard de la Toscane, et en outre apporteraient une dot confortable et bienvenue dans un contexte écono-

mique assez pitoyable. La France et l'Espagne financièrement épuisées, décident des banqueroutes partielles. De
façon générale, le marché de l'argent est trop étroit dans ce
monde qui vit au-dessus de ses moyens. L'emprise des financiers italiens (dont Zamet) sur l'économie française est devenue considérable. Rosny ne manque pas d'expliquer au roi
l'importance de la monnaie et des dépenses régulières pour
la progression de l'État. Un mariage avec Marie ouvrirait les
vannes des banques toscanes et correspondrait au moyen
terme de la ligne diplomatique du moment, voulue par le
courant majoritaire de l'opinion, à la fois catholique et
patriote : une ligne ni pro-protestante ni pro-espagnole.

Mais qu'en pense-t-on à Florence ? Et d'abord, quel est le
sentiment de Marie ? Qui est donc la princesse de Toscane ?
Marie de Médicis est née en 1573, du grand-duc François-
Marie Ier, et de Jeanne d'Autriche. Son enfance et sa jeunesse ont été marquées par les deuils et les drames. Elle perd
sa mère lorsqu'elle a cinq ans, puis son frère et sa sœur
meurent à leur tour. François-Marie se remarie avec sa maîtresse, la belle Bianca Capello, qui a le même âge que Marie.
Marie la déteste et souffre de la mésalliance de son père. Le
19 octobre 1587, le grand-duc meurt brutalement, Bianca
disparaît à son tour le lendemain. Des rumeurs d'assassinat
et de poison bouleversent Florence. Si crime il y a eu, à qui
profite-t-il ? Au frère et unique héritier du grand-duc, le cardinal Ferdinand de Médicis. Ferdinand renonce à la pourpre
cardinalice et épouse Christine de Lorraine, petite-fille de
Catherine de Médicis, qui a négocié le mariage peu avant sa
mort. Marie est alors sous la tutelle de son oncle. C'est une
grande fille blonde, assez forte, qui ne manque pas d'allure.
Son éducation intellectuelle et artistique a été très soignée.
Elle a des notions assez solides en histoire, mathématiques,
chimie, botanique, et ses talents artistiques sont évidents.
Outre son goût pour la musique, elle pratique, non sans maî-
trise, la peinture, la sculpture et la gravure.

En 1598, Marie a vingt-cinq ans et un embonpoint certain.
Les princesses riches sont généralement déjà mariées à cet
âge. Si Marie ne l'est pas encore, c'est probablement à cause

de son entêtement. Une religieuse de Sienne lui a prédit qu'elle serait reine, et son ancienne camarade de jeux, devenue son inséparable dame de compagnie, Leonora Galigaï, lui a conseillé d'épouser le roi de France. Marie décide pour toujours qu'elle sera reine de France et rien d'autre. Les partis et les propositions n'ont pourtant pas manqué. La grande-duchesse suggère un parti lorrain, le prince de Vaudémont. Marie refuse, à la fureur de ses tuteurs. L'Espagne a proposé Alexandre Farnèse, puis le duc de Bragance. L'opulent grand-duc a exigé davantage. L'Escurial offre rien de moins que Rodolphe de Habsbourg, empereur, ou son frère et héritier, Mathias. Les pourparlers s'engagent. Marie, alors âgée de dix-huit ans, refuse toujours. Mais le grand-duc ravale sa colère. Car la Cour de Vienne ne fixe jamais de date précise pour le mariage. L'empereur voudrait-il berner le grand-duc en manœuvrant pour que Marie ne fasse pas d'alliance contraire aux intérêts des Habsbourg ? Puis, on l'a vu, Henri et Ferdinand renforcent leur alliance et envisagent un mariage dès 1592. Le roi aurait pu épouser Marie dès 1593 ou 1594. Le pape, très favorable à cette alliance, aurait probablement accepté plus rapidement d'absoudre le roi français et de lui accorder l'annulation de son mariage. Mais la folle passion d'Henri pour Gabrielle repousse indéfiniment le projet toscan. Et pourtant, l'obstination de Marie demeure intacte...

Quant à Ferdinand, il tient, bien sûr, au mariage français, mais sa patience est à bout. Et s'il relançait la Maison de Habsbourg ? Henri et ses ministres, très inquiets, vont apprendre bientôt l'existence d'éventuels pourparlers avec Vienne. Le chantage du grand-duc va sérieusement faire réfléchir le roi... En attendant, Ferdinand désire garder ses bonnes relations avec la France. Si Henri veut absolument épouser Gabrielle, pourquoi refuser l'amitié de la duchesse de Beaufort ? Son influence peut toujours être utile à la Toscane. En outre, la jeune femme et sa tante paraissent faciles à acheter. Le grand-duc cherche à récupérer la partie casuelle des revenus florentins en France. On lui a dit que Villeroy accepterait un pourcentage pour aider « d'autres princes à rentrer en possession de leurs biens ». De Florence, on précise au chevalier Jacopo Guicciardini, espion florentin à la Cour de France : « Au cas où vous craindriez de le [Villeroy] froisser, Mme de Montceaux s'en occupera pour le même pourcentage, si vous prévalez auprès d'elle de l'intermédiaire de Mme de Sourdis. » À la fin de l'été 1598, Gabrielle et Catherine, traitées sur le même pied, reçoivent des cadeaux magnifiques du grand-duc.

Dans cette affaire, Ferdinand est en situation de force par rapport à Henri. Celui-ci, terriblement endetté, est confronté à une double contestation ultra-catholique et protestante. Les deux factions critiquent l'édit de Nantes, les uns le niant dans son principe ou le trouvant trop favorable aux huguenots, les autres l'estimant insuffisant. La crise économique est très grave, et la vie privée du roi exaspère la très grande majorité des Français. Henri *sait* qu'il doit épouser Marie comme il savait qu'il devait se convertir au catholicisme. Le roi ne peut se résoudre à abandonner ce qui fut la dominante d'une civilisation : l'individualisme poussé à l'excès.

Henri se souvient-il de l'enseignement de Calvin qui magnifie l'amour conjugal ? Généralement, l'influence de l'épouse d'un roi est annulée au profit d'une mère, d'une sœur ou d'une maîtresse. Le mariage avec Gabrielle serait un formidable acte d'indépendance. À la fois épouse, reine, amante influente, axe d'un véritable foyer où les enfants participent à la vie quotidienne des parents, Gabrielle aurait concrétisé un rêve fugitif de la Renaissance, annonciateur de temps futurs, comme le sont les utopies qui apparaissent au long du XVIe siècle. Mais le roi épouserait-il vraiment sa maîtresse ? Ne s'agit-il pas d'une comédie à son propre usage, d'une illusion si parfaite et si bien jouée qu'elle est sincèrement vécue comme une espérance réelle ?

Henri s'arrache avec douleur au siècle qui se termine, mais entre avec une évidente résolution dans le XVIIe siècle qui s'annonce. Il a une haute idée de son rôle dans une monarchie qu'il veut paternelle et pacifique, mais autoritaire, absolue, bâtie avec la même cohérence architecturale que celle des nouvelles constructions, surveillées avec tant d'enthousiasme, au Louvre, à Saint-Germain ou à Fontaine-bleau. Aura-t-il le courage de renvoyer la femme qu'il adore et dont les larmes le bouleversent toujours ? Il va plutôt se réfugier dans un cynisme aussi lâche qu'inavoué, laissant faire ses ministres, espérant que le destin l'aidera en décidant à sa place et, peut-être, que Marguerite ne cédera pas...

Fin septembre et octobre 1598 :
négociations multiples

Après le séjour à Fontainebleau, marqué par la chasse fantôme du grand veneur et la mort de Louise de Budos, Henri et Gabrielle sont à Paris du 22 au 27, avant de partir pour Montceaux. On étudiait, dans la capitale, les conséquences du décès de Philippe II, qui paraissait ne plus faire de doute. Avant sa mort, le roi d'Espagne avait décidé de marier sa fille à l'archiduc Albert, qui renonçait pour cela à la pourpre cardinalice. L'infante recevait, à son nom, les Pays-Bas espagnols. En France, certains pensent que la disparition de Philippe II remet en cause les noces de sa fille et que l'on pourrait donc relancer les négociations pour marier Henri à l'infante. Le roi, avec une certaine perversité, en parle à sa maîtresse. À sa grande surprise, la duchesse semble approuver le projet. Gabrielle, dûment chapitrée par son clan, encourage cette éventualité, sachant fort bien qu'elle a peu de chances pour se réaliser. Mais le souverain pousse encore plus loin ses bien curieuses provocations. À cette époque, les ministres traitent en même temps les deux mariages, l'espagnol et le toscan. « Il me souvient, écrira d'Aubigné, que le roi, m'ayant donné à garder les deux premiers tableaux qu'il eut de ces princesses, il me permit de les montrer à la duchesse et prendre garde à ce qu'elle dirait : " Je n'ai aucune crainte de cette noire, mais l'autre me mène jusques à la peur. " »

Henri veut-il déjà préparer doucement Gabrielle à envisager une séparation ? Ou, plutôt, veut-il tester les réactions de sa maîtresse afin de s'y préparer lui-même ? Le 26 septembre, Bonciani envoie à Florence une dépêche de la plus haute importance. Jérôme de Gondi vient de se précipiter chez lui pour lui annoncer que Sa Majesté, malgré ses démonstrations pour sa maîtresse, « qui sont des plus grandes, car il dîne publiquement [assis] entre elle et Madame, sa sœur, a pourtant dit, avec emportement, à l'un de ses serviteurs, qui l'entreprit sur ce qu'on raconte de son mariage avec Mme de Montceaux : " Me tient-on pour si enragé que de commettre une faute pareille ? " »

Est-ce une ruse du souverain pour faire avancer son annulation en bernant Clément VIII sur ses intentions ? La suite de la dépêche, écrite le 27, jour du départ du roi, semblerait prouver que les ministres, notamment Villeroy, gagnent du terrain sur la nébuleuse qui entoure Gabrielle. Bonciani et Jérôme de Gondi se sont rendus en hâte chez le cardinal de Gondi, évêque de Paris, à qui ils ont fait part des propos d'un extrême intérêt tenus par Villeroy. Avec beaucoup de clairvoyance, le ministre pense que le pape acceptera facilement l'annulation si l'on arrange en même temps le mariage avec Marie. C'est ainsi, rappelle Villeroy, qu'il a été procédé lorsque Louis XII épousa la reine Anne de Bretagne après son divorce de Madame Jeanne de France. Et il précise : « On fera en sorte que le nouveau mariage soit la confirmation parfaite de l'annulation de l'autre. » Ainsi les Médicis obtiendraient-ils toute satisfaction. « Mais, poursuit Bonciani, quant aux instances nouvelles de Votre Seigneurie pour traiter cette affaire ici avec Villeroy, celui-ci m'a prié de revenir à la charge pour vous représenter la nécessité d'y apporter autant de soin que de diligence. [...] Ce matin, il a ajouté qu'il avait en cela des obligations particulières, étant celui sur qui le roi se reposait pour qu'il agisse de telle manière qu'il reçoive simultanément la nouvelle de l'annulation de l'ancien mariage et celle de la conclusion du nouveau. Il m'a déclaré qu'il ne voudrait y manquer en aucune façon, afin d'obéir à Sa Majesté et de ne pas être responsable de quelque grave accident et encourir les malédictions de la France entière, si, les choses traînant en longueur, il en résultait quelque circonstance inopinée [le mariage du roi avec Gabrielle]. Cependant, il m'a encore répété qu'il y a une infinité de gens pour désirer faire obstacles aux noces du roi, car celles-ci contrarieraient complètement leurs desseins d'agiter le royaume et de réaliser leurs ambitions par la voie des dissensions et des troubles. Parmi ceux-ci, il me signale ceux de la maison de Guise, le duc en particulier. Hier, comme il était allé lui rendre visite, celui-ci a dit au chancelier que la princesse Marie [de Médicis] était promise à l'empereur, prétendant que le duc de Nevers avait vu la lettre même écrite par la duchesse de Mantoue à son mari. Tout en étant bien certain que ce bruit était archifaux, Villeroy affecta de le prendre avec froideur, laissant entendre cependant qu'il n'en avait aucune nouvelle, et que, quand bien même il en serait ainsi, cela n'empêcherait pas le roi de se marier dès qu'il serait libre, car les partis ne lui manquaient point. »

Villeroy ajoute qu'il souhaite voir le grand-duc traiter avec lui en toute confiance des questions essentielles « et, assure-t-il au moine toscan, sans doute, tous les points de cette affaire seront-ils arrêtés avant qu'on sache qu'elle a été entreprise ».

Il paraît impensable que Villeroy ait agi de la sorte sans l'accord d'Henri. Mais il est également probable que le souverain se réserve la liberté de changer d'avis. Son ministre ne l'ignore pas et c'est pourquoi il supplie les diplomates toscans de mener l'affaire tambour battant.

Au même moment, Henri écrit à Marguerite une lettre en réponse à celle reçue de la reine : « M'amye, j'avoue que j'ai toujours cru que vous ne manqueriez nullement à ce que vous m'avez promis. Si [aussi] ai-je été très aise d'en être assuré par la vôtre, et que pour rien ne changerez la résolution que vous avez prise; comme vous vous pouvez assurer que, de ma part, je ne manquerai rien de ce que je vous ai promis, de quoi vous devez faire état et que je tiendrai la main que le tout vous sera tenu. C'est ce que pour cette heure vous avez pour réponse à votre dernière; finissant celle-ci pour vous baiser les mains, ce 22 septembre à Paris. » Berger de Xivrey remarque que la minute de cette lettre (BN, Fonds Du Puy) date du 27, le roi résidant à Montceaux, alors que la copie du « Supplément français » porte la date du 22, le souverain étant ce jour-là à Paris. La date du 27, rajoutée au crayon, semblerait indiquer qu'Henri a emporté cette lettre préparée à Paris pour la montrer à Gabrielle à Montceaux, d'où elle sera expédiée.

Tout en laissant Villeroy continuer ses négociations, le roi veut prouver à sa maîtresse qu'il fait avancer les choses pour l'épouser! Cruelle duplicité qui permet au souverain hésitant de s'engager dans les deux voies à la fois... Puis, on s'en souvient, Henri tombe gravement malade. Il se remet une première fois. Tour à tour, Villeroy et Rosny lui rendent visite et lui parlent probablement de son remariage. On imagine les affres de Gabrielle qui, mortellement inquiète de la maladie de son amant, s'interroge avec angoisse sur les apartés du roi avec ses conseillers.

Le 15 octobre, Henri mande à Rosny : « J'écris à M. de Sillery de se tenir prêt pour partir pour le voyage que je veux qu'il aille faire à Rome pour mon démariage, aussitôt que le sieur Langlois [...] sera de retour d'Usson et en aura rapporté la procuration nécessaire, sur ce qui en a ci-devant été résolu et où vous étiez. » Dès que Sillery sera à Rome, Villeroy devra « communiquer cette affaire » à Rosny. Villeroy reste donc le principal confident. Mais surtout cette lettre nous apprend que la correspondance affectueuse entre les deux époux, précédemment citée, ne signifie nullement que Marguerite abandonne ses exigences. Sa dernière procuration est-elle insuffisante, ou l'a-t-elle révoquée? En tout cas, le roi lui en a demandé une autre, avec de nouvelles précisions, et la reconnaissance de la non-consommation.

Peu de temps après, Henri, à nouveau terrassé par la maladie, frôle la mort. La duchesse de Beaufort et son clan ont eu très peur. Ils savent que les dangers ne sont pas écartés, car on continue à négocier le remariage du souverain. Ils décident alors de passer à l'offensive.

Novembre 1598 : les offensives de Gabrielle

Si, après la naissance de César, le médecin Alliboust a eu l'extrême imprudence d'émettre des doutes sur la paternité du roi, La Rivière est tout dévoué aux intérêts de Gabrielle. Selon les Mémoires de Cheverny, le médecin commence à persuader Henri que la carnosité dont il a failli mourir pourrait « le rendre moins habile à avoir des enfants ». Le souverain « fait l'honneur » au chancelier de lui « dire particulièrement plusieurs fois » que sa maladie pouvant encore ressurgir et abréger sa vie, il veut « par ce mariage [avec Gabrielle] se délivrer de la contrainte et persécution que les princes du sang et autres avaient faites au feu Henri III son prédécesseur, à cause qu'il n'avait point d'enfants ». Comment le roi peut-il sincèrement croire à de tels arguments ? Les princes du sang seraient les premiers à « persécuter » les bâtards légitimés du souverain. Mais Henri se complaît à proclamer sa décision d'épouser Gabrielle, tout comme Gabrielle annonce depuis l'été son mariage avec Henri. Affirmer une intention, c'est déjà lui donner une réalité...

Pourtant, le roi apprend avec une certaine inquiétude le mécontentement qui règne dans la capitale. Le 9 novembre, Contarini écrit : « Je découvre que les esprits sont fort troublés, avec risque évident de quelque mouvement important. Et si le fondement principal sur lequel devra s'établir la décision qu'il doit prendre doit être le fait de la religion, néanmoins il s'en ajoute d'autres à celui-là, et spécialement l'indubitable inclination de Sa Majesté à épouser la duchesse de Beaufort, chose que tout le monde a en horreur suprême. Au surplus, pour mieux préparer le peuple, on a l'intention de se plaindre de la continuation des charges excessives que le roi, loin de rien réserver pour la commodité publique, emploie tout au profit particulier d'une femme et d'enfants bâtards. De quoi les princes et la noblesse éprouvent le mécontentement le plus vif, estimant que leurs demandes ne reçoivent que peu de satisfactions. En raison de ces opinions, parmi d'autres, je redoute quelque accident funeste. »

Pendant ce temps, à Usson, Marguerite signe, à la date du 11 novembre, une nouvelle procuration. Les termes, soigneusement choisis, ne seront pas forcément du goût d'Henri. Prudente, la reine fait donation le même jour à César du duché d'Étampes (précisons que le cadeau a plus de valeur morale que pécuniaire, car ce duché-pairie est d'un modeste revenu). Le texte de la nouvelle procuration indique que Marguerite n'admet toujours pas la non-consommation. L'importance accordée à l'autorité pontificale est renforcée par rapport à la procuration précédente. Les procureurs (toujours les mêmes), sont chargés de comparaître au nom de Marguerite « par devant notre saint père le pape *et* tous autres juges ecclésiastiques, etc. ». Ils devront jurer et attester à la place de la reine « *tant* par devant Sa Sainteté *que* tous autres qu'il appartiendra ». Impossible, cette fois, d'échapper au pape sans lequel Marguerite ne reconnaît rien. Villeroy, Rosny ou Clément VIII lui-même ont-ils fait secrètement avertir la reine ? En tout cas, celle-ci enferme peu à peu son époux dans la combinaison de ses ministres...

Le 18, Henri et Gabrielle quittent Montceaux. Ils passent la nuit à Juilly, chez Zamet, bientôt rejoints par le duc de Bouillon. Puis ils vont retrouver à Écouen le connétable qui paraît déjà dominer son chagrin. Parmi les invités présents se trouve le secrétaire de Contarini, qui trouve la duchesse de Beaufort « plus belle et plus joyeuse que jamais, témoignage le plus certain de son intime satisfaction d'esprit ». Gabrielle, toujours aimable, prie le diplomate de transmettre à Contarini l'invitation à venir la voir à Paris dans deux ou trois jours. Le roi et sa maîtresse ont en effet décidé de se rendre à Saint-Germain, puis de se séparer pour un temps sûrement très court. Henri n'accompagne pas tout de suite Gabrielle à Paris, car, convalescent, il ne veut pas se présenter en litière dans sa capitale. C'est ici que nous avons laissé les amants, à la fin du chapitre précédent.

Gabrielle est à Paris le 23. Le lendemain, Contarini

apprend que la duchesse, souffrante et alitée, ne pourra le recevoir. Le 25, à trois heures du matin, le roi est averti du malaise de Gabrielle. Il accourt *incognito* à Paris. Le soir même, il peut écrire à son compère : « Je suis venu voir ici une malade que ma présence a guérie. Elle aura été cause que j'aurai vu Paris et que Paris m'aura vu, ayant cet après-dîner joué plus d'une heure à la paume, dont je me suis bien porté. » La jeune femme se trouvant mieux, le souverain repart le lendemain dans l'après-midi, sous une pluie diluvienne. Il fait presque nuit lorsque, tout près de Saint-Germain, il est rattrapé par un messager de Gabrielle qui se sent à nouveau très mal. Henri revient sans hésitation auprès de sa maîtresse qui, à sa vue, guérit miraculeusement! Le lendemain, 27 novembre, elle obtient ce qu'elle voulait : revenir en litière à Saint-Germain auprès de son amant.

Le mystère de cette maladie, qui semble très diplomatique, sera dévoilé par Contarini dans les lettres qu'il adressera à la Sérénissime, les premières semaines de décembre, après avoir mené son enquête. Le Vénitien fut d'abord intrigué par la présence du duc de Luxembourg à Saint-Germain. Celui-ci était venu discuter avec le roi de son « démariage », mais en l'absence de Gabrielle. On peut deviner la folle inquiétude de la duchesse qui, de son bel hôtel parisien, ne pouvait contrecarrer les influences défavorables à ses ambitions! Peu à peu, Contarini recueillait sur les entretiens de Saint-Germain de précieux renseignements qu'il allait transmettre au fur et à mesure à Venise, sous le couvert du chiffre.

Le 6 décembre, il écrit : « M. Langlois, qui fut envoyé récemment vers la reine, est de retour. Il apporte le consentement et l'accord de celle-ci pour la dissolution de son mariage avec Sa Majesté. L'acte a été passé en forme authentique, par-devant notaire. La reine y expose son intention et comment, en conformité de celle-ci, des mandataires peuvent être constitués, avec pouvoir de traiter partout où il sera besoin. Mais elle n'a pas voulu déclarer ce que, antérieurement, elle avait accepté volontiers d'admettre, à savoir que le mariage n'avait jamais été consommé, étant avertie et persuadée d'agir ainsi parce qu'un tel accord aurait pu être le germe de dangereuses conséquences et porter immédiatement préjudice à sa propre personne. M. de Sillery s'est rendu à Saint-Germain pour y recevoir ses expéditions et les dernières instructions de Sa Majesté pour sa mission auprès du pape. Il aura charge de négocier ladite dissolution. Cependant, il est averti que, contrairement à ce qu'il avait accoutumé, il soulève beaucoup de mauvais vouloir contre lui, parce qu'il lui est reproché d'un chacun de se hasarder dans une entreprise qui, s'il la mène à bonne fin, aura pour conséquence l'un des dommages les plus graves et les plus étendus qui puissent être causés à ce royaume. »

Le 11 décembre, Contarini poursuit : « Je découvre chaque jour davantage que rien de ce que le duc de Luxembourg a exposé de la part du Souverain Pontife, quant à la dissolution du mariage du roi, ne répond aux intentions et aux désirs de Sa Majesté. Le duc a conféré en secret avec un personnage de qualité, son confident. Ce dernier m'a rapporté que Sa Sainteté est disposée à écouter les motifs qui lui seront exposés en faveur de ladite dissolution, et à prendre ensuite une décision conforme à la justice; en outre, que dans le cas où les motifs allégués mériteraient d'être accueillis, elle ne consentirait pas à ce que [le roi] prenne pour femme la duchesse de Beaufort, même s'il y allait de sa propre vie, et telles furent ses paroles, répétant avec beaucoup de force en portant les mains à son chef : " Même s'il y allait de ma tête. " À quoi j'attribue l'indisposition véritable ou simulée qui a atteint la duchesse au même moment que ces nouvelles. Simultanément, il s'y ajoute cette deuxième contrariété nouvelle : la reine a refusé de reconnaître que son mariage avec le roi n'a pas été consommé, comme je l'ai déjà écrit, chose qui était vivement souhaitée, parce qu'au moyen de cet aveu on estimait pouvoir arriver à légitimer les enfants. Autrement, ceux-ci se trouveront avoir été engendrés pendant l'adultère et par conséquent incapables d'arriver là où l'on voit que Sa Majesté et la duchesse rêvent de les porter. Il m'a été dit que M. Langlois pourrait être envoyé de nouveau vers la reine. »

Il y a longtemps qu'Henri ne s'est pas heurté à la forte personnalité de Marguerite. Tant de souvenirs humiliants, traversés par des événements dramatiques, sont liés à l'image de son épouse! La ferme attitude de Marguerite ravive probablement d'anciennes blessures. L'aimable visage de sa maîtresse, ses beaux enfants le couvrent de bonheur et dissipent les vieux cauchemars. Gabrielle retrouve son emprise sur son amant. Le roi, plus amoureux que jamais, veut à nouveau la hisser sur le trône, auprès de lui, pour toujours.

Décembre 1598 et janvier 1599 :
Gabrielle, compagne souveraine

Tandis que Langlois se prépare à repartir une nouvelle fois pour Usson, Marguerite écrit à son vieil ami le connétable (14 décembre). Elle le supplie d'intercéder en sa faveur afin que le roi lui accorde les subsides qu'elle demande : « C'est l'honneur du roi et du royaume que je maintienne un train digne de ma naissance. » Nous verrons que Montmorency n'est pas seulement prêt à obtenir des avantages pour la reine, mais que, malgré les plates amabilités de Gabrielle, il souhaite vivement le mariage d'Henri avec Marie.

Ce mois de décembre, à Saint-Germain, Gabrielle triomphe. On s'y affaire afin de préparer le fastueux baptême d'Alexandre, prévu pour le dimanche 13, jour du quarante-cinquième anniversaire du roi. Les fêtes et spectacles organisés à cette occasion commencent dans l'après-midi. « Il y eut, racontera L'Estoile, un jeune homme, natif des faubourgs Saint-Germain, fort habile et des plus souples et adroits qui se soient vus de notre temps, qui donna plaisir au roi de danser sur une corde, voltiger, voler et faire autres tours de souplesse et gaillardise, que Sa Majesté admirait, et y prit plaisir, comme aussi firent tous ceux de la Cour. »

La nuit tombée, on procède au lever solennel

d'Alexandre. Le second fils de Gabrielle attend dans la salle du roi, couché sur un lit de parade placé sous un dais. Isabelle de Sourdis et une autre dame retirent la « grande couverture de drap d'or, avec un rebordeau » d'hermine. Puis la duchesse de Retz prend l'enfant pour le remettre au prince de Conti. Cette fois, Henri ne s'est pas hasardé à prier sa sœur de remplir cet office ! Julienne d'Estrées est très occupée auprès des ducs présents : elle remet l'aiguière à Brissac, les bassins à Retz, la serviette à Joyeuse, le cierge à Épernon, le chrémeau à Nemours et le sel à Montpensier. Tout le monde descend le grand escalier au son des fifres, tambours, hautbois et trompettes. Huissiers de la chambre, chevaliers du Saint-Esprit, ducs et gentilshommes précèdent Conti qui tient Alexandre dans ses bras. À sa droite, le maréchal de Lavardin porte César, et, à sa gauche, le maréchal d'Ornano relève « le bout du couvertoir ». Puis s'avancent le parrain et la marraine : le comte de Soissons, vraiment tout à fait en grâces, et la duchesse d'Angoulême, Diane de France, fille légitimée d'Henri II et demi-sœur de Marguerite. Roquelaure lui sert de chevalier d'honneur. La foule très élégante des courtisans, talonnée par les archers du corps, continue le cortège qui se dirige vers l'église.

Comme à Rouen pour Henriette, c'est le cardinal de Gondi qui administre le sacrement. Les fonts, abrités sous un dais, ont été placés sur une estrade de trois marches, afin que l'assistance puisse voir « plus commodément le baptême ». La cérémonie terminée, éclate le son des trompettes. Puis, comme s'il s'agissait d'un fils de France, trois hérauts portant les armes royales lancent des vivats pour Alexandre. On imagine les commentaires à voix basse sur un mariage plus que probable entre Henri et Gabrielle...

Le cortège se reforme pour revenir au château où l'on a préparé un magnifique souper. Les convives doivent cacher tant bien que mal leur stupéfaction : la duchesse de Beaufort n'est pas assise à côté de son amant, mais en face du souverain, à la place de la reine ! Henri ne peut mieux affirmer sa volonté irrévocable d'épouser sa maîtresse. À la table du roi, il y a Madame, Mlle de Guise, Mme de Rohan et ses trois filles, et Mmes de Sourdis, de Fresnes et de Villars. Avec quelle fierté ces dernières regardent leur illustre nièce, cousine et sœur ! Après le long souper au son des instruments, tout le monde assiste au superbe et interminable ballet des Cinq Nations ou des Étrangers. Les différentes troupes sont respectivement menées par les ducs de Rohan, de Nemours et d'Auvergne, le marquis de Cœuvres, frère de Gabrielle, et, bien sûr, Monsieur Le Grand. Le jeune Bassompierre fait partie de la troupe des Indiens. M. de La Force juge le spectacle « excédent ». Il est obligé de veiller jusqu'à six heures du matin. Décidément, Henri et Gabrielle l'obligent souvent à se coucher bien tard...

Le roi croit-il sincèrement qu'il pourra facilement plier l'opinion à sa volonté ? La duchesse de Nemours, si flattée par Gabrielle, s'est dérobée à l'invitation des amants et n'est pas venue à Saint-Germain. Villeroy et Rosny assistent avec consternation à l'écroulement de leur échafaudage. Sully affirmera dans ses Mémoires que Forget de Fresnes a voulu lui faire acquitter une ordonnance concernant le paiement aux hérauts, trompettes et hautbois employés pour le baptême d'Alexandre, « enfant de France ». Rosny aurait refusé de faire mention d'Alexandre, se serait emporté, puis aurait sermonné le roi : il n'y a pas d'enfants de France sans mariage légitime. Henri aurait fait déchirer l'ordonnance. Puis Sully décrit complaisamment l'algarade qu'il aurait eue avec Gabrielle et, pis encore, l'humiliation que le souverain aurait infligée à sa maîtresse, à genoux et en pleurs, en prenant hautement la défense de son surintendant. Il paraît impensable que ces scènes se soient déroulées de cette façon et dans les termes employés par Sully. La duchesse est trop puissante pour que Rosny, malgré son mauvais caractère, puisse prendre de tels risques.

Néanmoins, il est tout à fait possible qu'un différend assez sérieux surgisse entre Rosny et Gabrielle à cette époque. Le surintendant met alors au point sa grande politique économique. Bientôt, pour protéger l'industrie nationale, le roi va interdire l'importation des étoffes de soie, d'or et d'argent. Le futur Sully se dépense pour redresser les finances de la

France. Et voilà que le souverain embrouille tout avec sa vie privée, en se livrant comme un esclave à une femme dont personne ne veut et qui, par surcroît, lui a ravi, à lui Rosny, la charge si convoitée de grand maître de l'artillerie! Que le surintendant réagisse avec colère aux prétentions insensées de la camarilla de Gabrielle et que celle-ci en soit outrée, voilà qui reste dans l'ordre plausible des choses.

Le 23 décembre, Henri et Gabrielle quittent Saint-Germain pour Paris où ils séjourneront jusqu'au 26 janvier. Les affaires pressantes ne manquent pas. Il y a d'abord la question de l'édit de Nantes que le Parlement de Paris refuse toujours d'enregistrer et qui soulève beaucoup de contestations dans de nombreuses sphères de l'opinion. Il y a le règlement du traité frontalier avec la Savoie, qui reste encore en suspens. Il y a enfin les ultimes arrangements pour le mariage de Catherine avec Henri de Lorraine. Le pape est concerné par ces trois affaires qui, toutes, le mécontentent fort. Gabrielle est présente pour chacune d'entre elles.

La duchesse de Beaufort a toujours eu de solides amitiés parmi les huguenots. Le protestant La Force a écrit à sa femme, la veille du baptême d'Alexandre : « J'ai infinie occasion de me louer de la bonne volonté du roi et de madame la duchesse : elle est plus en faveur et en autorité que jamais. » Dès le 2 décembre, Bonciani établit un lien entre le fol amour d'Henri « pour la Gabrielle » et le parti huguenot. Selon le moine toscan, « de cet amour extra-ordinaire on peut redouter que, finalement, il n'engendre de grands malheurs, parce que la plupart commencent à admettre que Sa Majesté doive l'épouser et chercher à transmettre la couronne à l'un de leurs enfants, et, bien qu'on croie que le roi connaît bien les difficultés qui s'y rencontrent ou qu'il attendra l'occasion ; toutefois, on voit là en grande partie la cause de l'édit [de Nantes] qui devait être publié en faveur des huguenots, comme si Sa Majesté voulait gagner leurs bonnes grâces ».

Les catholiques opposés à l'édit se mobilisent et ont l'idée saugrenue d'envoyer le président Séguier, ancien ligueur, auprès de la duchesse de Beaufort, pour la prier d'intercéder en leur faveur. La réponse de Gabrielle au président montre l'esprit d'à-propos dont elle a déjà témoigné à plusieurs reprises au cours de sa liaison royale. L'Estoile rapportera la scène en ces termes : « Et fut le président Séguier qui lui en porta la parole, dont elle l'éconduisit et lui fit réponse qu'elle savait fort bien quelle était la volonté du roi pour ce regard, et qu'il n'en ferait autre chose : aussi ne voyait-elle pas grande raison pour vouloir empêcher ceux de la religion, qui avaient été bons serviteurs du roi, d'entrer aux États, vu qu'il l'avait trouvé bon des ligueux qui toutefois avaient levé et porté les armes contre Sa Majesté. »

Ayant appris la belle rebuffade de Gabrielle, le duc de Bouillon s'empresse d'aller la remercier. Le 7 janvier, le roi convoque au Louvre même son Parlement qu'il harangue longuement et fermement. Après certains remaniements, l'édit finira par être enregistré le 25 décembre à Paris. La province suivra d'assez mauvais gré, dans les mois – parfois les années – à venir.

Le duc de Savoie, dont tant d'ambitions ont été brisées, ne veut pas lâcher Saluces. On retrouve chez Charles-Emmanuel de Savoie beaucoup des qualités de son grand-père maternel, François Iᵉʳ, et de sa mère, Marguerite de France, dont nous avons déjà évoqué l'attachante personnalité. À l'énergie et au courage, il joint une vaste culture et une grande sensibilité artistique. De son père, Emmanuel-Philibert, il tient le rêve grandiose de reconstituer l'ancien royaume de Bourgogne, l'esprit chimérique et une certaine instabilité qui le conduit à nouer des intrigues inextricables où les ennemis d'un jour deviennent les amis du lendemain, et inversement. Mais son alliance avec Gabrielle ne s'est jamais démentie. Il ne rencontrera jamais la maîtresse royale, car il ne se rendra à la Cour de France qu'après la mort de Gabrielle. D'après l'historien Matthieu, il fait don à la jeune femme de cadeaux somptueux dont certains bijoux ayant appartenu à sa mère !

Le 20 décembre, le secrétaire du duc arrive à Saint-Germain. Il a l'occasion de revoir le souverain à Paris où il reste jusqu'au 5 janvier. Selon Contarini, l'envoyé savoyard a de longues conversations avec la duchesse de Beaufort qui lui suggérerait alors, en échange de l'abandon du marquisat de Saluces, la province de la Bresse, dont le roi pourrait disposer en faveur de ses enfants... Toujours d'après le Vénitien, certains conseillers du souverain pencheraient vers cette solution. Mais Henri campe fermement sur ses positions. Le sachant, sa maîtresse tente de faire traîner les négociations, afin de trouver le temps de convaincre le souverain. Là se trouve la faille, la seule qui ternit la solidarité complice entre les deux amants. Le roi, au courant de tout, en a-t-il déjà été touché ?

Au cours de ce séjour parisien, Henri règle les dernières dispositions relatives au mariage de Catherine, tandis que Clément VIII écrit à plusieurs reprises à Henri de Lorraine pour le dissuader d'épouser la sœur huguenote du roi de France. Comme toujours, la fille de Jeanne d'Albret ne facilite pas les choses. Dès le 24 décembre, Catherine fait prêcher à huis clos. Le jour de Noël, il y a foule chez Madame qui, outre les quatre prêches, fait célébrer la Cène. Indignés, certains curés parisiens se déchaînent et ressuscitent un peu les mauvais souvenirs de la Ligue. Le dimanche 27, Chavagnac, qui prêche à l'église de Saint-André, insulte Gabrielle en déclarant « que c'était un dangereux monstre qu'une paillarde en la cour d'un roi, et qui y causait beaucoup de maux, principalement quand on lui soutenait le menton ».

Henri, préoccupé par l'agitation qui court à travers Paris, choisit pour marier sa sœur un lieu proche de la capitale. Le 26 janvier, la Cour suit le roi et sa maîtresse à Saint-Germain. Les préparatifs des noces sont menés à la hâte : le pape n'a envoyé aucune dispense et Bar pourrait changer d'avis. Le cardinal de Gondi refusant énergiquement de bénir les futurs époux, Henri ordonne à son demi-frère, l'archevêque de Rouen, de le remplacer. Charles de Bourbon hésite : il ne sait même pas dire la messe ! Le roi insiste fermement, et l'hôte de Gaillon accepte de s'exécuter tant bien que mal... Le 30 janvier, il bénit les fiançailles. Au souper qui suit la cérémonie, le roi et sa maîtresse prennent chacun une table. On peut supposer que, le jour de son mariage, Catherine ne veut pas voir la duchesse de Beaufort assise en face du souverain, à la place de la reine. En l'absence de Marguerite, la sœur du roi est la première dame du royaume. Bar, Vaudémont, la princesse de Condé, la duchesse de Rohan et deux de ses filles, la duchesse de Guise, le duc et la duchesse de Montpensier, les ducs de Nemours et de Joyeuse sont à la table du roi. Mlle de Guise, Mlle de Rohan et le duc d'Épernon prennent place à la table de Gabrielle, très fière de son petit César assis auprès d'elle. Épernon se montre sûrement affectueusement attentif aux gestes et mots de l'enfant. D'Aubigné évoquera dans les termes les plus crus les flagorneries de l'ancien mignon d'Henri III à l'égard de la progéniture de Gabrielle. Le duc souhaite-t-il le choix de la maîtresse royale et le retour des troubles d'antan ?

La cérémonie du mariage a lieu le lendemain matin, dans le cabinet du roi. Charles de Bourbon se permet d'indiquer qu'on se trouve dans un lieu profane. Henri lui répond péremptoirement que son cabinet « est un lieu sacré » et que sa présence « vaut bien une messe » ! L'étrange évêque bénit les époux qui, tout de suite après, vont chacun de son côté « à leur dévotion ». Bar assiste à la messe avec le roi dans la chapelle du château, tandis que Catherine écoute le prêche. Tout le monde se retrouve pour un dîner sommaire. Les danses et les jeux occupent l'après-midi en attendant le festin solennel avec les grands officiers de la Cour. Conti officie comme grand maître d'hôtel, Montpensier comme grand pannetier, Joyeuse comme échanson et Épernon comme officier tranchant. Puis, le souper terminé, les danses reprennent.

Ce formidable défi au pape provoque des indignations jusque dans l'entourage proche du roi. Le comte d'Auvergne et le connétable se sont ostensiblement abstenus d'assister aux cérémonies de Saint-Germain. Durant ces deux mois, Henri s'est constamment opposé aux désirs de Clément VIII, tant pour la question huguenote que pour Saluces et le mariage de sa sœur. L'ultime défi, et l'un des plus graves, serait son mariage avec Gabrielle. Il semble prêt à le faire, car la jeune femme paraît au comble de sa faveur. Mmes de Guise se complaisent à l'habiller et à la coiffer. On commence à instituer pour elle, comme si elle était déjà reine, le cérémonial du lever et du coucher avec présentation de la chemise. Au cours des repas, deux archers sont postés derrière elle en permanence. Lors de la cérémonie du Saint-Esprit, célébrée le 3 janvier, le prince de Conti refuse de saluer sa belle-sœur, la princesse de Condé, et son neveu, le prince de Condé, qui est tout de même l'héritier présomptif de la couronne. C'est un signe très inquiétant, constate Contarini. Gabrielle aurait-elle décidé Soissons et Conti de choisir César?

La duchesse triomphante accumule toujours des avantages pour elle et pour son clan. Vers la fin de décembre, le roi, nullement gêné, sollicite du pape le chapeau de cardinal pour Ossat et pour Sourdis, le fils d'Isabelle. À cette époque, Gabrielle agrandit considérablement son domaine de Montceaux. Pour la somme de 20 000 écus, elle achète à Marie de Museau, épouse du sieur de La Faye, commandant en grande écurie de Sa Majesté, les terres et seigneuries de Saint-Jean, Ambleux, Jumeaux et Montretout et les fiefs du Rû et d'Arpigny, avec toutes leurs appartenances. Le 5 janvier, elle accepte officiellement pour César la donation faite par Marguerite du duché d'Étampes. Au milieu des cérémonies du mariage de Madame, le roi trouve le temps d'accorder à sa maîtresse 10 000 livres à prélever sur le produit de la vente de forêts domaniales sises en Normandie.

On comprend le scepticisme des diplomates toscans quant aux intentions d'Henri sur son mariage avec Marie de Médicis! Bonciani finit même par se méfier de Villeroy... Le 18, le moine écrit au grand-duc que « le roi de France feint de vouloir épouser Marie de Médicis pour obtenir l'annulation, que celle-ci obtenue, il épousera Gabrielle.

« [...] Il convient que vous ayez les yeux bien ouverts, car il n'y a pas de doute que vous avez affaire à des personnes très rusées. De Villeroy, je sais que Votre Seigneurie ne l'ignore pas, et je vous prie de croire que le Roi, quand il le veut, est aussi malin que peut l'être un autre homme. [...] Cela m'aurait fait énormément de peine que vous vous fussiez trouvé berné [...], mais il serait avisé de renverser ces desseins en renseignant à propos Sa Sainteté. »

Le 31, Bonciani s'inquiète : « Si des choses futures il faut toujours parler avec réserve, de celles du roi il faut traiter avec beaucoup de doute, ne pouvant jamais être certaines que lorsqu'elles sont faites, tant il voile ou bien change à chaque heure ses pensées. »

Dans la même lettre, le Florentin espère tout de même : « Un détail dont je dois vous parler, c'est que Sa Majesté, avec un serviteur qui est son confident, que l'on ne m'a pas nommé, mais dont on m'a parlé comme d'un hérétique, et qui, par conséquent, ne peut être que le maréchal de Bouillon, parlait de sa sœur avec emportement parce qu'il y avait quelque brouille entre eux. Le roi s'écria : " Ma sœur est encore plus putain que Madame de Montceaux ! " »

« Ces paroles prouvent que Sa Majesté connaît bien la duchesse, et doivent contenir un indice certain que jamais il ne l'épousera. »

Henri s'entend pour désorienter son monde ! Mais, pour épouser Gabrielle, il lui faut toujours le concours de Marguerite. Langlois est retourné à Usson. La reine est parfaitement au courant de la situation réelle de la duchesse de Beaufort, toute proche du trône. Cette fois, l'épouse d'Henri décide d'agir énergiquement et de briser la folie du roi, aussi fol en amour qu'elle-même.

L'opposition de Marguerite

La Cour quitte Saint-Germain et s'installe à Paris le mercredi 3 février. Catherine paraît parfaitement heureuse, et Henri affiche toujours sa passion pour Gabrielle. Les distractions habituelles de la capitale occupent les amants. La foire Saint-Germain se tient près de l'hôtel de Jérôme de Gondi qui convie le roi, la duchesse de Beaufort, le duc et la duchesse de Bar à dîner chez lui, le jeudi 4. Dimanche, en leur hôtel de la rue des Deux-Écus, Madame et son époux offrent au souverain un magnifique souper suivi d'un ballet et d'un bal. Mais Henri n'aime guère prolonger ses séjours parisiens, et dès le 8 au matin part pour Fontainebleau où il restera jusqu'au 20 (très probablement en compagnie de Gabrielle).

Lors de son court passage dans la capitale, le roi a reçu Contarini dans la Grande Galerie du Louvre, encore inachevée. Henri avoue au Vénitien son soulagement d'avoir marié sa sœur et son désir d'obtenir du pape toutes les facilités pour se remarier. Dès le début du mois, Contarini a remarqué que le départ de Sillery pour Rome a encore été retardé. Installé à Fontainebleau, le roi attend une nouvelle fois le retour de Langlois porteur d'une nouvelle procuration de Marguerite. Celle-ci a été signée par la reine le 3 février et parvient au souverain le 9. Marguerite accorde, dans des termes semblables à ceux de la procuration précédente, la même importance à l'autorité du pape. En outre, elle précise qu'elle accepte ces démarches pour permettre au roi de « prendre autre *alliance licite*, dont puisse s'ensuivre la lignée, qui est requise pour la satisfaction de Sa Majesté, repos du royaume et bien de toute la chrétienté ». Ce document ne satisfait pas le souverain. La non-consommation n'est toujours pas reconnue par la reine. Et qu'entend-elle par « alliance licite » ? Suppose-t-elle une opposition à la « mésalliance » d'Henri et de Gabrielle ?

Pourtant, Sillery part pour Rome le 13, muni de plusieurs lettres écrites par Villeroy et le souverain. Dans l'une d'entre elles, Henri supplie Clément VIII en toute humilité de lui accorder son annulation. Quelque temps plus tard, Contarini racontera l' « hostilité unanime » contre Sillery, « à cause de la mission qu'il a reçue de négocier le mariage du roi avec la duchesse de Beaufort. Pour l'obtenir plus facilement, il a ordre de promettre au pape diverses choses pour le satisfaire. Il a la promesse que, s'il réussit, il aura en récompense la charge de chancelier de France. Il lui a été donné huit mille écus et il en aura mille chaque mois pour son traitement. »

Selon Jacques-Auguste de Thou, Sillery a pour principale instruction de persuader Alexandre de Médicis (et donc Clément VIII) que le roi a changé « de dessein à l'égard de Gabrielle d'Estrées », afin de tromper le souverain pontife et d'obtenir son démariage. Le Toscan Bonciani est tout aussi sceptique sur la bonne foi d'Henri. Le lendemain du départ de Sillery, il prévient Vinta, le chef de la politique extérieure de Florence : « Sillery parti hier pour Rome et, comme nous l'écrivîmes antérieurement, il ira trouver Votre Seigneurie. Son désir, tout au moins d'après ce qu'il expose dans ses discours, est de vous donner toutes sortes de satisfactions, et de s'efforcer de créer à Rome un courant favorable à la France. D'après ce que m'a dit Masino del Bene, Sillery va en Italie pour tromper tout le monde ; il doit, pour obtenir l'annulation, promettre de grandes choses à Sa Sainteté. [...] Pendant ce temps, le duc de Savoie a juré à la duchesse de Beaufort d'intercéder en Espagne pour en obtenir l'appui auprès du pape ; il espère toujours de la sorte garder le marquisat de Saluces.

« Il en est beaucoup qui estiment que les Espagnols soutiendront l'annulation ; d'abord pour que Saluces ne retourne pas aux Français, ensuite parce que, si le roi épousait Madame de Montceaux, l'on pourrait escompter qu'en France il y aurait plus de tumultes que jamais. »

De son côté, Ferdinand de Médicis, las de l'interminable duplicité d'Henri, décide de soudoyer Gabrielle et Isabelle de Sourdis pour récupérer ses biens. Le 18, il fait lui-même savoir au chevalier Guicciardini, son espion à la Cour de France : « Les amis désirent que vous recouriez, pour récupérer leurs biens, à Madame de Montceaux, en tenant Villeroy au courant ou non. [...] Les amis espèrent que, pour avoir une part d'autant plus grande, elle s'arrangera pour récupérer des sommes d'autant plus fortes, et d'autant plus rapidement. [...] Comme il convient que Madame de Sourdis soit l'intermédiaire et reçoive donc aussi sa part, il faut vous arranger pour qu'un seul paiement suffise, sans que les amis ne doivent débourser plus que ce qui correspond aux intérêts. »

La duchesse de Beaufort est alors traitée quasiment en reine. Le 20, elle est au Louvre, auprès de son amant revenu à Paris. Le roi ayant remplacé le gouverneur de Vendôme récemment décédé par Harambure, l'un de ses proches compagnons, Gabrielle écrit ce jour-là aux Vendômois, pour les engager à rendre tout respect, honneur et obéissance à leur nouveau gouverneur, dont ils peuvent attendre « bon et doux traitement ». Puis elle ajoute : « Je lui ai aussi accordé la capitainerie du château, qui vous doit être un témoignage comme en mon particulier je l'estime; et si je n'avais pas grande connaissance de son mérite, je me serais opposée à son établissement. » Avec quelle autorité Gabrielle ose affirmer que, si le choix du gouverneur lui avait déplu, elle l'aurait récusé!

Cependant, la puissance de la maîtresse royale vacille sous le coup de l'énergique initiative de Marguerite. Toujours bien renseigné, Bonciani écrit à Vinta le 22 : « La reine, après qu'était parti Sillery, a révoqué la procuration, s'excusant auprès de Sa Majesté de ne pouvoir faire autrement sans grave surcharge de sa conscience. Elle a consulté des personnes doctes et prudentes; finalement, elle estime qu'elle met son âme en danger manifeste et que, si le roi est maître de sa vie, elle implore de n'être pas forcée dans des choses qui compromettent le salut de son âme. Il m'a été référé que ce refus n'a pas déplu au roi. »

Ces jours-là (le 26, précisément), Picotet, un agent secret passé à Turin, dévoile au duc de Savoie la réponse faite par Marguerite à Langlois, lors de son dernier passage à Usson : la reine a déclaré « que, pourvu que le roi se voulût allier à quelque autre princesse de sa qualité, pour le bien du royaume, que très volontiers elle y consentirait; mais que, si c'était pour en prendre une autre de moindre qualité, qu'elle supplierait le Roi de l'en excuser.

« Incontinent après que le roi a été averti de cette réponse, il a à l'instant renvoyé vers elle, et lui a mandé que, si tout aussitôt elle ne faisait ladite déclaration, il l'enverrait assiéger et la ferait confiner entre quatre murailles. »

Pourtant, d'après Bonciani, le refus de Marguerite n'a pas déplu au roi... Et c'est le moine toscan que nous croyons. Henri n'a pas le courage de dénouer lui-même une liaison à laquelle il tient tant, tout en évaluant raisonnablement les conséquences catastrophiques d'un mariage avec Gabrielle. Il peste peut-être contre sa femme qu'il menace, mais qu'il doit remercier dans le secret de son cœur. L'opposition de Marguerite le protège contre lui-même. Le destin et ses ministres l'ont toujours bien servi. Pourquoi ne pas jouer sur les deux tableaux et laisser faire le temps ? Mais Gabrielle et son clan s'affolent. La jeune femme exige des gages. Pourquoi son amant les lui refuserait-il ? De toute manière, les conditions posées par Marguerite empêchent le mariage. Machiavélisme cynique, lâcheté amoureuse, ou les deux à la fois ? Maintes fois dans sa vie passée, Henri a exprimé la dualité de son comportement.

Le 23 février, jour de Mardi gras, le roi affiche délibérément la violente folie de son amour en passant au doigt de sa maîtresse l'anneau du sacre qu'il a reçu lors de son couronnement à Chartres ! Henri accompagne ce geste sacrilège, qui horrifie la Cour, d'une promesse solennelle : il épousera la duchesse de Beaufort pour Quasimodo, soit le dimanche après Pâques. Et il remet à la jeune femme, future reine de France, les cadeaux que lui ont offerts les villes de Bordeaux et de Lyon : une boîte d'argent au chiffre de Sa Majesté, contenant une énorme pièce d'ambre gris; et un sujet en or, figurant « un roi ayant sous ses pieds un lion ».

Le souverain brûle-t-il ainsi ses vaisseaux pour s'obliger lui-même à obéir à son cœur ? Mais comment peut-il croire sérieusement à la possibilité d'un mariage autour de la mi-avril, dans moins de deux mois, alors que Sillery n'atteindra pas Rome avant cette date et que Marguerite n'a pas vraiment consenti ? Que l'on se souvienne du geste spectaculaire du roi de Navarre, déposant les drapeaux de Coutras aux pieds de Corisande... pour ne plus revenir. Le sacrilège commis par le roi de France pour une femme ne serait-il pas, inconsciemment, un adieu flamboyant au siècle d'*Amadis*, à cette fascinante Renaissance à la fois passionnément folle et traversée par la merveilleuse espérance d'un monde réconcilié, d'un paradis retrouvé ?

Corisande mettait en scène l'île heureuse d'*Amadis*, mais n'était pas dupe de l'illusion. La pauvre Gabrielle veut donner une réalité historique au rêve qu'Henri projette sur elle. Le souverain l'y a sincèrement encouragée depuis plusieurs années. Mais la tentation du bonheur n'est plus de mise. La France attend que son roi ouvre la marche vers une nouvelle étape, un nouveau siècle où la monarchie, forte et respectée, n'obéit qu'à la raison d'État.

Gabrielle, troublée, anxieuse, s'acharne à forcer les événements en préparant ses noces, comme si elle était sûre de leur proche célébration. Elle consacre des sommes énormes à sa toilette de mariée et à son futur mobilier de reine. L'une des robes pour les cérémonies de son mariage est « de toile d'argent, chamarrée partout de passementerie d'argent clinquant d'un pouce, avec du passepoil de satin incarnadin, contenant dix lés. Le corps a de grandes manches à l'espagnole, chamarré de même », le tout doublé de satin incarnadin, et parcouru de broderies en argent aux chiffres du roi et de la duchesse de Beaufort. Assorti à la robe, « un manteau de toile d'argent, incarnadin » avec des broderies de perles argent, muni de grandes manches à la piémontaise « doublées de toile d'argent en broderies d'or et argent ». Le brodeur Nicolas Fleury achève chez lui la magnifique robe de mariée créée par Gilles Aubert. Elle est « de velours incarnadin d'Espagne, toute en broderie d'or et d'argent fin, avec des soies jetées sur les canetilles ».

Isabelle de Sourdis garde chez elle, au doyenné Saint-Germain-l'Auxerrois, le précieux anneau du sacre que lui a confié sa nièce, ainsi que le mobilier de chambre à coucher aux couleurs royales. Celui-ci est destinée à la chambre de la future reine au Louvre. Le lit « est à quatre piliers avec pommes aux quatre coins ». Il est tout recouvert de velours rouge garni de passement d'or et d'argent, avec des gros glands également d'or et d'argent. Le tapis de la table est assorti au lit. Canapé, fauteuil, grandes chaises, escabeaux « ployants, peints en rouge », sont garnis de velours cramoisi, avec passement d'or et d'argent, et de franges de soie or et argent... Il y a également deux coussins dont un de « soie cramoisie ».

Le 25, deux jours après les promesses solennelles du Mardi gras, la duchesse de Beaufort achète à Zamet cinquante et une pièces de vaisselle d'argent doré et vermeil, de grande valeur. La jeune femme a tellement dépensé qu'elle ne peut les payer pour le moment. Bien sûr, Zamet n'hésite pas à les lui remettre afin qu'elle puisse les transporter tout de suite à Montceaux, où elle doit se rendre avec le roi.

Le 26, Henri, Gabrielle, le duc et la duchesse de Bar passent la nuit à Fresnes, chez M. Forget. Le 27, la duchesse de Beaufort reçoit fastueusement à Montceaux, la sœur et le beau-frère du roi. Catherine et son mari vont prendre la route pour la Lorraine le soir même. Quelle délivrance pour Gabrielle qui pourra enfin apparaître comme la première dame du royaume! Le roi accompagne les époux jusqu'à Jouarre. Le lendemain, le frère et la sœur se séparent en sanglotant. Bouleversée, Catherine s'évanouit. Bientôt, elle apprendra qu'Henri a fait congédier à son insu les dames protestantes de son entourage. Les larmes sincères du roi ne l'ont pas empêché d'appliquer cruellement la dure raison d'État pour sa sœur. Se l'appliquera-t-il à lui-même?

Comment peut-il ignorer le caractère chimérique et dangereusement néfaste du plan échafaudé par l'entourage de Gabrielle et auquel il fait semblant d'acquiescer? On promet à Biron l'épée de connétable dès que le vieux Montmorency ne sera plus et la main de la jeune Françoise d'Estrées que Françoise Babou mit au monde bien après avoir déserté le domicile conjugal! Antoine ne fait aucune difficulté pour reconnaître comme sa fille l'enfant d'Allègre. La protection de Biron en cas de disparition du roi vaut bien certains accommodements... Le frère de Gabrielle, ancien évêque de Noyon et futur maréchal, pourrait épouser Mlle de Guise, grande amie de la maîtresse royale. Croit-on sérieusement qu'une princesse de Lorraine acceptera d'épouser un d'Estrées? La princesse de Conti et la duchesse d'Angoulême paraissent soutenir la cause de Gabrielle, mais le jeune prince de Condé n'abandonnera pas facilement ses droits d'héritier présomptif de la couronne au profit de César... ou d'un enfant mâle né après le mariage d'Henri et de Gabrielle, hypothèse suggérée par certains. On pourrait donc pousser le petit prince vers l'Église ou en faire un cardinal, tout en feignant d'abord l'intention de lui faire épouser Mlle de Mercœur, tandis que César, dauphin en puissance, épouserait la fille du duc de Savoie, ferme allié de Gabrielle... – la trahison de Biron, survenue des années plus tard, éclaire la fragilité de ce plan insensé. Car que pourraient les seules épées de Balagny et de Villars, les beaux-frères de la maîtresse royale, face à l'inévitable anarchie qui suivrait la mort éventuelle d'Henri, et la désignation de César comme roi?

Non, Henri ne peut rien ignorer de tout cela, mais il veut encore jouer pour lui-même la pièce où Gabrielle reste l'héroïne. L'acteur y met tant de conviction qu'il oublie peut-être quelque temps, au milieu des charmes de Montceaux, le travail tenace de son épouse, de ses ministres et du pape. Dès le 9 février, Clément VIII donne ses instructions au nouveau nonce désigné pour rejoindre la France. Le souverain pontife veut impressionner le roi. Si Henri cherche à le berner pour son annulation par « quelque pratique extravagante », que le nonce « prenne une attitude de blâme catégorique et dise que jamais notre seigneur [le pape] ne prêtera la main à de pareilles manigances, mais s'y opposera de toutes ses forces ». Que le nonce ne laisse aucun espoir, « en effrayant le roi ou en usant de longueurs ». Au besoin, il faudra montrer « au roi que cette affaire serait sa propre ruine et celle de son royaume, car elle le soulèverait une seconde fois, le peuple de France n'ayant pas l'habitude de supporter les taches de ses rois ». Le 25 février, l'ambassadeur du grand-duc à Rome renseigne son maître sur le mécontentement du pape lorsqu'il a appris la prochaine arrivée de Sillery chargé de négocier le mariage avec « la Gabrielle ». Clément VIII retarde le départ du nonce et attend d'être

« mieux informé de la tournure de ces affaires ». Le pape et Marguerite temporisent donc en même temps, et pour la même raison : empêcher le mariage d'Henri avec Gabrielle. On peut donc supposer avec quelque vraisemblance une entente secrète entre la reine et le souverain pontife, appuyée par Villeroy et Rosny. Sully et Mézeray ont d'ailleurs formellement affirmé cette complicité occulte.

Tandis que tant de puissances s'emploient à empêcher les noces du roi avec Gabrielle, à Paris, le dimanche 28 février à Saint-Nicolas-des-Champs, « un docteur, nommé Grenier, rapportera L'Estoile, dit en son sermon que, pour avoir de la faveur à la Cour, il fallait avoir celle des putains; que tout passait par leurs mains et par celles des maquereaux, et que tels gens pouvaient tout aujourd'hui : pour lesquelles paroles ainsi dites lui fut interdit de prêcher. »

Le roi doit maintenant choisir. Pourra-t-il longtemps mépriser la désapprobation générale de l'opinion ? Sa raison a peut-être déjà décidé le sacrifice de Gabrielle...

Gabrielle sacrifiée ?

Le 1ᵉʳ mars, tôt le matin, Henri se promène dans les jardins de Montceaux [1] puis entre dans la serre des orangers. Il trouve, fiché sur le tronc de l'un d'entre eux, un papier. Il l'arrache et lit :

> *Mariez-vous, de par Dieu, Sire!*
> *Votre lignage est bien certain :*
> *Car un peu de plomb et de cire*
> *Légitime un fils de putain.*
>
> *Putain, dont les sœurs sont putantes,*
> *Comme fut la mère jadis,*

1. L'Estoile situe cette scène à Saint-Germain, mais le roi se trouve à Montceaux à cette date.

Et les cousines et les tantes
Hormis Madame de Sourdis

Il vaudrait mieux que la Lorraine
Votre royaume eût envahi,
Qu'un fils bâtard de La Varenne
Ou fils bâtard de Stavahi.

Furieux, le roi s'écrie : « Ventre-saint-gris ! Si j'en tenais l'auteur, je ne le ferais pas entrer sur un oranger, mais sur un chêne ! » L'opinion ne désarme pas. D'après les diplomates italiens, Gabrielle a beau s'appliquer à vivre « avec tant de gravité et de retenue qu'il semble qu'elle n'ait jamais bougé d'avec les vestales, ses habits et toutes ses actions ne représentent qu'une parfaite modestie », elle sera toujours considérée comme une putain. La colère du souverain va-t-elle retourner la situation en faveur de Gabrielle ? Il semblerait qu'Henri abandonne chaque jour davantage la question de son mariage aux mains de ses ministres.

Sully se souviendra d'avoir écrit à la reine Marguerite, le 6 mars : « Mes sollicitations [...] ont déjà rencontré de tant favorables conjonctures et surtout de tant amiables dispositions en l'esprit et le bon naturel de notre vertueux roi, qu'il n'y a rien de nul côté qui ne prenne le chemin de votre entier contentement. » Desclozeaux a tort lorsqu'il déclare que cette lettre ne correspond pas au contexte du moment. Vraie ou fausse, elle est confirmée par une lettre capitale que Bonciani adresse au grand-duc le 9 mars et qui paraît dévoiler le choix définitif du roi. « J'ai été ce matin chez M. de Rosny pour la lettre qu'il a écrit à Votre Altesse. J'ai rencontré son secrétaire qui m'informa plus largement que le fit Villeroy de ce qu'on a écrit à M. de Sillery. Il devra s'informer près du cardinal de Florence et du cardinal d'Ossat si le pape est disposé à accepter la demande du roi. Si, de crainte de rendre jaloux les Espagnols, le pape n'acceptait pas de traiter l'affaire, le roi, soucieux de sa réputation, ne veut pas qu'on lui en parle officiellement, mais qu'on lui fasse simplement savoir comment il peut épouser la princesse. Il souhaite que ce soit le cardinal qui en parle à Votre Altesse.

« J'ai de nouveau traité avec Rosny la question des dépenses relatives à la dot; celui-ci m'a confirmé être à votre dévotion. Il m'a prié, qu'en écrivant à la princesse, je lui fisse savoir sur sa foi qu'il en fut et en demeurera le fidèle serviteur. Il a ajouté que le roi est satisfait que j'aie bien servi Votre Altesse, et lui a demandé s'il croyait que je dusse rester en France avec la princesse. Et, ayant répondu ne pas le savoir, il lui dit qu'il lui procurât l'information.

« Je lui ai dit à ce sujet que je ferai ce qui me sera commandé par Votre Altesse et qui sera son service, car Elle est mon maître. »

Qu'Henri fasse demander au grand-duc si Bonciani restera en France après son mariage avec Marie lève tous les doutes! Le roi *sait* qu'il va épouser Marie et sacrifier la malheureuse Gabrielle. Mais ce sacrifice, il n'a pas le courage de le perpétrer lui-même. Alors, il laisse passer le temps et surgir les événements. Ce même 9 mars, il écrit à Rosny : « Sur le premier avis que j'eus de la mort de feu Dunes, ma maîtresse, étant présente, me fit ressouvenir de vous; et pour ce que je ne le tenais encore pour certain, je ne le vous voulus écrire, mais depuis en ayant eu la confirmation, je le vous écrivis aussitôt, et sans l'avertir. De quoi elle me veut mal, et est résolue que ce sera de sa main que vous en recevrez les dépêches, non de la mienne, à ce qu'elle dit. Je suis bien aise de la voir en cette humeur pour ceux qui me servent bien comme vous. Je m'assure qu'elle vous en écrit, afin que vous lui en sachiez gré, et moi je lui dis que c'est à moi seul que vous le devez. »

Ainsi, les amants se disputent la faveur de rendre service à Rosny! Gabrielle, devinant la dangereuse influence de celui-ci, cherche-t-elle à charmer le surintendant en lui insinuant que, reine, elle continuerait à veiller sur sa situation? Henri dissimule-t-il une sorte de supplique au futur Sully, aussi dévoué qu'intraitable? Qu'il ait donc un peu de pitié pour une dame si bien intentionnée à son égard...

Ces velléités ne servent probablement plus à rien. L'étau

se resserre de plus en plus autour du couple. Le 12, le roi et sa maîtresse reviennent à Paris. Le 15, Henri se rend à Conflans, chez Villeroy, où il séjourne quelques jours *sans* Gabrielle, restée dans la capitale auprès de ses enfants. Ce mois de mars, le ministre reçoit du roi 20 000 écus sur les sels du Languedoc. Le souverain gratifie largement l'homme qui s'emploie avec tant d'ardeur à le marier avec Marie de Médicis... À Conflans, on note également la présence de Duplessis-Mornay, à qui Marguerite écrit encore...

L'important est d'obtenir une séparation momentanée entre le roi et sa maîtresse, puis de profiter de l'absence de celle-ci pour engager énergiquement le souverain amoureux dans la voie d'une séparation définitive. On sait par Villeroy que cette première séparation, prévue pendant la semaine de Pâques, sera décidée au moins dès le 22. Il est probable que Villeroy, et peut-être aussi Duplessis-Mornay, réussissent à convaincre le roi lors de ce séjour à Conflans. L'argument, assez astucieux, consiste à expliquer qu'il faut rendre la liaison royale respectable aux yeux de l'opinion, pour mieux l'habituer à l'idée d'un mariage. Les amants accepteront donc de vivre pendant le temps pascal sans commettre le péché de la chair et de se purifier par la confession et la communion avant de recevoir le sacrement nuptial. Gabrielle devra se soumettre, mais est-elle vraiment dupe de ces manèges? La violence de ses anxiétés prouverait que non...

À Conflans, Villeroy offre de bons repas, bien arrosés, au souverain et autres invités. Le 16, après avoir mangé un poisson nommé flétan et bu beaucoup de vin, Schomberg se lève de table, la face cramoisie, la démarche titubante. On le met dans le coche qui doit le ramener à Paris, mais il meurt d'une attaque au cœur, en arrivant dans la capitale. On transporte le cadavre dans la salle de l'auberge du Pot d'Étain, rue Saint-Antoine. Gabrielle s'empresse d'aller jeter de l'eau bénite sur la dépouille du capitaine allemand, attachant personnage, très dévoué au roi. Mais quelle singulière pensée a pu conduire la duchesse à se faire accompagner de son petit César? L'enfant, impressionné par la vue de cet homme mort, « dit, rapportera L'Estoile, qu'il était bien laid et qu'il ne le voulait point regarder ».

Le 18, Henri est à nouveau à Paris. Bonciani n'est plus très rassuré. Il écrit ce jour-là à Vinta « qu'avec Sa Majesté est encore toujours la dame, enceinte de six ou sept mois, et l'on pense qu'elle ira accoucher à Moulins ou à Nevers, Sa Majesté voulant aller à ses bains, si toutefois comme l'on en use, l'on ne change pas d'opinion ». Le 20, le roi fait don à sa maîtresse et à la duchesse de Mercœur « de tous les deniers qui proviendront des suppléments ordonnés être levés sur tous les officiers pourvus par M. le duc de Mercœur durant les troubles ».

Les amants se préparent à partir pour Fontainebleau où ils devrons bientôt se séparer... Ils prennent la route le dimanche 21 au matin, et se déplacent très lentement, à cause de la grossesse de Gabrielle. Le dimanche soir, s'étant arrêté à Breteuil, le roi écrit une bien curieuse lettre au grand-duc :

> « Mon cousin,
> « J'ai donné charge aux seigneurs de Villeroy et Jéro-nimo de Gondi de vous faire entendre certaines parti-cularités de ma part; de quoi je vous prie de les croire comme moi-même et me continuer les témoignages de votre amitié, rassuré que je la reconnaîtrai par tout ce qui dépendra de moi, de la même volonté et affection que vous le sauriez désirer, et que je prie Dieu de vous avoir, mon cousin, en Sa garde. »

Le grand-duc, vraiment las des hésitations d'Henri, menace d'accepter un mariage avec l'empereur. Le souve-rain français s'en inquiète sérieusement et décide d'envoyer en mission spéciale à Florence Villeroy et Gondi, tous deux fervents partisans du mariage avec Marie! Henri se livre pieds et poings liés à ses émissaires, puisqu'il prie Ferdinand de Médicis de les croire comme lui-même. Pour nous, cela ne fait guère de doute : le roi de France s'engage véritable-ment dans la voie d'une alliance avec la princesse de Tos-cane.

Le 22, les amants s'installent à Fontainebleau. Le 24, le roi reçoit une lettre du cardinal de Joyeuse, datée du 26 février, de Rome. Le prélat, frère du curieux moine-soldat (redevenu moine depuis le 8 mars), a dû subir la fureur du pape : Clément VIII lui a déclaré qu'avec l'édit de Nantes il « lui semblait qu'il avait reçu une balafre en son visage ». Puis, dans sa colère, le souverain pontife a même menacé d'excommunier Henri. En outre, Joyeuse ne donne pas de très bonnes nouvelles de la Toscane. Le grand-duc ferait-il mine de ne plus s'occuper de l'annulation d'Henri et de considérer la liaison du roi avec Gabrielle comme définitive ? Le 23 mars, en effet, Ferdinand écrit à Guicciardini que « les amis » s'excusent du retard apporté à la confection des petites toiles d'or promises à la duchesse, et font avancer la fabrication de la pâte parfumée qu'elle réclame, et dont la recette a été retrouvée...

Henri est très ennuyé. À la fin du mois, il écrit au pape pour le remercier d'avoir promu cardinaux Ossat et Sourdis, et à Joyeuse pour s'inquiéter des curieux propos de Ferdinand (le passage souligné est en chiffre) : « J'ai bien noté les autres propos que vous a tenus *ledit duc, et même sur la dissolution de mon mariage*, et voudrais qu'il vous eût dit les causes pour lesquelles il estime qu'en parlant de ce fait vous n'auriez été le bienvenu. » Ces causes, on peut les supposer. Pourquoi Ferdinand favoriserait-il un divorce qui ne profiterait pas à sa nièce, mais à Gabrielle ? Pourtant, le roi songe de plus en plus à Marie. On saura plus tard, par une lettre de Guicciardini au grand-duc, datée du 10 avril, que « le roi *avait* écrit à Sillery pour connaître l'état de la princesse Marie, des voix ayant ici chuchoté qu'elle était si grasse qu'elle n'aurait pas d'enfants; le connétable m'a donc supplié d'obtenir de Votre Seigneurie un portrait naturel de la princesse ». Cette précaution du roi daterait donc *d'avant* la mort de Gabrielle.

Si les doutes et les hésitations ont encore dominé le souverain, cette dernière semaine de mars, ils ont probablement été bien affaiblis par la dernière procuration de Marguerite et la longue lettre qui l'accompagnait. La procuration, datée du 21, et la lettre du roi, datée du 22, ont été détruites. Pourquoi ? On pourrait le deviner en recoupant d'une part la lettre de Marguerite à Loménie – écrite également le 22, et qui a été conservée – et d'autre part le rapport du Florentin Guicciardini, envoyé le 29 mars.

La reine écrit donc au secrétaire de son mari : « Monsieur de Loménie, j'écris une lettre au roi que ma sœur, madame d'Angoulême lui baillera. Elle est longue, le sujet ne m'a permis la faire plus courte. C'est au contentement du roi et plus que pour mon particulier ; je vous prie faire qu'il la voie, car il importe pour l'avancement de ce que Sa Majesté désire le plus, et croyez que ne rendrez jamais ces bons offices à personne qui désire davantage s'en revancher en quelque bonne occasion, et se témoigner pour jamais vôtre plus affectionnée amie, Marguerite. »

La précédente procuration de la reine avait mis six jours à parvenir au roi (du 3 au 9 février). La lettre expédiée le 22 a donc dû atteindre Henri vers le 28. Or, le 29, Guicciardini, espion efficace, raconte à Vinta une conversation récente entre, précisément, le roi et Loménie : « Je dirai à Votre Seigneurie que, ces soirs-ci, le roi étant seul dans sa chambre où il n'y avait nul autre que Loménie, Sa Majesté lui demanda à plusieurs reprises ce que l'on disait au-dehors. À quoi Loménie répondit que, ne sortant jamais d'ici, il ne pouvait savoir ce qui se disait dehors. Sa Majesté répliqua que l'on disait trop ouvertement qu'il voulait épouser la duchesse de Beaufort. Loménie répondit : " Puisque vous le savez, pourquoi le demandez-vous ? – Parce qu'il me déplaît, dit le roi, que l'on tienne semblables propos ". L'autre dit : " Vous ne pourrez empêcher les gens de parler, mais c'est à vous de faire en sorte que ces propos soient des mensonges. Ou bien vous ferez cesser ces propos en l'épousant, si vous jugez qu'en ceci se trouve le bien de votre État. Et ceux qui vous servent devront bien s'accommoder de votre volonté, puisque vous aurez assurément tout pesé avant de prendre une résolution. "

« À cela le roi ne répondit mot, mais il demeura très pensif. »

Marguerite a-t-elle, cette fois, ouvertement nommé la duchesse de Beaufort et posé par écrit ses conditions? Sa procuration ne sera valable que si Henri renonce à Gabrielle pour épouser une princesse. Blessantes pour la duchesse de Beaufort, assez humiliantes pour le roi, car elles supposent une certaine forme de chantage, la procuration et la lettre de la reine seront détruites. Mais Henri, « tout pensif », se laisse secrètement convaincre par sa femme. Marguerite est une excellente avocate. On se souvient que, lorsque le jeune roi de Navarre avait été accusé de comploter contre Catherine de Médicis et le roi de France, c'est à son épouse qu'il avait confié la rédaction de sa défense... Lui en veut-il aujourd'hui? Apparemment pas, puisque, le 9 avril, ignorant que Gabrielle est à la dernière extrémité, Marguerite écrit au roi : « Monsieur, si Dieu a permis que depuis quelques années j'aie souffert beaucoup de peines et d'ennuis, il m'en a trop en un coup récompensée par l'honneur qu'il vous a plu me faire par le sieur Érart, de m'assurer de votre bonne grâce. »

Le 1er avril, le secrétaire du duc de Savoie quitte Paris, où il séjournait depuis le 10 mars, et vient à Fontainebleau prendre congé du roi. L'envoyé de Charles-Emmanuel voit longuement la duchesse de Beaufort. Le souverain, peut-être poussé par sa maîtresse, accepte de proroger de deux mois le terme de l'arbitrage du pape, mais, en revanche, il exige toujours aussi fermement la restitution du marquisat de Saluces. Les intrigues de la duchesse et de son clan n'ont donc aucune prise sur le roi.

Malade d'anxiété, Gabrielle compte les jours qui la rapprochent de la séparation. Dans sa tête, roulent les paroles imprudentes qu'elle a prononcées après avoir reçu l'anneau du sacre : « Il n'y a plus que Dieu et la mort du roi pour m'empêcher d'être reine de France. »

CHAPITRE XVIII

La main de Dieu

Plusieurs contemporains de Gabrielle évoqueront dans leurs souvenirs l'insupportable angoisse qui étreignit la jeune femme dans les temps qui précédèrent sa mort. La maîtresse royale appréhende avec une véritable terreur cette Semaine sainte qui va la séparer de son amant.

Selon Sully, la duchesse a espéré devenir reine « par la suggestion d'aucuns siens parents et alliés pleins de vanités et d'ambition (car d'elle-même elle n'avait pas l'esprit assez vif ni relevé pour tant présumer de sa personne) ». Croit-elle avec certitude à la réalisation d'un destin aussi extra-ordinaire ? On lui cache les tractations avec Florence, mais elle les devine en tremblant.

Elle consulte des devins : leurs réponses l'accablent de tristesse, « les uns, écrira Sully, lui disant qu'elle ne devait jamais être mariée qu'une seule fois, les autres qu'elle mour-rait assez jeune, les autres qu'un enfant lui ferait perdre le fruit de ses espérances, les autres qu'une certaine personne qui lui était fort familière lui jouerait un mauvais tour, et tous en général qu'ils ne voyaient ni marques ni signes, ni en sa nativité, ni ès lignes et linéaments de sa personne qui la destinassent à porter ni sceptre ni couronne royale, pas même aucuns enfants venant d'elle : ce qui l'affligeait de telle sorte qu'une certaine Gratienne qui la servait nous a dit [à Sully] qu'elle ne faisait que pleurer et soupirer toutes les nuits sans qu'elle en pût deviner la cause. »

Dès la fin de janvier, un devin piémontais révèle à un ami de L'Estoile que « jamais le mariage ne se ferait, voire bien plus, que la duchesse ne verrait point le jour de Pâques ». Quelques jours avant la séparation – toujours selon L'Estoile –, Gabrielle « songea qu'elle voyait un grand feu qui la gagnait, et ne le pouvait empêcher ; sur quoi, s'étant éveillée en sursaut et grand effroi, voulut aussi éveiller le roi, qui, étant las de la chasse, lui dit qu'elle le laissât, comme elle fit, et, se levant tout doucement d'auprès de lui, s'en alla pleurer en sa garde-robe à une de ses femmes de chambre qu'elle aimait fort. S'étant, puis après, retournée coucher près Sa Majesté, le roi songea qu'il la voyait mourir, et, étant éveillé, lui conta son songe, et elle le sien au roi. Longtemps auparavant, ayant été persuadée par des nécromanciens qu'elle ne vivrait guère, se retirait souvent à part pour pleurer. Un, entre les autres, lui dit qu'elle toucherait du bout du doigt à son dessein, mais qu'un petit enfant l'en garderait d'y parvenir, ce qui la navra jusques au profond du cœur, car tout son désir était de mourir au moins reine de France. »

Le dimanche 4 avril, la duchesse passe sa dernière journée à Fontainebleau. Le départ est prévu pour le lendemain, Lundi saint. Nous l'imaginons s'attardant auprès de ses enfants, bouleversée, dominée par le pressentiment qu'elle va les quitter pour toujours.

La Semaine sainte

Lundi 5 avril. Gabrielle s'achemine vers Paris, allongée dans sa litière recouverte de velours noir à l'extérieur et de velours orange à l'intérieur, et tirée par trois mulets gris. Henri chevauche auprès d'elle. Les amants soupent à Melun et passent la nuit à Savigny-le-Temple, entre Château-Praslin et Essonnes, à deux ou trois kilomètres de la Seine, sur laquelle la jeune femme doit s'embarquer le lendemain.

Plus tard, le souverain racontera à Sancy, devant Montmorency, Ornano et Guicciardini, la conversation qu'il eut avec sa maîtresse cette nuit-là. Le Florentin la restituera en ces termes :

« La duchesse, se réveillant au milieu de la nuit, dit au roi : " Mon cœur, vous dormez. Je vous prie de rester un peu éveillé avec moi qui ne peux dormir, car je pense à une chose qui me tient fort à cœur. Je m'en vais mourir à Paris, et je sais que je ne survivrai pas à cette grossesse. "

« Le roi ne voulut pas écouter Gabrielle, lui disant que, si elle parlait encore de la sorte, elle le ferait sortir du lit. Mais elle s'obstinait, répétant les mêmes propos avec fermeté, et conjurant le roi de l'écouter : " Mon cœur, cela doit être. Et je vous supplie en dernier lieu d'une grâce singulière, que vous allez me promettre sur votre foi. "

« Bien que le roi tentât de la dissuader de continuer cette sorte de raisonnements, il dut la laisser achever. La grâce que demandait la duchesse était que ses amours avec le roi fussent les dernières de semblable nature ; que maintenant le roi se résolût à épouser une princesse digne de son rang. De la sorte, la duchesse n'aurait pas de regrets dans l'autre monde, voyant ses enfants serviteurs d'une grande princesse et pouvant en espérer toute protection.

« Mais il n'en serait pas de même si le roi, par caprice d'autre amour, épousait une simple demoiselle, dont les enfants seraient toujours en compétition et brouille avec ceux de la duchesse.

« Parmi d'autres discours et raisonnements de l'espèce, le roi fut obligé de promettre de faire ce que demandait Gabrielle et lui donner la main de la foi. »

Guicciardini ajoute que Sancy, sarcastique, ne croit nullement à la véracité de ce récit, étant persuadé « que tout ceci est pure invention du roi pour honorer la mémoire de sa dame, mais qu'il était en tout cas plaisant que le roi connût avec tant de prudence son vrai bien ». Il se pourrait que Sancy se trompe, car Gabrielle soupçonne, probablement à juste titre, les véritables motifs de cette séparation forcée.

Mardi 6 avril. Le souverain et sa maîtresse vont se quitter. Avant de monter sur le bateau tendu de riches tapisseries, Gabrielle éclate en sanglots, se serre contre le roi avec de violentes démonstrations de tendresse et lui recommande ses enfants, ses serviteurs et ses bâtiments de Montceaux,

comme si elle ne devait jamais les revoir. Henri est bouleversé, car sa maîtresse ne l'a jamais habitué à de scènes semblables. Le désespoir de la jeune femme est si grand que le
roi ne peut se défaire de ses bras : Ornano et Roquelaure
sont obligés de séparer les amants de force.

Henri retourne, « tout triste », à Fontainebleau. Gabrielle
s'installe dans le bateau sous la protection de Montbazon. La
veille, le jeune Bassompierre a reçu l'ordre du souverain
d'accompagner la duchesse et de la distraire en jouant aux
cartes avec elle durant le trajet. D'après d'Aubigné, l'un des
serviteurs de la jeune femme lui demanda la raison des
« funestes propos » qu'elle avait tenus au roi avant de
s'embarquer. Elle lui répondit « qu'un enchanteur l'avait
menacée de cette dernière grossesse et qu'un enfant l'empêcherait d'arriver où elle espérait; mais que cette appréhension la prit dès le premier traité du mariage de Florence,
n'ayant point pris de crainte pour celui de l'Espagne, qui se
traitait en même temps ». Voilà qui confirme encore les
chances de Marie, dès cette époque.

En début d'après-midi, Gabrielle aperçoit la capitale, ses
tours et ses nombreux clochers. Vers trois heures, le bateau
est amarré près de l'Arsenal où demeurent sa sœur, Diane,
et son beau-frère, le maréchal de Balagny. Ceux-ci,
accompagnés du marquis de Cœuvres, accueillent la belle
voyageuse sur le débarcadère et l'emmènent prendre quelque repos dans leur logis. Gabrielle est rejointe par la
duchesse et Mlle de Guise, la maréchale de Retz et d'autres
dames de qualité. La maîtresse royale, très entourée, va souper chez Zamet, rue de la Cerisaie, tout près de l'Arsenal.
Mme de Guise va à reculons dans sa litière, et Mlle de Guise
s'honore de lui donner à boire...

La duchesse de Beaufort prend congé de son hôte, puis
traverse Paris pour se rendre au cloître Saint-Germain, chez
les Sourdis, où elle a décidé de loger. Ce « cloître », accoudé
à l'église Saint-Germain-l'Auxerrois, est en réalité une sorte
de cité protégée, calme et abritée, et composée de plusieurs
maisons, dont le « doyenné », demeure parisienne d'Isabelle
Babou, toute proche de celle du chancelier... Gabrielle aime

particulièrement cette maison où elle se sent plus libre du poids de l'étiquette de la Cour. Contemple-t-elle le mobilier rouge cramoisi qui devra être transporté au Louvre lorsqu'elle sera reine de France? Passe-t-elle à son doigt l'anneau du sacre que Mme de Sourdis garde précieusement? La maîtresse d'Henri est seule avec les femmes de son service, car Isabelle se trouve alors en pays chartrain où elle arrange une nouvelle maison. À nouveau saisie par de terribles appréhensions, terrorisée par la nuit porteuse de tant de cauchemars, la jeune femme écrit à sa tante en la priant de venir la rejoindre au plus vite.

Mercredi 7 avril. Gabrielle choisit avec soin sa toilette, car, cet après-midi, elle va assister à l'office des Ténèbres en l'église miraculeuse du Petit-Antoine. Cet office est entendu par toute la société distinguée de la capitale : la musique est excellente et les musiciens réputés. La duchesse arrive au Petit-Antoine en litière, accompagnée de plusieurs princesses et d'une grande suite de dames et de chevaliers. On la conduit dans une chapelle d'où elle pourra suivre l'office sans être bousculée ni trop en vue. À l'abri des regards, elle montre à Mlle de Guise des lettres du roi, pleines de passion et de promesses sur leur prochain mariage. Louise-Marguerite de Lorraine lit également des missives trompeuses venues de Rome, contenant l'assurance que tous les obstacles seront bientôt levés!

La cérémonie terminée, Gabrielle se dirige vers l'hôtel de la Cerisaie tout proche où Zamet l'a encore priée à souper. Sully se souviendra d'avoir pris congé de la duchesse chez Zamet. Le surintendant se prépare en effet à célébrer la Cène à Rosny où il a convié plusieurs personnalités protestantes, dont la princesse d'Orange. Gabrielle, si l'on en croit Sully, lui demande d'oublier toutes leurs brouilleries passées et l'assure le plus aimablement du monde de son affection et de sa confiance. Sully écrira mystérieusement qu'il savait déjà que « les hautes espérances de cette dame » ne pouvaient réussir. Néanmoins, il fait semblant d'entrer dans le jeu de la duchesse et envoie son épouse prendre congé à son tour. Gabrielle, presque reine, prie Mme de Rosny « de la vouloir aimer, de vivre également avec elle, et de venir à son lever et à son coucher quand bon lui semblerait ». L'épouse du futur Sully fait bonne figure, mais suffoque d'indignation. En effet, comme une souveraine, la maîtresse royale se fait présenter la chemise par une proche parente, à son lever et à son coucher, devant plusieurs dames de la Cour. Mme de Rosny, furieuse, dit à son mari, que, vu la qualité de son époux, elle refuse de rendre ce genre d'hommage, hormis « envers une reine de France pleine d'honneur et de vertu ». Rosny lui confiera « qu'elle verrait un beau jeu et bien joué si la corde se rompait ». Il lui en dira « une autre fois davantage », mais qu'elle se garde d'en parler à la princesse d'Orange qui fonde tant d'espoir sur ces noces, pour l'avancement du parti huguenot.

Gabrielle mange un « poncire » (sorte de citron volumineux) au moment du dessert, puis fait quelques pas dans le jardin de Zamet. Elle se trouve alors brutalement terrassée par une forme d'apoplexie, souffre d'un terrible « feu au gosier » et de violentes « tranchées à l'estomac ». Elle exige alors qu'on la ramène tout de suite au cloître Saint-Germain où elle trouve son laquais revenu de Chartres. Elle confie au messager une seconde lettre par laquelle elle supplie sa tante de venir la rejoindre au plus vite si elle veut la voir encore vivante.

Jeudi 8 avril. Après une nuit plus calme, Gabrielle espère avoir surmonté la crise. Malgré sa fatigue, elle se lève et s'habille pour aller écouter la messe en l'église Saint-Germain-l'Auxerrois, à deux pas du doyenné. Après le dîner, au début de l'après-midi, elle ressent une immense lassitude et se recouche. Vers quatre heures, surviennent, très douloureux, les premiers symptômes de l'accouchement. La Varenne galope vers Fontainebleau pour avertir le roi. Henri décide d'attendre le lever du jour et des confirmations sur la gravité du mal.

Le roi a eu une journée tendue. On sait, par une lettre de Forget écrite ce jeudi, que le souverain hésite à se rendre à Blois pour rencontrer Charles-Emmanuel de Savoie dont la venue n'est d'ailleurs pas encore certaine. Mme la duchesse ne sera probablement pas transportable, et il vaudra mieux qu'elle fasse ses couches à Fontainebleau. Bellièvre est venu informer le roi pour « une nouvelle difficulté qui se trouve au fait de la reine de Navarre qui est d'importance ». Henri, exaspéré, étudie la réponse qu'il fera à son insupportable épouse !

Au doyenné Saint-Germain, la malheureuse Gabrielle écrit à son amant lorsque les douleurs semblent se calmer. Elle lui envoie trois messages, le dernier en fin de soirée, pour le supplier de venir auprès d'elle. L'Estoile précisera que « les médecins et chirurgiens n'ont pas osé lui faire des remèdes à cause de sa grossesse ». Le souverain envoie en éclaireur Beringhem qui arrive chez Mme de Sourdis vers cinq heures du matin.

Vendredi 9 avril. Gabrielle a passé une nuit de souf-frances. Puis apparaissent bientôt les abominables symp-tômes de l'éclampsie. La jeune femme se raidit, perd l'ouïe, la vue. Vers deux heures de l'après-midi, elle perd une grande quantité de sang. Les médecins lui arrachent « à pièces et à lopins » un enfant mort-né, un garçon. Les témoins sont horrifiés par la transformation du visage de la duchesse, autrefois si beau, « devenu tout hideux et effroyable », écrira Cheverny. D'Aubigné évoquera la « tête tournée presque devant derrière », Matthieu des « convul-sions si cruelles qu'elles portèrent la bouche en la nuque du col ».

Le Dr Cabanès cite la description clinique de l'éclampsie, telle qu'elle figure dans les dictionnaires de médecine : cette maladie est « caractérisée par un nombre variable d'accès convulsifs, accompagnés d'une suspension complète de l'intelligence et des sens ».

« L'attaque convulsive débute parfois brusquement et sans être annoncée par aucun phénomène précurseur ; l'accès est caractérisé par des contractions rapides des muscles de la face, des paupières et des yeux, qu'on voit rouler en divers sens dans l'orbite. Ces mouvements saccadés, qui donnent à la figure une *expression grimaçante des plus pénibles à voir,* font bientôt place à des contractures des muscles des mêmes parties du cou. La bouche se dévie fortement à gauche et la *face se porte avec lenteur vers l'épaule du même côté.*

« Le corps tout entier devient d'une extrême rigidité. La respiration se suspend, la face se congestionne, devient violacée. La langue se trouve saisie par le resserrement spasmodique de la mâchoire. Il en résulte pour la face d'*horribles grimaces*, produites par des mouvements irréguliers de la bouche, des paupières et des globes oculaires. L'agitation du tronc et des membres se compose de soubresauts qui ébranlent le corps.

« Enfin, lorsque le désordre cérébral est porté au plus haut degré, *le coma reste profond, et cet état se prolonge jusqu'à la mort.* »

Pendant de longues heures, la malheureuse Gabrielle se frappe le visage et tout le corps. Les médecins se penchent sur elle et, épouvantés, constatent leur impuissance. En voyant l'état de la duchesse, La Rivière prononce ces quelques mots : *Hic est manus Dei*, puis il se retire. Les badauds s'attroupent devant le doyenné. L'affolement est si grand dans le logis de Mme de Sourdis qu'on laisse entrer tout le monde. C'est une véritable foule qui défile au chevet de la maîtresse royale, monstrueusement défigurée. Certains songent à lui faire recevoir les derniers sacrements, puis, jugeant qu'elle n'en est plus capable, se contentent de ce qu'elle a fait ses Pâques il y a peu de temps.

Le diable est très présent dans la capitale ces jours-là. Tout Paris se passionne pour le cas de Marthe Brossier, examinée par les docteurs en théologie et en médecine afin de savoir si elle est possédée ou non. Les effroyables convulsions de Gabrielle seraient-elles provoquées par le démon ? Selon Mezeray, le peuple commence à croire que c'est le diable qui a mis la maîtresse royale dans cet état, parce qu'« elle s'était donnée à lui afin de posséder seule les bonnes grâces du roi, et qu'il lui avait rompu le col ».

Vers six heures du soir, Gabrielle sombre dans le coma. Henri n'est pas venu et ne viendra pas. Pourtant, le roi a quitté Fontainebleau, ce vendredi matin, extrêmement inquiet des dernières nouvelles sur la santé de sa maîtresse.

Il a reçu quatre messages à la suite, dont un de La Varenne, lui décrivant l'état critique de la duchesse. Beringhem part en premier, avant l'aube, tandis qu'Henri fait seller ses meilleurs chevaux, des « courtauts ».

Forget, resté à Fontainebleau, écrit au connétable : « Monseigneur, nous avons eu ce matin une grande alarme par quatre courriers qui sont arrivés l'un après l'autre, qui nous apporte [sic] l'extrémité de la maladie de madame la duchesse, comme d'une apoplexie, de sorte que les médecins doutèrent fort de sa santé. Le roi s'y en est couru et a commandé d'attendre ici de ses nouvelles; que, si elle se porte bien, qu'il reviendra demain, sinon qu'il nous mandera. Je vous assure qu'il est parti fort affligé, comme nous le sommes tous ici. Promptement, ce vendredi 9 avril 1599. »

D'après cette lettre, le souverain ne paraît pas encore tout à fait conscient de la gravité du mal. À Paris, Beringhem annonce que le roi est en route pour rejoindre sa compagne; Gabrielle est perdue et mourra dans les prochaines heures. Quelle folie pourrait encore commettre l'amant bouleversé, assez fou pour avoir remis l'anneau du sacre à sa maîtressse ? Il faut absolument éviter les terribles retrouvailles.

Les récits des heures dramatiques vécues par le roi ce jour-là se recoupent souvent, mais diffèrent sur certains points. Donnons la préséance aux lettres écrites à chaud, ou peu de jours après.

Le 16 avril, le président de Vernhyes, membre du Conseil de Navarre, très fidèle au souverain, écrit au duc de Ventadour que d'Ornano se précipita au devant d'Henri pour l'empêcher de gagner Paris. À Villeneuve-Saint-Georges, le maréchal retrouva Bellièvre qui a une maison dans cette localité. Les deux hommes virent le roi arriver à toute bride et lui conseillèrent de rebrousser chemin. Henri hésita, puis Beringhem les rejoignit son tour. Ce dernier apprit au roi comment Gabrielle « avait perdu l'ouïe, la vue et tout mouvement et qu'elle était à l'agonie ». C'est alors que le roi, effondré de douleur, décida de revenir à Fontainebleau en priant Beringhem de retourner auprès de la duchesse afin « de lui aller voir rendre les derniers soupirs ».

Dans sa lettre du 10 avril, Contarini confirme ce récit :
« Aussitôt que le mal commença à augmenter, on se hâta
d'en prévenir le roi. Sa Majesté partit immédiatement pour
Paris. En route, des messagers réitérés lui apprirent l'état
désespéré de la duchesse. Enfin, parvenu à un poste environ
près de Paris, le roi, cédant aux instances d'un grand nombre
de seigneurs venus à sa rencontre, se résolut de ne pas continuer sa marche et de retourner en arrière, profondément
affligé et témoignant de la plus vive douleur. »

Les Mémoires et Souvenirs apportent des versions différentes sur un point précis, mais qu'il importe de signaler,
car il fait apparaître le curieux rôle de La Varenne ce
jour-là. Sully dira avoir appris la mort de la duchesse par une
lettre de La Varenne qu'il cite dans son entier. D'après
celle-ci, La Varenne aurait délibérément décidé de mentir
au roi et de lui annoncer la mort de Gabrielle dès vendredi,
afin de persuader efficacement le souverain de ne pas
rejoindre sa maîtresse. Cette lettre, pleine d'inexactitudes
sur le déroulement de la maladie de Gabrielle, ne révèle
absolument pas le style de La Varenne, mais bien celui des
Économies. Il s'agit très probablement d'un des nombreux
faux documents fabriqués par Sully.

Pourtant, les Mémoires de Bassompierre paraissent
confirmer en partie cette version. Le jeune homme était au
sermon de la Passion à Saint-Germain-l'Auxerrois auprès du
maréchal d'Ornano. À ce moment, La Varenne vint trouver
le maréchal pour lui annoncer la mort de la duchesse et le
prier d'aller au-devant du roi pour le convaincre de ne pas
venir. Ornano demanda à Bassompierre de l'accompagner.
Ils rejoignirent Henri « par-delà La Saussaye, proche de Villejuif » (la plupart des contemporains disent, d'ailleurs, que
le souverain a fait demi-tour à Villejuif).

Qui croire ? Il est possible que La Varenne ait franchement dévoilé sa stratégie à d'Ornano. Le maréchal se trouvait tout près du logis de Gabrielle et aurait très bien pu
constater par lui-même que la jeune femme était encore
vivante. Il a probablement préféré ne pas mentir au roi.

Nombreux sont ceux qui témoignent du désespoir du souverain. Selon L'Estoile, « ayant su l'état où elle était, [il] s'en retourna et, levant ses yeux en haut dit : " C'est encore ici un coup du Ciel! " (comme c'était, à la vérité, un des plus grands) s'en montra fort attristé et mélancolique. » Le président de Vernhyes précisera : « Le roi reconnut, en regardant le ciel, que Dieu aimait cet État, et ne le voulait perdre, et protesta qu'il n'abuserait pas de ses miséricordes et se garderait de [retomber dans de] si grandes fautes. » Bassompierre dira que la douleur et les lamentations d'Henri étaient si grandes qu'on dut l'allonger sur un lit à l'abbaye de La Saussaye avant de le mettre dans un carrosse pour le ramener à Fontainebleau.

Arrivé au château, le souverain monte dans la grande salle de la Cheminée et congédie la plupart des seigneurs, gardant quelques proches, dont Bellegarde et Thermes. Bassompierre s'apprête à prendre congé du roi qui, alors, le retient en lui disant : « Bassompierre, vous avez été le dernier auprès de ma maîtresse, demeurez aussi auprès de moi pour m'en entretenir. » Tristement, rapporte Vernhyes, Henri va trouver son César qui demeure dans le pavillon du jardin des Pins. À la vue de son fils, le souverain éclate en sanglots. L'enfant comprend tout de suite et se met à crier que sa mère est morte. Villeroy fait ôter le petit prince des bras de son père et ose consoler Sa Majesté avec tant d'affectueuse fermeté qu'elle promet « de se ranger à la volonté de Dieu et de ne plus murmurer ».

Samedi 10 avril. Gabrielle expire vers cinq heures du matin. Elle était âgée de vingt-cinq ans. Isabelle de Sourdis arrive deux heures plus tard. À la vue de sa nièce, elle s'évanouit. Mlle de Guise, qui a toujours assisté la maîtresse royale, s'évanouit également. On habille la défunte d'un manteau de satin blanc et l'on enserre ses beaux cheveux dans sa coiffure de nuit. Gabrielle gît sur le lit de velours cramoisi destiné au Louvre. On a placé tout autour six gros cierges de cire blanche, et plusieurs religieux psalmodient dans la chambre mortuaire. Le président de Vernhyes, venu donner l'eau bénite l'après-midi, trouve Louise-Marguerite encore évanouie et sa mère, Mme de Guise, poussant de

« grands hurlements ». Le marquis de Cœuvres, frère de Gabrielle, tombe malade de chagrin. L'ex-duc de Joyeuse, redevenu frère Ange, le console comme il peut.

Henri, malgré sa douleur, a ordonné de dresser immédiatement l'inventaire de tout ce qu'il y a de précieux dans le cabinet de sa maîtresse. Il connaît bien la cupidité du monde et ses précautions sont justifiées... Que Gabrielle soit morte chez les Sourdis et non chez elle, rue Fromenteau, arrange bien les affaires d'Antoine d'Estrées qui paraît supporter son deuil sans trop de tristesse. Dès le constat du décès de sa fille, il vide l'hôtel Schomberg, à chariots entiers, de l'essentiel du mobilier et des tapisseries! Pendant ce temps, Mme de Martigues est assise auprès de la dépouille de la duchesse et récite le chapelet. Subtilement, elle tire les beaux anneaux des doigts de Gabrielle et les dispose au bout de son chapelet. Une religieuse entre alors dans la chambre, la démasque et la contraint à rendre son larcin en la menaçant de tout dire au roi...

En fin d'après-midi, le corps de Gabrielle est emporté pour permettre aux médecins de procéder à l'autopsie.

Crime ou mort naturelle?

Les médecins annoncent leurs conclusions après l'autopsie : ils ont trouvé « le poumon et le foie gâtés, une pierre en pointe dans le rognon et le cerveau offensé ». Ils ne mentionnent pas l'estomac, ce qui suppose qu'ils n'ont pas formellement trouvé de trace de poison. D'autre part, dans sa dépêche du 17 avril, Contarini écrit : « Le corps a été ouvert. On n'y a pas découvert le moindre indice d'où l'on puisse déduire quelque soupçon de poison, comme, au milieu de son chagrin, il y en avait eu certaine parole sur les lèvres de Sa Majesté, mais les nombreux palliatifs qu'on a employés à cause de ce doute, lui ont été plutôt nuisibles. »

Si l'idée d'un crime effleure un instant le souverain, les

proches de la jeune femme sont beaucoup plus affirmatifs. Dans la lettre si précieuse du président de Vernhyes, il y a ces phrases en code chiffré : « Ses parents et serviteurs reconnaissent dans sa mort *un coup du Ciel*. Mais elle est soupçonnée de poison, principalement des siens.[...] Les médecins disent qu'un citron qu'elle mangea chez Zamet, lui fit mal. »

On se souvient qu'après avoir mangé un « poncire » chez le financier lucquois, Gabrielle eut de « furieuses tranchées à l'estomac ». Or l'un des signes avant-coureurs de l'éclampsie est un phénomène bien connu des médecins gynécologues sous le nom de « barre épigastrique de Chaussier ». Ces tranchées nous apparaissent comme un symptôme classique du début de cette terrible maladie.

Il est vrai que la mort de la maîtresse royale a soulagé beaucoup de monde, en France et à l'étranger. Nombreux sont ceux qui avaient intérêt à voir disparaître la duchesse de Beaufort. L'annonce de sa mort réjouit ouvertement la plupart. Il faut pourtant noter que l'on ne trouve aucune haine à l'encontre de la jeune femme dans les commentaires en forme d'oraison funèbre ou d'épitaphes faites par les contemporains. On reconnaît sa discrétion, sa modestie, son caractère éloigné de toute méchanceté. On blâme, en revanche, l'ambition de son épouvantable famille et la faiblesse du roi qui lui ont inculqué des prétentions étrangères à son naturel. Pierre Matthieu résumera : « Elle fut davantage regrettée des particuliers que du public, qui trouvait ses espérances plus insupportables que sa conduite. »

En France, les ministres doivent dissimuler leur joie, afin de ne pas blesser le souverain qu'ils veulent marier au plus vite à Marie. La plupart des grands se félicitent de ne plus avoir « des César et des Alexandre » comme héritiers de la couronne. L'Estoile rapportera la duplicité précoce du jeune prince de Condé : « Le petit prince reçut des premiers la nouvelle de cette mort, et la sut avant sa mère qui, l'ayant trouvé pleurant, ou au moins en faisant dextrement le semblant (et se couvrant les yeux et le visage de son manteau), sa mère lui ayant demandé ce qu'il avait et le pressant fort de lui dire, se démasquant à la fin, lui va répondre tout en riant : *Madame la duchesse est morte.* Et, cependant, à tous les autres faisait mine du contraire, et, pour agréer au Roi, contrefaisait naïvement le fâché : trait d'esprit qu'on admira en ce prince, qui n'avait encore atteint l'âge d'onze ans. »

Le monde parlementaire, pressé de consolider la monarchie autour du respect des lois fondamentales et de la raison d'État, accueille la nouvelle du décès de la maîtresse royale avec un immense soulagement. Très peu de grands pleurent cette disparition. Le duc de Savoie paraît fortement regretter la mort de sa meilleure alliée et décide, en conséquence, de retarder son voyage en France. Il y a également des huguenots qui se lamentent, mais leur parti commençait à craindre que le pape exigeât leur abaissement en échange de son autorisation à un mariage avec la duchesse. En outre, beaucoup de protestants, royalistes et patriotes avant tout, considèrent cette mort comme une bénédiction pour le royaume. Même Duplessis-Mornay, qui a tant utilisé les services de Gabrielle, ne cache pas que le décès de la jeune femme va éviter de grands maux à la France.

Les premiers étrangers à se réjouir de la mort de Gabrielle sont évidemment les Toscans. Ils sont également les premiers à être soupçonnés de meurtre. Les Médicis ont la réputation d'empoisonner facilement. Beaucoup sont persuadés que Ferdinand a empoisonné son frère et la maîtresse de celui-ci, Bianca Capello. Guicciardini, mort soudainement à Fontainebleau le 23 mai, parle de remèdes du grand-duc prodigués à Gabrielle... Certes, ces faits peuvent paraître étranges, mais L'Estoile spécifie que l'on n'a pu donner aucun remède à la duchesse, et l'autopsie n'a rien révélé dans l'estomac (il est vrai que la médecine de l'époque ne sait pas déceler les traces de poison avec autant de certitude que de nos jours).

En tuant le grand amour d'Henri, Ferdinand aurait-il pris le risque considérable de rompre ses relations avec le roi de France, seule force européenne capable de contrebalancer l'influence des Habsbourg dans la péninsule Italienne ? Cela semble peu probable. Imaginons que ce fût le cas. Zamet aurait-il été l'exécuteur du crime commandité par le grand-duc? Le Lucquois s'entendait au mieux avec la jeune femme et tirait de cette amitié plus d'avantages que d'inconvénients. Et, de toute manière, son avenir dépend beaucoup plus du roi de France que du grand-duc de Toscane. D'ailleurs, très peu de temps après la mort de Gabrielle, Henri dispose en faveur de Zamet de la lieutenance de la capitainerie de Fontainebleau. Réellement désespéré, le roi n'aurait jamais pris cette décision s'il avait eu le moindre soupçon concernant la conduite du financier lucquois.

Trouve-t-on quelque indice suspect dans la correspondance de Bonciani? Le 10, il écrit à Vinta en chiffre : « J'ai confiance dans l'infinie prudence de Votre Seigneurie qui, en traitant avec l'envoyé du roi, a réservé en tous points à son profit le bénéfice du temps, comme je voulais en conclure précédemment. [...] Je ne savais pourtant si je m'expliquais assez. [...] maintenant, il y a une opportune commodité de bien placer votre nièce, de fonder en France une amitié stable.

« [...] Il me paraît très nécessaire, comme je l'ai dit plus haut, que l'on ait ici, le plus vite possible, quelque signe de Votre Seigneurie, à laquelle pour l'urgence je ne dis pas les particularités de cette mort, ce qu'elle entendra de la voix même de Girolt, le messager que je lui envoie ce jour... »

Cette lettre peut tout supposer mais ne prouve rien. Le 27, le moine presse Florence : « Puisque maintenant on a enlevé l'empêchement qui gênait le mariage, les serviteurs du roi désirent une prompte réalisation non seulement parce que le roi y est résolu, mais aussi pour l'engager officiellement le plus tôt possible et supprimer toutes les occasions que le temps pourrait offrir de retourner aux mêmes embarras. »

Bonciani redoute déjà une nouvelle intrigue... « Il faudrait, insiste-t-il, terminer la négociation définitive en quatre mois; je supplie Votre Seigneurie de tenir compte de l'extraordinaire confiance que le roi a accordée à vos serviteurs. »

On a enlevé Gabrielle... La maîtresse royale est-elle morte naturellement, ou l'a-t-on tuée pour l'enlever définitivement de la vue du roi ? Ce genre d'enlèvement se prépare à l'avance. Il n'a pu être fait que par quelqu'un qui connaissait la décision d'une séparation pendant la Semaine sainte. Or une lettre de Bonciani, datée du 2 avril, montre que le Toscan n'était absolument pas au courant de cette séparation.

Il est très difficile de prouver que Gabrielle a été empoisonnée. La thèse de la simple éclampsie paraît la plus probable. Les contemporains semblent se rallier à la version de la mort naturelle. Pourtant, deux grandes personnalités de l'époque soupçonnent un crime : d'Aubigné et Sully. D'Aubigné le fait en deux courtes phrases, lorsqu'il écrit sur la duchesse de Beaufort dans son *Histoire universelle* : « Les nécessités de l'État furent ses ennemies. Ce de quoi je laisse, comme en chose douteuse, à chacun son explication. »

Les sous-entendus de Sully sont plus mystérieux. Chez lui, à Rosny, le surintendant devisait au lit avec sa femme, avant le lever du jour, le samedi de Pâques. Il confiait à son épouse qu'il prévoyait de grands obstacles à l'accomplissement du mariage du roi et les désastres infaillibles si jamais il se faisait. À ce moment, un courrier arriva de la part de La Varenne, qui l'informait de la mort de Gabrielle et de son initiative de la veille : il avait menti au roi en lui faisant croire que sa maîtresse était déjà morte. En vérité, le courrier avait dû courir à une vitesse miraculeuse entre Paris et Rosny ! Comment avait-il pu annoncer si vite ce décès, alors que Gabrielle mourut seulement aux premières lueurs du jour ? La véracité de ce message est décidément suspecte.

Sully insiste beaucoup sur le fait qu'il *savait* que ce mariage ne se ferait probablement pas. Il alla retrouver sa femme au lit et lui dit en l'embrassant : « Ma fille, il y a bien des nouvelles ; vous n'irez point au coucher ni au lever de la duchesse, car la corde a rompu. » Sully a convaincu Michelet qui commente ainsi les sous-entendus du ministre : « Il savait *évidemment* ce qui allait se passer. » À la suite de Michelet, il y aura tout un courant favorable à cette thèse.

Sully veut-il laisser croire qu'il a été plus ou moins complice d'un crime nécessaire au bien du royaume, ou du moins qu'il en connaissait l'exécuteur ? Il prétend que certains devins consultés par Gabrielle peu avant sa mort auraient dit à la jeune femme « qu'une certaine personne qui lui était très familière lui jouerait un mauvais tour ». Jacques Bolle suggère un coupable : La Varenne. Ami des jésuites, cet homme considère que la liaison d'Henri est néfaste pour le royaume. L'ancien cuisinier de Catherine est un homme plein de ressources et d'initiatives. Il a pris le risque grave de mentir au roi. L'éclampsie est favorisée par l'introduction ou la formation de toxines dans le corps. Selon Jacques Bolle, l'administration d'un poison aurait pu déclencher la crise. « À chacun son explication », dit justement d'Aubigné... Il est certain que cette mort arrange quasiment tout le monde, y compris – avouons-le – le roi lui-même. Le criminel – si criminel il y a – pouvait être assuré d'agir impunément. Personne ne songeait à venger la malheureuse Gabrielle.

Revenons à Sully. Il savait, en effet, beaucoup de choses. Les archives secrètes de Florence dernièrement déchiffrées prouvent que le ministre était mêlé de très près et de façon précise aux négociations avec la Toscane pour le mariage avec Marie. Sully avait donné à lire au roi une lettre que Marguerite lui avait adressée. D'après le ministre, c'est à partir de ce moment-là que le souverain avait commencé à changer véritablement ses intentions sur Gabrielle. La reine, les ministres, la Toscane, le pape s'étaient ligués contre la maîtresse royale. La coalition était trop forte pour une jeune femme au caractère placide et réservé. Sully pensait que les irrésolutions affichées par le roi n'étaient plus qu'une façade d'amoureux. Dans le secret de sa conscience, Henri avait décidé d'épouser Marie et l'éloignement provisoire de Gabrielle était peut-être le prélude d'un éloignement plus long. La maîtresse du roi l'avait justement deviné, et cela explique son désespoir au moment des adieux.

La séparation de la Semaine sainte avait été officiellement conseillée par le père Benoît, confesseur du roi. Le prélat fut une caution commode. Villeroy, Rosny et Gondi avaient poussé très loin les négociations avec la Toscane, avec l'assentiment délibéré de leur maître. Les ministres avaient probablement endoctriné Sillery avant son départ pour l'Italie. Le pape avait organisé des veillées et des jeûnes pour que le roi renonçât à sa maîtresse. Le Samedi saint, Clément VIII ne pouvait pas avoir appris la mort de Gabrielle, survenue ce jour-là. Pourtant, le souverain pontife s'écria soudain, après un office : « Dieu y a pourvu! » On se montra très impressionné par la vision du chef de l'Église. Mais était-ce une vision? On peut aussi supposer, à la suite de Jacques Bolle, que Clément VIII venait d'apprendre une nouvelle qui changeait tout : en vérité, Sillery était prêt à abandonner la cause de la duchesse de Beaufort, secrètement sacrifiée par Henri.

Il faut pourtant noter que la plupart des contemporains pensaient, comme J.A. de Thou, que le souverain allait presque certainement épouser sa maîtresse. Contarini, généralement bien renseigné, écrit dans sa dépêche du 17 avril : « On ne peut exprimer l'allégresse et le soulagement que l'on éprouve en général de cet accident, à l'exception du petit nombre de ceux qui avaient fondé leurs espoirs sur la grandeur de cette princesse. Chacun reconnaît que cette grâce procède miraculeusement de la main de Dieu qui a voulu étendre sa protection spéciale sur la France au moment où celle-ci en avait le plus grand besoin, car il n'y a pas à douter que dans peu de jours, malgré tout ce qu'il pouvait y avoir là contre, [la duchesse] aurait été proclamée épouse du roi et reine de France, tout étant disposé et préparé à cet effet, et les offices et les charges à sa famille, comme il convenait à une reine. Cela devait s'accomplir avant son prochain accouchement dans la ville de Blois, où il était décidé qu'elle se rendrait aussitôt après Pâques. »

Sancy sera l'un des rares hommes à se joindre à Sully pour affirmer qu'il n'a jamais cru à ce mariage. Selon lui, le roi n'aurait finalement jamais commis cette folie. Soutiendra-t-il cette thèse pour plaire à Marie de Médicis? Nous croyons surtout que ces deux hommes d'État devinaient bien le souverain et les duplicités de son caractère qui l'aidaient à se tromper lui-même. Guicciardini pensait que Sancy connaissait le roi « peut-être mieux que personne en ce règne ».

Avec de bons chevaux, il n'y a que quelques heures de trajet entre Fontainebleau et Paris. Gabrielle envoya plusieurs messages à son amant le Jeudi saint. Henri a-t-il cru que sa maîtresse souffrait encore d'une maladie diplomatique comme au mois de novembre passé ? Il n'est parti que le lendemain matin, après avoir reçu quatre messages alarmants et avoir envoyé Beringhem comme éclaireur. Il s'est facilement laissé convaincre lorsque d'Ornano et plusieurs seigneurs l'ont supplié de faire demi-tour. L'expression « C'est un coup du ciel », souvent employée par le souverain dans l'adversité, prend ici un sens plus fort. Selon Vernhyes, le souverain aurait ajouté que Dieu aimait cet État et qu'il ne retomberait jamais dans de pareils errements. On ne peut prouver l'exactitude de ces paroles, mais l'on peut supposer que le roi est sensible, comme tous les hommes de son époque, à l'idée d'une relation entre la maladie et la punition : Dieu n'a pas voulu qu'il épouse Gabrielle.

Tous les commentaires faits dans les semaines qui suivent la mort de la jeune femme reprennent en écho le constat du médecin La Rivière : « Ceci est la main de Dieu. » Le président de Vernhyes conclut : « Ainsi, en une heure, Dieu a dissipé tant de conseils, retenu le roi de courir à sa perte à laquelle il se précipitait, à sa ruine et de l'État. » Pour Groulard : « Dieu y a remédié lorsque les hommes en désespéraient. » Le 30 avril, Sancy écrit à son vieil ami Bongars : « Vous aurez d'ailleurs appris ce que Dieu a fait nouvellement en ce pauvre royaume [...], car nous étions sur le point de tomber dans le précipice. Dieu seul nous en a retirés. » Le pape, écrira Mézeray, « crut que c'était un coup du ciel accordé à ses prières ».

Sully dit justement que, sans sa famille, Gabrielle n'aurait jamais tant présumé d'elle-même. Le roi et le clan d'Estrées l'avaient en quelque sorte déplacée de l'échiquier social pour la projeter sur des hauteurs où elle se trouvait hors de la protection sécurisante de l'ordre du monde, c'est-à-dire l'ordre voulu par Dieu. Son jugement révélait souvent son bon sens et son naturel équilibré. À la veille d'être reine, elle se voyait telle une équilibriste marchant seule sur une corde. Comme Sully, elle pressentait que la corde allait rompre. Gabrielle n'était pas faite pour braver la volonté divine telle que la concevaient les mentalités du temps. C'est vraiment « la main de Dieu » qui avait décidé sa disparition.

Le roi de France, lieutenant de Dieu en son royaume, a la charge sacrée de maintenir cet équilibre à la fois social et divin. Délivré de ses irrésolutions, Henri s'engage à devenir pleinement « le premier roi Bourbon », et à inaugurer tout à la fois le nouveau siècle et la marche vers la monarchie absolue. Mais auparavant, il adresse un adieu solennel à Gabrielle, au siècle qui se termine, à une part substantielle de lui-même.

L'effigie

Catherine, duchesse de Bar, apprend avec une rapidité remarquable la mort de Gabrielle. Elle écrit à son frère dès le 12 avril :

> « Mon cher roi,
> « Je sais qu'à l'extrême ennui que vous avez, les paroles ne peuvent y apporter du remède; voilà pourquoi je n'en emploierai que pour vous assurer que je le ressens aussi vivement que l'affection extrême que je vous porte et la perte que j'ai faite d'une si parfaite amie m'y oblige. J'eusse bien désiré d'être auprès de vous pour vous rendre, en cette affliction, le très humble service que je vous dois.
> « Croyez, mon cher roi, que j'aimerai toujours et servirai de mère à mes neveux et nièce et vous supplie très humblement vous ressouvenir que vous m'avez promis ma nièce. S'il vous plaît de me la donner, j'y apporterai la même amitié et soin que si c'était ma propre fille.

« Monsieur mon mari vous témoigne son regret par celui qu'il vous envoie. Plût à Dieu, mon roi, pouvoir alléger votre douleur par la perte de quelque année ; je le souhaiterais de toute mon affection. Et sur cette vérité, je vous baise mille fois, mon cher et brave roi. »

Dès le 15, le roi répond :

« Ma chère sœur,
« J'ai reçu à beaucoup de consolation votre visite [celle du messager de Catherine]; j'en ai bien besoin, car mon affliction est aussi incomparable comme l'était le sujet qui me la donne : les regrets et les plaintes m'accompagneront jusques au tombeau. Cependant, puisque Dieu m'a fait maître pour ce royaume et non pour moi, tous mes sens et mes soins ne seront plus employés qu'à l'avancement et conservation d'icelui. La racine de mon amour est morte, elle ne rejettera plus ; mais celle de mon amitié sera toujours verte pour vous, ma chère sœur, que je baise un million de fois.
« Ce quinzième avril 1599, à Fontainebleau. »

Catherine et Gabrielle avaient su garder entre elles les apparences d'une amitié, peut-être plus sincère que l'on ne l'a dit, mais tout de même peu chaleureuse... L'échange de lettres entre le frère et la sœur est aimablement courtois. Le style du roi a des tournures charmantes. Le souverain paraît s'être ressaisi et avoir surmonté sa spectaculaire douleur, comme le confirme une lettre adressée à M. de Thou ce même 15 avril par Nicolas Rapin fils (magistrat parisien) qui se trouve à Fontainebleau : « Monsieur, l'alarme fut baillée si chaude à Monsieur le Connétable de l'impatience dont le roi supportait sa perte, qu'il partit le jour de Pâques et arriva le lendemain à dix heures du matin, où il trouva le roi, vaincu de douleur, abattu de tristesse et sans autres armes contre la douleur que les larmes qu'il répandait plus fort à mesure qu'il survenait quelques seigneurs qui lui étaient familiers. Monseigneur le Connétable ne l'a point abandonné que ce que la nécessité l'a contraint aussi en était-il besoin, car le roi était si have, maigre et défiguré qu'il ne ressemblait que l'ombre de ce qu'il était auparavant, toutefois on voit qu'à vue d'œil son teint se fait meilleur, sa contenance se rassure et donne espérance à se consoler. Monsieur [l'évêque] de Bourges lui en a fait de belles et amples remontrances et entre autres répliques que le roi lui a fait, il lui a dit qu'il avait perdu la moitié de lui-même. Je lui ai vu baiser leurs enfants communs avec tant de passion qu'il était difficile de n'en avoir point de pitié. Il est vêtu de deuil, et tous les seigneurs en noir, et y en a peu d'absents. »

En effet, contre la coutume, même pour les reines, le roi et la Cour prennent le deuil en noir pendant quelques jours. Puis Henri portera le deuil en violet pendant plus de trois mois. À Paris, on s'apprête à appliquer pour Gabrielle l'étrange cérémonial de l'effigie que l'on réserve généralement aux rois et aux reines. Tandis que l'on fabrique un mannequin à l'image de la duchesse de Beaufort, le corps de la maîtresse royale et celui de son enfant mort-né sont mis en bière. Le cercueil de plomb est placé « en la chapelle de M. le Chancelier, à Saint-Germain-l'Auxerrois ».

On a transporté rue Fromenteau le beau lit de velours rouge cramoisi destiné à la chambre de la nouvelle reine, au Louvre. Ce meuble devient le lieu central d'un rituel décrit de façon saisissante par Contarini, à l'intention du doge de Venise :

« Sérénissime prince,
« Durant quatre jours, l'effigie de la duchesse de Beaufort, exécutée en stuc au naturel, a été exposée dans une salle de l'habitation de la duchesse sur un grand lit, auquel on arrivait en montant trois degrés. Elle était assise dans le lit, sous un baldaquin de drap d'or, une couronne ducale sur la tête, revêtue d'un manteau de drap d'or fourré d'hermine. Autour du lit étaient les parents de la duchesse, vêtus de deuil, et de nombreux religieux qui se relevaient pour réciter perpétuellement des prières à haute voix, à deux autels voi-

sins. Aux pieds, deux hérauts, vêtus de cottes d'armes noires à fleur de lys d'or, offraient l'eau bénite aux princes et aux seigneurs. Sous le lit était le corps dans la bière. La salle était tendue des plus riches tapisseries du roi. Au fond de la salle, se tenaient les archers de la garde de Sa Majesté, les chambellans, les gentilshommes de service et les autres officiers de sa maison qui, à l'heure du dîner, apportaient les mets, les présentaient à la duchesse et faisaient le service ordinaire comme de son vivant. Les princesses, indépendamment des moments où elles allaient prier dans la salle, s'y rendaient pour le dîner et prenaient part au service. »

Infortunée Gabrielle! Tandis que son pauvre corps réel, monstrueusement déformé, gît dans un cercueil à même le sol, sous le lit qu'elle n'a jamais pu utiliser comme reine, c'est un mannequin doré qui reçoit des hommages simulés. Cette dérisoire poupée de stuc ne semble-t-elle pas rappeler la conscience tragique du monde baroque pour qui seule compte l'illusion ? L'effigie honorée rue Fromenteau éclaire crûment le sens final de la vie de la jeune femme. Cette vie n'apparaît plus que comme la projection rêvée d'un roi solitaire qui a voulu croire au bonheur. Il n'y a pas de baroque heureux, écrit Giselle Mathieu-Castellani. Henri, placé à la charnière de deux mondes, est à la fois un prince baroque qui se sert de l'illusion pour mieux supporter les images éclatées d'un monde incohérent, et un érasmien proche de sa grand-mère, Marguerite de Navarre, qui affirmait avec optimisme la possible cohérence du monde et la réconciliation des deux sexes, unis pour accomplir ensemble un même projet. Le roi disait vrai en confiant à l'évêque de Bourges qu'avec la mort de sa maîtresse, « il avait perdu la moitié de lui-même ». Gabrielle fut la seule véritable compagne d'Henri IV, la seule qui parvint à rendre le roi monogame.

L'homme était roi et sa grand-mère elle-même n'aurait jamais admis un mariage royal hors de la raison d'État. Les profonds bouleversements du siècle qui s'achevait avaient-ils suggéré au souverain que l'on pouvait aussi transformer l'utopie du bonheur en vivante réalité ? Les aspirations et les énergies d'une époque qui s'annonçait différente effaçaient inexorablement les espérances de la Renaissance, morte en même temps que Gabrielle.

Après les quatre jours de l'exposition de l'effigie, la duchesse de Beaufort est enterrée en grande pompe. La veille, lundi 19 avril, le juré crieur de la ville de Paris, suivi de vingt-deux autres crieurs, annonce à tout ce qui compte d'important dans la capitale, la cérémonie du lendemain : « Nobles et dévotes personnes, priez Dieu pour l'âme de très haute et excellente dame, madame Gabrielle d'Estrées, en son vivant duchesse des duchés de Beaufort et d'Étampes, pair de France et marquise de Montceaux, pour l'âme de laquelle se feront les services et prières en l'église de Saint-Germain-de-l'Auxerrois, sa paroisse, où ce jour d'hui après-midi seront dites vigiles des morts, pour y être demain, dix heures du matin, fait son service solennel. Priez Dieu qu'il en ait l'âme. »

Le lendemain, mardi 20, toute l'église est tendue « de draps et velours couverts d'armoiries aux armes de la duchesse [1] ». « Soixante pauvres, vêtus de robes de deuil », portent chacun une torche aux armes de Gabrielle. Le registre de l'échevinage parisien note : « La chapelle ardente au chœur et tout ce qui était requis fait avec un nombre infini de cierges, autour du chœur et dedans [...]. Du côté de main droite, entrant audit chœur, étaient les princes, sieurs chevaliers des ordres et autres des parents. De l'autre côté, étaient messieurs de la cour du Parlement, Chambre des comptes, maîtres des requêtes, et autres de la justice. »

Le cardinal de Gondi célèbre la messe, mais le registre

---

1. Les armes portaient : « écartelé : aux 1 et 4, d'argent fretté de sable, au chef d'or à trois merlettes aussi de sable; aux 2 et 3 d'or au lion d'azur, couronné et lampassé de gueules, qui est de La Cauchie. »

de la ville ajoute une précision lourde de sens : « sans qu'il y eût d'offrande ni d'oraison funèbre ». La presque reine était aussi, aux yeux du monde, la putain du roi...

Le lendemain, mercredi 21, le cercueil est transporté à l'abbaye de Maubuisson où Gabrielle reposera sous la garde de sa sœur, l'abbesse Angélique. Le convoi mortuaire est conduit par le duc de Montbazon, les maréchaux d'Ornano et de Balagny, le premier écuyer Liancourt (qui n'a rien à voir avec l'époux éphémère de Gabrielle) et le marquis de Cœuvres. Il est suivi de la maison de la duchesse, et d'un grand nombre de seigneurs et de dames en carrosse qui sont venus pour honorer la volonté du roi plutôt que la mémoire de la duchesse. Tous les courtisans savent que c'est la dernière journée de gloire de la maîtresse royale... Bientôt vont se déverser des quatrains immondes sur la malheureuse. Nous ne citerons que cette épigramme, car il est assez drôlement tourné, attribué à Mme de Neufvie, amie intime de Catherine :

J'ai vu passer, par ma fenêtre,
Les sept péchés mortels vivants,
Conduits par le bâtard d'un prêtre,
Qui tous ensemble allaient chantant
un requiestat in pace
Pour le septième trépassé.

Il s'agit, bien sûr, du convoi funèbre de Gabrielle. Les sept péchés mortels sont les sept sœurs d'Estrées et le bâtard d'un prêtre, Balagny, fils de l'évêque de Valence.

Les privilèges du clan se défont les uns après les autres. D'après L'Estoile, quand Cheverny apprit la mort de Gabrielle, « il dit ces mots, en frappant sur la table : " Ha! bon homme, que tu auras d'affaire! " » Le chancelier se rendit à Fontainebleau le mardi 13. Il y fut « maigrement reçu », nous dit Vernhyes. L'amant d'Isabelle de Sourdis mourra le 30 juillet, évitant ainsi de connaître la disgrâce à laquelle il s'attendait. Il sera remplacé par Bellièvre.

Le 15 avril, Isabelle de Sourdis rejoignit le roi « pour tâcher d'avoir la nourriture des enfants et se tenir aux bouches ». La tante, encore si influente quelques jours auparavant, n'obtint rien et ne se mêlera pas de la vie de ses petits-neveux. Pour le moment, Henri décide de garder César auprès de lui, tandis qu'Henriette et Alexandre seront élevés à Saint-Germain. Julienne d'Estrées, duchesse de Villars, essaiera vainement de remplacer sa sœur dans la couche royale. Le marquis de Cœuvres doit renoncer à son mariage avec la fille du duc de Mayenne.

L'attitude indigne d'Antoine d'Estrées va se retourner contre lui. Antoine s'est appuyé sur l'article 311 de la coutume de Paris, selon lequel ses petits-enfants, nés d'un double ou d'un simple adultère, donc légitimés mais non légitimes, ne peuvent succéder à leur mère. Il se trouverait ainsi l'héritier de sa fille. Les furieuses menaces du roi rabattent ses prétentions. Le 3 juillet, il se fera suppléer dans l'exercice de ses fonctions de lieutenant général au gouvernement de la Ville de Paris par son fils. Mais, en novembre, le souverain accordera la survivance de cette charge à M. de Montigny. Puis, l'année suivante, il obligera Antoine à se défaire, au profit de Rosny, de sa dignité de grand maître de l'artillerie...

Henri ordonne de dresser l'inventaire de tous les biens de Gabrielle à Paris (rue Fromenteau et au doyenné Saint-Germain), à Fontainebleau et à Montceaux. Fontainebleau est inventorié en une journée (15 avril), Paris en quatre jours (23, 24, 26 avril et 7 mai), et Montceaux en quatre jours également (du 5 au 8 mai). D'après Contarini, il résulte que « le revenu annuel s'élève à vingt mille écus environ. Les bijoux ont été prisés par les experts publics à deux cent mille écus et les meubles à cent mille. Ces estimations sont inférieures de près de la moitié à la valeur réelle. » Zamet récupère les cinquante et une pièces de vaisselle d'argent doré et vermeil que la duchesse n'avait pas encore payées et qu'elle avait emportées à Montceaux à la fin de février. Le Lucquois permet ainsi de diminuer d'autant les dettes de la succession.

Dès le 22 avril, Bonciani se rend à Fontainebleau où il est particulièrement « choyé » par le roi. Le 25, Henri dîne à Saint-Cloud avec Gondi « pour voir le portrait de la princesse Marie ». « Celui-ci contenta Sa Majesté », précisera Bonciani.

ÉPILOGUE

Le surlendemain de la mort de Gabrielle, Henri s'entretient déjà avec son compère le connétable au sujet de son projet d'alliance avec Marie. Le 28 avril, Groulard va trouver le souverain à Saint-Germain-en-Laye. Presque toute la Cour est « en deuil et en habits lugubres ». Le roi parle ouvertement, avec le président du parlement de Rouen, de son remariage. Comme une leçon bien apprise, Henri énumère toutes les raisons qui justifieraient ses noces avec la nièce du grand-duc : l'extinction de la dette, la dot, le plaisir du pape, la diminution de la puissance espagnole... Groulard déclare en riant que « d'où le mal serait venu en France [par les Médicis], de là la guérison viendrait – « quelques-uns m'ont déjà dit cela », répond le roi en ajoutant : « Mais, je vous prie, dit-il, qu'eût pu faire une pauvre femme [Catherine de Médicis] ayant par la mort de son mari cinq petits enfants sur les bras, et deux familles en France qui pensaient d'envahir la couronne, la nôtre et celle de Guise ? Fallait-il pas qu'elle jouât d'étranges personnages pour tromper les uns et les autres, et cependant garder comme elle a fait ses enfants, qui ont successivement régné par la sage conduite d'une femme si avisée ? Je m'étonne qu'elle n'a encore fait pis ».

Pauvre Henri! Il s'est forgé toute une argumentation qu'il exprime tout haut, afin de s'encourager lui-même à laisser réapparaître les fantômes qu'il a tant voulu fuir auprès de Gabrielle. Lui aussi va épouser une Médicis, et Marguerite, témoin de tous les souvenirs qu'il aurait voulu effacer de sa mémoire, va revenir...

Le 24 avril, la reine annule la dernière procuration, voulant qu'elle soit « lacérée, cassée, biffée et cancellée, comme étant de nul effet et valeur ». Le 29 juillet, elle aurait écrit à Rosny qu'elle ne voulait pas voir à sa place « une telle décriée bagasse... », [mais] maintenant que les choses sont changées par un bénéfice du ciel », elle ne demandait qu'un bon arrangement pécuniaire pour consentir à son démariage.

Le pape nomme une commission le 29 septembre. Celle-ci déclare le mariage nul le 10 novembre et la dissolution du mariage est prononcée le 17 décembre. Alexandre de Médicis a beaucoup contribué à l'heureuse issue de cette épineuse question. Il mourra en avril 1605, quelques jours après avoir été élu pape sous le nom de Léon XI. Grand amateur d'art, il laissera la célèbre Villa Médicis de Rome, transformée et embellie par ses soins. Henri le pleurera sincèrement.

Un âpre marchandage commence très vite entre le grand-duc Ferdinand et les ministres français. Le contrat est enfin passé au Palais Pitti à Florence, le 25 avril 1600. Rosny vient annoncer la nouvelle au roi : « Nous venons de vous marier, Sire. » D'après Sully, Henri reste un bon moment « rêvant, et se grattant la tête et curant les ongles », sans répondre... Enfin, il exprime sa crainte d'avoir affaire à une mauvaise tête qui lui fasse des scènes de ménage! C'est que le souverain n'a nulle envie de renoncer à sa nouvelle maîtresse, la brune et piquante Henriette d'Entragues. Gabrielle n'était pas encore enterrée qu'on mettait « déjà Mlle d'Entragues sur le trottoir et ne se dit en quelle qualité », écrit Nicolas Rapin. C'était « le remède et conseil » de M. Benoît, confesseur du roi : « un clou pousse l'autre ». Curieux confesseur, en vérité, et bien mal inspiré.

Henriette est une peste et sa famille non moins épouvantable que celle de Gabrielle. Louise-Marguerite de Lorraine n'aime pas la nouvelle maîtresse royale, mais elle dit d'elle : « Fort belle fille, pas si belle que Gabrielle, mais plus jeune et beaucoup plus gaie. » Henriette est la fille de Marie Touchet qui fut la maîtresse de Charles IX et la mère de Charles de Valois, comte d'Auvergne. Par la suite, Marie Touchet se maria avec François d'Entragues, père d'Henriette. Celui-ci vend sa fille au roi après d'humiliantes négociations qui aboutissent à une promesse de mariage assortie d'une condition : qu'un fils naisse de ce concubinage! À nouveau Henri écrit des lettres enflammées qui commencent par « mon menon » ou « mes chères amours ». On retrouve le même monogramme en guise de signature dans les lettres adressées à Henriette et à Gabrielle... Mais le ton est plus gaillard pour Henriette et combien différente sera cette nouvelle liaison! Selon L'Estoile, Henriette traite le souverain, non comme un égal, mais comme un valet. Drôle, vive, intrigante, conspiratrice, la maîtresse royale acceptera très mal le mariage de son amant avec Marie de Médicis.

Une première cérémonie a lieu par procuration à Florence. Bellegarde a l'insigne honneur de représenter la personne du roi. Une autre bénédiction, en présence du souverain, a lieu à Lyon le 17 décembre 1600.

Un double ménage partage la vie privée d'Henri qui trompe sa femme et sa maîtresse, aussi insupportables l'une que l'autre, avec de multiples passades. Le roi affiche sa polygamie. Ce désordre privé semble une sorte de provocation appuyée de la part du souverain. Puisqu'on ne lui a pas permis de vivre décemment avec la femme qu'il aimait, il deviendra le sultan d'un harem qui lui donnera une nichée d'enfants élevés ensemble dans le sérail de Saint-Germain-en-Laye. Maîtresses diverses se succèdent, après avoir engendré de nouveaux bâtards.

Le roi n'a-t-il aucune amitié féminine solide, capable d'apporter un affectueux équilibre au milieu de cette instabilité personnelle? Sa sœur Catherine meurt en février 1604, probablement minée par la tuberculose héritée de sa mère. La meilleure amie d'Henri est sans doute Marguerite, revenue sur les bords de la Seine, l'été de 1605, ayant enfin obtenu toutes les garanties qu'elle demandait. Les Parisiens sont médusés par cette insolite réapparition. La reine, très grosse, s'habille toujours à la mode de sa jeunesse. Son maquillage est outrancier. Une perruque surchargée cache ses maigres cheveux. Des flots de pierreries et de perles ornent sa robe corsetée et amplement décolletée !

Cette femme toujours galante, intelligente et supérieurement cultivée, crée autour d'elle une Cour intellectuellement brillante et réussit à s'entendre au mieux avec le roi, la reine Marie et les enfants royaux. Henri invite Marguerite à Saint-Germain. Tous deux y ont tant de souvenirs en commun qui remontent à leur petite enfance, lorsque, déjà fiancés, ils se tenaient l'un près de l'autre sous le regard de leurs terribles mères. Ensemble, les ex-époux exorcisent les images et les blessures qui semblaient suggérées par le démon lui-même. Marie, un moment décontenancée par la présence de la première épouse, est vite conquise. Elle consulte Marguerite sur le cérémonial de la Cour des Valois. La fille de Catherine organise bénévolement et avec joie certaines cérémonies, les fêtes et les ballets de la Cour. Henri aime y paraître entouré de ses deux femmes.

Tout d'abord, le petit dauphin conçoit difficilement l'existence d'une épouse ayant précédé sa mère. Puis, il se prend à son tour d'affection pour Marguerite qu'il appelle curieusement « Maman ma fille ». L'ancienne reine de Navarre fait de Louis son héritier et accepte d'être la marraine de Gaston, troisième fils de Marie. Un jour, Héroard, médecin personnel du dauphin, voit Marguerite agenouillée au chevet de Marie : le roi est assis sur le lit et tient dans ses bras le futur Louis XIII qui joue avec un petit chien. Marguerite doit contempler cette scène en pensant qu'elle est un peu son œuvre. Elle a enfin parachevé la continuité entre les Valois et les Bourbons...

Les derniers temps de sa vie, Henri essuie une sérieuse déconvenue. Il tombe follement amoureux de la très jeune Charlotte de Montmorency, fille de son compère. Elle est promise à Bassompierre, qui renonce à ses fiançailles avec Charlotte aussi facilement que Bellegarde renonça aux siennes avec Gabrielle. On marie Charlotte au prince de Condé, encore bien jeune et timide : on expliquera, après les noces, à l'époux timoré qu'il devra se montrer un mari complaisant. Mais le petit prince se rebiffe et enlève sa femme. Les futurs parents du Grand Condé se réfugient dans les Pays-Bas espagnols. Voilà qui va presque déclencher la guerre! Mais Ravaillac apparaît; le 14 mai 1610, Henri rejoint sa Gabrielle, rattrapé comme elle par la tragédie. Marguerite lui survivra cinq ans.

Que deviennent les enfants Vendôme après la mort de leur mère, puis après celle de leur père? Au mois de novembre 1599, les parlementaires bordelais sont tout étonnés de voir le roi s'amuser avec ses trois bâtards dans la grande salle du château de Saint-Germain. Un autre jour, l'ambassadeur d'Espagne s'apprête à être reçu par le souverain. Éberlué, il aperçoit Henri à quatre pattes, jouant à faire le cheval en portant deux de ses enfants sur le dos, au grand amusement du troisième. L'anecdote est légendaire et a figuré dans nombre de manuels d'histoire. Le roi demande à l'ambassadeur s'il a des enfants. Oui, il en a. « En ce cas, je fais encore un tour », réplique-t-il.

Thomas Platter se rappellera avoir assisté au dîner d'Henri IV à Orléans le 22 juillet 1599, trois mois à peine après la mort de Gabrielle. Le repas du roi se déroule en public : « La salle du repas était si absolument pleine de monde qu'on pouvait à peine y faire un pas. J'étais tout près de la table. On laisse entrer n'importe qui sans la moindre difficulté; mais il est interdit de porter un manteau, afin de laisser voir tout ce que l'on a sur soi. »

Platter, fasciné, observe avec attention : le roi « était assis à une longue table et n'avait auprès de lui que son bâtard, César Monsieur, âgé de quatre ou cinq ans. Celui-ci était à la gauche du roi et avait ses serviteurs particuliers ». De grands personnages se tenaient debout derrière le souverain et, l'un après l'autre, lui parlaient à l'oreille. Henri donnait une courte réponse. Le plus souvent, il gardait le silence. « Après le dîner, poursuit Platter, le roi joua quelques instants aux dés dans la grande salle, puis son carrosse le conduisit au jeu de paume. On vint aussi chercher en carrosse le bâtard du roi, César Monsieur, car celui-ci a un carrosse à lui, ses chevaux et ses domestiques. »

L'enfant, qu'Henri affectionnera toujours particulièrement, est encore traité avec de grands égards. Lors du long dîner qui suit le mariage d'Henri et de Marie à Lyon, César est placé à la droite de la nouvelle reine. Celle-ci rejoint l'hôtel de Gondi, sa résidence provisoire, en février 1601. César est seul dans la litière de la souveraine. Henri cherche-t-il à faire comprendre à son épouse qu'il lui saurait gré de s'attacher à cet enfant ?

Louise Boursier, la sage-femme qui a mis au monde le dauphin, vient voir la reine le lendemain de l'accouchement, en début d'après-midi. Elle aperçoit César seul à la porte de l'antichambre sur le chemin de la pièce où se trouve le petit dauphin. « Je lui demandai, écrira Louise Boursier : " Hé quoi ? Monsieur, que faites-vous là ? " Il me dit : " Je ne sais, il n'y a guère que chacun parlait à moi ; personne ne me dit plus rien. – C'est, Monsieur, que chacun va voir monsieur le Dauphin, qui est arrivé depuis un peu ; quand chacun l'aura salué, l'on vous parlera comme auparavant. " Je le dis à la reine qui en eut grand pitié, et dit : " Voilà pour faire mourir ce pauvre enfant ", et commanda que l'on le caressât autant ou plus que de coutume : " C'est que chacun s'amuse à mon fils, et que l'on ne pense pas à lui, cela est bien étrange à cet enfant. " »

Marie a eu un moment de pitié affectueuse pour César. Ordinairement, la reine est jalouse des Vendôme, et sa relative froideur à leur égard lui est vivement reprochée par son époux. Marguerite est plus habile. Le roi veut qu'elle soit accueillie par César lors de son retour d'Usson. Elle n'a pas encore revu le souverain, mais lui écrit une lettre des plus flatteuses sur l'enfant, « digne effet d'une royale naissance, tant en corps parfait en beauté qu'en l'esprit qui surpasse son âge [...]. C'est à la vérité une royale production digne de Votre Majesté, qui ne fait rien d'animé ou inanimé qui ne surpasse l'ordinaire, comme ces beaux bâtiments que j'ai vus passant l'eau. » Elle ose gronder affectueusement son ex-mari : « J'ai eu extrême la précaution que la tournée que faisait ce petit ange tout délicat ne lui fît mal. [...] Votre Majesté me pardonne, si j'ose lui dire qu'il faut en avoir plus de soin. »

Les craintes ressenties par le fils aîné de Gabrielle lors de la naissance du futur Louis XIII étaient justifiées. Les trois Vendôme sont rejoints à Saint-Germain par les enfants de Marie, ceux d'Henriette, devenue marquise de Verneuil, la bâtarde Charlotte des Essarts... Le dauphin n'aime guère les « féfés » Vendôme : « C'est une race de chiens », dit-il. Les enfants de Gabrielle, plus âgés que le futur Louis XIII, supportent très mal leur nouvelle condition subalterne. Ils se montrent arrogants, violents, difficiles. Les « féfés » Verneuil, plus doux et faciles, sont mieux acceptés par les enfants royaux et leur mère.

Ces quelques extraits de lettres adressées par Henri à Mme de Monglat, gouvernante du petit « troupeau » de Saint-Germain, disent mieux que tous les faits et anecdotes la différence voulue par le roi entre les enfants royaux et les autres : « Madame de Monglat, vous m'avez fait plaisir de me mander des nouvelles de mon fils le dauphin et de mes autres enfants » ; « Madame de Monglat, je vous fais ce mot pour vous dire qu'il y a longtemps que vous ne m'avez mandé des nouvelles de mon fils ni de ma fille [née en 1602] et de mes autres enfants. » On se souvient avec quelle fierté Henri écrivait autrefois « mon fils » pour désigner César...

Le roi a pu établir ses fils Vendôme avant de mourir. Alexandre, qui a été légitimé peu après la mort de sa mère, ne se mariera pas, car Henri a décidé de le faire entrer dans l'ordre de Malte. Le pape accorde la dispense nécessaire et la prise d'habit par le second fils de Gabrielle, alors âgé de huit ans, a lieu le 1er février 1604 devant Leurs Majestés, la Cour et le corps diplomatique. Alexandre, chevalier de Vendôme, sera fait grand prieur et grand général des galères de l'ordre de Malte.

César fait le mariage que lui a jadis arrangé sa mère. Le 7 juillet 1609, sont célébrées à Fontainebleau les noces « triomphantes » de César de Vendôme et de Françoise de Lorraine, fille du duc et de la duchesse de Mercœur. Le roi,

« extrêmement paré », mène la mariée du côté droit, et Bellegarde du côté gauche.

Catherine-Henriette est promise au fils de Montmorency, comme il en été décidé du temps de Gabrielle. Le fiancé n'est guère enthousiaste. Les noces sont prévues pour le lundi 17 mai 1610. Le vendredi 14, César supplie son père de ne pas sortir, car un astrologue nommé La Brosse assure qu'un grand danger menace la vie du roi ce jour-là. Henri sort malgré les prières de son fils et de la reine. Il est assassiné quelques instants plus tard. Le mariage de la fille de Gabrielle et du fils du connétable n'aura pas lieu. Catherine-Henriette épousera, neuf ans plus tard, Charles de Lorraine, duc d'Elbeuf.

La mort de leur père prive les Vendôme de leur meilleur soutien. L'amertume et les frustrations nées d'une enfance si contrastée vont s'amplifier au fil des années. Les enfants de Gabrielle participent à toutes les intrigues, toutes les révoltes. César devient l'un des chefs des « mécontents ». En 1614, il s'évade du Louvre où Marie le tient prisonnier, puis il tente de soulever la Bretagne. Lorsque Louis XIII s'oppose à sa mère, César prend parti pour la reine contre ce demi-frère détesté qui l'a tant humilié pendant l'enfance.

César et Alexandre sont compromis dans la conspiration de Chalais destinée à renverser Richelieu. Ils sont arrêtés et conduits à Vincennes où ils sont traités avec beaucoup de rigueur. Alexandre y meurt en 1629. César est libéré après quatre ans d'emprisonnement. Il s'exile et revient de temps à autre en France, au gré des accusations ou des indulgences de son demi-frère.

La haine contre Richelieu et sa nouvelle définition du pouvoir royal a provoqué le soulèvement de plusieurs personnages rencontrés auprès de Gabrielle. Catherine-Henriette, devenue duchesse d'Elbeuf, complote contre le cardinal avec la grande amie de sa mère, Louise-Marguerite de Lorraine, fille du Balafré. Mlle de Guise a finalement été mariée par Henri IV au prince de Conti, en 1605. Veuve en 1614, elle épouse secrètement Bassompierre dont elle est follement éprise, et qui déteste également le ministre du roi.

En 1631, Louis XIII et Richelieu donnent un coup d'arrêt brutal aux révoltes. La reine mère, Marie de Médicis, est prisonnière à Compiègne, sous la garde du maréchal d'Estrées! Ainsi, François-Annibal d'Estrées devient le geôlier de la femme qui a pris la place de sa sœur adorée... Bellegarde a cabalé contre Richelieu comme beaucoup de nobles, mais il tire assez bien son épingle du jeu. Il mourra en 1646, à quatre-vingt-quatre ans, sans laisser de postérité. Bassompierre est conduit à la Bastille où il séjournera pendant dix années. La princesse de Conti est exilée dans sa terre d'Eu. Désespérée, Louise-Marguerite meurt quelques mois plus tard. La duchesse d'Elbeuf est également exilée dans ses terres. Elle mourra en 1663. Le vieux connétable a la grâce de mourir sans avoir connu le destin tragique de son fils, Henri II de Montmorency. Le roi l'a tenu sur les fonts baptismaux tout en surveillant la coiffure de Gabrielle... Louis XIII et Richelieu décident de châtier sans pitié son insubordination. Le 30 octobre 1632, Henri de Montmorency, aussi beau que sa mère, Louise de Budos, est décapité dans la cour du Capitole de Toulouse.

Après la mort de Richelieu, César finit par faire la paix avec Mazarin et avec la régente, la reine Anne d'Autriche, qu'il sert avec dévouement. Il devient gouverneur de Bourgogne, et la veuve de Louis XIII se démet en sa faveur de la charge de surintendant général de la navigation. Cette accalmie dans le comportement politique contraste avec l'extrême violence qui déchire brutalement les Vendôme.

En 1651, devant le Parlement de Paris, se déroule un procès scandaleux qui fait grand bruit dans la capitale. Catherine-Henriette, duchesse d'Elbeuf, demande à son frère, César de Vendôme, de lui restituer la part d'héritage qu'il a reçue lors du règlement de la succession de Gabrielle. Catherine-Henriette justifie ses prétentions en rappelant que César est né avant la dissolution du mariage de leur mère commune avec Liancourt et qu'en conséquence il est un enfant adultérin incapable d'hériter! La duchesse appuie son argument en affirmant que la sentence de l'official n'a pu avoir d'effet rétroactif. Alexandre étant mort, elle reste la seule héritière de Gabrielle, étant née après l'annulation du mariage de sa mère.

Au moment du procès, César s'est réconcilié avec Mazarin, et les d'Elbeuf, toujours favorables à la Fronde, sont ruinés. César est défendu par Pucelle, un avocat de grand renom. Celui-ci rappelle que la terrible duchesse, digne petite-fille de l'exécrable Françoise Babou, fut l'espionne de Richelieu au donjon de Vincennes, pour perdre César que le cardinal voulait convaincre de crime de lèse-majesté. L'avocat de Catherine-Henriette insinue que César serait le fils de Bellegarde. Pucelle répond par une plaidoirie remarquable, et le duc de Vendôme gagne le procès.

L'année suivante, César et Françoise vivent un véritable drame familial : leur second fils, le duc de Beaufort, tue en duel leur gendre, le duc de Nemours. Les Vendôme ont trois enfants. L'aîné, Louis, duc de Mercœur, a épousé depuis peu Laure Mancini, nièce de Mazarin. Leur deuxième enfant, Élisabeth, a épousé en 1643 Charles-Amédée de Savoie, duc de Nemours. Le troisième, François, duc de Beaufort, personnage borné, violent, démagogue au langage ordurier, est l'idole de la populace qui le proclame « roi des halles ». Lorsque commence la guerre civile, en 1652, Beaufort et Nemours s'engagent dans les armées frondeuses du prince de Condé. Mais les deux beaux-frères se détestent et ne parviennent pas à s'entendre. Ils décident de se battre en duel. Le 30 juillet, Nemours, âgé de vingt-huit ans, est tué d'un coup de pistolet par Beaufort. Puis, La Fronde vaincue, Beaufort deviendra un sujet soumis, comme son père et son frère.

César meurt le 22 octobre 1665, à l'âge de soixante et onze ans. Son fils Louis, désespéré par la mort de sa femme qu'il avait épousée par amour, a embrassé l'état ecclésiastique. Il est créé cardinal en 1667 et meurt deux ans plus tard. Beaufort disparaît la même année, probablement décapité par les Turcs qu'il combattait courageusement à la tête de la flotte française, au siège de Candie – on ne retrouvera jamais son corps. Beaufort, sans alliance, ne laisse aucune postérité.

Louis eut de Laure Mancini deux fils. L'aîné, Louis-

Joseph, duc de Penthièvre et de Mercœur, puis de Vendôme et d'Étampes, épouse Marie-Anne de Bourbon-Condé, « Mlle d'Enghien ». Il est la bête noire de Saint-Simon. Cynique, particulièrement sale et mal tenu de sa personne, homosexuel, indolent, Louis-Joseph de Vendôme est aussi capable de grande bonté et de brillantes prouesses militaires. Il sauve ainsi le trône mal assuré de son parent Philippe V, premier des rois Bourbon en Espagne. Vendôme meurt en 1712 près de Valence. Philippe V ordonne que toute l'Espagne prenne le deuil et le fait ensevelir à l'Escurial, dans le pavillon des Infants où il repose toujours; on reconnaît sur son tombeau les armes de France avec la barre des bâtards, Louis-Joseph n'avait pas d'enfants. Son frère Philippe, grand prieur de l'Ordre de Malte, meurt en 1727, sans postérité. Ainsi s'éteint la lignée des Vendôme.

Gabrielle, qui ne put jamais devenir reine, se trouve être, par la descendance de sa petite-fille Nemours, l'aïeule d'une multitude de têtes couronnées. Triste destinée que celle d'Élisabeth de Vendôme, duchesse de Nemours. Peu de temps après avoir perdu trois fils jeunes, son frère tue son mari. Elle meurt en 1664, laissant deux orphelines que Beaufort, l'assassin de leur père, aide de son mieux. La seconde, Marie, épouse successivement deux frères, tous deux rois du Portugal : Alphonse VI et Pierre II. L'aînée, Marie-Jeanne de Savoie-Nemours, épouse son parent Charles-Emmanuel II, duc de Savoie, petit-fils du grand allié de Gabrielle. De cette union naît Victor-Amédée qui devient roi de Sicile et de Sardaigne. Victor-Amédée épouse Anne, fille de Philippe, duc d'Orléans, frère de Louis XIV. Sa fille aînée, Marie-Adélaïde, épouse le duc de Bourgogne, dauphin de France et père de Louis XV.

Un jour, un courtisan vante devant le roi les quartiers de noblesse de sa famille. Louis XV répond, en faisant malicieusement allusion à Laurent Babou, que lui-même descend d'un notaire de Bourges.

Madame Louise-Élisabeth, fille de Louis XV, épouse le duc de Parme, l'un des fils de Philippe V. Elle est l'ancêtre de nombreuses familles royales européennes. On peut compter, parmi les descendants en ligne directe de Gabrielle et vivant au XXᵉ siècle, le roi d'Espagne, le grand-duc du Luxembourg, l'impératrice Zita et toute sa postérité...

Si Gabrielle est souvent associée à la légende d'Henri IV, elle paraît bien oubliée par l'amant survivant. Henri a un amour instinctif, viscéral pour le jaillissement de la vie. Ses projets sont très ambitieux et sa tâche difficile. Il a besoin de se sentir soutenu, entraîné par le mouvement même des êtres et de la terre. Le souvenir d'une morte freine l'élan vital qui le porte. Après avoir surmonté la réelle violence de sa douleur, il s'engage vers d'autres cieux de façon extraordinairement avide et désordonnée.

Sa désinvolture à l'égard des biens de Gabrielle est stupéfiante. Malgré la disparition de certains bijoux, on trouve à Fontainebleau pour 84 000 écus de diamants et de perles. Après avoir fait vendre quelques objets de peu de valeur, le roi décide de prendre les meubles restants pour 529 304 livres dont il se reconnaît débiteur envers ses enfants. Aussi, les gens des comptes hésitent à passer outre la décision prise par le souverain au mois d'août 1600. Ils finissent, bien sûr, par s'incliner. Henri, en effet, déclare posséder la totalité du mobilier de Montceaux et avoir même fait accommoder plusieurs bijoux et pierreries de Gabrielle « pour les mettre en d'autres œuvres » destinées à « sa chère et très aimée future princesse Marie, ce qui a épargné autant de dépenses ». Il n'y a point de sotte économie !

À Fontainebleau, le 2 de ce mois d'août, c'est le ciel lui-même qui se charge d'estomper la mémoire de Gabrielle : « Le tonnerre tomba, écrira L'Estoile, sur une des galeries où il abattit et gâta tous les chiffres de feue Madame la duchesse et du roi ».

Après son mariage, Marie s'installe sur les lieux autrefois fréquentés par Gabrielle, dont elle chasse ainsi le souvenir. La reine se rend souvent chez Zamet avec qui elle s'entend au mieux. Bientôt, elle devient l'hôtesse de Montceaux... Le roi lui a promis ce château en cas de la naissance d'un fils. Dès la venue au monde du futur Louis XIII, Henri annonce : « Ma femme a gagné Montceaux » ; le roi rachète le château à ses enfants et le donne à son épouse. Montceaux est la résidence de campagne préférée de Marie. Elle y consacre de grosses dépenses. La poursuite des travaux est d'abord confiée aux Du Cerceau puis à leur neveu Salomon de Brosse, qui construit un jeu de paume et une écurie. La reine aménage avec grand soin de merveilleux jardins.

Catherine-Henriette et Alexandre, trop jeunes, ne se souviennent guère de Gabrielle. Le 21 novembre 1605, le dauphin demande à Alexandre si sa mère est morte. L'enfant, alors âgé de sept ans, répond avec dureté : « Elle est bien loin, si elle court toujours! » César n'a pu oublier sa mère, qui l'aimait tant. Il possède la magnifique robe qu'elle avait commandée pour le jour de ses noces. Il décide de donner ce vêtement aux oratoriens de Vendôme qui en font un ornement d'autel. Après sa mort, César est inhumé dans le caveau des Bourbons en l'église Saint-Georges de Vendôme, mais son cœur est confié à l'Oratoire.

La disparition de la duchesse de Beaufort est ressentie par la plupart des contemporains comme un coup de tonnerre décidé par Dieu. On a tant redouté son accession au trône que sa mort brutale suscite un grand nombre d'œuvres satiriques, écrites ou peintes. Il y a au Louvre une célèbre peinture représentant deux dames torse nu dans une baignoire. La brune saisit le sein de la blonde, tandis qu'une lingère coud quelque trousseau, dans le fond. Le genre allégorique et la facture du tableau sont ceux que l'on retrouve sur les chantiers de Fontainebleau à la fin du XVIe siècle. Officiellement, ces deux dames seraient Gabrielle d'Estrées et sa sœur la duchesse de Villars. Nous préférons de beaucoup l'hypothèse de Roger Trinquet qui, au terme d'une étude attentive – et passionnante –, pense qu'il s'agit d'une allégorie satirique sur les extravagances amoureuses du roi, représentant les deux maîtresses qui se succèdent si vite dans la couche royale : Gabrielle d'Estrées et Henriette d'Entragues.

Les traits de la brune rappellent en effet ceux d'Henriette et non ceux de la duchesse de Villars ni ceux de la maréchale de Balagny. La lingère aux habits et aux cheveux rouges – couleur funeste –, Parque fatale, coud devant une table-cercueil recouverte jusqu'au sol d'un tissu vert foncé (le vert était la couleur préférée de Gabrielle). La vie anime Henriette, la rigidité s'empare déjà de Gabrielle. Le sang irrigue les mains potelées d'Henriette, tandis qu'une main de Gabrielle paraît inerte, et l'autre, celle qui porte l'anneau nuptial, décharnée et jaunâtre.

À Florence, une double variante montre Gabrielle passant « l'anneau au doigt d'Henriette prête à réussir, là où elle avait échoué de justesse ». Au musée Condé, à Chantilly, une peinture allégorique reprend le thème peint par Clouet d'une baigneuse avec un nourrisson et sa nourrice dans le fond. Le visage de la dame serait celui de Gabrielle, et l'on reconnaît le profil d'Henri IV sur un des ornements de la cheminée. Par ses charmes et par ses enfants, Gabrielle a réduit le roi en esclavage. Mais il manque trois ou quatre perles pour que la couronne placée sur ses cheveux soit complète, et l'anneau nuptial, à la deuxième phalange, n'est pas enfilé à fond.

Roger Trinquet conclut que l'on peut situer entre l'été de 1599 et l'automne de 1600 – époque du mariage avec Marie –, la composition des tableaux sur « la succession amoureuse de Gabrielle recueillie par Henriette : succession à la volupté (tableau du Louvre); succession à l'opportune fécondité (collection Faucigny-Lucinge); succession aux ambitions matrimoniales (tableaux de Florence) ».

Les Souvenirs et les Mémoires des contemporains de la duchesse de Beaufort, écrits quelques années plus tard, jugent la jeune femme avec plus de sérénité. Sa famille est, justement, très dénigrée; Gabrielle elle-même n'est pas détestée, mais souvent accusée d'avoir ensorcelé le roi par ses charmes et de l'avoir ainsi détourné de ses devoirs guerriers. Les séjours prolongés à Lyon avant la chute de Cambrai et à Paris avant la perte d'Amiens sont vivement reprochés à Gabrielle. Toutes les fautes militaires d'Henri seraient dues à sa maîtresse !

Ce thème inspire les écrivains, les peintres et les graveurs des XVIIIᵉ et XIXᵉ siècles. Voltaire écrit dans son neuvième chant de la *Henriade* :

> *Au fond de ce jardin, au bord d'une onde claire,*
> *Sous un myrte amoureux, asile de mystère,*
> *D'Estrée à son amant prodiguait ses appas;*
> *Il languissait près d'elle, il brûlait dans ses bras.*

L'arrivée inattendue de Duplessis-Mornay réveille le roi qui s'écrie :

> *Cher ami, ne crains point ma colère;*
> *Qui m'apprend mon devoir est trop sûr de me plaire;*
> *Je reprends ma vertu ... fuyons.*

Ces vers sont illustrés par une série de gravures d'après le dessin de J.-M. Moreau le Jeune : *Mornay arrache Henri IV à son amour pour Gabrielle*. En 1808, Auguste Charpentier peint pour le Salon, une grande toile rectangulaire sur ce sujet (œuvre qui est passée en vente il y a peu de temps).

L'*Alcandre* contribue à diffuser toute une légende autour d'Henri et de Gabrielle. L'épisode au cours duquel Henri approche Cœuvres déguisé en meunier avec un sac de farine sur le dos fait la joie des graveurs. L'une des expositions présentées au Musée national du château de Pau, évoque cette liaison extraordinaire. Les bustes des amants se font vis-à-vis sur l'autel de l'amour. Deux estampes se faisant pendant illustrent, l'une « la disgrâce de Gabrielle », l'autre « le retour d'Henri vers Gabrielle ». Dans la première, la jeune femme tient un médaillon qui représente sans doute Bellegarde. Elle se détourne en pleurant, vers le roi qui paraît très en colère. Dans la seconde, penchée à la fenêtre, elle voit revenir son royal amant. D'autres gravures montrent Gabrielle tenant une lettre décachetée, devant le portrait d'Henri IV. La chanson composée par le roi pour sa maîtresse (« Charmante Gabrielle/percé de mille dards... »), figure dans les recueils de *Chants et Chansons populaires de France.*

Les vantardises de Bellegarde dans l'*Alcandre* et surtout les Mémoires tardifs de Bassompierre – ceux-là très probablement apocryphes – vont contribuer à forger toute une tradition sur la légèreté des mœurs de Gabrielle, qui aurait trompé le roi jusqu'à sa mort. Les ragots colportés par Mme de Mainville, « la Rousse », après le décès de Gabrielle, ont renforcé ces malveillances. Nous savons par le président de Vernhyes, chargé par le roi de participer au règlement de la succession de sa maîtresse, que des bijoux de Gabrielle confiés aux Mainville ont été dérobés avant même le décès, pendant l'agonie. Les Mainville se défendent en accusant la duchesse de Beaufort elle-même d'avoir fait disparaître certains de ses bijoux. Le roi ne croit guère à cet argument. Il fait arrêter et enfermer les deux époux à la Bastille. Après un emprisonnement de six ans, Mainville, pardonné, rentre dans la garde du roi. Sully, gouverneur de la Bastille, entendit plusieurs fois les deux époux qui chargèrent Gabrielle de tous les péchés possibles. Le ministre écrit dans les *Économies* que leurs propos étaient presque tous faux, mais il laisse percer le doute...

Michelet, sensible aux sous-entendus ou aux non-dits de Sully, observe longuement le portrait au crayon de Gabrielle, conservé à la Bibliothèque nationale : « Elle est étonnamment blanche et délicate, imperceptiblement rosée. L'œil a une indécision, une *vaghezza* qui dut ravir et qui pourtant ne rassure pas. »

Sainte-Beuve éclaire différemment la mémoire de Gabrielle : « Complètement femme dans ses goûts, dans ses ambitions, dans ses défauts même, [...], ce fut son art et son charme d'avoir su mettre, dans cette existence plus qu'équivoque et affichée, une sorte de dignité et quelque décence. »

EPILOGUE

De nos jours, Gabrielle d'Estrées garde la première place dans les amours du Vert Galant. Pour nous, elle fut bien davantage que la maîtresse préférée du roi. Elle fut le seul véritable amour conjugal d'Henri IV.

Comme elle était partout auprès du roi, de nombreuses localités réclament sans aucune preuve l'honneur d'avoir reçu sa visite. Les maisons de Montmartre qui auraient abrité les premiers ébats des deux amants ne se comptent plus. Les souvenirs légendaires de la « belle Gabrielle » courent tout le long de la rue Marcadet.

Veut-on chercher à ressusciter la présence de Gabrielle à travers les objets ou les bâtiments ? Une des vitrines de la galerie d'Apollon au Louvre contient son ravissant échiquier en cristal de roche et quartz fumé (que l'on peut imaginer tel que le posséda la jeune femme en faisant abstraction des montures ajoutées aux XVIIIe et XIXe siècles). Les châteaux de Cœuvres, en Picardie, et de La Bourdaisière, en Touraine, possèdent encore des bâtiments qui n'ont guère changé depuis l'époque de Gabrielle.

Mais rien n'évoque de façon plus émouvante la compagne d'Henri IV que les vestiges de Montceaux, détruit sous la Révolution. À l'orée de la forêt domaniale, près de Meaux, dominant la magnifique vue sur des collines de plus en plus lointaines, apparaît un théâtral décor de ruines où l'on reconnaît le pavillon d'entrée découronné. Encerclés par le quadrilatère des fossés resté intact, se dressent les lambeaux éparpillés du château enchanté de Gabrielle, comme des témoins immobiles destinés à rappeler l'éclatement d'un rêve grandiose.

SOURCES ET BIBLIOGRAPHIE

I. Sources manuscrites

L'inventaire après décès des biens, meubles, joyaux et titres de Gabrielle d'Estrées se trouve aux Archives nationales sous la cote KK 157 (AE II 765). Cet inventaire a été amplement analysé et commenté par Fréville (*Bulletin de l'École des chartes*, 1re série, t. III) et par Desclozeaux dans sa biographie sur Gabrielle d'Estrées.

Au département des Manuscrits à la Bibliothèque nationale :

a) diverses pièces concernant la famille d'Estrées, les droits seigneuriaux de Gabrielle, duchesse de Beaufort, des pamphlets ou épitammes se trouvent dans l'ancien Fonds français. Les rares lettres originales de Gabrielle, adressées à la duchesse de Nevers ou au connétable de Montmorency, sont consultables sous la cote : Fonds français, 3356, 3574, 3579, 3640, 3832.

b) les lettres d'Henri IV à Gabrielle se trouvent dans la collection Dupuy, vol. 407, et dans le Fonds français, vol. 3639.

c) la relation sur le service funèbre pour Gabrielle est également dans le Fonds français, vol. 18529, fol. 156.

d) les procurations successives de Marguerite de Valois se trouvent dans le Fonds français, vol. 15598 et 15599.

II. Sources imprimées

A. ÉCRITS DES CONTEMPORAINS D'HENRI IV ET DE GABRIELLE D'ESTRÉES

1. Correspondances diplomatiques étrangères

Correspondance de nonces en France, publiée par J. Lestoquoy, Paris, 1963.

Florence (cardinal de), *Lettres du cardinal de Florence sur Henri IV et sur la France 1596-1598*. Documents recueillis et commentés par Raymond Ritter. Préface de Léon Bérard, Paris, 1955.

Canestrini (G.) et Desjardins (P.), *Négociations diplomatiques de la France avec la Toscane*, Paris, 1859-1886 (6 vol.).

Alberi (Eugenio), *Le Relazioni degli ambasciatori veneti al senato*, Firenze, 1861 (5 vol.).

Ambassadeurs vénitiens, *Relation des ambassadeurs vénitiens sur les Affaires de France au XVIe siècle*, recueillies et traduites par Nicolo Tommaseo, Paris, 1838.

– *Rapport à Son Exc. M. le comte Waleski, ministre d'État, sur la correspondance des Ambassadeurs vénitiens résidant en France*, par M. L. de Mas-Latrie, Paris, 1864.

– D'importants inédits des archives de Florence sont publiés dans l'ouvrage de Jacques Bolle (voir ci-après, rubrique B).

2. Lettres

Bourbon (Catherine de), *Lettres et Poésies de Catherine de Bourbon*, publiées par Raymond Ritter, Paris, 1927.

Henri IV, *Harangues et Lettres inédites du roi Henri IV, suivies des lettres inédites du poète Nicolas Rapin et son fils*, publiées par E. Halphen, Lille, 1879.

– *Lettres inédites du roi Henri IV au chancelier de Bellièvre*, publiées par E. Halphen, Paris, 1872.

– *Lettres inédites de Henri IV au duc et à la duchesse de Nevers*, publiées par le comte Baguenault de Puchesse, Nogent-le-Rotrou, 1900.

– *Lettres d'amour et écrits politiques*, choix et présentation par Jean-Pierre Babelon, Paris, 1988.

– *Lettres missives de Henri IV*, publiées par Jules Berger de Xivrey et Joseph Gaudet, Paris, 1843-1876 (9 vol.).

Ossat (Arnaud d'), *Lettres du cardinal*, publiées par Amelot de La Houssaie, Amsterdam 1758 (5 vol.).

– *Lettres inédites du cardinal d'Ossat*, Paris, 1872.

BIBLIOGRAPHIE

- *Lettres missives originales tirées des archives de La Trémouille*, publiées par P. MARCHEGAY et M. IMBERT, Niort, 1881.
Voir ci-après Marguerite de VALOIS, *Mémoires et Lettres*, et LOISELEUR sur la lettre de Jehan de Vernhyes (rubrique B).

3. Récits, journaux, souvenirs, mémoires (la plupart des mémoires importants ont été publiés par la Société d'Histoire de France (SHF).

Amadis de Gaule, Lyon, 1575.
AUBIGNÉ (Agrippa d'), *Œuvres*, Paris, 1953.
- *Histoire universelle*, Paris (SHF), 1886-1925 (10 vol.).
BASSOMPIERRE (maréchal François de), *Mémoires*, Paris (SHF), 1837.
BRANTÔME (Pierre de Bourdeille, abbé de), *Vie des dames galantes*, Paris, 1956.
Journal du secrétaire de Philippe de Bec (à la suite du « Journal d'un curé ligueur »), publ. par Édouard de BARTHÉLEMY, Paris, 1886.
CHEVERNY (Philippe Hurault de), *Mémoires*, Paris (SHF), 1838.
DALLINGTON (Robert), *The view of France*, 1598, Versailles, trad. 1892.
DAVILA (Henri-Catherin), *Histoire des guerres civiles en France, 1559-1598*, Paris, 1757.
DUPLEIX (Scipion), *Histoire d'Henri le Grand, IV du nom*, Paris, 1632.
DUPLESSIS-MORNAY (Philippe), *Mémoires*, publiés par LA FONTENELLE DE VAUDORÉ, Paris (SHF), 1824-1825.
GROULARD (Claude), *Mémoires*, Paris (SHF), 1826.
LA FORCE (Jacques Nompar de Caumont, duc de), *Mémoires authentiques*, Paris, 1843 (4 vol.).
L'ESTOILE (Pierre de), *Journal pour le règne de Henri IV (1589-1600)*, présenté par Louis-Raymond LEFÈVRE, Paris, 1948.
LORRAINE (Louise-Marguerite de, princesse de Conti), *Les Amours du Grand Alcandre par Mlle de Guise*, Paris, 1786, (2 vol.).
LOUVET, (Jehan), « Journal de Jehan Louvet », *Revue de l'Anjou*, 1854.
MARGUERITE DE VALOIS, *Mémoires et Lettres*, éd. publiée par M. F. GUESSARD, Paris (SHF), 1842.
- *Mémoires, suivies de lettres et autres écrits*, édition présentée par Yves CAZAUX, Paris, 1987.
MATTHIEU (Pierre), *Histoire de France et des choses mémorables advenues aux provinces étrangères durant sept années de paix du règne d'Henri IV*, Paris, 1605.
- *L'Entrée du grand et victorieux prince Henri IV... en sa bonne ville de Lyon le 4 septembre de l'an 1595...*, Lyon, s.d.
MORICE (dom Pierre-Hyacinthe), *Mémoires pour servir de preuves à l'histoire ecclésiastique et civile de la Bretagne (Journal de Jean Pichart)*, Paris, 1742-1746 (3 vol.).
MORNAY (Mme de), *Mémoires* publiés par Mme de WITZ-GUIZOT, Paris (SHF), 1868-1869.

PALMA CAYET, *Chronologies novénaire et septénaire*, Paris (SHF), 1838.

PLATTER (Thomas), « Description de Paris par Thomas Platter le jeune, de Bâle (1599) », *Mémoires de la Société d'histoire de Paris*, t. XXIII, 1896.

– *Un étudiant bâlois à Orléans*, par M. Paul DE FÉLICE, Orléans, 1879.

– *Voyage à Rouen* (août 1599), Montpellier, 1890.

SULLY, *Œconomies royales*, éd. critique par David BUISSERET et Bernard BARBICHE pour les années 1572, 1599, Paris 1970 et 1988.

– *Mémoires*, présentés et annotés par Louis-Raymond LEFÈVRE, Paris, 1942.

THOU (Jacques-Auguste de), *Histoire universelle 1594-1607*, t. XI, XII et XIII, Londres, 1734.

B. OUVRAGES POSTÉRIEURS ET TRAVAUX

Avant d'énoncer la liste de ces ouvrages, je tiens à rappeler l'apport incomparable des recherches sur la vie de Gabrielle d'Estrées, effectuées par Raymond Ritter. L'éminent historien d'Henri IV n'aimait pas Gabrielle. Je ne partage pas sa sévérité. Certaines de ses interprétations sont nuancées ou parfois contredites par la mise au jour d'importants inédits grâce au travail de Jacques Bolle aux archives de Florence. Néanmoins, les études de Raymond Ritter sur la vie de Gabrielle d'Estrées restent, par leur importance et leur sérieux, une source indispensable pour tout biographe de la célèbre maîtresse d'Henri IV. Ritter avait notamment relevé tous les dons et les gratifications accordés par le roi à Gabrielle – et Dieu sait s'ils sont nombreux! Tous ceux qui sont cités dans cet ouvrage ont été découverts par lui.

Pour avoir une idée (nécessairement très approximative) des équivalences monétaires, je me rapporte aux calculs faits par Michel Carmona (mais ce type d'équivalence n'a pas beaucoup de sens) : une livre vaudrait environ 100 francs actuels; l'écu est généralement une monnaie de compte qui vaut 3 livres.

ALLEMAGNE (Henri d'), *Récréations et Passe-temps*, Paris, 1904 (6 vol.).

ARIÈS (Philippe), *L'Enfant et la vie familiale sous l'Ancien Régime*, Paris, 1960.

ARIÈS (Philippe) et DUBY (Georges) (dir.), *Histoire de la vie privée. De la Renaissance aux Lumières*, t. III, Paris, 1986.

AVEZOU (R.), *Histoire de la Savoie*, Paris, 1963.

BABELON (Jean-Pierre), *Demeures parisiennes sous Henri IV et Louis XIII*, Paris, 1977.

– *Henri IV*, Paris, 1982.

– « Les chiffres de Henri IV et de Gabrielle d'Estrées sur les façades du Louvre », *P.V. Comm. Vieux Paris*, 2 avril 1979.

– « Les travaux de Henri IV au Louvre et aux Tuileries », *Mémoires Paris et Ile-de-France, 29,* 1978.

BAILLON (comte de), *La Reine Louise de Lorraine,* Paris, 1884.

BARBICHE (Bernard), *La France des guerres de Religion,* Paris, 1971.

– *Sully,* Paris, 1978.

BARDON (Françoise), *Le Portrait mythologique à la Cour de France sous Henri IV et Louis XIII,* Paris, 1974.

BASCHET (Armand), *Les Archives de Venise. Histoire de la Chancellerie secrète,* Paris, 1870.

– *La Diplomatie vénitienne. Les princes de l'Europe au XVI*e *siècle d'après les rapports des ambassadeurs vénitiens,* Paris, 1867.

BATIFFOL (Louis), *Le Louvre sous Henri IV et Louis XIII,* Paris, 1930.

BENNASSAR (Bartolomé) et JACQUART (Jean), *Le XVI*e *siècle,* Paris, 1987.

BERGER DE XIVREY (Jules), *Sur le mariage de Gabrielle d'Estrées avec M. de Liancourt,* Paris, 1862.

BERTHON (Roger), *Saint-Germain-en-Laye,* Saint-Germain-en-Laye, 1966.

BIELER (André), *L'Homme et la Femme dans la morale calviniste,* Genève, 1963.

BOLLE (Jacques), *Pourquoi tuer Gabrielle d'Estrées ?,* Florence, 1955.

BONNAFFÉ (Edmond), *Les Arts et les Mœurs d'autrefois : voyages et voyageurs de la Renaissance,* Paris, 1895.

BOUCHER (François), *Histoire du costume en Occident de l'Antiquité à nos jours,* Paris, 1965.

BUISSON (Albert), *Michel de L'Hospital (1503-1573),* Paris, 1950.

CABANÈS (docteur), *Les Énigmes de l'Histoire,* Paris, 1930.

– *Mœurs intimes du passé,* Paris, 1908-1920 (10 vol.).

CANO DE GAROQUÍ (José Luis), *La Cuestion de Saluzzo en las comunicaciones del imperio espanol,* Valladolid, 1962.

CARMONA (Michel), *Marie de Médicis,* Paris, 1984.

CARRÉ (lieutenant-colonel Henri), *Gabrielle d'Estrées, presque reine,* Paris, 1935.

– *Jeux, sports et divertissements des rois de France,* Paris, 1937.

– « Sur les marches du trône, la belle Gabrielle, duchesse de Beaufort », *Les écrivains contemporains,* novembre 1960.

CASTARÈDE (Jean), *Gabrielle d'Estrées ou la passion du roi,* Paris, 1987.

CASTELOT (André), *Henri IV le passionné,* Paris, 1986.

CASTRIES (René, duc de), *Henri IV, roi de cœur, roi de France,* Paris, 1970.

CAZAUX (Yves), *Henri IV, la grande victoire,* Paris, 1986.

CHANOINE-DAVRANCHES (L.), *Henri IV et l'ambassadeur d'Angleterre à Rouen en 1596,* Rouen, 1894.

CHARLIER-MENIOLLE (R.), *L'Assemblée des notables tenue à Rouen en 1596,* Rouen, 1911.

CHEVALIER (abbé Casimir), *Histoire de Chenonceaux,* Lyon, 1868.

CIMBER (L.) et DANJOU (F.) (publ. par), *Archives curieuses de l'Histoire de France,* Paris-Beauvais, 1841-1844.

CLOULAS (Ivan), *Catherine de Médicis*, Paris, 1979.

CONCHE (Marcel), *Montaigne ou la conscience heureuse*. Paris, 1964.

CONSTANT (Jean-Marie), *Les Guise*, Paris, 1989.

– *La Vie quotidienne de la noblesse française aux XVIe et XVIIe siècles*, Paris, 1985.

CROUZET (D.), « La crise de l'aristocratie française au XVIe siècle », *Histoire, économie et société*, 1982.

DANIEL (Bertrand), *Henri IV et la ville de Rouen*, Rouen, 1958.

DAVILLE (L.), « Le mariage de Catherine de Bourbon », *Annales de l'Est*, 15, 1901.

DECAUX (Alain), *Histoire des Françaises*, t. II, Paris, 1973.

DECRUE DE STOUTZ (Francis), *La Cour de France et la société au XVIe siècle*, Paris, 1888.

DELUMEAU (Jean), « Henri IV », *Hommes d'État célèbres*, t. IV, Paris, 1971.

– *Histoire de la Bretagne*, Toulouse, 1969.

– *La Civilisation de la Renaissance*, Paris, nouv. éd., 1988.

DEN TEX (Jean), *Une ambassade hollandaise en Anjou sous Henri IV*, Angers, 1955.

DESCLOZEAUX, *Gabrielle d'Estrées, marquise de Montceaux, duchesse de Beaufort*, Paris, 1889.

– « Le mariage et le divorce de Gabrielle d'Estrées »; « Gabrielle d'Estrées et Sully », *Revue historique*, t. XXX et XXXIII, Paris, 1886 et 1887.

DOUCET (Roger), *Les Institutions de la France au XVIe siècle*, Paris, 1948 (2 vol.).

DREANO (chanoine Mathurin), *La Religion de Montaigne*. Paris, 1969.

DREUX DU RADIER (Jean-François), *Mémoires historiques, critiques et anecdotes des reines et régentes de France*, t. VI, Amsterdam, 1776 (6 vol.).

DROUOT (Henri), *Mayenne et la Bourgogne. Étude sur la Ligue 1587-1596*, t. II, Paris, 1938.

– *Notes et documents sur la Bourgogne au XVIe siècle*, Dijon, 1914.

DUBY (Georges) et MANDROU (Robert), *Histoire de la civilisation française*, t. I, Paris, 1961.

DUSSIEUX (L.), *Étude biographique sur Sully*, Paris, 1887.

École française de Rome, *Mélanges*, « L'influence française à la cour pontificale sous le règne de Henri IV », 1965.

ELIAS (Norbert), *La Société de Cour*, trad. fr., Paris, 1975.

ENGERAND (Roland), *Trois dames de petite vertu*, Tours, 1947.

ERLANGER (Philippe), *Gabrielle d'Estrées, femme fatale*, Paris, 1975.

– *Les Idées et les Mœurs au temps des rois, 1558-1715*, Paris, 1970.

– *La Reine Margot ou la rébellion*, Paris, 1972.

– *La Vie quotidienne sous Henri IV*, Paris, 1958.

FAURE (Paul), *La Renaissance*, Paris, 1986.

FAUREY (Joseph), *L'Édit de Nantes et la question de la tolérance*, Paris, 1929.

BIBLIOGRAPHIE

FEBVRE (Lucien), *Amour sacré, amour profane autour de l'Heptaméron*, Paris, nouv. éd., 1971.
- *Au cœur religieux du XVIe siècle*, Paris, nouv. éd., 1984.
- *Le Problème de l'incroyance au XVIe siècle*, Paris, nouv. éd., 1988.
FÉLIX (Julien) et ROBILLARD DE BEAUREPAIRE (Charles de), *Entrée à Rouen du roi Henri IV en 1596*, Rouen, 1887.
FERET (abbé Pierre), *Les grandes figures de l'Histoire. Henri IV et l'Église catholique*, Paris, 1875.
- « Nullité du mariage d'Henri IV », *Revue des questions historiques*, t. XX, Paris, 1876.
FERRAND (Louis), *Le Grand Veneur ou chasseur noir de la forêt de Fontainebleau*, Paris, 1979.
FLANDRIN (J.-L.), *Familles, parenté, maison, sexualité dans l'Ancienne France*, Paris, 1976.
FOSSIER (Robert) (dir.), *Histoire de la Picardie*, Toulouse, 1974.
FOURIER-BONNARD (Mgr), *Les Relations de la famille du duc de Lorraine et du Saint-Siège dans les trois derniers siècles de l'indépendance*, Nancy, 1934.
FRANKLIN (Alfred), *La Vie privée d'autrefois*, Paris, 1887-1902 (27 vol.).
- *Paris et les Parisiens au XVIe siècle*, Paris, 1928.
FRÉVILLE, « Inventaire des biens de Gabrielle d'Estrées », *Bulletin de l'École des chartes*, 1re série, t. III.
GALZY (Jeanne), *Agrippa d'Aubigné*, Paris, 1965.
GARRETA (R.), *La Conversion de la princesse de Condé à Rouen en 1596*, Rouen, 1901.
GARNIER (Armand), *Agrippa d'Aubigné et le parti protestant*, Paris, 1928 (3 vol.).
GARRISSON (Janine), *Henri IV*, Paris, 1984.
- *La Saint-Barthélemy*, Bruxelles, 1987.
GESTAT (Pierre), *Une famille de notaires berruyers, les Babou et leur plus illustre dame, Gabrielle d'Estrées, comtesse de Sagonne en Berry*, Saint-Amand, 1957.
GRIMMER (Claude), *La Femme et le Bâtard. Amours illégitimes et secrètes dans l'ancienne France*, Paris, 1983.
GUICHONNET (Paul) (dir.), *Histoire de la Savoie*, Toulouse, 1973.
HAUSER (Henri), *La Modernité du XVIe siècle*, Paris, 1963.
- *La Prépondérance espagnole*, Paris, 1933.
- *Les Sources de l'histoire de France, XVIe siècle*, t. IV, Paris, 1915.
JOUANNA (Arlette), *Ordre social : mythe et hiérarchies dans la France du XVIe siècle*, Paris, 1979.
JOÜON DES LONGRAIS, *Mercœur, d'après des documents inédits*, Saint-Brieuc, 1895.
KERMAINGANT (Pierre-Paul Laffleur de), *L'Ambassade solennelle envoyée à Henri IV par la république de Venise en 1594*, Paris, 1898.
- (pub. par), *L'Ambassade de France en Angleterre. Mission de Jean de Thumery, sieur de Boissise*, Paris, 1886 (2 vol.).

LACOMBE (Charles Mercier de), *Henri IV et sa politique*, Paris, 1887.
LANOUVELLE (lieutenant-colonel de), *Gabrielle d'Estrées et les Bourbon-Vendôme*, Paris, 1936.
LAPEYRE (Henri), *Les Monarchies européennes du XVIᵉ siècle*, Paris, 1967.
LAVER (James) (dir.), *Le Costume, des Tudor à Louis XIII*, Paris, 1950.
LEBIGRE (Arlette), *La Révolution des curés. Paris 1588-1594*, Paris, 1980.
LECLER (Joseph), *Histoire de la tolérance au siècle de la Réforme*, Paris, 1955 (2 vol.).
LEFRANC (Abel), *La Vie quotidienne au temps de la Renaissance*, Paris, 1939.
LÉONARD (E. G.), *Histoire générale du protestantisme*, Paris, 1956-1961 (3 vol.), t. II.
LE ROY LADURIE (Emmanuel), *L'État royal 1460-1610*, Paris, 1987.
LESTOCQUOY (Mgr Jean), *Histoire de la Picardie et du Boulonnais*, Paris, 1970.
LEVER (Maurice), *Le Sceptre et la Marotte. Histoire des fous de Cour*, Paris, 1983.
LÉVIS-MIREPOIX (Antoine, duc de), *Henri IV*, Paris, 1973.
– *Le Sacre de Henri IV*, Chartres, 1961.
LEVRON (Jacques), *La véritable histoire de la dame de Montsoreau*, Angers, 1946.
LHOSPICE (Michel), *Divorce et dynastie*, Paris, 1960.
LHUILLIER (Th.), *L'ancien château royal de Montceaux-en-Brie*, Paris, 1885.
LIVET (Georges), *Les Guerres de religion*, Paris, 1988.
LLOYD (Howel A.), *The Rouen campaign 1590-1592*, Oxford, 1973.
LOISELEUR (Jules), *La Mort de Gabrielle d'Estrées d'après une relation contemporaine inédite (Jehan de Vernhyes)*, Paris, 1872.
MACGOWAN (Margaret), *L'Art du ballet de Cour en France*, Paris, 1963.
MANDROU (Robert), *Introduction à la France moderne*, Paris, 1973.
MARIÉJOL (J.-H.), *La Réforme, la Ligue, l'Édit de Nantes 1559-1598*, Paris, nouv. éd., 1983.
– *La Vie de Marguerite de Valois*, Paris, 1928.
MARTIN (Mgr Victor), *Le Gallicanisme et la Réforme catholique... (1563-1615)*, Paris, 1919.
MATHIEU-CASTELLANI (Giselle), *Éros baroque*, Paris, 1978.
– *Les Thèmes amoureux dans la poésie française. 1570-1600*, Paris, 1975.
MAUGIS (Édouard), *Histoire du Parlement de Paris, de l'avènement des Valois à la mort d'Henri IV*, Paris, 1913-1916 (3 vol.).
MAUZI (Robert), *L'Idée du bonheur au XVIIIᵉ siècle*, Paris, 1969.
METTRA (Claude), « La Française au XVIᵉ siècle », t. II de *L'Histoire mondiale de la femme*, sous la direction de Pierre Grimal.
MIALARET (G.) (dir.), *Histoire mondiale de l'éducation*, Paris, 1982.
MORINEAU (Michel), *Le XVIᵉ siècle. 1492-1610*, Paris, 1973.
MUNTZ (Eugène) et MOLINIER (Em.), « Le château de Fontainebleau », *Mémoires de la Société de Paris et de l'Ile-de-France*, t. XII, 1885.

BIBLIOGRAPHIE

NARBONNE (Bernard), *Les Grandes Heures de Saint-Germain-en-Laye*, Paris, 1950.

PATRY (R.), *Philippe Duplessis-Mornay*, Paris, 1933.

PÉTIGNY (Jules de), *Histoire archéologique du Vendômois*, Vendôme, 1849.

PERNOT (Michel), *Les Guerres de religion en France. 1559-1598*, Paris, 1987.

POËTE (Marcel), *Une Vie de cité. Paris de sa naissance à nos jours*, t. III, Paris, 1927-1931.

POIRSON (Auguste), *Histoire du règne de Henri IV*, Paris, 1862-1867 (4 vol.).

REINHARD (M.), *La Légende de Henri IV*, Paris, 1935.

RITTER (Raymond), *Charmante Gabrielle*, Paris, 1947.

– *Une dame de chevalerie, Corisande d'Andoins, comtesse de Guiche*, Paris, 1959.

– *Henri IV lui-même. L'homme*, Paris, 1944.

ROCHEBLANC (Samuel-Elie), *La Vie d'un héros : Agrippa d'Aubigné*, Paris, 1912.

ROELKER (Nancy), *Jeanne d'Albret, reine de Navarre*, Paris, 1979.

ROLOT (Alphonse) et SIVRY (Louis de), *Précis historique de Saint-Germain-en-Laye*, Marseille, 1976.

RUPPERT (Jacques), « La Renaissance. Le style Louis XIII », *Le Costume*, t. II, Paris, 1930.

SAMOYAULT-VERLET (Colombe), *Musée national du château de Fontainebleau.*

SAULNIER (Eugène), *Le Mariage de Henri IV et de Gabrielle d'Estrées*, Nogent-le-Rotrou, 1911.

SELLIER (Charles), *Curiosités historiques du vieux Montmartre*, Paris, 1904.

SOLÉ (Jacques), *L'Amour en Occident à l'époque moderne*, Bruxelles, 1984.

TALLEMANT DES RÉAUX, *Historiettes*, Paris, 1960-1970 (2 vol.).

TOESCA (Maurice), *Les Grandes heures de Fontainebleau*, Paris, 1949.

TRINQUET (R.), « Les dames au bain », *Bulletin de la Société de l'Art français*, 1967.

VAISSIÈRE (Pierre de), « La conversion de Henri IV », *Revue Hist. de l'Église de France*, t. XIV, 1928.

– *Une famille, les d'Alègre*, Paris, 1914.

– *Henri IV*, Paris, 1928.

– *Scènes et tableaux du règne de Henri IV*, Paris, 1935.

VALOIS (Noël), *Le « Conseil de raison » de 1597*, Paris, 1885.

VIÉNOT (John), *Histoire de la Réforme française, des origines à l'Édit de Nantes*, Paris, 1926.

YARDÉNI (Myriam), *La Conscience nationale en France pendant les guerres de religion*, Paris, 1971.

ZELLER (Gaston), *Les Institutions de la France au xvie siècle*, Paris, 1948.

– « Les temps modernes, de Christophe Colomb à Cromwell », t. II de l'*Histoire des relations internationales*, sous la dir. de P. RENOUVIN, Paris, 1953.

Catalogues

Exposition *Entrées royales et fêtes populaires à Lyon du XVIe au XVIIIe siècle*, Lyon, 1970.

Exposition *Henri IV*, Lourdes, 1961.

Exposition *Henri IV*, Paris, 1971.

RÉUNION DES MUSÉES NATIONAUX/ARCHIVES NATIONALES, *Henri IV et la reconstruction du royaume*, Pau-Paris, 1989-1990.

Catalogues de « Lettres, autographes et documents historiques » de la maison Charavay et divers catalogues de vente d'autographes, à l'hôtel Drouot (Paris) et à Versailles.

TABLE DES MATIÈRES

PREMIÈRE PARTIE : CONQUÊTES INCERTAINES

DEUXIÈME PARTIE :
LA COMPAGNE DE LA PACIFICATION

Impression réalisée sur CAMERON par
BRODARD ET TAUPIN
La Flèche

pour le compte des Éditions Fayard
en septembre 1992

Imprimé en France
Dépôt légal : août 1992
N° d'édition : 6472 - N° d'impression : 1414G-5
35-61-8625-01
ISBN : 2-213-02854-0